Голоса

Голоса

A Basic Course in Russian

Book 1

Fourth Edition

Richard Robin
The George Washington University

Karen Evans-Romaine
Ohio University

Galina Shatalina
The George Washington University

Joanna Robin

PEARSON
Prentice Hall

world Languages

Upper Saddle River, New Jersey 07458

Library of Congress Cataloging-in-Publication Data

Robin, Richard M.
  Golosa : a basic course in Russian / Richard Robin, Karen Evans-Romaine,
Galina Shatalina. — 4th ed.
    p. cm.
  Includes index.
  ISBN 0-13-198628-7 (bk. 1)
  1. Russian language—Textbooks for foreign speakers—English. I.
Evans-Romaine, Karen. II. Shatalina, Galina. III. Title.
  PG2129.E5R63 2007
  491.782'421—dc22

                                      2006016912

Acquisitions Editor: Rachel McCoy
Publishing Coordinator: Claudia Fernandes
Exec. Director of Market Development: Kristine Suárez
Senior Marketing Manager: Jacquelyn Zautner
Project Manager: Lori Hazzard – Interactive Composition
  Corporation
Asst. Director of Production: Mary Rottino
Supplements Editor: Meriel Martínez Moctezuma
Media Editor: Samantha Alducin
Prepress and Manufacturing Buyer: Christina Amato

Prepress and Manufacturing Asst. Manager:
  Mary Ann Gloriande
Interior Design: Interactive Composition Corporation
Cover Art Director: Jayne Conte
Cover Design: Kiwi Design
Line Art Coordinator: Mirella Signoretto
Illustrator: Techsetters
Cover Photo: Richard Robin
Marketing Assistant: William J. Bliss
Publisher: Phil Miller

Credits appear on p. 421, which constitutes a continuation of the copyright page.

This book as set in 11/13 Minion Cyrillic by Interactive Composition Corporation
and was printed and bound by RR Donnelley-Willard.
The cover was printed by Lehigh Press.

Printed in the United States of America

10 9 8 7 6 5 4 3

ISBN: 0-13-198628-7

Pearson Education LTD., London
Pearson Education Australia PTY, Limited, Sydney
Pearson Education Singapore, Pte. Ltd.
Pearson Education North Asia Ltd., Hong Kong
Pearson Education Canada, Ltd., Toronto
Pearson Educación de México, S.A. de C.V.
Pearson Education–Japan, Tokyo
Pearson Education Malaysia, Pte. Ltd.
Pearson Education, Upper Saddle River, New Jersey

Contents

Scope and Sequence

Урок		Коммуникативные задания
Алфавит **1**		The Russian alphabet and sound system Vowel reduction Palatalization Devoicing of consonants in final position Consonant assimilation Print, italic, and cursive
1. Немного о себе **19**		Greetings and good-byes Introducing and giving information about yourself Asking for information about someone else
2. Что у меня есть? **43**		Naming common objects Greeting friends at the airport Russian homestays Reading and listening to ads
3. Какие языки вы знаете? **73**		Talking about languages Discussing ethnic and national backgrounds Reading ads about language programs

Грамматика	Культура и быт
Formal and informal speech situations: **ты–вы** Russian names Gender—Introduction Possessive pronoun **мой** The nominative case The prepositional case—Introduction The verb *to be* in Russian present-tense sentences	Russian greeting habits
Grammatical gender: continuation Nominative plural of nouns The 5- and 7-letter spelling rules Pronouns **он, она́, оно́,** and **они́** Possessive pronouns **чей, мой, твой, наш, ваш, его́, её,** and **их** Nominative case of adjectives **Что** vs. **како́й** **Это** vs. **э́тот, э́то, э́та, э́ти** Having: **У меня́ (у тебя́, у вас) есть**	Slippers at home (**та́почки**) **Докуме́нты: па́спорт и ви́за**
Verb conjugation: present and past tense Position of adverbial modifiers Talking about languages: **ру́сский язы́к** vs. **по-ру́сски** Talking about nationalities Prepositional case of singular and plural modifiers and nouns Conjunctions: **и, а, но**	The place of foreign languages in Russia Responding to compliments Passports and nationalities **Ру́сский** or **россия́нин**

Грамматика	Культура и быт

Учи́ться vs. **изуча́ть (что)** vs. **занима́ться**
The 8-letter spelling rule
На како́м ку́рсе. . .?
На + prepositional case for location
Accusative case of modifiers and nouns
Люби́ть + accusative or infinitive
Prepositional case of question words and personal pronouns
Conjunctions: **где, что, как, потому́ что**
То́же vs. **та́кже**
	Higher education in Russia:
	    universities and institutes
	The Russian academic year calendar
	Russian diplomas and the Russian
	    grade system

Days of the week Times of the day: **у́тром, днём, ве́чером,** and **но́чью** New verbs to answer **Что вы де́лаете?** Stable and shifting stress in verb conjugations Going: **ходи́ть, идти́; е́здить, е́хать** Questions with **где** and **куда́** **В/на** + accusative case for direction Expressing necessity: **до́лжен, должна́, должны́**	Times of the day—Russian style The Russian workday: office schedules in Russia

Хоте́ть
Verbs of position—**стоя́ть, висе́ть, лежа́ть**
Genitive case of pronouns, question words, and singular
    modifiers and nouns
Uses of the genitive case:
    у кого́ + есть
    Expressing nonexistence and absence: **нет чего́**
    Possession and attribution ("of")
    Specifying quantity
    At someone's place: **у кого́**
	Adjectives used to name a room
	Что в шкафу́? Russian closets
	Ты и вы
	Living conditions in Russia
	Russian apartments, dormitories,
	    and dachas

Роди́лся, вы́рос
Expressing age: the dative case of pronouns
Genitive plural: introduction
Specifying quantity in expressions of age (**год, го́да, лет**) and
    family members
(**Ско́лько дете́й, бра́тьев, сестёр?**)
Comparing ages: **ста́рше/моло́же (мла́дше) кого́ на
    ско́лько лет**
Telling someone's name: **зову́т**
Accusative case of pronouns and masculine animate singular
    modifiers and nouns
	Russian families
	Teachers vs. professors
	Office work

Урок	Коммуникативные задания

Грамматика	Культура и быт

Past tense—**был**
Past tense of **есть** and **нет**
Ходи́л vs. **пошёл, е́здил** vs. **пое́хал**
Dative case of modifiers and nouns
Uses of the dative case:
    Expressing age
    Indirect objects
    The preposition **по**
    Expressing necessity and possibility: **ну́жно, на́до, мо́жно**
    Subjectless expressions: **нельзя́, невозмо́жно, тру́дно, легко́**
    Likes and dislikes: **нра́виться**
Нра́виться vs. **люби́ть**
	Viktor Pelevin
	Russian stores
	Shopping etiquette
	Metric clothing sizes

Conjugation of the verbs **есть** and **пить** Instrumental case with **с** Verbs in **-овать: сове́товать** The future tense Introduction to verbal aspect Question words and pronouns	Russian food stores Russian restaurants, cafés, and cafeterias The metric system What people eat
Expressing resemblance: **похо́ж (-а, -и) на кого́** Expressing location: **на ю́ге (се́вере, восто́ке, за́паде) (от) чего́** Entering and graduating from school: **поступа́ть/поступи́ть куда́; око́нчить что** Time expressions: **в како́м году́, че́рез, наза́д** Verbal aspect: past tense Review of motion verbs Present tense in *have been doing* constructions	Russian educational system Russian higher education The three Tolstoys

Preface

Голоса: A Basic Course in Russian, **Fourth Edition,** strikes a true balance between communication and structure. It takes a contemporary approach to language learning by focusing on the development of functional competence in the four skills (listening, speaking, reading, and writing), as well as the expansion of cultural knowledge. It also provides comprehensive explanations of Russian grammar along with the structural practice students need to build accuracy.

Голоса is divided into two books (Book 1 and Book 2) of ten units each. Each book is accompanied by a fully integrated Student Activities Manual (S.A.M.), audio and video recordings, an Instructor's Resource Manual (I.R.M.—available in an online downloadable format), and a Companion Website®, which contains numerous self-grading activities and the video for student use. The units are organized thematically, and each unit contains dialogs, texts, exercises, and other material designed to enable students to read, speak, and write about the topic, as well as to understand simple conversations. The systematic grammar explanations and exercises in *Голоса* enable students to develop a conceptual understanding and partial control of all basic Russian structures. This strong structural base enables students to accomplish the linguistic tasks in *Голоса* and prepares them for further study of the language.

Students successfully completing Books 1 and 2 of *Голоса* will be able to perform the following skill-related tasks.

Listening. Understand simple conversations about daily routine, home, family, school, and work. Understand simple airport announcements, radio and television advertisements, personal interviews, and brief news items such as weather forecasts. Get the gist of more complicated scripts such as short lectures and news items.

Speaking. Use complete sentences to express immediate needs and interests. Hold simple conversations about daily routine, home, family, school, and work. Discuss basic likes and dislikes in literature and the arts. Manage simple transactional situations in stores, post offices, hotels, dormitories, libraries, and so on.

Reading. Read signs and public notices. Understand common printed advertisements and announcements. Understand basic personal and business correspondence. Get the gist of important details in brief articles of topical interest such as news reports on familiar topics, weather forecasts, and entries in reference books. Understand significant parts of longer articles on familiar topics and brief literary texts.

Writing. Write short notes to Russian acquaintances, including invitations, thank-you notes, and simple directions. Write longer letters providing basic biographical information. Write simple compositions about daily routine, home, family, school, and work.

Students who have completed *Голоса* will also be well on their way toward achieving the ACTFL Standards for Foreign Language Learning, the "five Cs":

◆   **Communication.** *Голоса* emphasizes the use of Russian for "real-life" situations. Students working through the activities in *Голоса* will learn to communicate on a basic level orally and in writing, and will be better prepared to communicate in the Russian-speaking world outside the classroom.

◆ **Culture.** Students completing *Голоса* will understand the essentials of "small-c" culture necessary to function in Russia. The sections on **Культура и быт** (Culture and Everyday Life, formerly called **Между прочим**) provide necessary background information for each unit's topic, and will give students and teachers material for further discussion of Russian culture, in Russian or English. Students completing *Голоса* should have enough control of sociolinguistic aspects of Russian necessary for basic interaction, such as forms of address, greetings and salutations, giving and accepting compliments and invitations, and telephone etiquette. Students will also be acquainted with some of Russia's cultural heritage: famous writers and their works, as well as other figures in the arts.

◆ **Connections.** Students of *Голоса* will learn through readings, audio and video materials, activities, and information in **Культура и быт** about aspects of Russian society, family life, daily rituals, housing, education, the economy, and culture.

◆ **Comparisons.** Through an examination of basic aspects of Russian language and culture, students will be able to make some conclusions about language and culture at home. *Голоса*'s approach to grammar encourages students to think about linguistic structures generally. Through *Голоса*'s approach to "large-" and "small-c" culture, students will be able to compare societies, careers, living spaces, economic and educational systems, family life, and other aspects of Russian and their own native culture.

◆ **Communities.** Through *Голоса*'s reading materials in the textbook, and the listening and video exercises on the Web site, students will gain a sense of how Russia might look, sound, and feel, and will be better prepared to engage in active communication with friends and colleagues in the Russian-speaking world.

Foundation for further study. For those who wish to continue their study of Russian, *Голоса* provides a firm footing in grammar, the four language skills, and the five Cs.

Features of the Голоса *Program*

◆ **Focused attention to skills development**
Each language skill (speaking, reading, writing, listening) is addressed in its own right. Abundant activities are provided to promote the development of competence and confidence in each skill area.

◆ **Modularity**
Голоса incorporates the best aspects of a variety of methods as appropriate to the material. All skills are presented on an equal footing, but instructors may choose to focus on those which best serve their students' needs without violating the structural integrity of individual units or the program as a whole.

◆ **Authenticity and cultural relevance**
Each unit contains authentic materials and realistic communicative activities for all skills. The *Голоса* Web site updates materials to account for fast-changing events in Russia.

- ◆ **Spiraling approach**
  Students are exposed repeatedly to similar functions and structures at an increasing level of complexity. Vocabulary patterns of reading texts are recycled into subsequent listening scripts.

- ◆ **Learner-centered approach**
  Each unit places students in communicative settings where they can practice the four skills. In addition to core lexicon, students acquire personalized vocabulary to express individual needs.

- ◆ **Comprehensive coverage of beginning grammar**
  Communicative goals do not displace conceptual control of the main points of Russian grammar. By the end of Book 1, students will have had meaningful contextual exposure to all of the cases in both the singular and plural, as well as tense/aspects. Book 2 spirals out the basic grammar and fills in those items needed for basic communication and for reading texts for the general reader, such as simple prose and press articles.

- ◆ **Abundance and variety of exercises**
  The variety of activities in the textbook and S.A.M., and on the Companion Website provide students with many opportunities to practice linguistic competence in all four skills, to improve knowledge of grammar, and to learn more about Russian culture.

- ◆ **Learning strategies**
  Students acquire strategies that help them develop both the productive and receptive skills. This problem-solving approach leads students to become independent and confident in using the language.

- ◆ **Phonetics and intonation**
  Pronunciation is fully integrated and practiced with the material in each unit's audio materials and S.A.M. exercises, rather than covered in isolation. Intonation training includes requests, commands, nouns of address, exclamations, and nonfinal pauses, in addition to declaratives and interrogatives. Dialog and situation practice help students to absorb aspects of Russian phonetics and intonation.

Textbook and Student Activities Manual Structure

Each **Голоса** textbook and Student Activities Manual (S.A.M.) unit is organized as follows:

Точка отсчёта

This warm-up section uses illustrations and simple contexts to introduce the unit vocabulary. A few simple activities provide practice of the new material, thereby preparing students for the taped **Разговоры,** which introduce the unit topics.

Разговоры для слушания. Students listen to semiauthentic conversations based on situations they might encounter in Russia, from homestays to shopping. Simple pre-script questions help students understand these introductory conversations. Students learn to grasp the gist of what they hear, rather than focus on every word. The **Разговоры** serve as an introduction to the themes of the unit and prepare students for active conversational work to follow in **Давайте поговорим** below.

Давайте поговорим

Диалоги. As in previous editions, the **Диалоги** introduce the active lexicon and structures to be mastered.

Вопросы к диалогам. Straightforward questions in Russian, keyed to the dialogs, beginning with Unit 5.

Упражнения к диалогам. These exercises help develop the language presented in the dialogs. They consist of communicative exercises in which students learn how to search out language in context and use it. Exercises proceed from less complicated activities based on recognition to those requiring active use of the language in context. This set of activities prepares students for the **Игровые ситуации.**

Игровые ситуации. Role-plays put the students "onstage" with the language they know.

Устный перевод. This section, which requires students to play interpreter for a non-Russian speaker, resembles the **Игровые ситуации,** but here students find that they must be more precise in conveying their message.

Грамматика

This section contains grammatical presentations designed to encourage students to study the material at home. They feature clear succinct explanations, charts and tables for easy reference, and numerous examples. Important rules and tricky points are highlighted in special boxes. Simple exercises follow each grammar explanation, for use in class. Additional practice is provided by recorded oral pattern drills and written exercises in the S.A.M. for homework.

Давайте почитаем

Authentic reading texts are supplemented with activities that direct students' attention to global content. Students learn strategies for guessing unfamiliar vocabulary from context and for getting information they might consider too difficult. The variety of text types included in **Давайте почитаем** ensures that students gain extensive practice with many kinds of reading material: official forms and documents; daily schedules; menus; shopping directories; maps; newspaper advertisements; TV and movie schedules; weather reports; classified ads; brief messages; e-mail correspondence; newspaper articles; poetry; and short stories.

Давайте послушаем

Guided activities teach students strategies for developing global listening skills. Questions in the textbook accompany texts on the audio program (scripts appear in the Instructor's Resource Manual). Students learn to get the gist of and extract important information from what they hear, rather than trying to understand every word. They are exposed to a great variety of aural materials including: messages recorded on telephone answering machines; public announcements; weather reports; radio and TV advertisements; brief speeches; conversations; interviews; news features and reports; and poems.

Культура и быт

Culture boxes, spread throughout each unit, serve as an introduction to realia of Russia.

Словарь

The **Словарь** at the end of each unit separates active vocabulary from receptive-skills vocabulary. The **Словарь** at the end of the book lists the first unit in which the entry is introduced both for active and receptive use.

Рабочая тетрадь

The **Голоса** Student Activities Manual is the main vehicle for student work outside of class. It consists of the following parts:

Числительные. Students become familiar with numbers in context and at normal conversational speed. These sections are especially important for transactional situations.

Фонетика и интонация. *Голоса* has been the field's leader in explicit work in phonetics and intonation. This remains unchanged in the fourth edition.

Обзорные упражнения. This section, formerly in the textbook, provides students with further listening and composition practice. Here students listen to more **Разговоры** and write brief notes and compositions based on material presented in this chapter. This section requires the integration of several skills, with a particular focus on listening comprehension and writing.

Устные упражнения. In Oral Drills, students practice active structures.

Письменные упражнения. The written homework section starts with mechanical manipulation and builds up to activities resembling free composition. The fourth edition features more simple English-Russian translation exercises, especially for those constructions that give English speakers problems (e.g., possessives, **y**-constructions, subjectless sentences).

Program Components

The *Голоса* program consists of two textbooks, two student activities manuals, audio programs, a companion video, and a Companion Website (where the Instructor's Resource Manual is available in a downloadable format).

Instructor's Resource Manual

Available online (downloadable format), the Instructor's Resource Manual provides registered teachers secure access to scripts for all audio and video exercises, sample tests, information about estimated contact hours required for lessons, and some guidelines for lesson planning.

Audio Program

The *Голоса* audio program features exercises on numbers, phonetics and intonation, oral drills, and an abundance of listening activities unmatched in any other Russian textbook.

Video

The *Голоса* video program features authentic interviews in which Russians you might meet every day—not actors—discuss their daily lives, introduce you to their families, homes, hometowns, workplaces, and events in their lives. This video package, unlike any other available, is now not only on the Companion Website, but also in VHS format for classroom use.

Companion Website: Голоса в сети   www.prenhall.com/golosa

The *Голоса* Web site features a robust set of audio, video, and interactive materials.

Аудиопрограмма. Full audio program for the textbook and the Student Activities Manual, featuring the voices of over two dozen speakers in contemporary standard Russian.

Голоса-видео. Easy-to-follow video clips, described above. Available in VHS format for instructors and on the Companion Website for students.

Письменные упражнения онлайн. Expanded online homework takes the drudgery out of doing exercises (for the students) and correcting them (for the instructors).

Интересные места. Links to other Russian sites and provides related activities.

Руководство для преподавателя. Online Instructor's Resource Manual, available in downloadable format.

New to the Fourth Edition

Textbook

Грамматика. This edition features revised grammar explanations and tables.

Давайте почитаем. The fourth edition of *Голоса* features not only updated readings based on authentic Russian materials (newspaper ads, documents, menus, etc.), but a new series: e-mail correspondence between a Russian studying abroad in America and her teacher and friend at home. Each unit features two e-mails with accompanying exercises to help students both focus on aspects of form and grammar and get the gist of what they're reading, thus getting further practice reading and understanding more complex connected prose.

Давайте послушаем. Listening exercises have also been updated to reflect changes in today's Russia.

Student Activities Manual
Обзорные упражнения have not disappeared! These exercises, which encourage students to synthesize newly learned content and skills, have been moved to the workbook, in order to allow for the new readings in the textbook.

Acknowledgments

The authors would like to thank Rachel McCoy, our Acquisitions Editor at Prentice Hall, for her careful and patient work with us and her excellent suggestions as we prepared the fourth edition of *Голоса.* We are also deeply grateful to our copyeditor, Audra Starcheus, whose watchful eye and perceptive queries greatly improved our work and to Lori Hazzard at Interactive Composition Corporation, for her excellent communication and ability to keep the production of this project moving along. Many thanks also to Mary Rottino, Assistant Director of Production, and Claudia Fernandes, Publishing Coordinator, at Prentice Hall for their work with us on this and prior editions.

We would also like to thank the many who were involved in the audio and video ancillaries:

Zenoviy Avrutin, Vladimir Bunash, Aleksey Burago, Snezhana Chernova, Jihane-Rachel Dančik, Dina Dardyk, Sasha Denisov, Olga Fedycheva, Tatyana Gritsevich, Mikail Gurov, Valery Gushchenko, Nadezhda Gushchenko, Alexander Guslistov, Ludmila Guslistova, Eugene Gutkin, Ksenia Ivanova, Natalia Jacobsen, Zoya Kazakova, Nadezhda Krylova, Yuri Kudriashov, Jennifer Canose, Edward Yatsenko, Aleksandra Kudriashova, Elena Kudriashova, Tatiana Kudriashova, Ida Kurinnaya, Katya Lawson, Boris Leskin, Anna Litman, Igor Litman, Liliana Markova, Aleksandr Morozov, Natasha Naumenko, Yura Naumkin, Yuri Olkhovsky, Mikhail Openkov, Vsevolod Osipov, Elena Ovtcharenko, Kristin Peterson, Sergei Petukhov, Aleksei Pimenov, Artur Ponomarenko, Viktor Ponomarev, Olga Pospelova, Oksana Prokhvacheva, Alex Reyf, Olga Rines, Mark Segal, Andrei Shatalin, Klara Shrayber, Nikolai Smetanin, Yelena Solovey, Emily Urevich, Mark Yoffe, Andrei Zaitsev, and the The George Washington University Language Center.

Special thanks to Vera Belousova, Ohio University, for her helpful comments as we prepared the third and fourth editions. We would also like to thank the following reviewers who provided invaluable suggestions for improving this edition.

Charles L. Byrd, University of Georgia
Steven Clancy, University of Chicago, IL
William J. Comer, University of Kansas
Elisabeth Elliott, Northwestern University, IL
Mark J. Elson, University of Virginia
Curtis Ford, University of South Carolina
Serrafima Gettys, Stanford University, CA
Linda Ivanits, Penn State University
Judith E. Kalb, University of South Carolina
Susan Kalina, University of Alaska, Anchorage
Galina Kogan, Portland State University
Elena Kostoglodova, University of Colorado, Boulder

Алфавит

- The Russian alphabet and sound system
- Vowel reduction
- Palatalization
- Devoicing of consonants in final position
- Consonant assimilation
- Print, italic, and cursive

Русский алфавит

Introduction to the Russian Alphabet

А Б В Г Д Е Ё Ж З И Й К Л М Н О П Р С Т У Ф Х Ц Ч Ш Щ Ъ Ы Ь Э Ю Я

The Russian alphabet contains 33 characters: 10 vowel letters, 21 consonant letters, and two signs. Russian spelling closely reflects pronunciation. Once you have learned the alphabet and a few pronunciation rules, you will be able to recognize many familiar words and proper names.

 Some Russian letters look and sound somewhat like their English counterparts:

CONSONANTS

LETTER		APPROXIMATE PRONUNCIATION
К	к	like **k** in *skit,* but without aspiration or breath
М	м	like **m** in *mother*
С	с	like **s** in *sail*—(never like **k**)
Т	т	like **t** in *stay,* but tongue against upper teeth

VOWELS

LETTER		APPROXIMATE PRONUNCIATION
А	а	when stressed, like **a** in *father*
О	о	when stressed, between the **o** in *mole* and the vowel sound in *talk*

 Words you knew all along: Each word is under a drawing that illustrates it.

маска

мама

масса

тост

кот

ко́смос

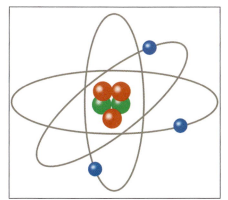

а́том

Who's there?

— Кто там?
— Том.

Stress

Stress refers to the "strong" syllable in a word. A *désert* gets little rain. A *dessért* is something sweet. In Russian (as in English), the place of stress affects the sound of some vowels. Listen to the first two words above: **ма́ска, ма́ма.** The stressed **a** is pronounced like the **a** in *father*, whereas the unstressed **a** is pronounced like the **a** in *about*. This change in the sound of an unstressed vowel letter, called **vowel reduction,** is even more noticeable with the vowel letter **o.** For example, in the word **ко́смос,** the unstressed **o** in the second syllable is reduced to the sound of **a** in *about*.

Russian publications mark stress only in dictionaries. But since the stress on a word determines how some of the vowel letters are pronounced, we mark it for all the words you need to pronounce (in dialogs, glossaries, and tables). If a word has only one syllable, however (like **кот, кто, там**), no stress mark will be included. Capitalized stressed vowels are also not marked. So if you see the proper name **Отто,** you know to place the stress on the first syllable.

Some Russian letters look like Greek letters, which you may recognize from their use in mathematics or by some student organizations:

LETTER		APPROXIMATE PRONUNCIATION
Г	г	like **g** in *gamma*
Д	д	like **d** in *delta*, but with tongue against upper teeth
Л	л	like **l** in *lambda*, but tongue against upper teeth
П	п	like **p** in *spot* (looks like Greek pi)
Р	р	flap **r**, similar to trilled **r** in Spanish; similar to **tt** in *better* and *butter* (looks like Greek rho)
Ф	ф	like **f** in *fun* (looks like Greek phi)
Х	х	like **ch** in *Bach* (looks like Greek chi)

 ### More geographical names

Да́ллас
Оклахо́ма
Омаха
Корк
Ха́ртфорд
Ога́ста

 ### You'll no doubt recognize . . .

Да!
ла́мпа
па́па
порт
сорт
па́спорт
фо́то
фотоаппара́т
фото́граф
Ха-ха-ха!

Your textbook is called . . .

Голоса́ "voices" (Го́лос is one voice).

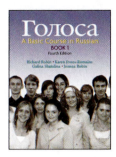

Here are four Russian letters that look but do not sound like English letters:

CONSONANTS

LETTER		APPROXIMATE PRONUNCIATION
В	в	like **v** in *volcano*
Н	н	like **n** in *no,* but tongue against upper teeth

VOWELS

LETTER		APPROXIMATE PRONUNCIATION
Е	е	when stressed, like **ye** in *yesterday*
У	у	like **oo** in *shoot,* but with extreme lip rounding

Words you already know

до́нор
нет
но́та
кларне́т
профе́ссор
студе́нт
студе́нтка
Ура́!
а́вгуст
панора́ма
пропага́нда

Places you might have been

Москва́
Атла́нта
Ту́сон
Теха́с
Кана́да
Вермо́нт

Four more Russian consonants are introduced below. Note that **Б б** has a different shape for its upper- and lowercase forms.

LETTER		APPROXIMATE PRONUNCIATION
З	з	like **z** in *zebra*
Б	б	like **b** in *boy*
Й	й	like **y** in *boy* or *gray*
Ж	ж	like **s** in *measure*, but with tongue farther back

Кто гео́граф?

Бо́стон
Лос-Анджелес
Жене́ва
Канза́с
Арканза́с
Небра́ска
Айда́хо
Айо́ва
Род-Айленд
Ога́йо
Квебе́к

В ансáмбле

тромбо́н
фле́йта
кларне́т
ба́нджо
а́рфа
саксофо́н

More words you know

трамва́й
тролле́йбус
бана́н
зе́бра
журна́л

Here are the last four Russian consonants and two more vowel letters:

CONSONANTS

LETTER		APPROXIMATE PRONUNCIATION
Ц	ц	like **ts** in *cats*
Ч	ч	like **ch** in *cheer*
Ш	ш	like **sh** sound in *sure*, but with tongue farther back
Щ	щ	like long **sh** sound in *fresh sherbet*, but with tongue farther forward

VOWELS

LETTER		APPROXIMATE PRONUNCIATION
И	и	like **i** in *machine*
Ё	ё	like **yo** in *New York*; always stressed

Города́ США

Цинцинна́ти
Сан-Франци́ско
Чика́го
Вашингто́н

В Росси́и

Чёрное мо́ре
Со́чи
Камча́тка
Благове́щенск

Ве́щи

маши́на

шокола́д

матч

плащ

Names of the famous

Анто́н Па́влович
Че́хов
а́втор дра́мы «Ча́йка»

Фёдор Миха́йлович
Достое́вский
а́втор рома́на «Идио́т»

Алекса́ндра Миха́йловна
Коллонта́й
диплома́т

Лев Дави́дович
Тро́цкий
ру́сский поли́тик,
команди́р Кра́сной а́рмии

Лев Никола́евич
Толсто́й
а́втор рома́на
«А́нна Каре́нина»

Михаи́л Серге́евич
Горбачёв
Президе́нт СССР

Алла Бори́совна
Пугачёва
певи́ца, поп-звезда́

Алекса́ндр Серге́евич
Пу́шкин
оте́ц ру́сской литерату́ры

Ники́та Серге́евич
Хрущёв
коммунисти́ческий ли́дер

Гали́на Серге́евна
Ула́нова
балери́на

Валенти́на Влади́мировна
Терешко́ва
космона́вт

Михаи́л Семёнович
Ще́пкин
актёр

 The last four Russian vowel letters are given below:

LETTER		APPROXIMATE PRONUNCIATION
Ы	ы	between the **a** in *about* and the **ee** in *see*
Э	э	like **e** in *set*
Ю	ю	like **yu** in *yule*
Я	я	when stressed, like **ya** in *yacht*

 **Кто э́то?**

Это америка́нцы.

Это юри́сты.

Это музыка́нты.

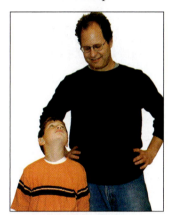
Это оте́ц и сын.

 Что э́то?

Это каранда́ш.

Это ру́чка.

Это су́мка.

Это рюкза́к.

Это я́щик.

Это я́блоко.

> *Complete Exercises 1–9 in the Student Activity Manual (S.A.M.).*

Palatalized and Unpalatalized (Hard and Soft) Consonants and ь, ъ

The Russian alphabet also includes the following two symbols, which represent no sound in and of themselves:

ь (**мя́гкий знак**) soft sign—indicates that the preceding consonant is palatalized; before a vowel it also indicates a full [y] sound between the consonant and vowel.

ъ (**твёрдый знак**) hard sign—rarely used in contemporary language—indicates [y] sound between consonant and vowel.

A **palatalized consonant** is pronounced with the blade of the tongue pressed up against the hard palate. A palatalized consonant sounds like a consonant plus the [y] sound of "yes" pronounced *at the exact same time*. The letter **ь** (**мя́гкий знак**) indicates that the preceding consonant is **palatalized.** Look at these examples:

NOT PALATALIZED (**no ь**)		PALATALIZED (**ь**)	
мат	checkmate	мать	mother
бит	computer bit	бить	to beat
гото́в	ready	Гото́вь!	Prepare it!
то́лком	clearly	то́лько	only
мел	chalk	мель	sandbar
вон	over there	вонь	stench
спор	debate	Спорь!	Argue!
Бори́с	Boris	Бори́сь!	Fight!

In addition to **ь**, the vowel letters **е, ё, и, ю,** and **я** also indicate that the preceding consonant is **palatalized.**

In the following conversation the palatalized consonants are double-underlined and their vowel indicators are single-underlined.

— Меня́ зову́т О<u>ль</u>га.
— О<u>че</u>нь при<u>я</u>тно, О<u>ль</u>га! Сэ<u>лли</u>. Вы сту<u>де</u>нтка?
— Да.
— Вы а<u>ме</u>рика́нка?
— Да, я из <u>Нь</u>ю-Йо́рка.

Authors of Russian dictionaries generally refer to unpalatalized consonants as **hard** and palatalized consonants as **soft.** This is the terminology we shall use from now on.

To summarize what we have said so far . . .

а	э	о	ы	у	∅	indicate that the previous consonant is HARD
я	е	ё	и	ю	ь	indicate that the preceding consonant is SOFT

The symbol ∅ means *no vowel at all.*

In short, after consonants the vowel letter pairs **а/я, э/е, о/ё, ы/и,** and **у/ю** represent essentially the *same* vowel *sound.* Their only difference is that the letters in the bottom row tell you that the preceding consonant is **palatalized,** or **soft.**

HARD CONSONANTS		SOFT CONSONANTS	
Да-да!	Oh yes!	дя́дя	uncle
мэр	mayor	мер	of measures
быт	daily life	бит	computer bit
живо́т	belly	живёт	he/she lives
му́зыка	music	мю́зик-хо́лл	music hall

Let's get acquainted!

— Здра́вствуйте! Как вас зову́т?
— Меня́ зову́т Жа́нна.
— Очень прия́тно познако́миться, Жа́нна!

— Жа́нна, где вы живёте?
— Я живу́ в Нью-Йо́рке. А вы?
— Я живу́ в Москве́.
— Пра́вда?

ТСЯ and **ТЬСЯ**
These two combinations are pronounced as if spelled **ца.**

More about Ь and Ъ (мя́гкий знак and твёрдый знак)

You already know that **ь** (**мя́гкий знак**) softens the preceding consonant. When **ь** occurs before another vowel, it adds an additional English [y] sound. For example:

нале́т = air raid   **нальёт** = will pour

The letter **ъ** (**твёрдый знак**) occurs rarely. It adds an extra English [y] sound into a syllable. For example:

➤ *Complete Exercise 10 in the S.A.M.*

се́ла = she sat down   **съе́ла** = she ate up

Vowel Reduction

Russian vowels **о, а, е,** and **я** are pronounced differently when unstressed.

Vowel Reduction Rule 1:

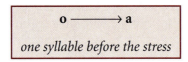

о ⟶ а

one syllable before the stress

We write:

Мо	сквá

We say:

Ма	сквá

Places you might recognize . . .

Монтáна   Оттáва
Владивостóк   Сонóра
Москвá   Колýмбус

Vowel Reduction Rule 2:

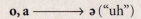

о, а ⟶ ə ("uh")

*more than one syllable before the
stress and anywhere after the stress*

We write:

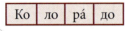

Ко	ло	рá	до

Ма	ни	тó	ба

We say:

Кə	ла	рá	дə

Мə	ни	тó	бə

Words you know

профéссор   панорáма
шоколáд   пропагáнда
Лóндон   маргарúн
Волгогрáд   телевúзор
Владúмир   контрáкт

Vowel Reduction Rule 3:

е, я (not at the end of a word) ⟶ i ("ih")

я (at the end of a word) ⟶ уə ("yuh")

when unstressed

We write:

| Пе | тер | бу́рг |

| Я | по́ | ни | я |

We say:

| Пɪ | тɪр | бу́рг |

| Үɪ | по́ | ни | уə |

Months you may recognize . . .

в январе́   в ию́ле
в феврале́   в а́вгусте
в ма́рте   в сентябре́
в апре́ле   в октябре́
в ма́е   в ноябре́
в ию́не   в декабре́

Name, please?

— Как вас зову́т?
— Меня́ зову́т Фёдор.

— Как его́ зову́т?
— Его́ зову́т Пётр.
— Кто он?
— Он фото́граф.

— Как её зову́т?
— Её зову́т Ма́ша.

Familiar objects

— Что э́то?
— Это мой каранда́ш.
— А э́то что?
— Это моя́ ру́чка.
— А э́то?
— Это мой рюкза́к.
— А э́то?
— Это моя́ су́мка.
— Вот фотогра́фия.

> **Г pronounced how?**
> In a few words **г** is pronounced as if it were **в**:
> We spell **его́** but say [**ево́**].

> **ч in что**
> Russians pronounce **что** as if it were spelled [**што**].

Алфавит ◆ 13

Voiced and Voiceless Consonants

Place your fingers on your vocal chords and say the *sounds* (not the names of the letters) in the chart below:

в	з	ж	б	г	д	Vocal chords vibrate (voiced)
ф	с	ш	п	к	т	Vocal chords do not vibrate (voiceless)

Two rules affect these consonants:

1. Word final devoicing

Voiced consonants at the end of words are pronounced voiceless.

We write:	We say:
Чéхо**в**	Чéхо[**ф**]
джа**з**	джа[**с**]
гара́**ж**	гара́[**ш**]
сно**б**	сно[**п**]
марке́тин**г**	марке́тин[**к**]
Мадри́**д**	Мадри́[**т**]

2. Voiced-voiceless assimilation

When voiced and voiceless consonants are adjacent to each other, the nature of the *second* consonant dictates the nature of the first. To put it more succinctly, when two consonants go walking, the second one does the talking:

voiced + voiceless ⟶ *voiceless + voiceless*

в Ки́еве → [**ф К**]и́еве

су**бти́**тры → су[**пт**]и́тры

voiceless + voiced ⟶ *voiced + voiced*

баске**тб**óл → баске[**дб**]óл

Пи́**тсб**ург → Пи́[**дзб**]ург

ва**с з**ову́т → ва[**з з**]ову́т

Russian Alphabet—Cursive and Italic

The Russian script alphabet is given below. ***Russians do not print when writing by hand! Script is universal.*** For this reason, you must learn to read and write script.

Аа	*Аа*	*Аа*	Uppercase cursive **A** is not *a*.
Бб	*Бб*	*Бб*	*б* and *в* are the only tall lowercase cursive letters.
Вв	*Вв*	*Вв*	
Гг	*Гг*	*Гг*	*г* is rounded. Squared-off corners result in *ч* (**ч**).
Дд	*Дд*	*Дд*	Do not confuse *g* (**д**) and *г* (**г**).
Ее	*Ее*	*Ее*	
Ёё	*Ёё*	*Ёё*	In most printed texts, the two dots are omitted.
Жж	*Жж*	*Жж*	
Зз	*Зз*	*Зз*	Do not confuse *з* (**з**) and *э* (**э**).
Ии	*Ии*	*Ии*	Bring *и* down to the baseline (not *u*).
Йй	*Йй*	*Йй*	
Кк	*Кк*	*Кк*	Lowercase *к* is small, not tall.
Лл	*Лл*	*Лл*	Begins with a hook.
Мм	*Мм*	*Мм*	Begins with a hook. Do not confuse *м* (**м**) and *т* (**т**).
Нн	*Нн*	*Нн*	Do not confuse *н* (**н**) and *п* (**п**).
Оо	*Оо*	*Оо*	
Пп	*Пп*	*Пп*	Do not confuse *п* (**п**) and *н* (**н**).
Рр	*Рр*	*Рр*	
Сс	*Сс*	*Сс*	
Тт	*Тт*	*Тт*	Do not confuse *т* (**т**) and *м* (**м**).
Уу	*Уу*	*Уу*	Uppercase *У* does not dip below the line.
Фф	*Фф*	*Фф*	
Хх	*Хх*	*Хх*	
Цц	*Цц*	*Цц*	
Чч	*Чч*	*Чч*	*ч* is squared off. Rounded corners result in *г* (**г**).
Шш	*Шш*	*Шш*	Do not confuse Russian *ш* and English *w*.
Щщ	*Щщ*	*Щщ*	
Ъъ	*Ъъ*	*ъ*	Like a small *seven* merged with a *six*, not like a tall *b*.
Ыы	*Ыы*	*ы*	Since **ъ, ы,** and **ь** never begin a word, there is no uppercase cursive version for any of these letters.
Ьь	*Ьь*	*ь*	Like a small *six*, not like a tall *b*.

Ээ	Ээ	*Ээ*	Do not confuse *э* (э) and *з* (з).
Юю	Юю	*Юю*	
Яя	Яя	*Яя*	Begins with a hook.

Summary of handwriting hints:

1. The letters *л, м,* and *я* begin with hooks.
2. There are only two tall lowercase script letters: *б* (**б**) and *в* (**в**).
3. **Мягкий знак** (ь) looks like a *small six*: *ь*. **Твёрдый знак** (ъ) looks like a small six with a tail: *ъ*. Neither letter has anything in common with an English script *b*.
4. The letter *ы* (**ы**) is small and looks somewhat like a *small six* connected to a *1*, **NOT** *ьL, ьi*, etc.
5. Do not confuse *м* (**м**) with *т* (**т**) or *з* (**з**) with *э* (**э**).
6. The letters *ш, и,* and *й* all terminate on the base line. Avoid writing *W, V*, etc.

Practice writing the following words from the Introductory Unit.

маска	*масса*	*кот*	*– Кто там?*
мама	*тост*	*космос*	*– Том.*
атом			

Даллас	*Оклахома*	*Омаха*
Корк	*Хартфорд*	*Огаста*

Да!	*порт*	*фото*	*Ха-ха-ха!*
лампа	*сорт*	*фотоаппарат*	*Голоса*
папа	*паспорт*	*фотограф*	

донор	*кларнет*	*студентка*	*панорама*
нет	*профессор*	*Ура!*	*пропаганда*
нота	*студент*	*август*	

Москва	*Атланта*	*Тусон*	*Канада*
Казахстан	*Кентукки*	*Техас*	*Вермонт*

Бостон	*Канзас*	*Айдахо*	*Огайо*
Лос-Анджелес	*Арканзас*	*Айова*	*Квебек*
Женева	*Небраска*	*Род-Айленд*	

В ансамбле:	*тромбон*	*флейта*	*кларнет*
	банджо	*арфа*	*саксофон*

| трамвай | банан | журнал |
| троллейбус | зебра | |

| Города США: | Цинциннати | Сан-Франциско | Чикаго |
| | Вашингтон | | |

| В России: | Чёрное море | Сочи | Камчатка |
| | Благовещенск | | |

| Вещи: | машина | шоколад |
| | матч | плащ |

Антон Павлович Чехов, автор драмы "Чайка"
Фёдор Михайлович Достоевский, автор романа "Идиот"
Александра Михайловна Коллонтай, дипломат
Лев Давидович Троцкий, русский политик, командир Красной армии
Лев Николаевич Толстой, автор романа "Анна Каренина"
Михаил Сергеевич Горбачёв, президент СССР
Алла Борисовна Пугачёва, певица
Александр Сергеевич Пушкин, отец русской литературы
Никита Сергеевич Хрущёв, коммунистический лидер
Галина Сергеевна Уланова, балерина
Валентина Владимировна Терешкова, космонавт
Михаил Семёнович Щепкин, актёр

| Кто это? | Это американцы. | Это юристы. |
| | Это музыканты. | Это отец и сын. |

Что это?	Это карандаш.	Это ручка.
	Это сумка.	Это рюкзак.
	Это ящик.	Это яблоко.

мат	готов	мел	спор
мать	Готовь!	мель	Спорь!
бит	толком	вон	Борис
бить	только	вонь	Борись!

Keyboarding in Cyrillic

All Russians write script. Fewer type. However, as computers are now widely used in Russia, typing has become a necessary skill.

The Russian keyboard follows a different pattern, which you can see in the chart below.

Й Ц У К Е Н Г Ш Щ З Х Ъ Ё
Ф Ы В А П Р О Л Д Ж Э
Я Ч С М И Т Ь Б Ю.

This keyboard is universal in Russia and is the one that Microsoft has adopted for use in Cyrillic-enabled versions of Windows; it is also used for Macintosh computers.

Although you should learn to type using the Russian keyboard, you can download a keyboard layout in which **Б** is on the "B" key, **Г** on the "G" key, **Д** on the "D" key, and so on.

You can find out how to go about getting your computer to produce Russian on the **Голоса** website.

Немного о себе

Коммуникативные задания

- Greetings and good-byes
- Introducing and giving information about yourself
- Asking for information about someone else

Культура и быт

- Russian greeting habits

Грамматика

- Formal and informal speech situations: **ты—вы**
- Russian names
- Gender—Introduction
- Possessive pronoun **мой**
- The nominative case
- The prepositional case—Introduction
- The verb *to be* in Russian present tense sentences

О чём идёт речь?

When greeting each other, Russians say: **Здра́вствуйте** and **Здра́вствуй.**

The informal greeting, like the English "Hi!", is **Приве́т!**

Other greetings include: **до́брое у́тро, до́брый день, до́брый ве́чер.**

The standard way to say good-bye is **До свида́ния!**

The informal variant is **Пока́!**

1-1 How would you greet people at the following times of day?

9:00 A.M.   3:00 P.M.
10:00 A.M.   7:00 P.M.
 2:00 P.M.   9:00 P.M.

Культура и быт

Saying "Hello." Russians greet each other only the first time they meet on a particular day. During subsequent encounters that day they usually just nod or make eye contact.

Physical contact. Russians often embrace if they haven't seen each other for a long time. Occasionally this greeting may involve three kisses on the cheek. Men tend to shake hands each time they meet and sometimes when they part. Women sometimes greet and take leave of each other with a kiss on the cheek.

When Russians introduce each other, the new acquaintances usually shake hands and give their own names.

1-2 Introduce yourself to your classmates.

1-3 Now use the model above to introduce your classmates to each other.

1-4 **Что чему соответствует?** Match the noun referring to a man with the corresponding noun referring to a woman.

1. ру́сский
2. америка́нец
3. кана́дец
4. студе́нт
5. англича́нин
6. бизнесме́н

___ англича́нка
___ студе́нтка
___ бизнесме́н
___ кана́дка
___ америка́нка
___ ру́сская

1-5 Which words would you use to describe yourself?

Я _____ .

Я _____ .

 # Разговоры для слушания

You will probably always be able to *understand* more Russian than you are able to speak. So one part of each unit will be devoted to listening to conversations that practice the unit's topic. In the following conversations you will hear the way Russians greet each other, introduce themselves, and say good-bye. You will not be able to understand everything you hear. In fact, you shouldn't even try. As soon as you have understood enough information to answer the questions, you have completed the assignment.

Разговор 1. Здравствуйте!

1. What is the name of the male speaker?
2. What is the name of the female speaker?
3. What nationality is the woman?
4. Where is she from?
5. Where does the man go to school?

You will now hear two more conversations. Here are some suggestions on how to proceed:

- Read the questions first.
- Listen to the whole conversation to get the gist of it.
- Keeping the questions in mind, listen to the conversation again for more detail.
- If necessary, listen one more time to confirm your understanding of what is going on. Don't worry if you don't understand everything. (This cannot be overemphasized!)

Разговор 2. Разрешите представиться.

1. What is the American's name?
2. What is the Russian's name?
3. What does she teach?
4. What American cities has the young man lived in?
5. Where does he go to school?

Разговор 3. Вы канадец?

1. What is the name of the male speaker?
2. What is the name of the female speaker?
3. What is the man's nationality?
4. Where is he from?
5. Where does the woman go to school?

Давайте поговорим

Диалоги

1. Здра́вствуйте!

— Познако́мьтесь! Это мой друг Эд.
— Здра́вствуйте! Ма́ша.
— Очень прия́тно!
— Очень прия́тно!

2. До́брое у́тро!

— До́брое у́тро! Меня́ зову́т Ве́ра. А как тебя́ зову́т?
— Меня́? Эван.
— Как ты сказа́л? Эванс?
— Эван. Это и́мя. А фами́лия Джо́нсон. Я америка́нец.
— Очень прия́тно познако́миться! Ты студе́нт?
— Да.
— Я то́же студе́нтка. Ну, пока́.
— Пока́.

3. До́брый день!

— До́брый день! Меня́ зову́т Джейн Па́ркер. Я америка́нка.
— Здра́вствуйте. Красно́ва Ольга Петро́вна. Вы студе́нтка, Джейн?
— Да, студе́нтка. Прости́те, как ва́ше о́тчество?
— Петро́вна.
— Очень прия́тно с ва́ми познако́миться, Ольга Петро́вна. До свида́ния.
— До свида́ния.

4. До́брый ве́чер!

— До́брый вечер! Меня́ зову́т Вале́рий.
— Джим. Очень прия́тно.
— Ты кана́дец, да? Где ты живёшь в Кана́де?
— Я живу́ и учу́сь в Квебе́ке.
— Зна́чит, ты студе́нт. Я то́же.
— Пра́вда? А где ты у́чишься?
— Я живу́ и учу́сь здесь, в Ирку́тске.

5. Здра́вствуйте! Дава́йте познако́мимся!

— Здра́вствуйте! Дава́йте познако́мимся. Меня́ зову́т Ольга Алекса́ндровна. А как вас зову́т?
— Меня́ зову́т Джейн. Очень прия́тно.
— Вы студе́нтка, Джейн?
— Да, студе́нтка. Англича́нка. Я учу́сь в университе́те здесь, в Москве́.
— А в Англии где вы у́читесь?
— В Англии? Я живу́ и учу́сь в Ло́ндоне.

Упражнения к диалогам

1-6 Go through the dialogs and determine which names qualify as **и́мя,** which as **о́тчество,** and which as **фами́лия.**

1-7 Fill in the blanks with the appropriate words and phrases.

1. An older member of a Russian delegation visiting your university wants to get acquainted with you. Open and close the conversation appropriately:

   — Здра́вствуйте. Дава́йте _____ . Меня́ _____ Белоу́сова Анна Никола́евна. А _____ _____ зову́т?
   — Меня́? _____ .
   — Очень _____ познако́миться.
   — До _____ !
   — До _____ !

2. A fellow student wants to get acquainted with you. Open and close the conversation appropriately:

   — Здра́вствуй! _____ зову́т Ма́ша. А как _____ зову́т?
   — _____ зову́т _____ .
   — Очень _____ .
   — Ну, _____ !
   — _____ !

1-8 Немно́го о себе́.

1. Меня́ зову́т _____ . Моя́ фами́лия _____ .
2. Я _____ . Я _____ .
       студе́нт, студе́нтка,   **америка́нец, америка́нка,**
       бизнесме́н   **кана́дец, кана́дка, англича́нин, англича́нка**
3. Я живу́ в _____ .
       Бо́стоне, Вашингто́не, Нью-Йо́рке, Чика́го, Лос-Анджелесе, Сан-Франци́ско, Торо́нто, Квебе́ке, Монреа́ле (*fill in your city*)

4. Я живу́ в _____ .

Миссу́ри, Иллино́йсе, Ога́йо, Нью-Йо́рке,
Монта́не, Квебе́ке, Онта́рио (*fill in your state or province*)

5. Я учу́сь в _____ .

шко́ле, университе́те

1-9 Подгото́вка к разгово́ру. Review the dialogs. How would you do the following?

1. Initiate an introduction.
2. Say what your name is.
3. Ask a person with whom you are on formal terms what his/her name is.
4. Ask a person with whom you are on informal terms what his/her name is.
5. Give your first and last name.
6. State your nationality.
7. Say how pleased you are to meet someone.
8. Say hello and good-bye to someone with whom you are on formal terms.
9. Say hello (hi) and good-bye to someone informally.
10. Tell where you live.
11. Tell in which city you go to school.
12. Ask someone what his/her patronymic (first name, last name) is.

 1-10 Develop a short dialog for each picture.

Игровые ситуации

This part of the unit gives you the opportunity to use the language you have learned. Read the role-play situations and consider what language and strategies you would use to deal with each one. Do not write out dialogs. Get together with a partner and practice the situations. Then act them out in class.

1-11 You are in Moscow:

1. Get acquainted with the following people. Tell them as much as you can about yourself and find out as much as you can about them.
   a. your new Russian teacher   c. your new host family
   b. a student sitting next to you   d. a young Russian at a party in the cafeteria
2. It is your first day of class in Russia. Introduce yourself to the class. Say as much about yourself as you can.
3. Working with a partner, prepare and act out an introduction situation of your own design. Use what you know, not what you don't know.

 # Устный перевод

1-12 Here is your chance to act as an interpreter for an English speaker and a Russian. The purpose is to give additional practice using the linguistic material you are learning. Try to express your client's ideas rather than translating every word.

One student will play the role of the English speaker who knows no Russian. This person's script is given. Your instructor will play the role of the Russian. All students should prepare the interpreter's role by planning how they will express the English speaker's comments in Russian. If you play the interpreter, you will have to give the English version of the Russian's comments as well as the Russian version of the English speaker's comments; those playing the English and Russian speakers must pretend not to know the other language. If the interpreter runs into difficulty, he/she may ask a classmate to help out.

You are in Moscow. A friend who does not know Russian has asked you to help her get acquainted with someone at a party.

ENGLISH SPEAKER'S PART

1. Hello. I'd like to meet you. What's your name?
2. My name is _____ . It's nice to meet you.
3. My last name is _____ . What's your last name?
4. Is that so! I'm a student too.
5. Yes, I'm an American.
6. Good-bye!

Грамматика

1. Formal and Informal Speech Situations

Family members and friends normally address each other informally: They call each other by first name and use the **ты** forms of the pronoun *you*. When they first meet, adults normally address each other formally: They may call each other by name and patronymic and use the **вы** forms of the pronoun *you*.

The **вы** forms are also used to address more than one person.

ты FORMS (INFORMAL SINGULAR)	**вы** FORMS (FORMAL AND PLURAL)
Здра́вствуй! Приве́т!	Здра́вствуйте! До́брый день (ве́чер)!
Как тебя́ зову́т?	Как вас зову́т?
Как ты сказа́л(а)?	Как вы сказа́ли?
Где ты у́чишься?	Где вы у́читесь?
Где ты живёшь?	Где вы живёте?
Пока́!	До свида́ния!

Упражнения

1-13 How would you say hello and good-bye to the following people?

- your new Russian teacher
- a four-year-old boy
- three little girls
- your next-door neighbor
- your classmate

1-14 How would you ask the above people their names?

1-15 Would you address the people below with **ты** or with **вы?**

1-16 The following dialog takes place between people on formal terms (**вы**). Change it to one between people whose relationship is informal.

— Здра́вствуйте! Меня́ зову́т Ольга. А как вас зову́т?
— Меня́ зову́т Джейн. Очень прия́тно.
— Вы студе́нтка, Джейн?
— Да, студе́нтка. Я учу́сь в университе́те здесь, в Москве́.
— А в Аме́рике где вы у́читесь?
— В Аме́рике? Я живу́ и учу́сь в Лос-Анджелесе.
— До свида́ния!
— До свида́ния!

► *Complete Oral Drills 1 and 2 in the Student Activity Manual (S.A.M.).*

2. Russian Names

Russians have three names: a first name (**и́мя**), a patronymic (**о́тчество**), and a last name (**фами́лия**).

1. **Имя.** This is the given name, the name the parents select when a baby is born. Examples are **Михаи́л, Серге́й, Екатери́на,** and **Ната́лья.** Most names have one or more commonly used nicknames. **Екатери́на,** for example, is called **Ка́тя, Ка́тенька,** and **Катю́ша** by close friends and relatives.

2. **Отчество.** The **о́тчество** is derived from the father's first name by adding a suffix to it (**-овна/-евна** for daughters, **-ович/-евич** for sons). It means "daughter of…" or "son of…" It is part of a Russian's full name as it appears in all documents.

   When Russians reach their twenties, usually when they acquire some degree of status at work, they begin to be addressed by their **и́мя–о́тчество** in formal situations. This carries the semantic weight of "Mr." and "Ms." The literal Russian equivalents of "Mr." (**господи́н**) and "Ms." (**госпожа́**) are used only in the most official of circumstances. The **о́тчество** is used only with the full form of the **и́мя,** never with a nickname.

   Foreigners do not have an **о́тчество.** Unless you are Russian, it is culturally inappropriate for you to introduce yourself using **и́мя–о́тчество.**

3. **Фами́лия.** Russian last names are slightly different for males and females: The female form of the last name ends in **-а.** He is **Каре́нин;** she is **Каре́нина;** he is **Петро́в;** she is **Петро́ва.** There are also men's last names that end in **-ский;** the women's equivalent is **-ская.** Women may or may not take their husband's **фами́лия** when they get married.

Call your Russian friends by their first name or nickname. Call all other adults, especially your teacher and individuals with whom you are conducting business negotiations, by their first name and patronymic.

Упражнение

1-17 Что чему соответствует? Match the people on the left with their fathers on the right.

PERSON'S FULL NAME

__ Еле́на Ви́кторовна Гусли́стова
__ И́горь Петро́вич Ка́спин
__ Алексе́й Миха́йлович Ма́рков
__ А́нна Григо́рьевна Леви́цкая
__ Мари́на Андре́евна Соловьёва
__ Ива́н Серге́евич Канды́бин
__ Ната́лья Ива́новна Петро́ва
__ Пётр Алексе́евич Вишнёвский

FATHER'S FIRST NAME

а. Ива́н
б. Алексе́й
в. Пётр
г. Ви́ктор
д. Андре́й
е. Михаи́л
ж. Григо́рий
з. Серге́й

3. Gender—Introduction

Russian women's names end in **-а** or **-я.**
Russian men's *full* names end in a consonant. (Many men's *nicknames* end in **-а** or **-я.**
For example, a nickname for **Евге́ний** is **Же́ня,** and a nickname for **Па́вел** is **Па́ша.**)

Nouns denoting nationality also show gender. So far you have seen **америка́нец/
америка́нка, кана́дец/кана́дка, англича́нин/англича́нка,** and **ру́сский/ру́сская.**

Упражнения

1-18 Which of the following are men?

1. Григо́рий Анто́нович Бо́ский
2. Мари́я Петро́вна Петро́ва
3. Ната́лья Петро́вна Ивано́ва
4. Фёдор Ива́нович Гага́рин
5. Алекса́ндра Миха́йловна Аксёнова
6. Алекса́ндр Григо́рьевич Буга́ев
7. Бори́с Серге́евич Макси́мов
8. Евге́ния Алекса́ндровна Вознесе́нская
9. Никола́й Па́влович Зерно́в

1-19 Parts of the following list were smeared in the rain. Help restore the names by filling in the missing letters. Note that in official Russian, the **фами́лия** comes first, followed by the **и́мя** and **о́тчество.** They are not separated by commas.

Астафьев — *Мария* — *Ивановна*
Зайцев — *Ольга* — *Максимовна*
Монахов — *Сергей* — *Михайлович*
Тришин — *Валерий* — *Петрович*
Устинов — *Александра* — *Андреевна*

1-20 Match each full name in the left column with its appropriate nickname in the right column. Two nicknames can be used twice.

1. __ Па́вел	а. Ната́ша
2. __ Евге́ний	б. Аня
3. __ Алекса́ндра	в. Са́ша
4. __ Мари́я	г. Бо́ря
5. __ Екатери́на	д. Ле́на
6. __ Бори́с	е. Пе́тя
7. __ Еле́на	ж. Ка́тя
8. __ Алекса́ндр	з. Ма́ша
9. __ Пётр	и. Же́ня
10. __ Ива́н	к. Ми́тя
11. __ Анна	л. Ми́ша
12. __ Михаи́л	м. Па́ша
13. __ Евге́ния	н. Ва́ня
14. __ Ната́лья	
15. __ Дми́трий	

1-21 Which of the above are women's names?

➤ Complete Oral Drills 3–5 in the S.A.M.

4. Gender of Modifier "My"

You can introduce someone as you do in English: "This is my brother." The pronoun "my" would change according to the gender of the person you are describing. For example:

Это **мой** друг Марк.	*This is my (male) friend Mark.*
Это **мой** брат Са́ша.	*This is my brother Sasha.*
Это **мой** па́па Бори́с Миха́йлович.	*This is my father Boris Mikhailovich.*
Это **моя́** подру́га Ма́ша.	*This is my (female) friend Masha.*
Это **моя́** сестра́ Ле́на.	*This is my sister Lena.*
Это **моя́** ма́ма Анна Серге́евна.	*This is my mother Anna Sergeevna.*

Упражнение

1-22 Introduce the following people to your partner:

- your brother
- your sister
- your (male) friend
- your (female) friend
- your mother
- your father

► *Complete Oral Drill 6 and Written Exercise 3 in the S.A.M.*

5. Case

One way in which Russian differs from English is that Russian nouns, adjectives, and pronouns have endings that indicate their function in a sentence. Consider these two English sentences.

Mother loves Maria.   and   **Maria loves Mother.**

How can you tell which is the subject and which is the object in these sentences? In English, word order tells you which is which. In Russian, however, endings on nouns and adjectives identify their roles in sentences. For instance, the Russian sentences

Ма́ма лю́бит Мари́ю.   and   **Мари́ю лю́бит ма́ма.**

both mean *Mother loves Maria.*

The system of putting endings on nouns, adjectives, and pronouns is called the case system. Russian has six cases: nominative, accusative, genitive, prepositional, dative, and instrumental.

6. The Nominative Case

The nominative case is used for naming. Nouns and adjectives given in the dictionary are in the nominative case. The nominative case is used for:

1. The subject of the sentence.

   Джон — америка́нец.   *John* is an American.

2. The predicate complement in an equational sentence (any word that "is" the subject).

   Джон — **америка́нец.**   John is *an American.*

7. The Prepositional Case—Introduction

— Я живу́ **в** Аме́рик**е.**   *I live in America.*
— Вы живёте **в** Нью-Йо́рк**е?**   *Do you live in New York?*
— Нет, **в** Мичига́н**е.**   *No, in Michigan.*
— А я живу́ **в** Калифо́рни**и.**   *Well, I live in California.*

To indicate location, use the preposition **в** followed by a noun in the prepositional case. If you know the nominative case of the singular noun, you can form its prepositional singular as follows:

If the noun in the nominative case ends in a consonant other than **-й**, add **-е**:

NOMINATIVE	PREPOSITIONAL
Нью-Йо́рк	в Нью-Йо́рк**е**
Санкт-Петербу́рг	в Санкт-Петербу́рг**е**

If the noun in the nominative case ends in **-й, -а,** or **-я**, drop that letter and add **-е**:

NOMINATIVE	PREPOSITIONAL
музе́**й**	в музе́**е**
Москва́	в Москв**е́**
Ан**я**	об Ан**е́**

However, never write **-ие** as the last two letters in the prepositional case. Write **-ии** instead:

NOMINATIVE	PREPOSITIONAL
Калифо́рни**я**	в Калифо́рни**и**

For foreign words ending in **-о, -и,** or **-у**, the prepositional case looks the same as the nominative case:

NOMINATIVE	PREPOSITIONAL
Колора́до	в Колора́до
Миссу́ри	в Миссу́ри
Баку́	в Баку́

To say "in an American state," you may put the word **штат** in the prepositional case and then keep the state name in the nominative:

Я живу́ в Нью-Йо́рке.	OR	Я живу́ в шта́те Нью-Йо́рк.
Я живу́ в Мичига́не.	OR	Я живу́ в шта́те Мичига́н.
Я живу́ в Калифо́рнии.	OR	Я живу́ в шта́те Калифо́рния.

To say "in an American city," you may put the word **го́род** in the prepositional case and then keep the city name in the nominative:

Я живу́ в Нью-Йо́рке.	OR	Я живу́ в го́роде Нью-Йо́рк.
Я живу́ в Анн-Арборе.	OR	Я живу́ в го́роде Анн-Арбор.

В or во? В becomes **во** before words that begin with two consonants if the first consonant is **в** or **ф**. This affects three combinations that you are likely to use often: **во Фло́риде, во Фра́нции,** and **во Владивосто́ке.** Since **во** is never stressed, pronounce it as [**ва**].

Упражнения

1-23 Indicate which words are in the nominative case (N) and which ones are in the prepositional case (P).

1. Джон (＿) — студе́нт. (＿)
2. Джон (＿) — америка́нец. (＿)
3. Я (＿) учу́сь в университе́те (＿) в Бо́стоне. (＿)
4. Ты (＿) живёшь в Массачу́сетсе. (＿)
5. Бо́стон (＿) в Массачу́сетсе. (＿)

1-24 Где они́ живу́т? Tell where the following people live.

Образе́ц: Где живёт Кэ́рен? (Мичига́н) → Кэ́рен живёт в Мичига́не.

1. Где живёт Джон? (Иллино́йс)
2. Где живёт Кэ́рол? (Арканза́с)
3. Где живёт Ва́ня? (Санкт-Петербу́рг)
4. Где живёт Сью́зан? (Индиа́на)
5. Где живёт Курт? (Монта́на)
6. Где живёт Са́ша? (Москва́)
7. Где живёт Ди́ма? (Росси́я)
8. Где живёт Мэ́ри? (Калифо́рния)
9. Где живёт Де́ннис? (Колора́до)
10. Где живёт Са́ра? (Миссиси́пи)

1-25 If asked where they live, how would people from the following places answer?

Вашингто́н, Квебе́к, Ло́ндон, Пари́ж, Та́мпа, Аризо́на, Аме́рика, Москва́, Сан-Дие́го, Миссу́ри, Сан-Франци́ско, Филаде́льфия, А́нглия, Фра́нция, Испа́ния, Герма́ния

1-26 О себе́. Отве́тьте на вопро́сы. Answer these questions with your own information.

Где вы живёте?
Где вы у́читесь?

1-27 Как по-ру́сски? Translate into Russian.

1. — What is your name?
   — My name is Natasha.
2. — What is your last name?
   — Sokolova.
3. — It's nice to meet you.
4. — Are you Russian?
   — Yes, I am.
5. — Where do you live in Russia?
   — I live in Smolensk.
6. — Where do you study?
   — I study here in Washington.
7. — This is my friend John. He also lives in Washington.
8. — This is my sister Mila. She lives in Moscow.

➤ *Complete Oral Drills 7–10 and Written Exercises 4–7 in the S.A.M.*

8. The Verb *to be* in Russian Present Tense Sentences

The verb *to be* and its forms *am*, *are*, and *is* are absent in Russian in the present tense.

Я студе́нт.	*I am a student.*
Я студе́нтка.	*I am a student.*

In writing, a dash is sometimes used in place of the verb "to be" when both the subject and the predicate are nouns. You might see this dash in complex sentences, or in simpler sentences when the second noun defines the first:

Москва́ — ру́сский го́род.

Давайте почитаем

In each unit you will read Russian documents and other texts to develop specific strategies for reading in Russian. Do not be surprised or frustrated if you do not know many of the words. First, read the initial questions in English, and then read the Russian text silently trying to find answers to the questions.

1-28 Визи́тные ка́рточки. Look through these business cards and decide whom you would consult if you:

- needed to find out about a video copyright.
- wanted to find out about the banking system.
- were interested in U.S.-Russian trade.
- wanted to inquire about courses in cultural history.
- were interested in socioeconomic issues.

ИНСТИТУТ НЕЗАВИСИМЫХ СОЦИАЛЬНО-ЭКОНОМИЧЕСКИХ ИССЛЕДОВАНИЙ

СУХОВИЦКАЯ ЕЛЕНА ЛЬВОВНА
СЕКРЕТАРЬ – РЕФЕРЕНТ

191023, Россия, Санкт-Петербург
Кан. Грибоедова, 34, к.210
тел: (812) 110 57 20, факс (812) 110 57 51
e-mail: insei@sovamsu.com

Российская ассоциация интеллектуальной собственности

РОЗАНОВ АЛЕКСАНДР БОРИСОВИЧ
Директор отдела кино- и видеопродукции

Москва, Башиловская ул., 14
Тел.: 261-64-10 Факс: 261-11-78
e-mail: rozanov@rais.ru

Валерий Михайлович
МОНАХОВ

Вице-Президент
международные отношения

РОССИЙСКО — АМЕРИКАНСКАЯ КОМПАНИЯ

199226, Санкт-Петербург
Галерный проезд, 3
Тел. (812) 352 12 49
Факс. (812) 352 03 80

МЕЖЭКОНОМСБЕРБАНК

ФИЛИАЛ В Г. С.-ПЕТЕРБУРГЕ

**ГУЩЕНКО
НАДЕЖДА АЛЕКСАНДРОВНА
ЗАМЕСТИТЕЛЬ ГЛАВНОГО БУХГАЛТЕРА**

196128, . г. Санкт-Петербург   тел.: (812) 296-97-55
ул. Благодатная, 6   факс: (812) 296-88-45

НИЖЕГОРОДСКИЙ ГОСУДАРСТВЕННЫЙ ЛИНГВИСТИЧЕСКИЙ УНИВЕРСИТЕТ
имени Н. А. Добролюбова

ЖИВОЛУПОВА
Наталья Васильевна
доцент
кафедры теории и истории культуры

603163, Нижний Новгород
Тел. (8312) 25-13-78   Факс (8312) 36-20-39
Электронная почта: gen@nnifl.nnov.ru

Which of these cardholders are women?

1-29 Ви́зовая анке́та. Read through the visa application below. Find out the following information.

1. What is the person's name?
2. When was she born?
3. Why is she going to Russia?
4. What cities does she want to visit?
5. What is her arrival date?
6. What is her departure date?
7. What does she do for a living?
8. Where does she work?
9. Where does she live?
10. How long will she be in Russia?
11. What is the date of this visa application?
12. How do Russians write dates?

Консульство РФ в <u>США</u>

Национальность	*Русская*
Гражданство	*США*
Фамилия	*Сорокина*
Имя, отчество	*Наталья Николаевна*
Дата рождения *14.03.68*	Пол *Ж*
Цель поездки	Бизнес ☐ Туризм ☑
Маршрут следования (в пункты)	*Москва — С. Петербург — Москва*
Дата въезда *10.03.07*	Дата выезда *30.03.07*
Профессия	*Преподаватель русского языка*
Место рождения	*Новгород*
Паспорт № *1534762*	Годен до *22.07.10*
Девичья фамилия *Бернштейн*	
Фамилия мужа/жены *Сорокин*	
Даты Ваших поездок в СССР или Россию *1998. 2002*	
Место работы *Нью-Йоркский университет*	Рабочий тел. *(212) 555-9879*
Адрес постоянного места жительства *1185 44th St., Brooklyn, NY 11323*	Домашний тел. *(718) 555-6658*

Я заявляю, что все данные, указанные в анкете, являются правильными и полными.

Дата: *13.02.07*   Подпись: *Н. Сорокина*

1-30 Ва́ля в Аме́рике. In each unit of *Golosa*, we will follow the e-mail of Valya, a Russian exchange student now in a small college in the town of Centerport. Valya is corresponding with Elena Anatolievna, a teacher from her last year in high school in Arkhangelsk. At this point, Valya has arrived in New York, where she will stay for a few days before she takes a bus to Centerport, where she will live with a family and enroll in the local college.

Read Valya's first e-mail and answer the questions that follow.

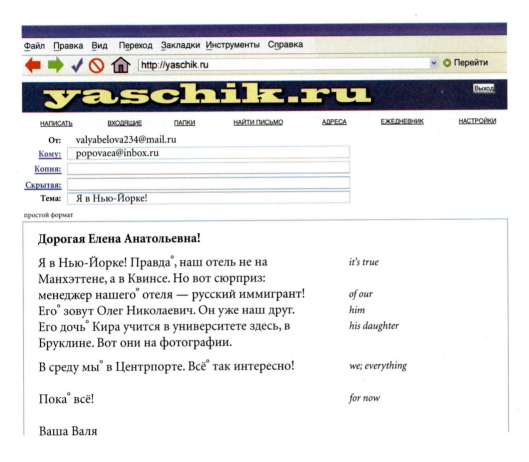

Я в Нью-Йорке! Правда°, наш отель не на Манхэттене, а в Квинсе. Но вот сюрприз: менеджер нашего° отеля — русский иммигрант! Его° зовут Олег Николаевич. Он уже наш друг. Его дочь° Кира учится в университете здесь, в Бруклине. Вот они на фотографии.	*it's true* *of our* *him* *his daughter*
В среду мы° в Центрпорте. Всё° так интересно!	*we; everything*
Пока° всё!	*for now*

Ваша Валя

1. Вопро́сы

а. Ва́ля в Нью-Йо́рке и́ли* в Москве́?

б. Кто ме́неджер оте́ля? Как его́ зову́т?

в. Как зову́т его́ дочь?

*или – *or*

2. Грамма́тика в конте́ксте

а. What words are in the prepositional case in this e-mail?

b. Here **пока́** means *for now*. In what other context have you seen it?

Давайте послушаем

 1-31 Расписа́ние. You just arrived in Moscow to study Russian. You have a list of names of the Russian teachers, but you don't know who is teaching what. On the first day of class, the program director reads the schedule to you. Write down the names of the teachers in longhand next to the subjects they teach. The list of teachers is given below.

Па́влова Ири́на Семёновна   Авваку́мов Ива́н Алексе́евич
Купри́н Никола́й Влади́мирович   Каза́нцева Мари́на Васи́льевна
Али́ева Мари́на Никола́евна

Заня́тия	*Фами́лия, и́мя, о́тчество преподава́теля*
1. Грамма́тика	_____
2. Ле́ксика	_____
3. Фоне́тика	_____
4. Литерату́ра	_____
5. Исто́рия	_____

 1-32 Пресс-конфере́нция. You are an American reporter in Moscow attending a press conference at the Ministry of Foreign Affairs. A government spokesperson is announcing the names of a delegation to an important meeting in Washington. Check them against the list you were given earlier. There are more names on your list than in the announcement.

1. Арбатова Татьяна Алексеевна
2. Борисов Кирилл Петрович
3. Герулайтис Герман Карлович
4. Константинов Евгений Павлович
5. Крапивкина Зоя Дмитриевна
6. Кукуева Нина Георгиевна
7. Курский Евгений Ильич
8. Муратов Ахмед Ашевич
9. Туруханов Сергей Николаевич
10. Шестко Тарас Иванович
11. Чайкин Максим Павлович

1-33 Приглашéние на вéчер. Listen to the announcer on the tape read the names of the people invited to a party. Check off the names you hear.

Боский Григорий Антонович
Вишевский Антон Николаевич
Владимирова Зинаида Сергеевна
Гагарин Фёдор Игнатьевич
Литвинова Наталья Петровна
Иванова Александра Ивановна
Иванов Максим Ильич
Павлов Пётр Петрович
Петрова Мария Петровна
Шукшин Михаил Петрович

Could any of the people on the list be brother and sister? Who? How do you know?

Новые слова и выражения

NOUNS

Аме́рика	America (*the U.S.*)
америка́нец/америка́нка	American (*person*)
англича́нин/англича́нка	English (*person*)
Англия	England
бизнесме́н	businessperson
брат	brother
го́род	city
друг	(*male*) friend
и́мя	first name
Ирку́тск	Irkutsk (*city in Siberia*)
Кана́да	Canada
кана́дец/кана́дка	Canadian (*person*)
Квебе́к	Québec
Ло́ндон	London
Лос-Анджелес	Los Angeles
Москва́	Moscow
Нью-Йо́рк	New York
о́тчество	patronymic
подру́га	(*female*) friend
ру́сский/ру́сская	Russian (*person*)
сестра́	sister
студе́нт/студе́нтка	student
университе́т	university
фами́лия	last name
штат	state

PRONOUNS

я	I
мой/моя́	my
ты	you (*informal, singular*)
вы	you (*formal and plural*)
э́то	this is

VERBS

Я живу́. . .	I live. . .
Ты живёшь/Вы живёте. . .	You live. . .
Я учу́сь. . .	I study. . .
Ты у́чишься/Вы у́читесь. . .	You study. . .

Новые слова и выражения

ADVERBS

здесь	here
то́же	also

QUESTION WORDS

где	where
кто	who
что	what

CONJUNCTIONS

а	and (*often used to begin questions or statements in continuing conversation*)
и	and

PREPOSITIONS

в (plus *prepositional case*)	in

OTHER WORDS AND PHRASES

да	yes
Дава́йте познако́мимся!	Let's get acquainted!
До́брое у́тро.	Good morning.
До́брый день.	Good afternoon.
До́брый ве́чер.	Good evening.
До свида́ния.	Good-bye.
Здра́вствуй(те)!	Hello!
Зна́чит...	So...
Как вас (тебя́) зову́т?	What's your name?
Как ва́ше о́тчество?	What's your patronymic?
Как ва́ша фами́лия?	What's your last name?
Как ты сказа́л(а)?	What did you say? (*informal*)
Как вы сказа́ли?	What did you say? (*formal and plural*)
Меня́ зову́т...	My name is...
Немно́го о себе́.	A bit about myself/yourself.
Очень прия́тно с ва́ми познако́миться.	Pleased to meet you.
Познако́мьтесь!	Let me introduce you! (*lit.* Get acquainted!)
Пока́!	See you later! (*informal*)
Пра́вда?	Really?
Приве́т!	Hi! (*informal*)
Прости́те.	Excuse me.
Это мой друг/моя́ подру́га.	This is my (*male/female*) friend.

Новые слова и выражения

PASSIVE VOCABULARY

анке́та	questionnaire
(Ваня) живёт…	(Vanya) lives…
вопро́сы	questions
Где они́ живу́т?	Where do they live?
го́лос (*pl.* голоса́)	voice
грамма́тика	grammar
Дава́йте поговори́м!	Let's talk!
Дава́йте послу́шаем!	Let's listen!
Дава́йте почита́ем!	Let's read!
диало́г	dialog
игрова́я ситуа́ция	role-play
Как по-ру́сски?	How do you say in Russian...?
коммуникати́вные зада́ния	communicative tasks
культу́ра и быт	culture and everyday life
музе́й	museum
но́вые слова́ и выраже́ния	new words and expressions
образе́ц	example
Отве́тьте на вопро́сы.	Answer the questions.
О чём идёт речь?	What are we talking about?
подгото́вка	preparation
приглаше́ние на ве́чер	invitation to a party
разгово́р	conversation
разгово́ры для слу́шания	listening conversations
Разреши́те предста́виться.	Allow me to introduce myself.
расписа́ние	schedule
сло́во (*pl.* слова́)	word
то́чка отсчёта	point of departure
упражне́ние (*pl.* упражне́ния)	exercise
у́стный перево́д	oral interpretation
Что чему́ соотве́тствует?	What matches what?

Что у меня есть?

Коммуникативные задания

- Naming common objects
- Greeting friends at the airport
- Russian homestays
- Reading and listening to ads

Культура и быт

- Slippers at home (та́почки)
- Докуме́нты: па́спорт и ви́за

Грамматика

- Grammatical gender: continuation
- Nominative plural of nouns
- The 5- and 7-letter spelling rules
- Pronouns **он, она́, оно́,** and **они́**
- Possessive pronouns **чей, мой, твой, наш, ваш, его́, её,** and **их**
- Nominative case of adjectives
- **Что** vs. **како́й**
- **Это** vs. **э́тот, э́то, э́та, э́ти**
- Having: **У меня́ (у тебя́, вас) есть**

О чём идёт речь?

Оде́жда.

рубашка

пиджа́к

га́лстук

блу́зка

пла́тье

ю́бка

футбо́лка

джи́нсы

брю́ки

ма́йка

сви́тер

костю́м

пальто́

ку́ртка

ша́пка

перча́тки

боти́нки

сапоги́

та́почки

кроссо́вки

носки́

очки́

часы́

су́мка

рюкза́к

Культура и быт

When you enter a Russian's home, the hosts will offer you slippers, **та́почки.**
Russians generally remove their street shoes and put on slippers as soon as
they enter their own or anyone else's home. This custom is practical in Russia's
northern climate, where the streets can be slushy or muddy for most of the year.
Slippers keep your feet warm and dry, and your hosts' floors clean.

2-1 Ва́ша оде́жда. Classify the clothing into related groups such as casual–formal,
top–bottom, winter–summer, things you have–things you don't have,
men's–women's.

2-2 You are going to visit a friend for three days. What will you take?

2-3 Тéхника. A lot of Russian technical terminology is borrowed from English. Match the pictures with the words. Are there any words you do not recognize? Which items do you own?

1. _____ мобильный телефóн (мобильник)
2. _____ телевизор
3. _____ компьютер
4. _____ фотоаппарáт
5. _____ кассéтный магнитофóн (кассéтник)
6. _____ рáдио
7. _____ машина
8. _____ видеомагнитофóн
9. _____ принтер
10. _____ видеокáмера
11. _____ CD-плéйер
12. _____ DVD-плéйер

а.

б.

в.

г.

д.

е.

ж.

з.

л.

и.

к.

м.

2-4 Что чемý соотвéтствует? Which words go together?

1. _____ компьютер
2. _____ фотоаппарáт
3. _____ видеомагнитофóн
4. _____ магнитофóн
5. _____ CD-плéйер

а. видеокассéта
б. дискéтка
в. кассéта
г. слайд
д. диск

2-5 Печа́ть. Here are some things that people read. Do you have any of these things with you?

кни́га

докуме́нты

газе́та

письмо́

журна́л

слова́рь

Культура и быт

Ва́ши докуме́нты, пожа́луйста. In order to enter Russia, you need **докуме́нты: па́спорт и ви́за.** The police (**мили́ция**) could ask you to show your **докуме́нты** on the street or in the metro. All Russians carry an internal **па́спорт** with them as identification. If you have something to declare at customs (**тамо́жня**) you may be asked to fill out a customs declaration (**деклара́ция**) upon entering or leaving Russia.

2-6 В аудито́рии. Can you find these objects in your classroom?

доска́

каранда́ш

мел

ру́чка

рюкза́к

уче́бник

тетра́дь

2-7 Како́й? Кака́я? Here are some useful adjectives. Organize the Russian words into opposites or contrasting pairs. It will be easier to remember them that way.

но́вый	new	хоро́ший	good
большо́й	large	ма́ленький	small
ста́рый	old	плохо́й	bad
краси́вый	beautiful	некраси́вый	ugly
ру́сский	Russian	неинтере́сный	uninteresting
интере́сный	interesting	америка́нский	American

Цвета́:

кра́сный		red	чёрный		black
жёлтый		yellow	бе́лый		white
зелёный		green	се́рый		gray
голубо́й		light blue	кори́чневый		brown
си́ний		dark blue	бе́жевый		beige
фиоле́товый		purple	ора́нжевый		orange
ро́зовый		pink			

Разговоры для слушания

Разгово́р 1. По́сле тамо́жни.
Разгова́ривают Мэ́ри и Ка́тя.

1. What is Katya commenting on?
2. What does Mary have in the suitcase?
3. What is Katya's surprise?

Разгово́р 2. С прие́здом!
Разгова́ривают Вале́ра и Джим.

1. What does Valera say about Jim's suitcase?
2. What does Jim have in the lighter suitcase?
3. What does Jim have in the heavier suitcase?
4. What gift has Jim brought for Valera?
5. What is Valera's surprise?

Разгово́р 3. И вот мы до́ма!
Разгова́ривают Ке́йти и Людми́ла Па́вловна.

1. What does Ludmila Pavlovna offer to Katie upon Katie's arrival?
2. What furniture is in Katie's room?
3. What does Katie say about the room?
4. What does Katie give to Ludmila Pavlovna?
5. What does Ludmila Pavlovna say?

Давайте поговорим

Диалоги

С приéздом! Use this phrase only to greet someone who has arrived from another city or country.

1. С приéздом!

— С приéздом, Джим! Ну, как ты? Где твой чемодáн?
— Вот он.
— Какóй большóй! Что у тебя́ в чемодáне? Тéхника?
— Да. Компью́тер, фотоаппарáт, кни́ги, подáрки.
— Подáрки! Каки́е?
— Это сюрпри́з.
— А у меня́ тóже сюрпри́з.
— Какóй?
— Нóвая маши́на.

Молодéц! Use this form of praise only with friends. It is not appropriate to praise a teacher or a business colleague like this.

2. Ты молодéц!

— Ли́нда! С приéздом! Как ты?
— Хорошó, спаси́бо. Здрáвствуй, Кáтя!
— Это твой чемодáн? Си́ний? Ой, какóй большóй!
— И э́тот — тóже мой. Тут у меня́ тóлько одéжда — плáтья, мáйки, а там тéхника — фотоаппарáт, моби́льный телефóн, подáрки.
— Подáрки?! Интерéсно, каки́е?
— Нóвые компью́терные и́гры. Послéдние вéрсии.
— Ну, Ли́нда, ты молодéц!

3. И вот мы дóма!

— И вот мы дóма, Кéйти! Проходи́те! Вот тáпочки.
— Спаси́бо, Людми́ла Пáвловна!
— Вот э́то вáша кóмната… Бýдьте как дóма!
— Какáя краси́вая кóмната! И óкна каки́е больши́е!
— А э́то шкаф. Вот кровáть, пи́сьменный стол… Вот и всё. А э́то что у вас?

— Тут у меня компьютер-ноутбук, фотоаппарат и подарки. А вот маленький подарок, Людмила Павловна.
— Какая красивая книга, Кейти! Какие здесь хорошие фотографии! Спасибо большое!
— Пожалуйста!

4. Познакомьтесь!

— Кейти, познакомьтесь! Это моя дочь Юля. А это её сын Саша.
— Очень приятно, Юля! Здравствуй, Саша!
— Где вы живёте, Кейти?
— Я живу в Кливленде. Это большой город в штате Огайо.
— Понятно. У вас есть фотографии?
— Да, вот фотография. Это наш дом и наша машина. А это мама и папа.
— А кто это?
— Это мой брат Джо.
— А чья эта чёрная кошка?
— Это наша кошка Мина.
— Какая она большая!

Упражнения к диалогам

2-8 У вас есть…? Working with a partner, ask and answer questions as in the models.

Образец: — У вас есть мобильник?
— Да, у меня есть мобильник. (Да, есть.)
или
— Нет, у меня нет.

Вопросы:

— У вас есть…? радио, компьютер, видеомагнитофон, CD-плеейер,
— У тебя есть…? телевизор, фотоаппарат, машина, газета, англо-русский словарь, чемодан, часы, очки, кошка, собака

Ответы:

— Да, (у меня) есть.
— Нет, у меня нет.

2-9 Your luggage got lost. List at least ten items you had in your suitcase.

2-10 What would you wear if you were to go to the places mentioned below?

1. theater
2. beach
3. job interview
4. class at the university
5. ski resort

2-11 You have invited a Russian friend to visit you in your hometown. List a few things your friend should bring.

2-12 Что у тебя есть? Ask your partner what he/she has on and with him/her: clothes, backpack, and classroom items. Partner: Give the color of each item.

> Образе́ц: — Что у тебя́ есть?
>
> — У меня́ си́ние джи́нсы, голубо́й сви́тер, чёрная футбо́лка, бе́лые кроссо́вки, си́ние носки́, бе́жевый уче́бник, кра́сная тетра́дь и зелёный рюкза́к.

2-13 День рожде́ния. What ten things would you like to get for your birthday? Use adjectives with at least five items on your list.

2-14 Пое́здка в Москву́. Sasha and Lena have invited you to visit them in Moscow for two weeks in December. Make a list of ten things to pack.

2-15 У меня́ есть пода́рок! Take turns telling your group that you have a gift, but don't say what it is. Others in the group will ask questions in Russian to find out what the gift is.

> POSSIBLE QUESTIONS:
>
> Пода́рок большо́й и́ли ма́ленький?
> Это оде́жда? Это блу́зка?
> Это те́хника? Это кассе́та?

2-16 Review the dialogs. How might your hosts ask you these questions? Practice asking and answering them, using the dialogs as your guide.

- Whose suitcase is this?
- Do you have a computer (mobile phone, car)?
- What is this?
- Who is this?

Review the dialogs again. How would you do the following?

- Indicate that you have understood something.
- Welcome someone at the airport.
- Praise someone.
- Thank someone.

2-17 В аэропорту́ и до́ма. Working with a partner, practice responding to the following situations. Then switch roles.

1. WITH A FRIEND AT THE AIRPORT

   С прие́здом!
   Как ты?
   Како́й большо́й чемода́н! Что в чемода́не?
   Большо́е спаси́бо!
   Это пода́рок.
   У меня́ но́вая маши́на.

2. WITH YOUR HOST FAMILY AT HOME

У вас есть фотогра́фия?
Кто э́то?
Где вы живёте? Где вы у́читесь?
Чья э́то маши́на?
Ваш го́род краси́вый?

Игровые ситуации

2-18 В Росси́и...

1. You have just arrived in Russia for a homestay. Get acquainted with your host.
2. You have just arrived at the Moscow international airport, **Шереме́тьево-2.** Your Russian host family meets you there. Act out your arrival at the airport.
3. You are now unpacking at your host's home. Explain what items you have brought with you.
   a. CD player and DVD player
   b. computer and printer
   c. cell phone
   d. camera
   e. dictionary and books
   f. newspapers and magazines
4. Working with a partner, prepare and act out a situation that deals with the topics of this unit.

Устный перевод

2-19 Your friend's host father doesn't understand any English, but your friend's Russian is shaky. Act as translator for them. Note that the Russian speaker starts the conversation.

ENGLISH SPEAKER'S PART

1. Thank you! Nice to meet you!
2. My coat? Here it is.
3. This little suitcase is mine.
4. The big suitcase is mine too.
5. Okay.
6. Clothes and books...
7. My computer, camera, and presents.

Грамматика

1. Grammatical Gender

Gender of Russian Nouns

	Masculine	Neuter	Feminine
Hard Stem	чемода́н – ∅	окн – **о́**	газе́т – **а**
Soft Stem	музе́ – **й** слова́р – **ь**	пла́ть – **е**	фами́ли – **я** крова́т – **ь**

Russian nouns belong to one of three genders: masculine, neuter, or feminine. You can usually tell the gender of a noun by looking at its last letter in the nominative singular (the dictionary form). The table above shows the gender endings of nouns.

Masculine: no ending (consonant), **й, ь**

Neuter: **о, е** (also **ё**)

Feminine: **а, я, ь**

Exceptions:

1. **Masculine singular nouns.** Nouns that "look" feminine but refer to males (**па́п***а* – *dad*, **дя́дя** – *uncle*, **де́душк***а* – *grandfather*, and nicknames for males, such as **Ва́ня, Ви́тя, То́ля,** and **Са́ша**) are MASCULINE.
2. **Neuter singular nouns.** Nouns that end in **-мя** are NEUTER. Examples: **и́мя** – *first name* and **вре́мя** – *time*.

What about nouns that end in -ь? Some nouns that end in **-ь** are masculine (example: **слова́рь** – *dictionary*) and some are feminine (example: **крова́ть** – *bed*). For these words, you must learn their gender when you learn the words. They will be marked in word lists and glossaries as either (**он**) or (**она́**).

Упражне́ние

2-20 Он, она́ и́ли оно́? Determine whether the following nouns are masculine, feminine, or neuter.

фотоаппара́т, сви́тер, футбо́лка, руба́шка, письмо́, маши́на, слова́рь, крова́ть, ру́чка, ко́шка, соба́ка, Калифо́рния, пла́тье, пода́рок, ра́дио, музе́й, га́лстук, телеви́зор, о́тчество, тетра́дь, рюкза́к

2. Nominative Plural of Nouns

The nominative plural ending for most masculine and feminine nouns is **-ы** or **-и.**
The nominative plural ending for most neuter nouns is **-а** or **-я.** The following tables
show how to form the plural of Russian nouns.

Masculine and Feminine Nouns

	Nominative Singular	Nominative Plural	
Hard Stem	чемода́н ко́мната	чемода́ны ко́мнаты	**-ы**
Soft Stem	музе́й слова́рь фами́лия крова́ть	музе́и словари́ фами́лии крова́ти	**-и**

Neuter Nouns

	Nominative Singular	Nominative Plural	
Hard Stem	о́тчество	о́тчества	**-а**
Soft Stem	пла́тье	пла́тья	**-я**

The 7-letter spelling rule

After the letters **к, г, х, ш, щ, ж,** and **ч,** do not write the letter **-ы.** This is called the
7-letter spelling rule. Whenever an **-ы** or **-и** sound follows one of the seven letters,
it is spelled **-и.**

Examples:

кни́га	кни́ги
га́лстук	га́лстуки
гара́ж	гаражи́

Notes

1. Sometimes there is a stress shift in the plural. Such words are marked in the
   glossaries and word lists.

   Examples:

слова́рь	словари́
пиджа́к	пиджаки́
окно́	о́кна
письмо́	пи́сьма

2. Some masculine nouns ending in **-ок** or **-ец** lose this vowel whenever an ending is added. In the word lists and glossaries in this textbook, these words will be listed like this: **пода́р(о)к, америка́н(е)ц.**

3. Some masculine nouns take stressed **-а́** as the plural ending. In the word lists and glossaries in this textbook, the plural of such words will be indicated. This unit presents three such words:

NOMINATIVE SINGULAR	NOMINATIVE PLURAL
дом	дома́
сви́тер	свитера́
па́спорт	паспорта́

4. Words of *foreign origin* ending in **-о, -и,** or **-у** never change their form. They are called **indeclinable.** The nominative plural form of such a word is the same as the nominative singular form. For example: **ра́дио, пальто́, такси́, кенгуру́.**

Упражне́ние

➤ *Complete Oral Drill 1 and Written Exercise 1 in the Student Activity Manual (S.A.M.).*

2-21 Give the nominative plural form of the following nouns.

магнитофо́н, фотоаппара́т, дом, чемода́н, музе́й, слова́рь, па́спорт, маши́на, шко́ла, ма́ма, крова́ть, ле́кция, фами́лия, студе́нтка, кни́га, ма́йка, тетра́дь, пиджа́к, пода́рок, америка́нец, письмо́, о́тчество, окно́, пла́тье, пальто́, ра́дио, сви́тер, рюкза́к, каранда́ш, ру́чка, ко́шка

3. The Personal Pronouns: он, она́, оно́, они́

The pronouns **он** – *he*, **она́** – *she*, and **они́** – *they* replace nouns, as in the following examples:

— Где Бори́с Миха́йлович?	— Вот он.	There *he* is.
— Где па́па?	— Вот он.	There *he* is.
— Где Мари́на Ива́новна?	— Вот она́.	There *she* is.
— Где Аня и Гри́ша?	— Вот они́.	There *they* are.

These pronouns can also replace nouns for objects and then mean *it* or *they:*

Masculine	— Где чемода́н?	— Вот он.	There *it* is.
Neuter	— Где пла́тье?	— Вот оно́.	There *it* is.
Feminine	— Где маши́на?	— Вот она́.	There *it* is.
Plural	— Где часы́?	— Вот они́.	There *it* is.
	— Где кни́ги?	— Вот они́.	There *they* are.

Упражне́ние

2-22 Answer the following questions, using the models given above.

1. Где ви́за?
2. Где па́спорт?
3. Где пла́тье?
4. Где моби́льник?
5. Где тетра́дь?
6. Где ма́ма?
7. Где докуме́нты?
8. Где чемода́н?
9. Где джи́нсы?
10. Где карандаши́?
11. Где слова́рь?
12. Где па́па?
13. Где видеока́мера?
14. Где пода́рок?
15. Где пальто́?
16. Где окно́?

➤ *Complete Oral Drills 2–3 and Written Exercise 2 in the S.A.M.*

4. Whose? Чей? and the Possessive Pronouns мой, твой, его́, её, наш, ваш, их

To ask *Whose?* use **чей, чья, чьё,** or **чьи,** followed by **э́то** and the relevant noun.

Masculine	Чей э́то чемода́н?	*Whose suitcase is this?*
Neuter	Чьё э́то пальто́?	*Whose coat is this?*
Feminine	Чья э́то су́мка?	*Whose bag is this?*
Plural	Чьи э́то часы́?	*Whose watch is this?*
	Чьи э́то кни́ги?	*Whose books are these?*

Possessive pronouns indicating *my, your,* etc. also modify, or *agree with*, the noun to which they refer (like *my book*). The chart below lists all the nominative case forms of these words.

	Masculine	Neuter	Feminine	Plural
Whose?	Чей?	Чьё?	Чья?	Чьи?
my	мой	моё	моя́	мой
your (informal)	твой	твоё	твоя́	твой
our	наш	на́ше	на́ша	на́ши
your (formal, plural)	ваш	ва́ше	ва́ша	ва́ши

The possessive pronouns **его́** – *his* (pronounced [ево́]), **её** – *her,* and
их – *their* have only one form. They modify the possessor, not the noun possessed.

	Masculine	Neuter	Feminine	Plural
his	его́	его́	его́	его́
her	её чемода́н	её ра́дио	её маши́на	её кни́ги
their	их	их	их	их

Упражнения

2-23 Supply the correct form of the possessive pronouns.

1. Это (**ваш**) ма́йка? — Да, (**мой**).
2. (**Чей**) э́то ша́пка? — (**Его́**).
3. (**Мой**) компью́тер но́вый, а (**её**) ста́рый.
4. (**Чей**) э́то рюкзаки́? — (**Наш**).
5. Это (**твой**) пла́тье? — Да, (**мой**).

2-24 You and your group are getting ready to leave for the airport, and you're having
trouble keeping track of all the luggage. Fill in the blanks to figure out what is
whose, using the correct form of the appropriate possessive pronoun.

— (**Whose**) э́то су́мка? (**Yours, formal**)?
— Да, (**mine**).
— Так. А э́то (**your**) чемода́н?
— Нет. Не (**mine**). Это, наве́рное, (**his**) чемода́н. Вот э́тот большо́й чемода́н
   (**mine**).
— (**Whose**) э́то кни́ги?
— Это (**our**) кни́ги. А э́та кни́га не (**ours**). Это не (**your, informal**) кни́га?
— Нет, не (**mine**).
— Интере́сно, (**whose**) э́то кни́га?

2-25 Как по-ру́сски? Translate into Russian.

1. — Whose pen is this?
   — This is her pen.
2. — This is our videocamera.
3. — Is this your watch?
   — No, this is his.
4. — Where is my cell phone?
   — There it is.
5. — Whose letter is this?
   — This is your letter.
6. — Are these our notebooks?
   — No, theirs.
7. — Whose dog is that?
   — It's our dog.

➤ *Complete Oral Drills 4–9 and Written Exercises 3–5 in the S.A.M.*

5. Adjectives (Nominative Case)

Russian adjectives always agree in **gender, number,** and **case** with the nouns they modify.

For the time being, you must consider five things for each adjective you use:

- *Number:* is the noun singular or plural?
- If singular, look at the noun's *gender:* masculine, neuter, or feminine?
- Is the adjective *hard* (most are) or *soft* (rare, but you've seen two: **си́ний** – *dark blue* and **после́дний** – *last*)?
- Is it an *end-stressed* adjective, like **большо́й**? The masculine ending is different (**-о́й,** not **-ый**).
- *Spelling rules:* is the adjective subject to the 5- or 7-letter rule? (See the Spelling Rules below.)

Masculine: The adjectival ending is **-ый** except in the following contexts:

1. To follow the 7-letter spelling rule, the ending changes to **-ий.**
2. Soft-stemmed adjectives such as **си́ний** and **после́дний** also end in **-ий.**
3. Some adjectives have end stress. Their masculine form ends on **-о́й: большо́й.**

Neuter: The adjectival ending is **-ое.** Use **-ее** instead in two contexts:

1. To follow the 5-letter spelling rule, the ending changes to **-ее.** (See the Spelling Rules below.)
2. For soft-stemmed adjectives: **си́нее, после́днее.**

Feminine: The adjectival ending is **-ая.** The only exception is for soft-stemmed adjectives, for which the ending is **-яя: си́няя, после́дняя.**

Plural: The adjectival ending is **-ые.** Gender doesn't matter, but the spelling rules and softness do:

1. To follow the 7-letter spelling rule, the ending changes to **-ие.**
2. The ending for soft-stemmed adjectives is also **-ие: си́ние, после́дние.**

Endings for adjectives and nouns are treated separately. Using a soft noun does not mean that you have to use a soft adjective: **но́вые** (hard) **словари́** (soft).

The 7-letter spelling rule

After the letters **к, г, х, ш, щ, ж, ч,** do not write **-ы**; write **-и** instead.

The 5-letter spelling rule

After the letters **ш, щ, ж, ч, ц,** do not write **unstressed -о**; write **-е** instead.

Nominative Case of Adjectives

	Masculine	Neuter	Feminine	Plural (any gender)
Hard endings	но́в**ый** каранда́ш	но́в**ое** пла́тье	но́в**ая** ви́за	но́в**ые** рюкзаки́
Hard endings, end-stressed	голуб**о́й** сви́тер	голуб**о́е** пла́тье	голуб**а́я** руба́шка	голуб**ы́е** ма́йки
Soft endings	си́**ний** рюкза́к	си́**нее** пальто́	си́**няя** кни́га	си́**ние** костю́мы
Spelling rule adjectives "5" superscript = 5-letter spelling rule "7" superscript = 7-letter spelling rule	ру́сск**ий**[7] слова́рь	ру́сск**ое** пла́тье	ру́сск**ая** газе́та	ру́сск**ие**[7] словари́
	больш**о́й** чемода́н	больш**о́е** пальто́	больш**а́я** ку́ртка	больш**и́е**[7] дома́
	хоро́ш**ий**[7] журна́л	хоро́ш**ее**[5] ра́дио	хоро́ш**ая** маши́на	хоро́ш**ие**[7] очки́

Notes:

1. Masculine nouns with feminine endings like **па́па** take masculine adjectives: **мой ста́рый па́па.**
2. Adjectives denoting nationality are not capitalized: **америка́нская ви́за.**

Упражне́ния

2-26 Supply the correct forms of the adjectives.

1. Где (**чёрный**) боти́нки?
2. У меня́ есть (**зелёный**) футбо́лка.
3. Где (**ста́рый**) очки́?
4. Это (**хоро́ший**) пальто́.
5. У вас есть (**большо́й**) слова́рь?
6. Это (**си́ний**) маши́на.
7. Вот (**ма́ленький**) часы́.
8. Тут (**большо́й**) окно́.
9. У тебя́ есть (**си́ний**) ру́чка?
10. Вот (**голубо́й**) ша́пка.

2-27 Make a list of the clothing you own. Use adjectives with as many items as you can.

2-28 Соста́вьте предложе́ния. Create grammatically correct sentences by combining words from the three columns below. Be sure to make the adjectives agree with the nouns.

	но́вый	джи́нсы
	хоро́ший	моби́льник
	ста́рый	ра́дио
Это...	краси́вый	пла́тье
У вас есть...	плохо́й	кроссо́вки
У тебя́ есть...	некраси́вый	руба́шка
У меня́ есть...	чёрный	телеви́зор
	си́ний	компа́кт-ди́ски
	бе́лый	рюкза́к

2-29 Как по-ру́сски? Translate into Russian.

1. — Where is my new red tie?
   — Here it is.
2. — Do you have Russian magazines?
3. — Is this a good book?
4. — This is an old watch.
5. — Your dress is beautiful.
6. — I have American newspapers.
7. — This is a black blouse.
8. — This magazine is not interesting.
9. — That's a big closet.
10. — This is a new bed.

➤ *Complete Oral Drills 10–11 and Written Exercises 6–9 in the S.A.M.*

6. What: что vs. какой

Both **что** and **како́й** (**како́е, кака́я, каки́е**) mean *what,* but they are not interchangeable. Look at the examples:

Что в чемода́не?   *What* is in the suitcase?
Кака́я кни́га в чемода́не?   *What (which) book* is in the suitcase?

When *what* is followed by a noun, it is adjectival and therefore rendered by **како́й.** When *what* stands alone, it is translated as **что.**

The adjective **како́й** has end stress and is subject to the 7-letter spelling rule. It works like the adjective **большо́й.**

Masculine	Neuter	Feminine	Plural
Како́й чемода́н?	Како́е окно́?	Кака́я маши́на?	Каки́е часы́?

Упражнение

➤ *Complete Oral Drills 12–14 and Written Exercises 10–12 in the S.A.M.*

2-30 Заполните пропуски. Fill in the blanks with the correct Russian equivalent of *what*.

1. What is that? _____ это?
2. What documents are those? _____ это документы?
3. What do you have there? _____ тут у вас?
4. What book is that? _____ это книга?
5. What kind of television is this? _____ это телевизор?

7. This is/These are vs. This (Thing, Person)/These (Things, People): это vs. этот (эта, это, эти)

Both the unchanging form **это** and the modifier **этот (эта, это, эти)** can be rendered in English as *this/these*. However, they are not interchangeable. The unchanging word **это** almost always begins a sentence and means *this is, that is, these are,* or *those are.* **Это,** together with a noun or a modifier, can make a complete sentence:

Это словарь.	*This is* a dictionary.
Чьё это? — Это её.	Whose *is this?*—*It's* hers.

You can see further examples in the left half of the chart below.

The modifier **этот (эта, это, эти)** always appears together with a noun as part of a phrase and means *this* [book, car, etc.], not *this is.* Together with the noun it modifies, or with an adjective and a noun (**этот большой чемодан** – *this big suitcase*), the modifier **этот (эта, это, эти)** cannot make a complete sentence; another word that serves as a predicate is needed. See the right half of the chart below for examples.

This is… / These are…		This… / These…	
Это мой чемодан.	*That is* my suitcase.	Этот чемодан мой.	*This* suitcase is mine.
Это моё радио.	*That is* my radio.	Это радио моё.	*This* radio is mine.
Это моя машина.	*This is* my car.	Эта машина моя.	*This* car is mine.
Это мои документы.	*These are* my documents.	Эти документы мои.	*These* documents are mine.

Is this…? / Are these…?		Is this (X)…? / Are these (X's)…?	
Это твой чемодан?	Is *that* your suitcase?	Этот чемодан твой?	Is *this* suitcase yours?
Это его радио?	Is *that* his radio?	Это радио его?	Is *this* radio his?
Это новая машина?	Is *this* a new car?	Эта машина новая?	Is *this* car new?
Это ваши документы?	*Are these* your documents?	Эти документы ваши?	Are *these* documents yours?

Упражнение

2-31 Fill in the blanks with **это** or a form of **этот**.

1. *That is* my book.   _____ моя́ кни́га.
2. *This book* is mine.   _____ кни́га моя́.
3. *These are* my suitcases.   _____ мои́ чемода́ны.
4. *This suitcase* is yours.   _____ чемода́н ваш.
5. *This small suitcase* is also yours.   _____ ма́ленький чемода́н то́же ваш.
6. *These books* are interesting.   _____ кни́ги интере́сные.
7. *These new books* are yours.   _____ но́вые кни́ги ва́ши.
8. *These are* new books.   _____ но́вые кни́ги.
9. *Are those* new books?   _____ но́вые кни́ги?
10. Are *these books* new?   _____ кни́ги но́вые?

➤ *Complete Oral Drill 15 and Written Exercises 13–14 in the S.A.M.*

8. Indicating Having Something: у меня́ есть, у тебя́ есть, у вас есть

In English, we say: *I have a book.*

In Russian we express "having" like this:

У меня́ есть кни́га.
↓   ↓   ↓   ↓
By me   is   book.

That makes *book* the subject of the sentence.

У меня́ есть...	*I have…*
У тебя́ есть...	*You have… / Do you have…? (informal)*
У вас есть...	*You have… / Do you have…? (formal/plural)*

To have and have *not*? So far you can say that you have things. You do not know how to say you *don't* have something. For now you can say only: "No, I don't have it" or "No, I don't have one."

— У вас есть слова́рь?   — *Do you have a dictionary?*
— Нет, у меня́ нет.   — *No, I don't.*

Using есть. Use **есть** to ask whether something is or is not in someone's possession. Drop **есть** when you know that the object exists, but you are seeking additional information:

— У вас есть си́ний костю́м?   — *Do you have a blue suit?*
— Да, есть.   — *Yes, I do.*
— У вас си́ний костю́м?   — *Is your suit blue?*
— Да, си́ний.   — *Yes, it is.*

In short, if the "have" expression contains an adjective or a number, you should probably drop **есть**.

Упражнения

2-32 Ask what clothing your partner owns. Use **У тебя́ есть...?** **У вас есть...?** in your questions. Answer your partner's questions.

2-33 Combine words from the columns below to ask and answer questions about the colors of your partner's clothes.

Образе́ц: У тебя́ си́ний сви́тер?
— Да, он си́ний.
— Нет, он зелёный.

У тебя́ ...?
— Да, он/оно́/она́ ...
— Нет, он/оно́/она́ ...

чёрный	руба́шка
бе́лый	джи́нсы
кра́сный	брю́ки
се́рый	футбо́лка
бе́жевый	пла́тье
ро́зовый	ку́ртка
си́ний	сви́тер
голубо́й	боти́нки
жёлтый	кроссо́вки
ора́нжевый	носки́
зелёный	пальто́
фиоле́товый	рюкза́к

➤ *Review Oral Drill 10 and complete Written Exercises 15–17 in the S.A.M.*

Давайте почитаем

2-34 Продаю.

1. Look through this "for sale" column. What numbers would you call if you wanted to buy the items listed?
   - a stereo
   - a VCR
   - a car
   - a TV set
   - musical instruments
2. What musical instruments are advertised?
3. What else is advertised?

ПРОДАЮ

4016-540.	Музыкальный стереоцентр «Шарп». Тел. 149-74-98.
4038-360.	Пианино «Строуд» (США, не новое). Тел. 335-90-60.
4065-840.	Контактные линзы (04, -5,5). Тел. 963-98-12.
4096-340.	Автомашину «Вольво» (1986 г.). Тел. 388-09-38.
4227-108.	Новый японский видеомагнитофон «Sanyo 3100EE», телевизор «Рекорд ВЦ-311». Тел. 145-00-76.
4475-540.	Компьютер «Лазер» (486-33Мгц, 8 Мб, 120 Мб) тел. 443-25-19.
4506-541.	Видеомагнитофон «JVC-120». Тел. 405-09-87.
4516-260.	Электрогитару, банджо. Тел. 285-41-57.
4189-360.	Мотоцикл «К-58» недорого. Тел. 534-98-67. Борис.

2-35 Read the following text and answer the questions that follow.

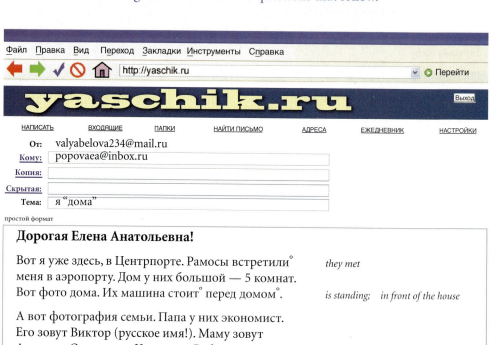

Файл   Правка   Вид   Переход   Закладки   Инструменты   Справка

http://yaschik.ru   Перейти

yaschik.ru

Выход

НАПИСАТЬ   ВХОДЯЩИЕ   ПАПКИ   НАЙТИ ПИСЬМО   АДРЕСА   ЕЖЕДНЕВНИК   НАСТРОЙКИ

От:	valyabelova234@mail.ru
Кому:	popovaea@inbox.ru
Копия:	
Скрытая:	
Тема:	я "дома"

простой формат

Дорогая Елена Анатольевна!

Вот я уже здесь, в Центрпорте. Рамосы встретили° меня в аэропорту. Дом у них большой — 5 комнат. Вот фото дома. Их машина стоит° перед домом°.

they met

is standing;   in front of the house

А вот фотография семьи. Папа у них экономист. Его зовут Виктор (русское имя!). Маму зовут Антония. Она юрист. У них сын Роб и дочь Анна. Роб в университете. Анна в школе в 12-ом классе. У них ещё собака Рокси.

Комната у меня красивая. Стены° белые. Окна большие. Всё отлично°! Завтра° регистрация в университете.

wall

excellent;   tomorrow

Ваша Валя

yaschik.ru

Выход

НАПИСАТЬ   ВХОДЯЩИЕ   ПАПКИ   НАЙТИ ПИСЬМО   АДРЕСА   ЕЖЕДНЕВНИК   НАСТРОЙКИ

От:	popovaea@inbox.ru
Кому:	valyabelova234@mail.ru
Копия:	
Скрытая:	
Тема:	я "дома"

простой формат

Здравствуй, Валя!

Я очень ра́да°, что всё хорошо. Напиши°,   *glad; write!*
когда° у тебя пе́рвые° ле́кции в университе́те.   *when; first*
Здесь всё ти́хо и споко́йно°!   *quiet and peaceful*

Е.

1. Вопро́сы

а. Их маши́на кра́сная?

б. Как зову́т па́пу? Кто он по профе́ссии?

в. Как зову́т ма́му? Кто она́ по профе́ссии?

г. Как зову́т сы́на и дочь?

д. У них есть кот и́ли соба́ка?

е. У Ва́ли больша́я ко́мната и́ли ма́ленькая?

ж. Когда́* у Ва́ли регистра́ция в университе́те?

*когда́ – *when*

2. Грамма́тика в конте́ксте

a. This e-mail exchange has four instances of the prepositional case. Where do you see them?

b. Russian has five cases other than the prepositional. Find nouns that you believe to have "unknown" case endings, other than nominative and prepositional.

c. What adjectives do you see in this exchange? What nouns do they modify?

Давайте послушаем

 2-36 Магазин-салон. Listen to the announcement with the following questions in mind.

1. Circle the items the store offers.
2. What is the store's address?
3. What is its phone number?

2-37 Магазин «Мода». Listen to the announcement and determine what is being advertised. Pick out at least four key words that lead you to your conclusion and jot them down in English or in Russian.

Новые слова и выражения

NOUNS

ве́рсия	version
ви́за	visa
газе́та	newspaper
докуме́нт	document, identification
дом (*pl.* дома́)	home, apartment building
дочь	daughter
журна́л	magazine
игра́ (*pl.* и́гры)	game
каранда́ш (*pl.* карандаши́)	pencil
кни́га	book
ко́мната	room
ко́шка (*masc.* кот, *masc. pl.* коты́)	cat (tomcat)
крова́ть (она́)	bed
ма́ма	mom
окно́ (*pl.* о́кна)	window
па́па	dad
па́спорт (*pl.* паспорта́)	passport
пи́сьменный стол	desk
письмо́ (*pl.* пи́сьма)	letter
пода́р(о)к	gift
ру́чка	pen
рюкза́к (*pl.* рюкзаки́)	backpack
слова́рь (он) (*pl.* словари́)	dictionary
соба́ка	dog
су́мка	bag; purse; campus bag
сын	son
сюрпри́з	surprise
тетра́дь (она́)	notebook
уче́бник	textbook
чемода́н	suitcase
шкаф (в шкафу́)	cabinet; wardrobe; free-standing closet

Те́хника / Gadgets

видеока́мера	video camera
видеокассе́та	videocassette
видеомагнитофо́н	videocassette recorder
диске́тка	diskette
кассе́та	cassette
кассе́тный магнитофо́н (кассе́тник)	cassette player
(компа́кт)-ди́ск (*pl.* [компа́кт]-ди́ски)	CD
компью́тер	computer
магнитофо́н	tape recorder
маши́на	car
но́утбук	notebook computer

Новые слова и выражения

плéйер:
   CD [сиди́]-плéйер   CD player
   DVD [дивиди́]-плéйер   DVD player
при́нтер   printer
рáдио (приёмник)   radio (receiver)
слайд   slide
телеви́зор   television
телефóн   telephone
   мобúльный телефóн (мобúльник)   mobile telephone
фотоаппарáт   camera
фотогрáфия   photo

Одéжда   **Clothing**
блýзка   blouse
боти́нки (*pl.*)   shoes
брю́ки (*pl.*)   pants
гáлстук   tie
джи́нсы (*pl.*)   jeans
костю́м   suit
кроссóвки (*pl.*)   athletic shoes
кýртка   short jacket
мáйка   t-shirt, undershirt
носки́ (*pl.*)   socks
очки́ (*pl.*)   eyeglasses
пальтó (*indecl.*)   overcoat
перчáтки (*pl.*)   gloves
пиджáк   suit jacket
плáтье   dress
рубáшка   shirt
сапоги́ (*pl.*)   boots
сви́тер (*pl.* свитерá)   sweater
тáпочки (*pl.*)   slippers
футбóлка   t-shirt, jersey
часы́ (*pl.*)   watch
шáпка   cap
ю́бка   skirt

PRONOUNS

он	he, it	
онá	she, it	
онó	it	
они́	they	
э́то	this is, that is, those are, these are	

POSSESSIVE PRONOUNS

чей (чьё, чья, чьи)	whose
мой (моё, моя́, мой)	my
твой (твоё, твоя́, твой)	your (*informal*)
наш (нáше, нáша, нáши)	our
ваш (вáше, вáша, вáши)	your (*formal or plural*)
её	her
егó	his
их	their

Новые слова и выражения

ADJECTIVES

америка́нский (америка́нское, америка́нская, америка́нские)	American
большо́й (большо́е, больша́я, больши́е)	large
компью́терный	computer (*adj.*)
(не)интере́сный (интере́сное, интере́сная, интере́сные)	(un)interesting
(не)краси́вый (краси́вое, краси́вая, краси́вые)	pretty (ugly)
ма́ленький (ма́ленькое, ма́ленькая, ма́ленькие)	small
но́вый (но́вое, но́вая, но́вые)	new
плохо́й (плохо́е, плоха́я, плохи́е)	bad
после́дний (после́днее, после́дняя, после́дние)	last
ру́сский (ру́сское, ру́сская, ру́сские)	Russian
ста́рый (ста́рое, ста́рая, ста́рые)	old
хоро́ший (хоро́шее, хоро́шая, хоро́шие)	good
э́тот (э́то, э́та, э́ти)	this

Цвета́ / Colors

бе́жевый (бе́жевое, бе́жевая, бе́жевые)	beige
бе́лый	white
голубо́й	light blue
жёлтый	yellow
зелёный	green
кори́чневый	brown
кра́сный	red
ора́нжевый	orange
ро́зовый	pink
се́рый	gray
си́ний (си́нее, си́няя, си́ние)	dark blue
фиоле́товый	purple
чёрный	black

ADVERBS

там	there
то́лько	only
тут	here

QUESTION WORDS

како́й (како́е, кака́я, каки́е)	what, which
чей (чьё, чья, чьи)	whose

Новые слова и выражения

OTHER WORDS AND PHRASES

Бу́дьте как до́ма!	Make yourself at home!
Вот…	Here is…
Всё.	That's all.
Есть…?	Is there…? Are there…?
Интере́сно…	I wonder…, It's interesting…
Как ты?	How are you? (*informal*)
Молод(е́)ц!	Well done!
нет	no
ну	well…
Ой!	Oh!
Пожа́луйста.	You're welcome.
Поня́тно.	Understood.
Проходи́те.	Go on through.
С прие́здом!	Welcome! (*to someone from out of town*)
Спаси́бо.	Thank you.
У меня́ есть…	I have…
У меня́ нет.	I don't have any of those.
У вас есть…?	Do you have…? (*formal*)
У тебя́ есть…?	Do you have…? (*informal*)
Хорошо́.	Fine. Good.

PASSIVE VOCABULARY

англо-ру́сский (англо-ру́сское, англо-ру́сская, англо-ру́сские)	English-Russian
аудито́рия	classroom
аэропо́рт	airport
в аэропорту́	in the airport
деклара́ция	customs declaration
день рожде́ния	birthday
Запо́лните про́пуски.	Fill in the blanks.
доска́ (*pl.* до́ски)	(black)board
магази́н	store
мел	chalk
мили́ция	police
печа́ть	press
пое́здка	trip
пое́здка в Москву́	trip to Moscow
по́сле	after
Соста́вьте предложе́ния.	Make up sentences.
тамо́жня	customs

Какие языки вы знаете?

Коммуникативные задания

- Talking about languages
- Discussing ethnic and national backgrounds
- Reading ads about language programs

Культура и быт

- The place of foreign languages in Russia
- Responding to compliments
- Passports
- **Ру́сский** or **россия́нин**

Грамматика

- Verb conjugation: present and past tense
- Position of adverbial modifiers
- Talking about languages: **ру́сский язы́к** vs. **по-ру́сски**
- Talking about nationalities
- Prepositional case of singular and plural modifiers and nouns
- Conjunctions: **и, а, но**

Точка отсчёта

О чём идёт речь?

Кто э́то?

Это Джон и Джéссика.
Джон **америка́нец.**
Джéссика **америка́нка.**
Они́ говоря́т **по-англи́йски.**

Это Алёша и Ка́тя.
Алёша **ру́сский.**
Ка́тя **ру́сская.**
Они́ говоря́т **по-ру́сски.**

Это Хуа́н и Марисо́ль.
Хуа́н **испа́нец.**
Марисо́ль **испа́нка.**
Они́ говоря́т **по-испа́нски.**

Языки́ и национа́льности

Каки́е языки́ вы изуча́ете и́ли зна́ете?

Я изуча́ю. . .
Я зна́ю. . .

англи́йский язы́к
ара́бский язы́к
испа́нский язы́к
кита́йский язы́к (*Chinese*)

неме́цкий язы́к (*German*)
ру́сский язы́к
францу́зский язы́к
япо́нский язы́к (*Japanese*)

Кто они́ по национа́льности?

Па́па. . .	Ма́ма. . .	Они́. . .
америка́нец	америка́нка	америка́нцы
англича́нин	англича́нка	англича́не
ара́б	ара́бка	ара́бы
испа́нец	испа́нка	испа́нцы
италья́нец	италья́нка	италья́нцы
кана́дец	кана́дка	кана́дцы
кита́ец	китая́нка	кита́йцы
мексика́нец	мексика́нка	мексика́нцы
не́мец	не́мка	не́мцы
ру́сский	ру́сская	ру́сские
украи́нец	украи́нка	украи́нцы
францу́з	францу́женка	францу́зы
япо́нец	япо́нка	япо́нцы

На како́м языке́ вы говори́те до́ма?

До́ма мы говори́м…

по-англи́йски
по-ара́бски
по-испа́нски
по-кита́йски

по-неме́цки
по-ру́сски
по-францу́зски
по-япо́нски

Ва́ша фами́лия ру́сская?

Да, ру́сская.
Нет,…

англи́йская
ара́бская
испа́нская
кита́йская

неме́цкая
францу́зская
япо́нская

Где вы жи́ли?

Я жил(а́)…

в Англии
в Еги́пте
в Испа́нии
в Кита́е

в Герма́нии
во Фра́нции
в Япо́нии

в Кана́де
в Аме́рике

Разговоры для слушания

Разгово́р 1. Вы зна́ете англи́йский язы́к?
Разгова́ривают Пе́тя и секрета́рь филологи́ческого факульте́та Моско́вского университе́та.

1. What language is being discussed?
2. Does Petya know this language?
3. What does he want to find out?
4. How does the secretary help him?

Разгово́р 2. Вы говори́те по-францу́зски?
Разгова́ривают Вади́м и Анто́н Васи́льевич.

1. What language is being discussed?
2. Does the professor know this language?
3. What is Vadim trying to find out?
4. Does the professor help him?

Разгово́р 3. Я говори́л хорошо́ по-англи́йски.
Разгова́ривают Ко́ля и Ве́ра.

1. What language did Kolya study in college?
2. How did Kolya speak this language back then? How is his speaking now?
3. How is Kolya's reading in his second language?
4. What is Kolya reading about?
5. What language did Vera study?
6. How does she describe her proficiency in her second language?

Давайте поговорим

Диалоги

1. Вы зна́ете испа́нский язы́к?

— Жа́нна, вы зна́ете испа́нский язы́к?
— Чита́ю хорошо́, говорю́ пло́хо.
— Я тут чита́ю испа́нский журна́л и не понима́ю одно́ сло́во…
— Како́е?
— Вот э́то. Как по-ру́сски «cambio»?
— По-ру́сски э́то бу́дет «обме́н». А о чём вы чита́ете?
— О европе́йских фина́нсовых ры́нках.
— Поня́тно.

Культура и быт

Иностра́нные языки́ в Росси́и. The study of foreign languages has historically been at the core of the education system. It is universal in Russian schools. Students begin the study of a foreign language no later than the fifth grade. Many schools offer instruction starting in the second grade. English is the most commonly taught foreign language, followed by German and French.

A thorough knowledge of a foreign language is a mark of prestige. Many prominent writers and thinkers began their careers as language majors or as translators.

2. Вы о́чень хорошо́ говори́те по-ру́сски.

Note the use of the **они́** form of the verb without the pronoun **они́.** *That's a dormitory where [they] speak only Russian/where only Russian is spoken.*

— Джейн, вы о́чень хорошо́ говори́те по-ру́сски.
— Нет, что́ вы! Я хорошо́ понима́ю, но говорю́ и пишу́ ещё пло́хо.
— Нет-нет, вы говори́те о́чень хорошо́. Роди́тели ру́сские?
— Па́па ру́сский, а ма́ма америка́нка.
— А на како́м языке́ вы говори́те до́ма?
— До́ма мы говори́м то́лько по-англи́йски.
— А отку́да вы зна́ете ру́сский язы́к?
— Я его́ изуча́ла в университе́те. И жила́ в ру́сском до́ме.
— В ру́сском до́ме? Что э́то тако́е?
— Это общежи́тие, где говоря́т то́лько по-ру́сски.
— Поня́тно.

3. Давайте познакомимся.

— Здравствуйте! Полищук Александр Дмитриевич.
— Сара Ньюэлл. Очень приятно. Полищук — это украинская фамилия, да?
— Да, отец — украинец. А мать — русская.
— А где они живут?
— Они живут в Киеве.
— А дома вы говорите по-украински?
— Не всегда. Раньше мы говорили только по-украински, а сейчас иногда и по-русски.
— Интересно.

4. Разрешите представиться.

— Разрешите представиться. Боб Джонс.
— Смирнова Лидия Михайловна. Очень приятно.
— Очень приятно.
— Вы англичанин, да?
— Нет, американец.
— Вы так хорошо говорите по-русски.
— Нет-нет, что вы! Я говорю ещё плохо.
— Но вы всё понимаете по-русски, да?
— Нет, не всё. Я понимаю, когда говорят медленно.
— А я не быстро говорю?
— Нет, нормально.

> Note again the use of the **они** form of the verb without the pronoun **они**. *I understand when it is spoken slowly.*

Культура и быт

Комплименты. No matter how well Russians speak English, they will probably respond to a compliment about their ability to speak a foreign language with denials, such as **Нет-нет, что вы!** (*Oh, no! Not at all!*)

5. Очень приятно познакомиться.

— Здравствуйте! Пегги Сноу.
— Аганян Гайдар Булатович.
— Говорите медленнее, пожалуйста. Я плохо понимаю по-русски.
— Аганян Гайдар Булатович.
— Значит, ваше имя Аганян?
— Нет, Аганян — фамилия. Зовут меня Гайдар Булатович.
— Понятно. Гайдар не русское имя?
— Не русское. По национальности я армянин. Жил в Ереване. Извините, Пегги, очень приятно познакомиться, но у меня сейчас лекция. До свидания.
— До свидания.

Культура и быт

Паспорт и национа́льность. Russia is a multinational state. At age sixteen, each citizen receives a passport that serves as a national ID. The passport contains the person's address, marital and military status, and, until the late 1990s, **национа́льность,** or ethnic group, which was based on the ethnic origin of either parent.

Упражнения к диалогам

3-1 Как по-ру́сски…?

The expression **я забы́ла** (*I forgot*) is marked for gender. A man says **я забы́л,** and a woman says **я забы́ла.** Using the example below, create dialogs in which you check the meanings of words you forgot.

Образе́ц:　— Я забы́л (забы́ла), как по-ру́сски «dress».
　　　　　　— По-ру́сски э́то бу́дет «пла́тье».

1. shirt	5. sneakers	9. t-shirt	13. glasses
2. coat	6. suit	10. watch	14. pants
3. shoes	7. tie	11. backpack	15. overcoat
4. jeans	8. jacket	12. skirt	

3-2 Как их зову́т? Кто они́ по национа́льности?

Образе́ц:　Это Ви́льям Шекспи́р. Он англича́нин.

3-3 Подгото́вка к разгово́ру. Review the dialogs. How would you do the following?

1. Ask if someone knows Spanish, English, French, etc.
2. Describe your level in speaking, reading, and understanding in a language you know.
3. Find out the meaning of a word you don't know in Spanish (French, Russian, etc.).
4. Praise someone's language ability.
5. Respond to a compliment about your Russian.
6. Ask where someone learned Russian (English, Spanish, etc.).
7. Find out if someone's name (first, last) is Russian (French, Spanish, etc.).
8. Indicate that you don't understand fast speech.
9. Find out if you are speaking too fast.
10. Say you used to live in a Russian House (or in Moscow, St. Petersburg, Washington, etc.).

 3-4 Иностра́нные языки́. Каки́е языки́ вы зна́ете? Каки́е языки́ зна́ют ва́ши роди́тели? На како́м языке́ вы говори́те до́ма?

 3-5 Немно́го о карти́нках. Кто э́то? Как их зову́т? Кто они́ по национа́льности? Что они́ говоря́т?

3-6 Новая программа иностранных языков. You are the administrator of a new foreign language program whose budget is large enough to offer instruction in five languages. Make a list of the languages you will include. Be prepared to explain your choices to the other groups.

Игровые ситуации

3-7 В Москве…

1. You are applying for a translating job and are asked to describe your language background. Your prospective employer may be interested in one skill more than another (for example, reading over speaking).
2. Your new host family is impressed with your Russian. Respond appropriately to the compliment and explain, when they ask, how you learned Russian.
3. Start a conversation with a Russian on any topic. If it goes too fast, slow it down.
4. You have just started a conversation with a Russian in Russian, but your language is still too limited to talk about much. Find out if you share another language.
5. Working with a partner, prepare and act out a situation of your own that deals with the topics of this unit.

Устный перевод

3-8 You are an interpreter for a foreigner visiting Moscow. At a party, the foreigner, who speaks no Russian, is interested in meeting a Russian who speaks no English. Help them out.

English speaker's part

1. Hi. Let me introduce myself. My name is… What's your name?
2. Pleased to meet you. [Name and patronymic of the Russian], do you know English?
3. No, I don't know Russian. I understand a little French and Italian.
4. Yes, I go to school at a small university in California. How about you?
5. Do you live in St. Petersburg?
6. Good-bye.

Грамматика

1. Verb Conjugation

The infinitive is the form listed in Russian dictionaries. Most Russian infinitives end in **-ть.** The infinitive is usually used after other verbs as in the sentences **Я хочу́ чита́ть** – *I want to read* and **Я люблю́ чита́ть** – *I like to read.*

In the present tense, Russian verbs agree with the grammatical subject. This is called verb conjugation. So far you know only some personal pronouns in Russian. Here are all of them:

кто	Who? (works like **он**)
я	I
ты	you (informal)
он/она́	he/she
мы	we
вы	you (plural/formal)
они́	they

The infinitive (dictionary form) provides little information about the verb conjugation. Learn the conjugation separately.

2. Verbs with -е-/-ё- conjugations: -ю (-у), -ешь, -ет, -ем, -ете, -ют (-ут)

The following charts show the endings for **е/ё**-conjugation verbs.

Stems Ending in Vowels			
	знать (to know)	**чита́ть** (to read)	**понима́ть** (to understand)
я	зна́ - **ю**	чита́ - **ю**	понима́ - **ю**
ты	зна́ - **ешь**	чита́ - **ешь**	понима́ - **ешь**
он/она́ (кто)	зна́ - **ет**	чита́ - **ет**	понима́ - **ет**
мы	зна́ - **ем**	чита́ - **ем**	понима́ - **ем**
вы	зна́ - **ете**	чита́ - **ете**	понима́ - **ете**
они́	зна́ - **ют**	чита́ - **ют**	понима́ - **ют**

Stems Ending in Consonants

	писа́ть (to write)	жить (to live)
я	пиш - у́	жив - у́
ты	пи́ш - ешь	жив - ёшь
он/она́ (кто)	пи́ш - ет	жив - ёт
мы	пи́ш - ем	жив - ём
вы	пи́ш - ете	жив - ёте
они́	пи́ш - ут	жив - у́т

Here are some things to keep in mind about **e/ё**-conjugation verbs. Refer to the charts above.

1. The infinitive is often misleading when it comes to conjugation. Learn the conjugation separately.
2. Note how endings are spelled. Verbs whose stems end in vowels, like those in the first chart, end in **-ю** for the **я** form and **-ют** for the **они́** form. Verbs whose stems end in consonants, like **писа́ть** and **жить** in the second chart, end in **-у** and **-ут** for those forms.
3. Watch for stress patterns. Stress can stay on the stem, as in the verbs from the first chart. It can change after the **я** form, as in the verb **писа́ть.** Or it can stay on the ending, as in **жить.** End stress changes the **e** in the middle forms to **ё.**

Упражнения

3-9 Запо́лните про́пуски. Fill in the blanks with the correct forms of **чита́ть.**

1. Что ты _____ ?
2. Я _____ францу́зские кни́ги.
3. Он ме́дленно _____ по-ру́сски.
4. Мы немно́го _____ по-неме́цки.
5. Кто хорошо́ _____ по-испа́нски?
6. Эти студе́нты непло́хо _____ по-итальа́нски.
7. — На како́м языке́ вы _____ ?
   — Я _____ по-англи́йски.
8. Она́ не _____ по-ара́бски.

3-10 Запо́лните про́пуски. Fill in the blanks with the correct forms of **жить.**

1. Где она́ _____ ?
2. Мои́ роди́тели _____ в Оклахо́ме.
3. Кто _____ в Росси́и?

4. Я сейча́с не _____ там.
5. Ты _____ в Пенсильва́нии?
6. Он _____ в Де́нвере?
7. Где вы _____?
8. Мы _____ в Москве́.

3-11 Запо́лните про́пуски. Fill in the blanks with the correct form of the verb in parentheses.

1. Ива́н бы́стро _____ (**чита́ть**) по-ру́сски, а я _____
   (**чита́ть**) ме́дленно.
2. — На каки́х языка́х вы _____ (**писа́ть**)?
   — Мы _____ (**писа́ть**) по-англи́йски и немно́го по-ру́сски.
3. — Кто _____ (**жить**) здесь?
   — Здесь _____ (**жить**) на́ши студе́нты.
4. — Вы хорошо́ _____ (**понима́ть**) по-ру́сски?
   — Да, я _____ (**понима́ть**) непло́хо.
5. — Каки́е языки́ вы _____ (**зна́ть**)?
   — Я _____ (**чита́ть**) по-испа́нски и по-неме́цки, но пло́хо
   _____ (**понима́ть**).
6. Кристи́на _____ (**жить**) во Фра́нции, но она́ пло́хо _____
   (**зна́ть**) францу́зский язы́к. Она́ дово́льно хорошо́ _____
   (**понима́ть**), но пло́хо _____ (**писа́ть**).
7. Ты _____ (**жить**) в Ме́ксике? Зна́чит, ты _____ (**знать**) испа́нский
   язы́к?
8. — Зна́ешь, я по-испа́нски хорошо́ говорю́ и _____ (**понима́ть**), но
   пло́хо _____ (**писа́ть**) и _____ (**чита́ть**).

> Complete Oral
> Drills 1–6 and
> Written
> Exercises 1–5 in
> the Student
> Activity Manual
> (S.A.M.).

3. Verbs with -и- conjugations: -ю, -ишь, -ит, -им, -ите, -ят

The following chart shows the endings for **и**-conjugation verbs. You know one verb in this family: **говори́ть.**

И-conjugation verbs generally have a **-ю** ending in the **я** form and a **-ят** ending in the **они́** form. The other forms feature the vowel **и**.

говори́ть (to speak, to talk)	
я	говор - **ю́**
ты	говор - **и́шь**
он/она́ (кто)	говор - **и́т**
мы	говор - **и́м**
вы	говор - **и́те**
они́	говор - **я́т**

Summary: Getting the right conjugation. Once you know the "theme" vowel of the verb conjugation (**е/ё** versus **и**), then learning the rest of the forms is easier, especially if you know the **я** form as well. The word lists in this book give the infinitive followed by the **я**, **ты**, and **они** forms. For example: **жить (живу́, живёшь, живу́т); говори́ть (говорю́, говори́шь, говоря́т).**

Упражнения

3-12 Запо́лните про́пуски. Fill in the blanks with the correct form of the verb **говори́ть.**

1. Мы _____ по-англи́йски, а Ди́ма и Ве́ра _____ по-ру́сски.
2. Мари́я _____ по-испа́нски и по-францу́зски.
3. Я немно́го _____ по-ру́сски.
4. Вы _____ по-неме́цки?
5. Кто _____ по-ара́бски?
6. Ты хорошо́ _____ по-ру́сски.
7. Профе́ссор _____ бы́стро, а студе́нты _____ ме́дленно.

3-13 Соста́вьте предложе́ния. Make ten truthful statements using the words from the columns below. Be sure to make the verb agree with the grammatical subject.

> ➤ *Complete Oral Drills 7–8 and Written Exercise 6 in the S.A.M.*

я		по-ру́сски
роди́тели		по-англи́йски
мы	(не) говори́ть	по-испа́нски
ты		по-украи́нски
вы		по-францу́зски
Ка́тя		по-ара́бски
Ро́джер		по-неме́цки
кто		по-япо́нски

4. The Past Tense: Introduction

Гайда́р Була́тович **жил** в Ерева́не.
Джейн **изуча́ла** ру́сский язы́к в университе́те и **жила́** в ру́сском до́ме.
Ра́ньше мы **говори́ли** то́лько по-украи́нски, а сейча́с иногда́ и по-ру́сски.

The past tense is formed from the infinitive. There is no conjugation in the past tense. But verbs do agree with their subjects in gender and number. For most verbs, form the past tense this way:

Masculine subject: drop the **-ть** from the infinitive and add **-л.**
Feminine subject: drop the **-ть** from the infinitive and add **-ла.**
Plural subject: drop the **-ть** from the infinitive and add **-ли.**

	знать (to know)	читáть (to read)	жить (to live)	говори́ть (to speak)
он (кто)	знал	читáл	жил	говори́л
онá	знáла	читáла	жилá	говори́ла
они́	знáли	читáли	жи́ли	говори́ли

Plural subjects include **мы** and **вы,** even if **вы** is used to address a single person. The informal **ты** is singular, and a past tense verb with **ты** agrees with the gender of the person addressed as **ты**.

— Гайдáр Булáтович, вы жи́ли в Еревáне?
— Да, я жил в Еревáне.

— Джейн, вы изучáли рýсский язы́к в университéте?
— Да, я изучáла рýсский язы́к в университéте.

— Джейн, ты жилá в рýсском дóме?
— Да, жилá.

You will learn the past tense forms of **учи́ться** in Unit 4.

Упражнéния

3-14 Fill in the blanks with the past tense form of the verb in parentheses.

1. В университéте мы _____ (**изучáть**) англи́йский язы́к.

2. Рáньше Ви́ктор хорошó _____ (**говори́ть**) и
_____ (**понимáть**) по-англи́йски.

3. В шкóле Лéна óчень хорошó _____ (**читáть**)и
_____ (**писáть**) по-францýзски.

4. Пáпа рáньше _____ (**понимáть**) по-китáйски.

5. — Ири́на Пáвловна, вы _____ (**изучáть**) немéцкий язы́к?
— Да, в университéте мы _____ (**изучáть**) и немéцкий, и
францýзский языки́. Я неплóхо _____ (**читáть**) по-
немéцки, но по-францýзски _____ (**писáть**) óчень плóхо.

6. — Ви́тя, ты _____ (**жить**) в общежи́тии?
— Да, в университéте я _____ (**жить**) в общежи́тии.
Мнóгие студéнты там _____ (**жить**).

7. — Кто _____ (**жить**) в Гермáнии?
— Мы там _____ (**жить**).

3-15 Explain that you no longer know the following languages as well as you used to.

Образéц: говори́ть по-рýсски
Рáньше я хорошó говори́л по-рýсски, а тепéрь я плóхо говорю́.

писáть по-францýзски	читáть по-китáйски
понимáть по-немéцки	говори́ть по-япóнски
читáть по-арáбски	писáть по-испáнски

Рáньше…, а тепéрь…
Back then…, whereas now…

➤ *Complete Oral Drills 9–10 and Written Exercise 7 in the S.A.M.*

5. Word Order: Adverbs

In Russian, adverbs such as **хорошо, плохо, быстро, свободно,** and **немного** usually precede verbs. For example:

Ты **хорошо** говоришь по-русски.	*You speak Russian well.*
Он **о́чень** лю́бит ру́сский язы́к.	*He likes Russian very much.*

However, in answering the question **как** – *how,* we usually put the adverb last. For example:

➤ *Review Oral Drill 8 in the S.A.M.*

— **Как** вы говори́те по-ру́сски?	*How do you speak Russian?*
— Я говорю́ **хорошо́.**	*I speak it well.*

6. Talking about Languages — Языки́

In this chapter we have used two kinds of verbs that relate to language:

- verbs involving language skills: **чита́ть, писа́ть, говори́ть, понима́ть**
- verbs involving knowledge or study of language: **зна́ть, изуча́ть**

For verbs describing language skills, use a form of the language with **по-: по-ру́сски, по-испа́нски, по-италья́нски,** etc. Note that the language does not end in **й.**

До́ма мы говори́ли **по-ру́сски.**
Ле́на хорошо́ чита́ет **по-кита́йски.**

When asking what language someone speaks, reads, or writes using these verbs, use the phrase **На како́м языке́...?** for one language or **На каки́х языка́х...?** for more than one.

— **На каки́х языка́х** вы говори́те?
— Я говорю́ **по-ру́сски** и **по-англи́йски.**

— **На каки́х языка́х** вы чита́ете?
— Я чита́ю **по-испа́нски** и **по-англи́йски.**

— **На како́м языке́** вы хорошо́ пи́шете?
— Я хорошо́ пишу́ **по-францу́зски.**

For the verbs **знать** and **изуча́ть,** use a form of the language with **-ский язы́к.** Note that the language does end in **й,** and that the word **язы́к** should be used.

Ви́ктор Петро́вич ра́ньше хорошо́ знал **испа́нский язы́к.**
Студе́нты изуча́ют **япо́нский** и **англи́йский языки́.**

When asking what language(s) someone knows or studies, use the phrase **Како́й язы́к...?** for one language or **Каки́е языки́...?** for more than one.

— **Каки́е языки́** вы зна́ете?
— Я зна́ю **англи́йский** и **испа́нский языки́.**

— **Како́й язы́к** вы изуча́ете в университе́те?
— Я изуча́ю **францу́зский язы́к.**

Exception: The verb **понима́ть** can be used with either structure, but you will more often hear **по-ру́сски**.

> — **Каки́е языки́** понима́ет твоя́ ма́ма?
> — Она́ понима́ет **испа́нский** и **неме́цкий языки́.**

or better:

> — **На каки́х языка́х** понима́ет твоя́ мама́?
> — Она́ понима́ет **по-испа́нски** и **по-неме́цки.**

Summary of Forms Used to Talk about Languages

	по- . . . ски (*no* -й *and no* язы́к)	. . .ский язы́к (*must have* -й *and* язы́к)
Questions	На како́м языке́ вы говори́те? На каки́х языка́х вы говори́те?	Како́й язы́к вы изуча́ете? Каки́е языки́ вы изуча́ете?
говори́ть чита́ть писа́ть	Я говорю́ **по-ру́сски.** Я чита́ю **по-ру́сски.** Я пишу́ **по-ру́сски.**	
знать изуча́ть		Я зна́ю **ру́сский язы́к.** Я изуча́ю **ру́сский язы́к.**
понима́ть	Я понима́ю **по-ру́сски.**	Я понима́ю **ру́сский язы́к.**

Упражнения

3-16 Языки́. Отве́тьте на вопро́сы.

1. Каки́е языки́ вы зна́ете?
2. На каки́х языка́х вы понима́ете?
3. На каки́х языка́х вы хорошо́ говори́те?
4. На каки́х языка́х вы пи́шете?
5. На каки́х языка́х вы чита́ете?
6. Каки́е языки́ зна́ют ва́ши роди́тели?
7. На како́м языке́ вы говори́те до́ма?
8. Каки́е языки́ вы изуча́ете?

3-17 Как по-ру́сски? Express these questions in Russian, using **ты.**

1. What languages do you know?
2. What languages do you study?
3. What language are you studying?
4. What languages can you write?
5. What languages do you understand?
6. What languages do you read?
7. What languages do you speak?

3-18 Как по-ру́сски?

► Complete Oral Drills 11–15 and Written Exercises 8–10 in the S.A.M.

1. Marina speaks English and German.
2. Do you study Arabic?
3. Who writes French?
4. The students study Italian.
5. I read and write Spanish very well.
6. My parents do not understand Russian.
7. — What languages do you know?
   — We speak and read Chinese.
8. I studied French in college, but now I speak French badly.
9. They used to speak Japanese fluently.
10. Have you studied Russian?
11. I used to speak German well, but now I speak poorly.

7. Talking about Nationalities — Кто вы по национа́льности?

To say someone is ethnically Russian, use the following adjective forms:

Он ру́сский.	Она́ ру́сская.	Они́ ру́сские.	(ethnically) Russian

To indicate other nationalities, use nouns. The usual form is **-ец** for men, **-ка** for women, and **-цы** for plural:

Он америка́нец.	Она́ америка́нка.	Они́ америка́нцы.	American
Он испа́нец.	Она́ испа́нка.	Они́ испа́нцы.	Spanish
Он италья́нец.	Она́ италья́нка.	Они́ италья́нцы.	Italian
Он кана́дец.	Она́ кана́дка.	Они́ кана́дцы.	Canadian
Он мексика́нец.	Она́ мексика́нка.	Они́ мексика́нцы.	Mexican
Он не́мец.	Она́ не́мка.	Они́ не́мцы.	German
Он япо́нец.	Она́ япо́нка.	Они́ япо́нцы.	Japanese

There are some exceptions for these forms, either for the masculine and plural forms:

Он англича́**нин**.	Она́ англича́нка.	Они́ англича́**не**.	English
Он россия́**нин**.	Она́ россия́нка.	Они́ россия́**не**.	Russian (citizen)

Or for the feminine form:

Он кита́ец.	Она́ кита**я́н**ка.	Они́ кита́йцы.	Chinese

Some nationalities do not take the **-ец** suffix. Note the exceptional form **францу́женка**:

Он ара́б.	Она́ ара́бка.	Они́ ара́бы.	Arab
Он францу́з.	Она́ францу́**жен**ка.	Они́ францу́зы.	French

Use an adjective only if the nationality term modifies another noun:

америка́нский студе́нт	American student
ру́сский язы́к	Russian language
неме́цкая литерату́ра	German literature

Do not capitalize nouns and adjectives referring to nationalities unless they start a new sentence. Only geographical names, like the names of countries and cities, are capitalized:

Грéта **нéмка.** Онá живёт в **Гермáнии.**

Культура и быт

Рýсский и́ли россия́нин? Russian has two words for *Russian.* **Рýсский** is generic and refers to ethnic background. **Россия́нин (россия́нка, россия́не)** invokes the notion of citizenship. Similarly, the adjective **росси́йский** refers to Russia as a nation-state (e.g., **Росси́йская Федера́ция,** the formal name for **Росси́я**), whereas **рýсский** has to do with "Russianness," as in **рýсские тради́ции,** which go far beyond Russia's political borders.

Упражнения́

3-19 Отвéтьте на вопрóсы.

1. Кто по национáльности вáша мáма?
2. Кто по национáльности ваш пáпа?
3. Кто вы по национáльности?
4. Кто по национáльности ваш преподавáтель*?

*преподавáтель – *teacher*

► *Complete Oral Drill 16 and Written Exercise 11 in the S.A.M*

8. The Prepositional Case

You have been using the prepositional case of nouns after the preposition **в** to indicate location. For example: **Я живý в Амéрике.** It can also be used after the preposition **на** – *on*. For example: **Кни́га на столé.** – *The book is on the table.*

In Russian, adjectives agree with the noun they modify in *gender, number,* and *case.* Therefore adjectives that modify nouns in the prepositional case must also be in the prepositional case.

Prepositional Case of Nouns

Masculine Nouns:

- If the word has a hard ending, that is a consonant other than **-й** or **-ь,** add **-е: в университéте.**
- If the word ends in **-й** or **-ь,** drop that letter and add **-е: в словарé.**
- If the resulting ending in the prepositional case would be **-ие,** change it to **-ии:** кафетéрий → в кафетéрии.

Neuter Nouns:

- If the word ends in **-о**, drop that letter and add **-е: в о́тчестве.**
- If the word ends in **-е**, there is no change: **в пла́тье.**
- If the resulting ending in the prepositional case would be **-ие,** change it to **-ии:** **общежи́тие → в общежи́тии.**

Feminine Nouns:

- If the word ends in **-а** or **-я,** drop the last letter and add **-е: в шко́ле.**
- If the word ends in **-ь,** drop that letter and add **-и: на крова́ти.**
- If the resulting ending in the prepositional case would be **-ие,** change it to **-ии:** **Росси́я → В Росси́и.**

Plural Nouns (all genders):

- If the singular form ends in a hard consonant (i.e., a consonant other than **-й** or **-ь**) or ends in **-а** or **-о,** drop the **-а** or **-о** (if applicable) and add **-ах: в уче́бниках, в шко́лах.**
- If the singular form has a soft ending (**-й, -ь, -я,** or **-е**), drop that letter and add **-ях: в словаря́х, в общежи́тиях.**

	Masculine and Neuter	Feminine	Plural
Hard (-∅, -о, -а)	в журна́ле в окне́	в газе́те	на стола́х
Soft (masc. -й, -ь, -е, -я)	в музе́е в словаре́ в пла́тье	в ку́хне	в словаря́х
Feminine -ь		на крова́ти	на крова́тях
If resulting ending would be -ие, change to -ии	в кафете́рии в общежи́тии	в лаборато́рии	в кафете́риях в общежи́тиях в лаборато́риях

Prepositional Case of Adjectives

Masculine and Neuter Adjectives:

- The regular ending is **-ом: но́вом.**
- If the letter prior to that ending is mentioned in the 5-letter spelling rule and the ending is unstressed, then the ending is **-ем: хоро́шем.**
- The ending for naturally soft adjectives is **-ем: си́нем.**

Feminine Adjectives:

- The regular ending is **-ой: но́вой.**
- If the letter prior to that ending is mentioned in the 5-letter spelling rule and the ending is unstressed, then the ending is **-ей: хоро́шей.**
- The ending for naturally soft adjectives is **-ей: си́ней.**

Plural Adjectives:

All adjectives have the same ending in the prepositional plural, regardless of gender. The two possible forms of this ending are **-ых** and **-их.**

- The basic ending is **-ых: но́вых.**
- If the adjective is naturally soft, the prepositional plural form is **-их: си́них.**
- If the last letter before the adjectival ending is one of those in the 7-letter spelling rule (see note 4 below), the prepositional plural form is **-их: хоро́ших.**

	Masculine and Neuter	Feminine	Plural
Hard (**-ый, -ой**)	в но́вом, в большо́м	в но́вой	в но́вых, в больши́х
Soft (**-ий**)	в си́нем	в си́ней	в си́них
Spelling rules	в хоро́шем[5]	в хоро́шей[5]	в хоро́ших[7]

Prepositional Case of Special Modifiers

Special modifiers include possessive pronouns (*my, your,* etc.; nominative masculine: **мой, твой, наш, ваш, чей**), demonstrative pronouns (*this/that;* **э́тот, э́то, э́та, э́ти**), and some numbers (*one, third*). Possessive pronouns act like soft adjectives, except for **его́, её,** and **их,** which never change (see Unit 2). Demonstrative pronouns and the cardinal number *one* (**оди́н**) act like hard adjectives in the singular and soft adjectives in the plural. The ordinal number *third* (**тре́тий**) acts like a soft adjective.

	Masculine Singular	Neuter Singular	Feminine Singular	Plural
Nominative	мой, наш, чей, э́тот оди́н, тре́тий	моё, на́ше, чьё, э́то одно́, тре́тье	моя́, на́ша, чья, э́та одна́, третья́	мои, на́ши, чьи, э́ти одни́, тре́тьи
Prepositional	в моём, на́шем, чьём, э́том в одно́м, в тре́тьем	в моём, на́шем, чьём, э́том в одно́м, в тре́тьем	в мое́й, на́шей, чьей, э́той в одно́й, в тре́тьей	в мои́х, на́ших, чьих, э́тих в одни́х, в тре́тьих

Notes and Reminders

The 7-Letter Spelling Rule
After the letters **к, г, х, ш, щ, ж, ч,** do not write **-ы;** write **-и** instead.

The 5-Letter Spelling Rule
After the letters **ш, щ, ж, ч, ц,** do not write **unstressed -о;** write **-е** instead.

1. Always delete the old ending (vowels, **-ь, -й**) before adding a new one. Noun endings are one letter in the singular and two letters in the plural. Adjective endings are always two letters.
2. Add the ending that will allow the stem to retain its hard or soft nature (unless this would cause you to break a spelling rule).
3. The prepositional singular ending for masculine nouns ending in **-ь** is **-е: словарь →** **в словаре**. However, the prepositional singular ending for feminine nouns ending in **-ь** is **-и: кровать → на кровати.**
4. Some masculine nouns with **о** or **е** in the semi-final position lose this vowel whenever an ending is added: **подарок → в подарке.**
5. Words of foreign origin ending in **-о, -и,** or **-у** are indeclinable. They never change their form: **Огайо → в Огайо, Цинциннати → в Цинциннати.**
6. The prepositional case of **что** is **чём.**
7. The prepositional case of **кто** is **ком.**

Упражнения

3-20 О себе.

1. Вы живёте в большом или маленьком штате?
2. Вы живёте в большом или маленьком городе?
3. Вы живёте в старом или новом городе?
4. Вы живёте в красивом или некрасивом городе?
5. Вы учитесь в большом или маленьком университете?
6. Вы живёте в общежитии, в квартире* или в доме?
7. В каких штатах вы жили?
8. В каких городах вы жили?

*квартира –*apartment*

3-21 Где они́ живу́т? Где они́ жи́ли?

Образе́ц: Илья́ — Москва́
Илья́ живёт в Москве́.
Илья́ жил в Москве́.

1. Ро́берт — Аме́рика
2. Мари́я — Ме́ксика
3. Хосе́ — Испа́ния
4. Курт — Эсто́ния
5. Мари́ — Фра́нция
6. Вади́м — Росси́я
7. Алёша — Санкт-Петербу́рг
8. Ната́ша — Ки́ев
9. Джордж — Цинцинна́ти
10. Дже́ннифер — Сан-Франци́ско
11. Ке́вин — Миссу́ри
12. Лари́са и Ольга — ста́рые дома́
13. Никола́й — наш го́род
14. Сю́зен — э́тот краси́вый штат
15. Ва́ня — ма́ленький го́род
16. Па́вел и Бори́с — больши́е общежи́тия
17. Со́ня — э́то ма́ленькое общежи́тие
18. Ди́ма — э́та но́вая кварти́ра
19. Гри́ша и Пе́тя — хоро́шие кварти́ры
20. Са́ра — Но́вая Англия

3-22 Где вы жи́ли?

Form sentences from answers in Exercise 3-20 using the past tense instead.

3-23 Как по-ру́сски?

1. Katya lives in Moscow.
2. They studied Russian at good schools.
3. Do you live in a big city?
4. — Where does he study?
   — He studies at a new university in California.
5. Amanda and Anna live in beautiful apartments.
6. I study in an old Russian city.
7. We lived in a small dormitory.
8. Have you lived in Russia?
9. These students studied German in Germany.
10. Who has lived in big cities?

➤ *Complete Oral Drills 17–19 and Written Exercises 12–14 in the S.A.M.*

9. About: Preposition о (об) and the Prepositional Case

You already know that the prepositional case is used with the preposition **в** or **на,** to answer the question **Где?**

The prepositional case is also used with the preposition **о** (**об** before a vowel *sound*) to mean *about*.

> — О чём вы читáете?
>> — О европéйских финáнсовых ры́нках.
>> — О нóвой кни́ге.
>> — О нóвом рýсском журнáле.
>
> — О ком вы говори́те?
>> — О нóвых студéнтах.
>> — О нáших преподавáтелях.

О changes to **об** before words beginning with the vowel letters **а, э, и, о,** or **у.** The form **о** is used everywhere else.

Вы говори́те **об** э́той нóвой кни́ге?	Вы говори́те **о** егó нóвой кни́ге?
Ты говори́шь **об** арáбском языкé?	Ты говори́шь **о** языкáх?
Он говори́т **об** общежи́тии.	Он говори́т **о** рýсских общежи́тиях.
Мы говори́м **об** интерéсной лéкции.	Мы говори́м **о** хорóшей лéкции.

Упражнения

3-24 О чём вы говори́те? **О ком** вы говори́те?
      О чём вы говори́ли? **О ком** вы говори́ли?

Образéц:	мы — Москвá	э́ти студéнты — преподавáтели
	О чём вы говори́те?	*О ком говоря́т э́ти студéнты?*
	Мы говори́м о Москвé.	*Они́ говоря́т о преподавáтелях.*
	О чём вы говори́ли?	*О ком говори́ли э́ти студéнты?*
	Мы говори́ли о Москвé.	*Они́ говори́ли о преподавáтелях.*

1. рýсские студéнты — Амéрика
2. америкáнцы — рýсские
3. рýсские — америкáнцы
4. Áнна — Росси́я
5. студéнты — общежи́тие
6. студéнтка — рýсская граммáтика
7. преподавáтели — интерéсные кни́ги
8. студéнты — хорóшие преподавáтели
9. мы — испáнский журнáл
10. ты — твои́ роди́тели
11. я — нóвое плáтье
12. вы — нóвые студéнты

➤ *Complete Oral Drill 20 and Written Exercises 15–16 in the S.A.M.*

10.   Conjunctions: и, а, но

This table shows in what situations the conjunctions **и, а,** and **но** are used.

	И	А	НО
In a compound subject	Ка́тя **и** Яша ру́сские.		
In a compound predicate	Они́ чита́ют **и** пи́шут по-ру́сски.		
To mean *but rather*		Э́то не Ки́ра, **а** Ка́тя. Ки́ра говори́т не по-неме́цки, **а** по-ру́сски.	
As the first word in continuing question		—До́ма они́ говоря́т по-ру́сски. —**А** отку́да они́ зна́ют ру́сский язы́к?	
Combining two clauses:			
• to make the *same comment* about two different subjects	Ка́тя ру́сская, **и** Яша ру́сский.		
• to make *different comments* about two different topics		Ка́тя ру́сская, **а** Энн америка́нка.	
• to indicate that the information in the second clause is a logical result of the first	Яша ру́сский, **и** он хорошо́ зна́ет ру́сский язы́к.		
• to indicate that the information in the second clause is unexpected, or that it in some way limits the information in the first clause			**Я** изуча́ю ру́сский язы́к, **но** говорю́ ещё пло́хо.

Упражнения

3-25 И, а, но. Review the dialogs on pages 73–74. Find sentences with the conjunctions **и, а,** and **но.** Group them in appropriate columns.

3-26 Запо́лните про́пуски. Fill in the blanks with the conjunction **и, а,** or **но.**

1. Ма́ша хорошо́ говори́т по-ара́бски, _____ я пло́хо говорю́.
2. Боб изуча́л ру́сский язы́к в шко́ле, _____ тепе́рь пло́хо говори́т и чита́ет по-ру́сски.
3. Бори́с изуча́л неме́цкий язы́к в шко́ле, _____ его́ брат изуча́л францу́зский.
4. Ира _____ её сестра́ хорошо́ пи́шут _____ чита́ют по-англи́йски.
5. Наш брат изуча́ет не ру́сский язы́к, _____ кита́йский.

3-27 Как по-ру́сски? Translate this paragraph, paying special attention to the underlined conjunctions.

Masha <u>and</u> Styopa are Russians. They live in Moscow <u>and</u> go to the university. She studies French <u>and</u> he studies English. She knows French, <u>but</u> reads slowly. Styopa knows not Spanish, <u>but</u> English.

Давайте почитаем

3-28 Ку́рсы иностра́нных языко́в.

1. Look at this newspaper ad with the following questions in mind.
   - What is the name of the company?
   - What languages are being offered?
   - Who are the instructors?
2. Go back to the ad and underline all of the cognates (words that sound like English words).
3. If the root **-скор-** means fast, what is the meaning of the adjective **уско́ренный?**

Фирма «ЛИНГВА»

объявляет открытие курсов иностранных языков

◆ английского   ◆ французского
◆ немецкого

Приглашаем взрослых и учащихся старших классов. Обучаем быстро, интересно, основательно.

Лучшие учебные пособия, компьютерные и видеокурсы, а главное — высококвалифицированные, опытные преподаватели из Англии, США, Германии, Франции и Канады.

Для коммерсантов мы предлагаем ускоренные бизнес-курсы: девять недель по шесть часов в день.

Телефон: 158-06-90 (с 16 до 19 часов ежедневно, кроме субботы и воскресенья).

Адрес: ул. Врубеля, 8, ст. метро «Сокол».

3-29 Иностра́нные языки́. Working in small groups, go through the newspaper ad and extract from it as much information as you can. Compare the information you got with other groups. What clues did you use to get the information?

Вы едете в Америку?
А язык?

Фирма «НТМ» поможет вам быстро освоить английский язык с использованием современных методик и пособий США и Канады. Мы предлагаем

- курсы ускоренного обучения
- бизнес-курсы
- курсы для иммигрантов

Оплата по наличному и безналичному расчёту.

Тел. 236-98-78, 236-66-96

3-30 Языки́ в США. Read the following text and answer the questions below.

Файл Правка Вид Переход Закладки Инструменты Справка

http://yaschik.ru   Перейти

yaschik.ru

Выход

НАПИСАТЬ   ВХОДЯЩИЕ   ПАПКИ   НАЙТИ ПИСЬМО   АДРЕСА   ЕЖЕДНЕВНИК   НАСТРОЙКИ

От: valyabelova234@mail.ru
Кому: popovaea@inbox.ru
Копия:
Скрытая:
Тема: На каком языке говорят в США?

простой формат

Дорогая Елена Анатольевна!

Семья очень интересная — все полиглоты. Папа
(Виктор) мексиканец. Мама (Антония) аргентинка.
(Америка ведь страна° иммигрантов!) Они в США   *country*
с° 1980 года. Конечно, все говорят по-английски и   here: *since*
по-испански. У Виктора небольшой испанский
акцент, а Антония говорит без° акцента. Но когда   *without*
говорят по-испански, я ничего° не понимаю, даже   *nothing*
когда говорят медленно. Анна учит французский
язык и уже свободно говорит, почти° как француз.   *almost*
Роб изучает русский с большим энтузиазмом, но
пока° говорит только немного. Он знает русский   *for the time being*
алфавит и такие° слова, как "здравствуйте",   *such*
"пожалуйста", а также интернациональные слова
типа "телефон", "радио" и "компьютер". Роб говорит,
что русский язык очень трудный. Но фонетика и
интонация у него хорошие. Кстати°, насчёт°   *by the way; concerning*
испанского: здесь три радиостанции работают° на   *to work*
этом языке. Я раньше° не понимала, что испанский   *earlier; previously*
язык — фактически второй национальный язык
США, особенно° в больших городах и в таких   *especially*
штатах, как Флорида, Техас и Калифорния.

Ой, чуть не° забыла! Сегодня была регистрация в   *almost*
университете. Всё это делают на компьютере в
Интернете. У меня английский язык,
журналистика, политология и лингвистика.

Ладно°. Пока всё. Меня зовут на ужин°. Пишите.   *okay; supper*

Ваша Валя

Как мы пи́шем по-ру́сски: Quotation marks

In print Russian quotation marks usually look like «this». However, on the Internet "straight" quotation marks predominate. Handwritten quotation marks start at the „bottom" and end at the top.

Punctuation. In American English, quotation marks go "inside the quotes," while in Russian, they go "outside".

Usage. Use quotation marks for all *book/movie titles* (never italics or underlining). But *dialogue* is almost always indicated by dashes, not quotation marks.

Файл　Правка　Вид　Переход　Закладки　Инструменты　Справка

http://yaschik.ru ▾ ● Перейти

yaschik.ru

Выход

НАПИСАТЬ　　ВХОДЯЩИЕ　　ПАПКИ　　НАЙТИ ПИСЬМО　　АДРЕСА　　ЕЖЕДНЕВНИК　　НАСТРОЙКИ

От: popovaea@inbox.ru
Кому: valyabelova234@mail.ru
Копия:
Скрытая:
Тема: На каком языке говорят в США?

простой формат

Здравствуй, Валя!

Какая интересная семья! А вот я всегда думала, что американцы не учат иностранные языки. Впрочем°, статус испанского языка вполне° логичен. Подумай хоть° о поп-музыке: Хулио Иглесиас, Шакира, Дженнифер Лопез и т.д.° Дело в° геополитике. Соседи США (Мексика и почти вся Латинская Америка) говорят по-испански, и иммигранты в основном° оттуда°. А русская традиция другая° — мы изучаем языки Европы: английский, французский, немецкий. Правда°, наши соседи° в Азии — это Китай, Япония, но мало кто° изучает эти языки, может быть°, потому, что они такие° трудные. Извини, Валя. У меня встреча° с Евгением Михайловичем. Всё.

Е.

by the way

entirely

just think

и так да́лее – *and so forth (etc.);*
　it all has to do with

mainly

from there; different

truth/it is true; neighbors

there are few who…; maybe
　(lit. *can be*)
such; meeting

Now that you've read the e-mails, complete the following.

1. Вопро́сы

а. Кто по национа́льности Ви́ктор Ра́мос?

б. Кто по национа́льности Анто́ния Ра́мос?

в. На каки́х языка́х говоря́т Ра́мосы?

г. Ва́ля зна́ет э́ти языки́?

д. Каки́е языки́ изуча́ют де́ти* в э́той семье́? Де́ти хорошо́ говоря́т на э́тих языка́х?

е. Каки́е ру́сские слова́ зна́ет Роб?

ж. Что говори́т Ва́ля о шта́тах Флори́да, Теха́с и Калифо́рния?

з. Что говори́т Еле́на Анато́льевна? Каки́е языки́ в основно́м изуча́ют ру́сские?

и. Почему́ мно́гие ру́сские не изуча́ют япо́нский язы́к?

в основно́м –
generally

*де́ти – *children*

Какие языки вы знаете? ◆ **99**

2. Грамма́тика в конте́ксте

a. You know that "to take a subject" in school is **изуча́ть.** In this e-mail we find a synonym for **изуча́ть.** What is it?

b. Plurals ending in **-a** are usually neuter. Did you find any neuter nouns in this e-mail exchange?

c. This correspondence takes place in present time, but it contains many past-tense forms. Which ones did you see?

d. In the sentences taken from the e-mails and reproduced below, name the case of the highlighted word: (a) nominative, (b) prepositional, (c) a case that has not been covered yet:

Аме́рика ведь страна́ иммигра́нтов.

Анто́ния говори́т без акце́нта.

Испа́нский язы́к — второ́й национа́льный язы́к США, осо́бенно в больши́х города́х.

Роб изуча́ет ру́сский с больши́м энтузиа́змом.

Всё э́то де́лают на компью́тере в Интерне́те.

Мы изуча́ем языки́ Евро́пы.

Давайте послушаем

3-31 Рекла́ма по ра́дио.

1. Listen to the radio ad and decide what is being advertised. Then name three key points you expect to find in it.
2. Listen to the ad again with the following questions in mind:
   a. At which segment of the listening audience is the ad aimed (children, teenagers, adults, etc.)?
   b. What services are offered?
   c. What is the advertiser's strongest drawing card?
   d. Name one other feature of the services provided.
   e. Where can you get more information?

3-32 На како́м языке́ вы говори́те до́ма? Listen to the conversation and fill in the missing words.

Вади́м: Здра́вствуй! Что э́то у тебя́, уче́бник ру́сского языка́? Но ты уже́ свобо́дно _____ по-ру́сски. У тебя́ ведь роди́тели _____ .

Анна: Нет, то́лько ма́ма ру́сская. Па́па _____ . И до́ма мы говори́м _____ .

Вади́м: Да, но ведь _____ ты _____ практи́чески всё. Заче́м тебе́ уче́бник?

Анна: В то́м-то и де́ло. Я всё понима́ю, но _____ пло́хо. И поэ́тому я _____ ру́сский язы́к _____ . Тепе́рь до́ма _____ с ма́мой то́лько по-ру́сски.

Вади́м: А как же твой па́па? Он понима́ет, что вы говори́те?

Анна: Нет! Поэ́тому он говори́т, что то́же хо́чет изуча́ть _____ в университе́те.

Новые слова и выражения

COUNTRIES AND NATIONALITIES

Аме́рика, америка́нец / америка́нка, америка́нский	America(n)
А́нглия, англича́нин / англича́нка (*pl.* англича́не), англи́йский	England (English)
Арме́ния, армяни́н / армя́нка (*pl.* армя́не), армя́нский	Armenia(n)
Герма́ния, не́мец / не́мка, неме́цкий	Germany (German)
Еги́п(е)т, ара́б / ара́бка (*pl.* ара́бы), ара́бский	Egypt (Arab, Arabic)
Испа́ния, испа́нец / испа́нка, испа́нский	Spain (Spanish)
Ита́лия, италья́нец / италья́нка, италья́нский	Italy (Italian)
Кана́да, кана́дец / кана́дка, кана́дский	Canada (Canadian)
Кита́й, кита́ец / китая́нка, кита́йский	China (Chinese)
Ме́ксика, мексика́нец / мексика́нка, мексика́нский	Mexico (Mexican)
Росси́я, россия́нин / россия́нка (*pl.* россия́не), росси́йский ру́сский, ру́сская / ру́сский	Russia (Russian) (see pages 88–89)
Украи́на, украи́нец / украи́нка, украи́нский	Ukraine (Ukrainian)
Фра́нция, францу́з / францу́женка, францу́зский	France (French)
Япо́ния, япо́нец / япо́нка, япо́нский	Japan (Japanese)

NOUNS

Ерева́н	Yerevan (city in Armenia)
кварти́ра	apartment
курс	course
ле́кция	lecture
мать (*fem.*) (*pl.* ма́тери)	mother
национа́льность	nationality
обме́н	exchange
общежи́тие	dormitory
от(е́)ц	father
роди́тели	parents
ры́нок (*pl.* ры́нки)	market
сло́во (*pl.* слова́)	word
шко́ла	school
язы́к (*pl.* языки́)	language

PRONOUNS

всё	everything
его́	him/it
мы	we

ADJECTIVES

европе́йский	European
иностра́нный	foreign
фина́нсовый	financial

Новые слова и выражения

VERBS

говори́ть (говорю́, говори́шь, говоря́т)	to speak, to say
жить (живу́, живёшь, живу́т)	to live
знать (зна́ю, зна́ешь, зна́ют)	to know
изуча́ть (изуча́ю, изуча́ешь, изуча́ют) (*что*)	to study (*something*)
писа́ть (пишу́, пи́шешь, пи́шут)	to write
понима́ть (понима́ю, понима́ешь, понима́ют)	to understand
чита́ть (чита́ю, чита́ешь, чита́ют)	to read

ADVERBS

бы́стро	quickly
всегда́	always
дово́льно	quite
ещё	still
иногда́	sometimes
ме́дленно	slowly
немно́го, немно́жко	a little
непло́хо	pretty well
норма́льно	in a normal way
о́чень	very
пло́хо	poorly
по-англи́йски	English
по-ара́бски	Arabic
по-испа́нски	Spanish
по-италья́нски	Italian
по-кита́йски	Chinese
по-неме́цки	German
по-ру́сски	Russian
по-украи́нски	Ukrainian
по-францу́зски	French
по-япо́нски	Japanese
ра́ньше	previously
свобо́дно	fluently
сейча́с	now
так	so
хорошо́	well

PREPOSITIONS

на (+ *prepositional case*)	on
о(б) (+ *prepositional case*)	about

Новые слова и выражения

CONJUNCTIONS

и	and
когда́	when
но	but
что	that

NEGATIVE PARTICLE

не	not *(negates following word)*

OTHER WORDS AND PHRASES

Большо́е спаси́бо.	Thank you very much.
Говори́те ме́дленнее.	Speak more slowly.
До свида́ния.	Good-bye.
до́ма	at home
Извини́те.	Excuse me.
Как по-ру́сски. . . ?	How do you say. . . in Russian?
Кто. . . по национа́льности?	What is. . .'s nationality?
На каки́х языка́х вы говори́те до́ма?	What languages do you speak at home?
На како́м языке́ вы говори́те до́ма?	What language do you speak at home?
одно́ сло́во	one word
Отку́да вы зна́ете ру́сский язы́к?	How do you know Russian?
О чём . . . ?	About what . . . ?
пожа́луйста	please
по национа́льности	by nationality
Разреши́те предста́виться.	Allow me to introduce myself.
Что́ вы (ты)!	Oh, no! Not at all! *(response to a compliment)*
Что э́то тако́е?	(Just) what is that?
Это бу́дет . . .	That would be . . .
Я забы́л(а).	I forgot.

PASSIVE VOCABULARY

карти́нка	picture
немно́го о карти́нках	a little about the pictures
комплиме́нт	compliment
лаборато́рия	lab
мно́гие	many
преподава́тель	teacher
разгова́ривать	to talk
рекла́ма	advertisement
секрета́рь	secretary
факульте́т	department
филологи́ческий факульте́т	department of languages and literatures
фи́рма	firm; company

Университет

Коммуникативные задания

- Talking about where and what people study
- Making a presentation about yourself
- Reading and writing academic schedules
- Reading diplomas and transcripts

Культура и быт

- Higher education in Russia: universities and institutes
- The Russian academic year calendar
- Russian diplomas and the Russian grade system

Грамматика

- **Учи́ться** vs. **изуча́ть (что)** vs. **занима́ться**
- The 8-letter spelling rule
- **На како́м ку́рсе. . . ?**
- **На** + prepositional case for location
- Accusative case of modifiers and nouns
- **Люби́ть** + accusative or infinitive
- Prepositional case of question words and personal pronouns
- Conjunctions: **где, что, как, потому́ что**
- **То́же** vs. **та́кже**

Точка отсчёта

О чём идёт речь?

— **Где вы сейча́с у́читесь?**
— **Я учу́сь...**

в Калифорни́йском (госуда́рственном) университе́те
в Виско́нсинском университе́те
в Мичига́нском (госуда́рственном) университе́те
в Пенсильва́нском (госуда́рственном) университе́те
в Джорджта́унском университе́те
в Га́рвардском университе́те
в Дю́кском университе́те
в Колумби́йском университе́те
в Университе́те Джо́рджа Вашингто́на
в Университе́те Джо́нса Го́пкинса
в Госуда́рственном университе́те шта́та Ога́йо
в Госуда́рственном университе́те шта́та Нью-Йо́рк

Your teacher will tell you the name of your college or university.

— **На како́м ку́рсе вы у́читесь?**
— **Я учу́сь...**

на { пе́рвом / второ́м / тре́тьем / четвёртом / пя́том } ку́рсе

в аспиранту́ре

— **Кака́я у вас специа́льность?**
— **Моя́ специа́льность...**

Где вы сейча́с у́читесь?

Я учу́сь... в Дю́кском университе́те.

На како́м ку́рсе вы у́читесь?

Я учу́сь... на тре́тьем ку́рсе.

Кака́я у вас специа́льность?

Моя́ специа́льность... журнали́стика.

англи́йская литерату́ра

архитекту́ра

биоло́гия

исто́рия

ру́сский язы́к

фи́зика

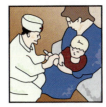

медици́на

му́зыка

фина́нсы

хи́мия

эконо́мика

юриспруде́нция

Други́е специа́льности:

американи́стика	междунаро́дные отноше́ния
антрополо́гия	педаго́гика
ге́ндерные иссле́дования	политоло́гия
журнали́стика	психоло́гия
искусствове́дение	странове́дение Росси́и
коммуника́ция	социоло́гия
компью́терная те́хника	филоло́гия
матема́тика	филосо́фия

— Что вы изуча́ете?
— Я изуча́ю...

американи́стику	му́зыку
англи́йскую литерату́ру	педаго́гику
антрополо́гию	политоло́гию
архитекту́ру	психоло́гию
биоло́гию	ру́сский язы́к
ге́ндерные иссле́дования	странове́дение Росси́и
журнали́стику	социоло́гию
искусствове́дение	фи́зику
исто́рию	филоло́гию
коммуника́цию	филосо́фию
компью́терную те́хнику	фина́нсы
матема́тику	хи́мию
медици́ну	эконо́мику
междунаро́дные отноше́ния	юриспруде́нцию

4-1 Taking turns with a partner, ask and answer the following questions about where you go to college, what year of study you are in, what your major is, and what courses you are currently taking. Follow the models above.

4-2 Make two lists of subjects: those you have taken and those you are taking:

Я изуча́л(а)...
Я изуча́ю...

4-3 Make a list of the subjects you like the best and the least.

Я люблю́...
Я не люблю́...

Культура и быт

Что изуча́ют в Росси́и? The most popular majors in Russia today are **эконо́мика** and business-related subjects (**ме́неджмент, фина́нсы**), **юриспруде́нция,** and **социоло́гия.**

 # Разгово́ры для слу́шания

Разгово́р 1. В общежи́тии
    Разгова́ривают ру́сский и иностра́нец.

1. A Russian is speaking with a foreigner. What nationality is the foreigner?
2. What is he doing in Russia?
3. Where does he go to school in his home country?
4. In which year of university study is he?

Разгово́р 2. В библиоте́ке
    Разгова́ривают ру́сский и америка́нка.

1. What is the American student doing in Russia?
2. What is her field of study?
3. What does the Russian say about the American's Russian?
4. What is the man's name?
5. What is the woman's name?

Разгово́р 3. Я вас не по́нял!
    Разгова́ривают ру́сский и иностра́нец.

1. One of the participants is a foreigner. What makes that obvious?
2. Where is the foreigner from?
3. What is he doing in Russia?
4. What interests does the foreigner have besides Russian?
5. What are the names of the two speakers?

Давайте поговорим

Диалоги

1. Где вы у́читесь?

— Где вы у́читесь?
— В Моско́вском университе́те.
— Вот как?! А на како́м ку́рсе?
— На тре́тьем.
— Кака́я у вас специа́льность?
— Журнали́стика.
— Кака́я интере́сная специа́льность!
— Да, я то́же так ду́маю.

If you are no longer a student, you will want to be able to answer the question **Где вы учи́лись?** *– Where did you study/go to college?*

2. Вы у́читесь и́ли рабо́таете?

— Вы у́читесь и́ли рабо́таете?
— Я ра́ньше рабо́тала. А тепе́рь учу́сь.
— В университе́те?
— Нет, в Институ́те иностра́нных языко́в.
— А каки́е языки́ вы зна́ете?
— Я хорошо́ говорю́ по-англи́йски. Я та́кже немно́жко чита́ю и понима́ю по-францу́зски.
— Молоде́ц! А я то́лько немно́жко говорю́ по-ру́сски.

3. Я изуча́ю ру́сский язы́к.

— Ли́нда, где ты у́чишься в Аме́рике?
— В Иллино́йском госуда́рственном университе́те.
— Кака́я у тебя́ специа́льность?
— Ещё не зна́ю. Мо́жет быть, ру́сский язы́к и литерату́ра.
— А что ты изуча́ешь здесь, в Росси́и?
— Я изуча́ю ру́сский язы́к.
— Но ты уже́ хорошо́ говори́шь по-ру́сски!
— Нет, что ты! Ру́сский язы́к о́чень тру́дный!

4. Я изуча́ю англи́йский язы́к.

— Вале́ра! Что ты чита́ешь?
— Занима́юсь. Мы чита́ем статью́ в америка́нском журна́ле.
— Ты хорошо́ чита́ешь по-англи́йски. Молоде́ц!
— Не о́чень хорошо́. Я сейча́с изуча́ю англи́йский язы́к.
— Где? На филологи́ческом факульте́те?
— Да. На ка́федре англи́йского языка́.
— Там хоро́шие преподава́тели?
— Преподава́тели хоро́шие, но э́та статья́ дово́льно ску́чная.

5. Вы у́читесь в Аме́рике?

— Вы в Аме́рике у́читесь?

— Я не по́нял. Как вы сказа́ли?

— Вы у́читесь в Аме́рике?

— В Аме́рике? Да, в Джорджта́унском университе́те.

— А что вы там изуча́ете?

— Ру́сский язы́к, политоло́гию, а та́кже европе́йскую исто́рию. Я люблю́ ру́сский язы́к. Ой, у меня́ сейча́с ле́кция. До свида́ния!

— До свида́ния! Я ваш сосе́д. Живу́ здесь, в общежи́тии.

Упражнения к диалогам

4-4 Уче́бный день. Following the example of the daily planner below, make a schedule of your day.

Russians use the 24-hour clock for all schedules. Note that periods, not colons, are used between minutes and seconds.

9.00	английский язык — фонетика
10.30	английский язык — практика
12.00	американская литература
13.30	обед
15.00	дискуссионный клуб
16.30	аэробика
19.30	кинофильм

4-5 Предме́ты. With your partner, discuss your opinion about the following school subjects. Use adjectives from the column on the right. Make sure they agree with the subject in gender and number.

Образе́ц: — Я ду́маю, что ру́сский язы́к о́чень тру́дный.
          — Я то́же так ду́маю.
                    и́ли
          — Я ду́маю, что ру́сский язы́к нетру́дный.

биоло́гия
фи́зика   тру́дный
испа́нский язы́к   нетру́дный
неме́цкий язы́к   интере́сный
эконо́мика   неинтере́сный
филосо́фия
фина́нсы

Культура и быт

Высшее образова́ние в Росси́и

Вуз (вы́сшее уче́бное заведе́ние). Literally "higher learning institute," **вуз** is the bureaucratic expression that covers all postsecondary schools in Russia. A **вуз** can be a major **университе́т** such as **МГУ (Моско́вский госуда́рственный университе́т)** or a more specialized university, such as **(МГЛУ) Моско́вский госуда́рственный лингвисти́ческий университе́т.** Narrower still in focus are the thousands of **институ́ты**, each devoted to its own discipline: **медици́нский институ́т, энергети́ческий институ́т,** and so forth. Most full-time undergraduates attend college for five years. The school year **(уче́бный год)** begins on 1 September and ends in June, with a break between semesters in late January.

The early 1990s saw the rise of more streamlined **ко́лледжи** and **вы́сшие шко́лы** (schools of higher learning). Many of the newer **ко́лледжи** are akin to two-year colleges affiliated with more traditional universities. Others are independent entities. Most **ву́зы** are tuition-free for those students who pass fiercely competitive exams. Less talented students may be admitted after paying hefty fees. In the majority of institutions, students declare their major upon application and, if admitted, take a standard set of courses with few electives. Virtually all **ву́зы** are located in large cities. The concept of a college town is alien to Russia.

Факульте́т. Russian universities are made up of units called **факульте́ты,** which are somewhere in size between what Americans call divisions and departments. A typical university would normally include **математи́ческий факульте́т, филологи́ческий факульте́т** (languages, literatures, linguistics), **истори́ческий факульте́т, юриди́ческий факульте́т,** etc.

Ка́федра. This is roughly equivalent to a department. For instance, the **филологи́ческий факульте́т** may include **ка́федра ру́сского языка́, ка́федра англи́йского языка́,** and other individual language **ка́федры.**

4-6 Подгото́вка к разгово́ру. Review the dialogs. How would you do the following?

- Tell someone where you go (or went) to school.
- Say what year of college you are in.
- Tell someone what your major is.
- Tell someone what languages you know and how well.
- Tell someone where you live.
- Tell someone what courses you are taking.
- Say that you used to work.
- Express agreement with an opinion.
- Respond to a compliment.
- State that you missed something that was said.

4-7 На како́м ку́рсе ты у́чишься? Ask what year your classmates are in. Find out what courses they are taking. Report your findings to others in the class.

4-8 Автобиогра́фия. You are in a Russian classroom on the first day of class. The teacher has asked everybody to tell a bit about themselves. Be prepared to talk for at least one minute without notes. Remember to say what you can, not what you can't!

Игровые ситуации

4-9 Вы говори́те по-англи́йски?

1. Start up a conversation with someone at a party in Moscow and make as much small talk as you can. If your partner talks too fast, explain the state of your Russian to slow the conversation down. When you have run out of things to say, close the conversation properly.
2. You are talking to a Russian who knows several languages, but not English. Find out as much as you can about your new friend's language background.
3. Now imagine that you are in your own country. You are a newspaper reporter. Interview a Russian exchange student whose English is minimal.
4. Working with a partner, prepare and act out a situation of your own that deals with the topics of this unit. Remember to use what you know, not what you don't.

Устный перевод

4-10 The verbs **говори́ть** – *to say,* **ду́мать** – *to think,* **спра́шивать** – *to ask,* and **отвеча́ть** – *to answer* allow you to speak about a third person in the interpreting exercises: *She says that...*, *He thinks...*, *They are asking...*, etc. Below you see some lines that might come up in interpreting. Practice changing them from direct speech into indirect speech.

Образе́ц:

AMERICAN AND UKRAINIAN	INTERPRETER
— What's your name and patronymic?	— **Он спра́шивает, как ва́ше и́мя-о́тчество.**
— **Меня́ зову́т Кири́лл Па́влович.**	— He says his name is Kirill Pavlovich.

— What's your last name?
— **Са́венко.**
— Is that a Ukrainian last name?
— **Украи́нская.**
— Where do you live?
— **Здесь, в Москве́. А вы америка́нец?**
— Yes.

4-11 Now, in the interpreting situation below, use the verbs you have just practiced.

A reporter wants to interview a visiting Russian student and has asked you to interpret.

ENGLISH SPEAKER'S PART

1. What's your name?
2. What's your last name?
3. Where do you go to school?
4. Which university?
5. That's very interesting. In what department?
6. So your major is history?
7. That's very good. Do you know English?
8. Are you studying English now?
9. Good-bye.

Грамматика

1. Учи́ться

— Вы у́читесь и́ли рабо́таете?   *Do you go to school or work?*
— Я учу́сь.   *I go to school.*

The reflexive particle **-ся** or **-сь** at the end of this verb makes it look different from other verbs you have learned. But in other respects this verb follows rules you already know:

- Belongs to **и**-conjugation: **у́чишься.**
- Follows the 8-letter spelling rule (see below): **учу́сь, у́чатся.**
- Has a shifting stress pattern: **учу́сь, у́чишься.**
- The reflexive particle is **-сь** after vowels, **-ся** after consonants: **учу́сь, у́читесь, учи́лась,** but **у́чишься, учи́лся.**

учи́ться	
я	уч - у́ - сь
ты	у́ч - ишь - ся
он/она́ (кто)	у́ч - ит - ся
мы	у́ч - им - ся
вы	у́ч - ите - сь
они́	у́ч - ат - ся
Past Tense:	
он/кто	учи́л - ся
она́	учи́ла - сь
они́	учи́ли - сь

The 8-letter spelling rule
After the letters **к, г, х, ш, щ, ж, ч, ц,** write **-у** instead of **-ю,** and **-а** instead of **-я.**

Упражнение

4-12 Запо́лните про́пуски. Fill in the blanks with the appropriate form of the verb **учи́ться.**

— Ты _____ и́ли рабо́таешь?
— Я _____ в университе́те.

— Пра́вда? А мой брат то́же там _____ !

— А я ду́мала, что твой брат рабо́тает.

— Мы с бра́том рабо́таем в о́фисе, и мы _____ в университе́те.

мы с бра́том =
my brother and I

➤ *Complete Oral
Drills 1–2 in
the Student
Activity Manual
(S.A.M.).*

2. The Prepositional Case: на

You already know that the prepositional case is used after the preposition **в** to indicate location and after the preposition **на** to mean *on*. The preposition **на** is also used instead of **в** in the following situations:

- to indicate *on*:   на столе́   on the table
- with activities: на ле́кции   in class
  -               на бале́те   at a ballet
  -               на рабо́те   at work

- with certain words, which must be memorized:

              на факульте́те   in the division (of a college)

              на ка́федре   in the department (of a college)

              на ку́рсе   in a year (first, second, etc.) of college

The glossaries and word lists in this book list words that must be memorized as "**на** words" like this: **факульте́т (на)**.

Упражнения

4-13 Запо́лните про́пуски. Fill in the blanks with either **в** or **на.**

1. Ната́ша у́чится _____ четвёртом ку́рсе _____ институ́те _____ Росси́и. Там она́ у́чится _____ филологи́ческом факульте́те, _____ ка́федре испа́нского языка́. Живёт она́ _____ Смоле́нске _____ большо́м общежи́тии.

2. Ко́стя живёт_____ Москве́, где он у́чится _____ Моско́вском госуда́рственном лингвисти́ческом университе́те. Он _____ пе́рвом ку́рсе. Его́ брат то́же студе́нт. Он у́чится _____ энергети́ческом институ́те, _____ тре́тьем ку́рсе.

3. Ла́ра сейча́с _____ университе́те _____ ле́кции. Её сестра́ _____ рабо́те.

4-14 Соста́вьте предложе́ния. Form ten sentences in Russian by combining words from the columns below. Make the verbs agree with their grammatical subjects. Put the words following **в** or **на** into the prepositional case. Pay special attention to which words will be used with **в** and which with **на.**

я			филологи́ческий факульте́т
мы			Моско́вский университе́т
профе́ссор	учи́ться	в	пе́рвый курс
э́тот студе́нт	рабо́тать	на	Росси́я
вы			Институ́т иностра́нных языко́в
ты			ка́федра англи́йского языка́

➤ *Complete Oral
Drills 3–5 and
Written
Exercises 1–3 in
the S.A.M.*

3. Studying: учи́ться, изуча́ть, занима́ться

— Где вы **у́читесь?**	Where do you *go to school?*
— Я **учу́сь** в Га́рвардском университе́те.	*I go* to Harvard.
— А что вы там **изуча́ете?**	What do you *study* there?
— Фи́зику.	Physics.
— Вы хорошо́ **у́читесь?**	Do you *do* well in school?
— Да, хорошо́.	Yes, I do.
— А где вы обы́чно **занима́етесь?**	And where do you usually *study* (*do homework*)?
— Я обы́чно **занима́юсь** в библиоте́ке.	I usually *study* in the library.

Russian has several verbs that correspond to the English verb *study*. These Russian verbs are used in different situations.

учи́ться – to be enrolled in school; to do well or poorly (with appropriate adverb) in school.

изуча́ть – to take a subject in school. The area of study must be in the accusative case (see 4, p. 118).

занима́ться – to prepare for classes; to do homework. This verb cannot take a direct object. This verb also takes the reflexive particle **-ся**.

занима́ться	
я	занима́ - **ю** - **сь**
ты	занима́ - **ешь** - **ся**
он/она́ (кто)	занима́ - **ет** - **ся**
мы	занима́ - **ем** - **ся**
вы	занима́ - **ете** - **сь**
они́	занима́ - **ют** - **ся**
Past Tense:	
он/кто	занима́л - **ся**
она́	занима́ла - **сь**
они́	занима́ли - **сь**

	учи́ться	изуча́ть (что)	занима́ться
No complement	**Я учу́сь.** *I'm a student.*		**Я сейча́с занима́юсь.** *I'm studying right now.*
Place	**Я учу́сь в Моско́вском университе́те.** *I go to Moscow University.*		**Я занима́юсь в библиоте́ке.** *I am studying in the library.*
Time			**Я всегда́ занима́юсь.** *I always study.*
Adverb (how)	**Я хорошо́ учу́сь.** *I do well in school.*		
Direct object (**что?**) (e.g., school subject)		**Я изуча́ю фи́зику.** *I take physics.*	

Упражнения

4-15 Как по-ру́сски?

— Where do you (**ты**) study?
— At Columbia University.
— What do you (**ты**) take?
— Spanish.
— Do you do well?
— Yes, I do well.
— Where do you usually study (do homework)?
— I usually study (do homework) at home.

4-16 О себе́. Отве́тьте на вопро́сы.

1. Вы у́читесь и́ли рабо́таете? Где? Что вы изуча́ете?
2. Ва́ша сестра́ у́чится? Где? Что она́ изуча́ет?
3. Ваш брат у́чится? Где? Что он изуча́ет?
4. Ва́ши роди́тели учи́лись? Где?
5. Где вы обы́чно занима́етесь?

➤ *Review Oral Drills 1–5 and Complete Oral Drills 6–7 and Written Exercises 4–6 in the S.A.M.*

4. The Accusative Case

In Russian the accusative case is used for direct objects. A direct object is a noun or a pronoun that receives the action of the verb. The direct objects in the following Russian sentences are in boldface.

Я зна́ю **ру́сский язы́к.**	I know *Russian* (*language*).
Я люблю́ **ру́сскую литерату́ру.**	I love *Russian literature.*
Я изуча́л **страннове́дение Росси́и.**	I took *Russian area studies.*
Я чита́ю **интере́сные кни́ги.**	I read *interesting books.*

Упражнение

4-17 Which of the following words are direct objects?

On Friday we heard an interesting lecture on Russian art. The speaker has studied art for several decades. She concentrated on nineteenth-century paintings.

The accusative case of modifiers and nouns

The accusative singular endings for most feminine phrases are **-ую** for adjectives and **-у** for nouns:

NOMINATIVE	ACCUSATIVE	ENGLISH
но́**вая** кни́**га**	но́**вую** кни́**гу**	*new book*
интере́с**ная** газе́**та**	интере́с**ную** газе́**ту**	*interesting newspaper*
компью́тер**ная** те́хни**ка**	компью́тер**ную** те́хни**ку**	*computer science*
ру́сс**кая** литерату́**ра**	ру́сс**кую** литерату́**ру**	*Russian literature*

If the feminine noun ends in **-я,** its accusative ending is spelled **-ю** (this keeps the stem soft):

NOMINATIVE	ACCUSATIVE	ENGLISH
неме́ц**кая** филосо́фи**я**	неме́ц**кую** филосо́фи**ю**	*German philosophy*
ру́сс**кая** исто́ри**я**	ру́сс**кую** исто́ри**ю**	*Russian history*

Soft adjectives, such as **после́дний** (fem. **после́дняя**), take the accusative form **-юю.**

NOMINATIVE	ACCUSATIVE	ENGLISH
после́д**няя** ве́рси**я**	после́д**нюю** ве́рси**ю**	*latest version*
си́**няя** ру́ч**ка**	си́**нюю** ру́ч**ку**	*blue pen*

Feminine nouns ending in **-ь** look the same in the accusative case as they do in the nominative case. The adjectives that modify them, however, still take the **-ую/-юю** ending:

NOMINATIVE	ACCUSATIVE	ENGLISH
но́**вая** крова́ть	но́**вую** крова́ть	*new bed*
интере́с**ная** специа́льность	интере́с**ную** специа́льность	*interesting major*

The feminine possessive pronouns (**моя́**, **твоя́**, **на́ша**, **ва́ша**), the question word **чья**, and the demonstrative pronoun **э́та** end in -**у** or -**ю** in the accusative case:

NOMINATIVE	ACCUSATIVE	ENGLISH
моя́ крова́ть	мою́ крова́ть	*my bed*
твоя́ кни́га	твою́ кни́гу	*your book*
на́ша ку́хня	на́шу ку́хню	*our kitchen*
ва́ша дочь	ва́шу дочь	*your daughter*
чья ма́йка	чью ма́йку	*whose t-shirt*
э́та лаборато́рия	э́ту лаборато́рию	*this laboratory*

Remember these simple rules for feminine accusative endings:

- **а** goes to **у**
- **я** goes to **ю**
- **ь** stays the same

For all other phrases (masculine singular, neuter singular, all plurals) the accusative endings are:

- the same as the nominative endings *if the phrase refers to something inanimate* (not a person or animal):

NOMINATIVE	ACCUSATIVE	ENGLISH
но́**вый** журна́л ∅	но́**вый** журна́л ∅	*new magazine*
ста́**рый** слова́рь	ста́**рый** слова́рь	*old dictionary*
интере́сн**ое** письмо́	интере́сн**ое** письмо́	*interesting letter*
но́**вые** журна́лы	но́**вые** журна́лы	*new magazines*
ста́**рые** словари́	ста́**рые** словари́	*old dictionaries*
интере́сн**ые** пи́сьма	интере́сн**ые** пи́сьма	*interesting letters*
междунаро́дн**ые** отноше́ния	междунаро́дн**ые** отноше́ния	*international relations*
ру́сск**ие** кни́ги	ру́сск**ие** кни́ги	*Russian books*

- the same as the genitive endings *if the phrase refers to something animate* (a person or animal). You will learn the genitive endings for singular noun phrases in Unit 6 and for plural noun phrases in Unit 7.

Accusative Case of Adjectives and Nouns—Summary

	Masculine singular	Neuter singular	Feminine singular	Plural
Nominative	но́вый большо́й уро́к после́дний	но́вое большо́е письмо́ после́днее	но́вая больша́я маши́на после́дняя	но́вые больши́е маши́ны после́дние
Accusative **inanimate** **animate**	*like nominative* *like genitive*	*like nominative*	но́вую большу́ю маши́ну после́днюю	*like nominative* *like genitive*

Notes and Reminders

1. Remember that the accusative singular of feminine nouns ending in **-ь** is the same as the nominative case: **мать → мать, дочь → дочь**.
2. Nouns ending in **-а** or **-я** that refer to men and boys decline like feminine nouns: **Мы зна́ем Ди́му и Ва́ню**.
3. The possessive pronouns **его́** – *his,* **её** – *her,* and **их** – *their* never change their form: **Вы зна́ете его́ ма́му? Я чита́ю её журна́л. Она́ чита́ет их письмо́.**
4. The accusative endings in this lesson for masculine nouns and modifiers apply only to inanimate objects. You cannot yet form the accusative for animate males (humans or masculine animals). There is no such animate/inanimate distinction for singular feminine words, however:

Я чита́ю э́ту кни́гу.	*I am reading this book.*
Я зна́ю ва́шу дочь.	*I know your daughter.*

Упражнения

4-18 Запо́лните про́пуски. Fill in the blanks with adjectives and nouns in the accusative case.

— Ко́стя, ты чита́ешь _____ (ру́сские газе́ты)?
— Да, я чита́ю _____ _____ («Моско́вские но́вости») и
_____ («Аргуме́нты и фа́кты»).
Я люблю́ _____ (ру́сские журна́лы) то́же. Я, наприме́р,
регуля́рно чита́ю _____ («Но́вый мир») и _____
(«Огонёк»).
— А _____ (каки́е газе́ты) ты чита́ешь?
— Я чита́ю _____ («Литерату́рная газе́та»), потому́ что я люблю́
_____ (ру́сская литерату́ра).

наприме́р – *for example*

4-19 Как по-ру́сски?

1. What are you reading?
2. I'm reading an American magazine.
3. She was writing a letter.
4. Do you know English literature?
5. — What do these students take?
   — They take psychology and German.
6. He did not know Russian history.

► Complete Oral Drills 8–11 and Written Exercises 7–9 in the S.A.M. Do Written Exercise 7 before you do the Oral Drills.

5. To like: люби́ть

The Russian verb **люби́ть** – *to like, to love* can take either a direct object in the accusative case or an infinitive.

Я люблю́ **ру́сскую литерату́ру.**	*I love Russian literature.*
Я люблю́ **чита́ть ру́сские кни́ги.**	*I love to read Russian books.*

Люби́ть is an **и**-conjugation verb. Note the **-л** before the **я**-form ending.

люби́ть	
я	любл - **ю́**
ты	лю́б - **ишь**
он/она́ (кто)	лю́б - **ит**
мы	лю́б - **им**
вы	лю́б - **ите**
они́	лю́б - **ят**
Past Tense:	
он/кто	люби́л
она́	люби́ла
они́	люби́ли

Упражнения

4-20 Запо́лните про́пуски. Fill in the blanks with the appropriate form of **люби́ть**.

1. — Что ты _____ чита́ть?
   — Я _____ чита́ть ру́сские газе́ты и журна́лы.
2. — Мы то́же _____ ру́сскую пре́ссу. Мы о́чень
     _____ «Моско́вские но́вости» и «Изве́стия».
   — Да? Са́ша то́же о́чень _____ э́ти газе́ты.
3. — Кто _____ ру́сскую му́зыку? Вот но́вый компа́кт-диск.
4. — Каку́ю му́зыку _____ америка́нские студе́нты?
   — Они́ _____ америка́нский рок.
5. — Вы _____ занима́ться в но́вой библиоте́ке?
   — Да, мы _____ но́вую библиоте́ку. Там прия́тно занима́ться.

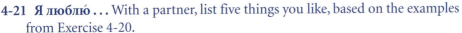

> ➤ *Complete Oral Drills 12–13 and Written Exercise 10 in the S.A.M.*

4-21 Я люблю́... With a partner, list five things you like, based on the examples from Exercise 4-20.

6. Prepositional Case of Question Words and Personal Pronouns

You already know from Unit 3 that the prepositional case is used for the prepositions **в, на,** and **о.** You also learned the prepositional case forms of nouns, adjectives, possessive pronouns, and **кто** and **что.**

Here are the forms of the question words and the personal pronouns in the prepositional case:

Nominative	что	кто	я	ты	он	она́	мы	вы	они́
Prepositional	о чём	о ком	обо мне	о тебе́	о нём	о ней	о нас	о вас	о них

* Note that the preposition **о** becomes **обо** in the phrase **обо мне.**

Упражнение

4-22 Как по-ру́сски? Express the following in Russian.

1. — Вы говори́те (**about your courses**)?
   — Да, мы говори́м (**about them**).
2. — Она́ ду́мает (**about Russian history**)?
   — Да, она́ ду́мает (**about it**).
3. — Что вы зна́ете (**about your new teachers**)?
   — Я (**about them**) не зна́ю.
4. — Что пи́шут (**about the Russian dorms**)?
   — (**About them**) не пи́шут.
5. — Вы говори́те (**about me**) и́ли (**about my neighbor**)?
   — Мы говори́м (**about him**).

➤ Complete Oral Drill 14 and Written Exercises 11–12 in the S.A.M.

7. Conjunctions

Жéня спрáшивает, **где** ýчится Ивáн.	Zhenya asks *where* Ivan goes to school.
Я дýмаю, **что** Ивáн ýчится здесь.	I think (*that*) Ivan goes to school here.
Я отвечáю, **что** Ивáн ýчится здесь.	I answer *that* Ivan goes to school here.
Но я не знáю, **как** он ýчится.	But I don't know *how* he studies (*how* well he's doing at school).
Он ýчится на филологи́ческом факультéте, **потому́ что** он лю́бит литерату́ру.	He studies in the department of languages and literatures *because* he loves literature.
Жéня спрáшивает, **каки́е** языки́ он знáет.	Zhenya asks *what* languages he knows.
Я отвечáю, **что** он знáет англи́йский и францу́зский языки́.	I reply *that* he knows English and French.

Clauses such as **я говорю́, мы ду́маем,** and **она́ зна́ет** may begin sentences such as *I say that…, We believe that…, She knows that…,* etc.

The verbs **спра́шивать** – *to ask* and **отвеча́ть** – *to answer* also use these conjunctions. These verbs, as well as **ду́мать** – *to think,* are conjugated like **чита́ть.**

Note that Russian uses **что** where English uses *that.* But whereas the word *that* is optional in English, the Russian **что** is obligatory.

In Russian a comma is used before the conjunctions **где, что, как, како́й,** and **потому́ что.** In fact, in Russian a comma is always used between clauses.

Упражнения

4-23 Запо́лните про́пуски. Fill in the blanks.

Ми́ла ду́мает, _____ Ко́ля хорошо́ говори́т по-англи́йски. Она́ ду́мает, _____ Ко́ля изуча́ет англи́йский язы́к. Она́ спра́шивает Ко́лю, _____ он у́чится. Ко́ля отвеча́ет, _____ он у́чится в университе́те. Но он не изуча́ет англи́йский язы́к. Он хорошо́ говори́т по-англи́йски, _____ его́ роди́тели говоря́т по-англи́йски до́ма.

4-24 Ответьте на вопросы.

1. Почему (*why*) вы изучаете русский язык?
2. Почему вы учитесь в этом университете?
3. Вы думаете, что русский язык трудный или нетрудный?

4-25 О русской культуре.

1. Вы знаете, какие газеты читают русские студенты?
2. Вы знаете, где живут русские студенты?
3. Вы знаете, какие факультеты есть в Московском университете?

4-26 Что он сказал? You're having trouble hearing in the Moscow State University cafeteria. With a partner, convey the following sentences as indirect speech.

Образцы: Я люблю русскую музыку.
— Что он сказал?
— Он сказал, что он любит русскую музыку.
Где ты занимаешься?
— Что она спрашивает?
— Она спрашивает, где ты занимаешься.

1. Мы читаем русские газеты на уроке.
2. Где обычно занимаются русские студенты?
3. Какую музыку любят русские студенты?
4. Наши студенты любят заниматься в новой библиотеке.
5. Почему вы изучаете русский язык?
6. Я думаю, что Саша плохо учится.
7. На каком факультете учится Саша?
8. Какие языки знают эти студенты?
9. Ты любишь русскую литературу?
10. На каких языках вы говорите?

> *Complete Oral Drills 15–16 and Written Exercise 14 in the S.A.M.*

8. Also: тоже vs. также

— Журналистика — интересная специальность.
— Я **тоже** так думаю.
— Миша говорит по-китайски.
— Я **тоже** говорю по-китайски.
— А какие языки вы знаете?
— Я хорошо говорю по-английски. Я **также** немножко читаю и понимаю по-французски.

Journalism is an interesting major.
I think so *too*.
Misha speaks Chinese.
I *also* speak Chinese.
What languages do you know?
I speak English well. I *also* read and understand a little French.

At first glance, it looks as if Russian has two words for *too* or *also*. However, **тоже** and **также** are not synonyms. **Тоже** is used when two different people do the same thing. **Также** is used when one person does two different things.

Think of the difference in terms of triangles. The use of **тóже** can be thought of as an inverted triangle, whereas **тáкже** corresponds to a right-side-up triangle:

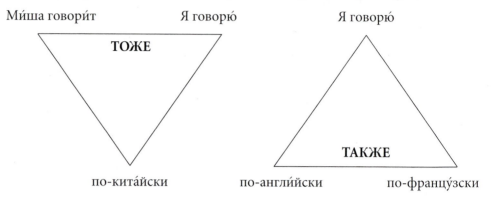

There's a little test that you can perform for the correct use of **тóже**.

1. Construct a Russian sentence where you have doubts about **тóже** or **тáкже**.
   a. Вы знáете англи́йский язы́к? Я (тóже? тáкже?) говорю́ по-англи́йски!
   b. Я знáю англи́йский язы́к. Я (тóже? тáкже?) говорю́ по-рýсски.
2. Translate the sentences in question into English. Translate the **тóже/тáкже** choice as *too* (not *also*) and place it in the exact same position in the English sentence as it appeared in the Russian sentence:

   a. Вы знáете англи́йский язы́к? Я (тóже? тáкже?) говорю́ по-англи́йски!
      You know English?   I   *too*   speak English!

   If you end up with a formal-sounding sentence that makes sense in English, use **тóже**:

   Вы знáете англи́йский язык? Я **тóже** говорю́ по-англи́йски!

   b. Я знáю англи́йский язык.   Я (тóже? тáкже?) говорю́ по-рýсски.
      I know English.   I   *too*   speak Russian.

   If you end up with English nonsense, use **тáкже**:

   Я знáю англи́йский язы́к. Я **тáкже** говорю́ по-рýсски.

There is one more hard-and-fast rule about the use of **тáкже**. Whenever you have the urge to start a phrase with "and also…," never use **и тóже**; use **а тáкже** instead.

We take history, math, and also music.   Мы изучáем истóрию, матемáтику,
                                          а тáкже мýзыку.

Упражнения

4-27 Заполните пропуски. Fill in the blanks with **тоже** or **также.**

— Студенты нашего филологического факультета изучают такие языки, как
   французский и испанский, а _____ экзотические, как урду или банту.
   Тоня, например, изучает вьетнамский язык, а _____ немного читает
   по-корейски.
— Как интересно! Моя соседка Анна _____ знает корейский язык. Она
   специалист по языкам Азии. Она _____ понимает по-японски. Она
   говорит, что японский язык очень трудный. Сейчас она думает изучать
   китайский язык.
— А я думаю, что китайский язык _____ трудный.
— Я _____ так думаю.

4-28 Заполните пропуски. Fill in the blanks with **тоже** or **также.**

1. — Петя учится в университете. А Маргарет?
   — Маргарет _____ учится в университете.
2. — Андрей изучает международные отношения?
   — Да, и он _____ изучает русскую историю.
3. — Анна Семёновна читает по-болгарски?
   — Да, и она _____ читает по-украински.
4. — Лоррэйн учится на первом курсе?
   — Да, и я _____ на первом курсе.
5. — Ты читаешь русские журналы?
   — Да, и я _____ читаю немецкие журналы.

> ➤ *Complete Oral
> Drill 17 and
> Written
> Exercise 15 in
> the S.A.M.*

Давайте почитаем

4-29 Приложе́ние к дипло́му.

1. What courses would you expect to find in an official transcript for a journalism major in your country? Which courses are required for everyone receiving a university degree? Which are specific to a journalism major?
2. Read through the transcript on page 127.
   a. Which subjects listed in the transcript are similar to those taken by journalism majors in your country?
   b. Which subjects would not normally be taken by journalism majors in your country?

Культура и быт

The Russian Grade System

The following grades are recorded in Russian transcripts:

> **отли́чно** (5)
> **хорошо́** (4)
> **удовлетвори́тельно** (3)
> **неудовлетвори́тельно** (2)

Students can take some courses on a pass/fail basis. A passing grade in this document is recorded as **зачёт**.

When talking about grades, students most often refer to them by number:

Я получи́л(а)
> **пятёрку** (5)
> **четвёрку** (4)
> **тро́йку** (3)
> **дво́йку** (2)
> **едини́цу** (1)

Although a **едини́ца** (1) is technically the lowest grade a student can receive, in reality a **дво́йка** (2) is a failing grade and **едини́цы** are rarely given.

---

3. Read the transcript again and see if you can determine the following.
   a. To whom was the transcript issued?
   b. What university issued it?
   c. What kind of grades did this student receive?
4. Go over the transcript again and find all the courses having to do with history.

Приложение к диплому № 0 В 079319

ВЫПИСКА ИЗ ЗАЧЕТНОЙ ВЕДОМОСТИ
(без диплома недействительна)

За время пребывания на факультете журналистики Московского государственного университета имени М.В. Ломоносова с 2001 по 2006 г. **Кузнецов Степан Николаевич** сдал следующие дисциплины по специальности: журналистика.

Наименование дисциплины	Оценка
История России	хорошо
Политическая экономия	удовлетв.
История русской философии	удовлетв.
История зарубежной философии	хорошо
Гендерные исследования	зачёт
История религии	зачёт
История новейшего времени	зачёт
Методика конкретных исследований	хорошо
Российское право	хорошо
Актуальные проблемы журналистики	хорошо
Основы экономики	удовлетв.
Логика	удовлетв.
Введение в литературоведение	зачёт
История русской литературы	зачёт
Литературная художественная критика	удовлетв.
История зарубежной литературы	отлично
Основы журналистики	отлично
История русской журналистики	хорошо
История зарубежной печати	хорошо
Современные СМИ	отлично
Современный русский язык	хорошо
Практическая стилистика русского языка	отлично
Литературное редактирование	отлично
Иностранный язык: немецкий	хорошо
Журналистское мастерство	хорошо
Современные технические средства журналистики	хорошо
Техника СМИ	зачёт
Физическое воспитание	зачёт
Дисциплины специализации	хорошо
Теория и практика периодической печати	зачёт
Военная подготовка	зачёт
Курсовые работы:	
I курс	хорошо
II курс	хорошо
III курс	хорошо
IV курс	отлично

Подпись _____

Кружков Илья Николаевич
Председатель аттестационной комиссии
Нижний Новгород

Культура и быт

Notice that the name of the university is followed by the phrase **и́мени М. В. Ломоно́сова** (*named in honor of . . .*). **Михаи́л Васи́льевич Ломоно́сов**, a founder of Moscow University in 1755, was a scientist, tinkerer, poet, and linguist (somewhat like Benjamin Franklin). He also wrote one of the first Russian grammars.

5. Find Russian equivalents for these words.
    a. history of Russia
    b. aesthetics
    c. foundations of economics
    d. logic
    e. foundations of journalism
    f. physical education

6. List five courses you would be most and least interested in taking.

Но́вые слова́

>**актуа́льный** – current (*not* "actual")
>**введе́ние в литературове́дение** – introduction to literature studies
>**вое́нная подгото́вка** – *lit.* military preparation
>**журнали́стское мастерство́** – the art of good journalism
>**зарубе́жный** – foreign
>**литерату́рно-худо́жественная кри́тика** – literary criticism
>**мето́дика конкре́тных иссле́дований** – methods of applied research
>**нове́йшее вре́мя** – present day; current time
>**печа́ть** – press; **печа́ти** – of the press
>**редакти́рование** – editing
>**СМИ – сре́дства ма́ссовой информа́ции** – mass media; сре́дство = medium, method
>**совреме́нный** – modern

Using the words in the list above, you should be able to figure out the following course names:

исто́рия зарубе́жной филосо́фии, исто́рия нове́йшего вре́мени, актуа́льные пробле́мы журнали́стики, исто́рия зарубе́жной литерату́ры, исто́рия зарубе́жной печа́ти, совреме́нные СМИ, совреме́нный ру́сский язы́к, литерату́рное редакти́рование, совреме́нные техни́ческие сре́дства журнали́стики, те́хника СМИ, тео́рия и пра́ктика периоди́ческой печа́ти

4-30 Нижегоро́дский госуда́рственный университе́т

You are asked to find some information from a brochure about the University of Nizhny Novgorod.

1. **Background information.** Until recently Russian universities offered degrees whose titles, even when translated into English, would puzzle any North American registrar.

   Students who graduate from most Russian colleges get a **дипло́м**. They can go on to graduate school to earn the title of **кандида́т нау́к** (*candidate of science*), which requires extra coursework, comprehensive examinations, and a thesis, as well as published articles on the thesis topic. The requirements for such a degree are generally more rigorous than for a Master's degree but less demanding than for a Ph.D. in the United States. The degree of **до́ктор нау́к** is harder to obtain than a Ph.D. and requires a published dissertation.

Нижегородский государственный университет им.[1] Н. И. Лобачевского
Аббревиатура: ННГУ

Нижегородский государственный университет имени Н. И. Лобачевского создан в 1916 г. Университет — один из ведущих вузов[2] страны.[3]

В настоящее время[4] в состав ННГУ входят 27 факультетов:

1. Биологический факультет
2. Химический факультет
3. Исторический факультет
4. Радиофизический факультет
5. Физический факультет
6. Механико-математический факультет
7. Экономический факультет (специальности: экономика, менеджмент, маркетинг)
8. Факультет вычислительной[5] математики и кибернетики (специальности: прикладная математика и информатика)
9. Филологический факультет
10. Высшая школа общей и прикладной[6] физики
11. Юридический факультет
12. Факультет управления и предпринимательства[7] (специальности по заочному образованию[8]: финансы и кредит, бухгалтерский учет[9] и аудит, налоги и налогообложение[10])
13. Финансовый факультет (специальности по дневному образованию[11]: финансы и кредит, бухгалтерский учет и аудит, налоги и налогообложение)
14. Факультет социальных наук (специальности: социология, социальная работа)
15. Факультет военного обучения[12]
16. Факультет физической культуры и спорта
17. Факультет международных отношений
18. 8 факультетов дистанционного обучения городов Бор, Павлово, Дзержинск и др.

В состав университета также входят 6 научно-исследовательских институтов[13]: физико-технический, НИИ химии, НИИ механики, НИИ прикладной математики и кибернетики, НИИ молекулярной биологии и региональной экологии и институт стратегических исследований. Кроме того, университет имеет обширную библиотеку с фондом в 2 млн. книг и других материалов и 8 читальных залов, 5 музеев (зоологический, археологический, этнографический, истории университета с художественной галереей, Нижегородскую радиолабораторию), 6 студенческих общежитий, 6 спортивных залов и стадион, издательство,[14] Центр компьютерных технологий в обучении, Центр тележурналистики, Инновационно-технологический центр, биологическую станцию и Региональный центр информации и документации по правам человека[15] Совета Европы.

В университете сейчас учится более 26 тысяч студентов. В составе преподавательского корпуса 279 докторов наук и профессоров, 784 кандидата наук и доцента. Нижегородский университет имеет высокий международный рейтинг. В официальных рейтингах университет стабильно находится среди десяти лучших университетов России, а также входит в число 50 ведущих университетов мира. Нижегородский университет проводит обучение по программам, предусматривающим присвоение:

степени бакалавра наук (4 года обучения);
степени магистра наук (6 лет[16] обучения);
звание дипломированного специалиста (5 лет обучения).

[1]и́мени – *named in honor of*   [2]вуз – вы́сшее уче́бное заведе́ние, *lit. higher learning institution*   [3]*of the country*   [4]*at the current time*   [5]*computational*   [6]*applied*   [7]*management and entrepreneurship*   [8]зао́чное образова́ние – *correspondence courses for working students*   [9]бухга́лтерский уче́т – *accounting*   [10]нало́ги и налогообложе́ние – *taxes and taxation*   [11]дневно́е образова́ние – *traditional daytime course schedule*   [12]вое́нный – *military*   [13]нау́чно-иссле́довательский институ́т (НИИ) – *scientific research institute*   [14]*publishing house*   [15]права́ челове́ка – *human rights*   [16]Both **го́да** and **лет** mean *years*.

Many Russian colleges have begun to introduce Western-style degrees: Bachelor's (**сте́пень бакала́вра нау́к**) and Master's (**сте́пень маги́стра нау́к**). In addition, some institutions have introduced a degree called **дипломи́рованный специали́ст,** "certified specialist."

Like American universities, many major Russian universities serve less-populated areas in their region by providing distance-learning opportunities. Nizhny Novgorod University has several such distance-learning satellite campuses. In addition, Russian universities have traditionally offered daytime, evening, and correspondence courses, in order to help students who work full-time improve their professional qualifications. You will see an example below of majors offered in two different departments in parallel, in one as a traditional program of study and in the other by correspondence.

2. **What's it all about?** This brochure gives you a lot of information. Before looking for the details, get a feel for what you are likely to find.
   a. What is the purpose of the list in the top half of the page?
   b. What is the topic of the paragraph with the numbers 26,000, 279, and 784?
   c. What is the topic of the penultimate paragraph, and what key word gives you a hint?
   d. What is the purpose of the list in the last paragraph?

3. **Going for details.**
   a. Judging from the list of departments, what are this school's strengths?
   b. Are there any departments not listed that you might expect at a major university? What equivalents might large American universities have to some of the departments listed here?
   c. What can you say about the library facilities?
   d. What kinds of museums are there? What other facilities does the university have? Name three.
   e. What did you learn about the qualifications of the faculty?
   f. What did you find out about the university's national and international rating?
   g. What degrees are offered, and how many years of study does it take to get each?

Культура и быт

Никола́й Ива́нович Лобаче́вский (1792–1856) was the founder of non-Euclidean geometry.

4. **Russian from context.** Despite the daunting number of new words in the brochure, you can get much of the meaning through context. Go back through the text and locate the Russian for the phrases listed below. They are given in the order of their appearance in the brochure.

- social work
- Center for Computer Technology in Learning
- European Union
- according to official ratings
- is among the *n* best universities in Russia and the *n* leading universities of the world . . .

5. **Meaning from context.** You can often make educated guesses at meaning by knowing what the text is "supposed" to say. This is a brochure extolling the virtues of the University of Nizhny Novgorod. Based on this information, make an educated guess about the meaning of the underlined words in the following sentences.

Университе́т <u>со́здан</u> в 1916 г.	*(a) was created, (b) was closed*
Университе́т — оди́н из <u>веду́щих</u> ву́зов страны́.	*(a) surviving, (b) passing, (c) leading*
<u>В соста́в университе́та вхо́дят</u> 27 факульте́тов.	*(a) Included in the university's structure, (b) Unacceptable in the university's programs, (c) Absent from the university's programs*
Университе́т <u>име́ет</u> обши́рную библиоте́ку.	*(a) denies, (b) indicates, (c) possesses*
Университе́т име́ет <u>обши́рную</u> библиоте́ку.	*(a) high, (b) extensive, (c) average*

6. **Words that look alike.** What is the meaning of these borrowed words?

киберне́тика (What sometimes happens to English *cy-*?)
ауди́т
региона́льный центр (What sometimes happens to English *g* pronounced as *j*?)

4-31 Как у́чатся в Аме́рике? Read the following e-mails and answer the questions below.

Файл Правка Вид Переход Закладки Инструменты Справка

http://yaschik.ru   Перейти

yaschik.ru   Выход

НАПИСАТЬ   ВХОДЯЩИЕ   ПАПКИ   НАЙТИ ПИСЬМО   АДРЕСА   ЕЖЕДНЕВНИК   НАСТРОЙКИ

От: valyabelova234@mail.ru
Кому: popovaea@inbox.ru
Копия:
Скрытая:
Тема: я учусь

простой формат

Дорогая Елена Анатольевна!

Вот я учусь уже пять дней. Просто удиви́тельно°, сколько° я понимаю по-английски. Снача́ла° я думала, что понимать американский вариант английского будет трудно, но оказа́лось, что° преподаватели говорят медленно и понятно.

Са́мый° интересный курс у меня — политология. Мы изуча́ем избира́тельную° систему США, т.е. колле́гию вы́борщиков°. Я эту систему раньше не понимала, и ока́зывается, что° большинство́° американцев тоже плохо понимают её.

Да́льше° у меня лингвистика — тоже курс очень интересный. Я всегда думала, что лингвист — это тот, кто знает много языков. А оказывается, что лингвист изучает ра́зные° языковые феномены, напр.°, социологические аспекты употребле́ния° слэнга или гендерные вопросы в лингвистике и т.д°.

Моя специальность, конечно, журналистика. И у меня курс по истории американских СМИ°. Преподаватель — журналист, работал в разных газетах в этом штате. Пока́° у нас была только первая лекция.

Я сказала, что всё интересно... всё, кроме° английского. Я думаю, что на этот курс я попала́° по оши́бке°. В этой группе 15 челове́к° из разных стра́н°. Всё это похо́же° на миниатюрную ООН°: кто с Ближнего Восто́ка°, кто из Латинской Америки. Большой контингент из Азии: корейцы и японцы. Но свободно по-английски не говорят. И это самый продви́нутый° курс английского как иностранного! Сего́дня° преподаватель сказал, что

simply amazing	
how much; at first	
it's turned out that...	
the most	
voting	
of electors	
to turn out that...; majority **оказа́лось, что** - *it's turned out that...*	
going further; next	
various	
наприме́р – *for example; usage*	
и так да́лее – *and so forth; etc.*	
сре́дства ма́ссовой информа́ции – *the mass media*	
for the time being	
except	
ended up in	
по оши́бке – *by mistake* *person*	
country *similar*	
Организа́ция Объединённых На́ций – *UN*	
Middle East (lit. Near East, i.e., near to Russia)	
advanced; highest	
today	

он ду́мает, что мо́жно° перейти́° на "норма́льный"
англи́йский, т.е.° курс по сочине́ниям° для
америка́нских первоку́рсников.

it is possible; to switch

то есть – *i.e.; composition*

Всё. Иду́° на ле́кцию.

to go

Ва́ля

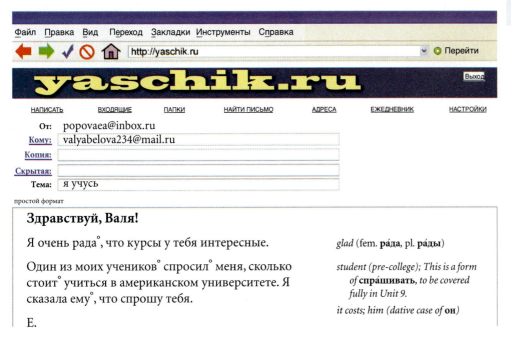

Файл Правка Вид Переход Закладки Инструменты Справка

http://yaschik.ru   Перейти

yaschik.ru   Выход

НАПИСАТЬ   ВХОДЯЩИЕ   ПАПКИ   НАЙТИ ПИСЬМО   АДРЕСА   ЕЖЕДНЕВНИК   НАСТРОЙКИ

От:	popovaea@inbox.ru
Кому:	valyabelova234@mail.ru
Копия:	
Скрытая:	
Тема:	я учусь

простой формат

Здра́вствуй, Ва́ля!

Я о́чень ра́да°, что ку́рсы у тебя́ интере́сные.

*glad (fem. **ра́да**, pl. **ра́ды**)*

Оди́н из мои́х ученико́в° спроси́л° меня́, ско́лько
сто́ит° учи́ться в америка́нском университе́те. Я
сказа́ла ему́°, что спрошу́ тебя́.

*student (pre-college); This is a form
of **спра́шивать**, to be covered
fully in Unit 9.*

*it costs; him (dative case of **он**)*

Е.

1. Вопро́сы

a. Ва́ля хорошо́ понима́ет, когда́ её преподава́тели говоря́т по-англи́йски?
б. Како́й курс у Ва́ли са́мый интере́сный?
в. Ва́ля ра́ньше понима́ла америка́нскую избира́тельную систе́му?
г. Как ду́мает Ва́ля, что изуча́ет лингви́ст?
д. Како́й курс Ва́ля слу́шает по специа́льности?
е. Где ра́ньше рабо́тал её преподава́тель?
ж. Что ду́мает Ва́ля о ку́рсе англи́йского языка́ для иностра́нцев?
з. Что спра́шивает учени́к шко́лы, где учи́лась Ва́ля?

2. Но́вые слова́ в конте́ксте. Based on the e-mails, how would you say the following things:

a. It's simply amazing how much you know!
b. It turned out that she speaks English.
c. They're studying gender issues in sociology.
d. We are studying various languages.
e. It all looks like Chinese!
f. I think you said that by mistake.

Давайте послушаем

 Каза́нский госуда́рственный университе́т. You will hear segments of an opening talk from an assistant dean of Kazan State University to visiting American students. Read through the exercises below. Then listen to the talk and complete the exercises.

4-32 Imagine that you are about to make a welcoming speech to a group of foreign students who have just arrived at your university. What four or five things would you tell them?

4-33 The assistant dean's remarks can be broken up into a number of topic areas. Before you listen to the talk, arrange the topics in the order you think they may occur:

1. composition of the student body
2. foreign students
3. foreign students from North America
4. good-luck wishes
5. opening welcome
6. structure of the university
7. things that make this school different from others

Now listen to the talk to see if you were correct.

4-34 Listen to the talk again with these questions in mind.

1. How many departments does the university have?
2. Kazan University has two research institutes and one teaching institute. Name at least one of them.
3. Name one other university resource.
4. How big is the library?
5. Name five things that students can major in.
6. Name at least one language department that was mentioned.
7. How many students are there?
8. What department hosts most of the students from the U.S. and Canada?
9. Name two other departments that have hosted North American students.
10. The assistant dean says that two Americans were pursuing interesting individual projects. Name the topic of at least one of the two projects.

4-35 The lecturer mentions the Commonwealth of Independent States (CIS), a loose political entity made up of many of the republics of the former Soviet Union. Listen to the lecture once again to catch as many of the names as you can of places in Russia and the **Содру́жество Незави́симых Госуда́рств (СНГ).**

Новые слова и выражения

NOUNS

американи́стика	American studies
антрополо́гия	anthropology
архитекту́ра	architecture
аспиранту́ра	graduate school
библиоте́ка	library
биоло́гия	biology
ге́ндерные иссле́дования	gender studies
журнали́стика	journalism
иностра́нец/иностра́нка	foreigner
институ́т	institute
Институ́т иностра́нных языко́в	Institute of Foreign Languages
искусствове́дение	art history
исто́рия	history
ка́федра (на)	department
ка́федра ру́сского языка́	Russian department
ка́федра англи́йского языка́	English department
коммуника́ция	communications
компью́терная те́хника	computer science
курс (на)	course, year in university or institute
ле́кция (на)	lecture
литерату́ра	literature
матема́тика	mathematics
медици́на	medicine
междунаро́дные отноше́ния	international affairs
му́зыка	music
образова́ние	education
вы́сшее образова́ние	higher education
педаго́гика	education (*a subject in college*)
письмо́	letter (mail)
политоло́гия	political science
преподава́тель	teacher in college
психоло́гия	psychology
рабо́та (на)	work
Росси́я	Russia
сосе́д (*pl.* сосе́ди)/сосе́дка	neighbor
сосе́д/ка по ко́мнате	roommate
социоло́гия	sociology
специа́льность (*fem.*)	major
статья́	article
странове́дение	area studies
странове́дение Росси́и	Russian area studies

Новые слова и выражения

факульте́т (на)	department
фи́зика	physics
филоло́гия	philology (*study of language and literature*)
фина́нсы	finance
филосо́фия	philosophy
хи́мия	chemistry
эконо́мика	economics
юриспруде́нция	law

ADJECTIVES

второ́й	second
госуда́рственный	state
европе́йский	European
иностра́нный	foreign
истори́ческий	historical
математи́ческий	math
моско́вский	Moscow
пе́рвый	first
пя́тый	fifth
ску́чный	boring
тре́тий (тре́тье, тре́тья, тре́тьи)	third
(не)тру́дный	(not) difficult
филологи́ческий	philological (*relating to the study of language and literature*)
четвёртый	fourth
экономи́ческий	economics
юриди́ческий	judicial; legal

VERBS

ду́мать (ду́маю, ду́маешь, ду́мают)	to think
занима́ться (занима́юсь, занима́ешься, занима́ются)	to do homework; to study (*cannot have a direct object*)
изуча́ть (что) (изуча́ю, изуча́ешь, изуча́ют)	to study, take a subject (*must have a direct object*)
люби́ть (люблю́, лю́бишь, лю́бят)	to like, to love
отвеча́ть (отвеча́ю, отвеча́ешь, отвеча́ют)	to answer
рабо́тать (рабо́таю, рабо́таешь, рабо́тают)	to work
спра́шивать (спра́шиваю, спра́шиваешь, спра́шивают)	to ask
учи́ться (учу́сь, у́чишься, у́чатся)	to study, be a student (*cannot have a direct object*)

Новые слова и выражения

ADVERBS

дово́льно	quite
ещё	still
немно́жко	a tiny bit
обы́чно	usually
отли́чно	perfectly
прия́тно	pleasantly
ра́ньше	previously
регуля́рно	regularly
та́кже	also, too (*see Section 8*)
тепе́рь	now (*as opposed to some other time*)
то́же	also, too (*see Section 8*)
уже́	already

PREPOSITIONS

в (+ *prepositional case*)	in, at
на (+ *prepositional case*)	in, on, at

CONJUNCTIONS

и́ли	or
как	how
како́й	which
потому́ что	because
что	that, what

OTHER WORDS AND PHRASES

Вот как?!	Really?!
коне́чно	of course
мо́жет быть	maybe
на како́м ку́рсе	in what year (*in university or institute*)
Я не по́нял (поняла́).	I didn't catch (understand) that.
Я получи́л(а).	I received.

PASSIVE VOCABULARY

автобиогра́фия	autobiography
аэро́бика	aerobics
Азия	Asia
бале́т	ballet
вуз (вы́сшее уче́бное заведе́ние)	institute of higher education
виско́нсинский	Wisconsin (*adj.*)

Новые слова и выражения

вьетна́мский	Vietnamese
год	year
дво́йка	D (a failing grade in Russia)
дипло́м	college diploma
дипломи́рованный специали́ст	certified specialist
до́ктор нау́к	doctor of science (highest academic degree awarded in Russia)
едини́ца	F (grade)
зачёт	passing grade (pass/fail)
иллино́йский	Illinois (*adj.*)
калифорни́йский	Californian
кандида́т нау́к	candidate of science (second-highest academic degree awarded in Russia)
ко́лледж	in the U.S., small college; in Russia, equivalent to community college
колумби́йский	Columbia (*adj.*)
коре́йский	Korean (*adj.*)
ку́хня	kitchen
лингвисти́ческий	linguistic
мать (*fem.*)	mother
маши́на	car
МГУ (Моско́вский госуда́рственный университе́т)	MGU, Moscow State University
ме́неджмент	management
мичига́нский	Michigan (*adj.*)
наприме́р	for example
обе́д	lunch
пенсильва́нский	Pennsylvanian (*adj.*)
по-болга́рски	Bulgarian
почему́	why
пра́ктика	practice, internship
приложе́ние к дипло́му	transcript
предме́т	subject
пятёрка	A (grade)
сте́пень	degree
сте́пень бакала́вра (нау́к)	B.A.
сте́пень маги́стра (нау́к)	M.A.
тро́йка	C (grade)
(не)удовлетвори́тельно	(un)satisfactory(il)y
уче́бный	academic
фоне́тика	phonetics
четвёрка	B (grade)
энергети́ческий	energy (*adj.*)

Распорядок дня

Коммуникативные задания

- Talking about daily activities and schedules
- Asking and telling time on the hour
- Making and responding to simple invitations
- Talking on the phone
- Reading and writing notes and letters
- Speaking and writing in paragraphs

Культура и быт

- Times of the day—Russian style
- The Russian workday: office schedules in Russia

Грамматика

- Days of the week
- Times of the day: **у́тром, днём, ве́чером,** and **но́чью**
- New verbs to answer **Что вы де́лаете?**
- Stable and shifting stress in verb conjugations
- Going: **ходи́ть, идти́; е́здить, е́хать**
- Questions with **где** and **куда́**
- **В/на** + accusative case for direction
- Expressing necessity: **до́лжен, должна́, должны́**

О чём идёт речь?

Что я де́лаю?

принима́ю душ

иду́ домо́й

убира́ю ко́мнату

отдыха́ю

ложу́сь спать

иду́ на ле́кцию

слу́шаю ра́дио

за́втракаю

занима́юсь

чита́ю газе́ту

иду́ в библиоте́ку

у́жинаю

встаю́

смотрю́ телеви́зор

обе́даю

одева́юсь

играю в футбол

играю на гитаре

5-1 Which activities are typical for you? Pick and arrange them in chronological order from the list above.

5-2 Утром, днём, вечером и́ли но́чью? Construct sentences indicating when you do the above things.

Утром я встаю́.

Днём я обе́даю.

Ве́чером я занима́юсь.

Но́чью я ложу́сь спать.

Культура и быт	
у́тром	after 3 A.M. till noon
днём	12 noon till about 5 P.M.
ве́чером	after 5 P.M. till around midnight
но́чью	around 12 midnight till about 3 A.M.

Разгово́ры для слу́шания

Before listening to the conversations, look at this page from a Russian calendar. Note that the days are listed vertically and that the first day of the week is Monday. The days of the week are not capitalized in Russian.

понеде́льник		6	13	20	27
вто́рник		7	14	21	28
среда́	1	8	15	22	29
четве́рг	2	9	16	23	30
пя́тница	3	10	17	24	31
суббо́та	4	11	18	25	
воскресе́нье	5	12	19	26	

Разгово́р 1. В общежи́тии.
Разгова́ривают Сти́вен и Бори́с.

1. How is Steven's Russian?
2. Does Boris know any English?
3. What is Steven doing in Moscow?
4. What does Steven do Monday through Thursday?

Разгово́р 2. Биле́ты на рок-конце́рт.
Разгова́ривают Джим и Ва́ля.

1. What days are mentioned?
2. What is Valya doing on Wednesday?
3. What is she doing on Thursday?
4. Which day do they finally agree on?

Разгово́р 3. Пойдём в буфе́т!
Разгова́ривают Ле́на и Мэ́ри.

1. In what order will the following activities take place?
   - буфе́т
   - ру́сская исто́рия
   - разгово́рная пра́ктика
2. Where and when will Mary and Lena meet?

Разгово́р 4. Что ты де́лаешь в суббо́ту?
Разгова́ривают Ве́ра и Кэ́рол.

1. What days of the week are mentioned in the conversation?
2. What are Vera's plans for the first day mentioned? Arrange them in sequential order.
3. Where are the friends going on the second day mentioned?

Давайте поговорим

Диалоги

1. Ты сегóдня идёшь в библиотéку?

— Сáша, ты сегóдня идёшь в библиотéку?
— Сейчáс подýмаю. Какóй сегóдня день?
— Сегóдня? Понедéльник.
— Да, идý. Днём. В два часá.
— В два? Отлично! Давáй пойдём вмéсте.
— Давáй!

2. Кудá ты идёшь?

— Здрáвствуй, Жéня! Кудá ты идёшь?
— На лéкцию.
— Так рáно?! Скóлько сейчáс врéмени?
— Сейчáс ужé дéсять часóв.
— Не мóжет быть! А что у тебя сейчáс?
— Пéрвая пáра — экономика. Ты извини, но я должнá идти.
  Я ужé опáздываю. До свидáния.

Пáра, literally *pair,* refers to the 90-minute lectures at Russian universities (2 × 45 minutes), which usually run without a break.

3. Что ты дéлаешь в суббóту вéчером?

— Аллó! Волóдя, э́то ты?
— Я. Здрáвствуй, Роб.
— Слýшай, Волóдя. Что ты дéлаешь в суббóту вéчером?
— Ничегó.
— Не хóчешь пойти в кинó?
— С удовóльствием. Во скóлько?
— В шесть часóв.
— Договорились.

4. Когдá у вас рýсская истóрия?

— Аллó, Вéра! Говорит Сáша.
— Здрáвствуй, Сáша.
— Слýшай, Вéра! Я забы́л, когдá у нас рýсская истóрия.
— В срéду.
— Знáчит, зáвтра?! А во скóлько?
— Вторáя пáра. В аудитóрии нóмер три на вторóм этажé.
— Знáчит, вторáя пáра, аудитóрия три, вторóй этáж.
  Спасибо. Всё.

5. Что ты сейча́с де́лаешь?

— Алло́! Джилл!

— Ле́на, приве́т!

— Слу́шай, что ты сейча́с де́лаешь?

— Я убира́ю ко́мнату, а Энн смо́трит телеви́зор. А что?

— Хоти́те все вме́сте пое́хать на да́чу?

— Когда́?

— В двена́дцать часо́в.

— В двена́дцать не могу́. Я должна́ занима́ться.

— А Энн?

— А Энн свобо́дна весь день.

— Ты зна́ешь, дава́й пое́дем не днём, а ве́чером.

— Хорошо́. Договори́лись. Ну, пока́.

— Пока́!

The short-form adjective **свобо́ден** (*free*) is marked for gender and number:

он свобо́ден
она́ свобо́дна
они́ свобо́дны

Вопросы к диалогам

Диало́г 1

FRIENDS

друг – friend
подру́га – female friend or girlfriend
друзья́ – plural of **друг**

1. Како́й сего́дня день?
2. Куда́ идёт Са́ша?
3. Когда́ он идёт?
4. Друзья́ иду́т вме́сте?

Диало́г 2

1. Куда́ идёт Же́ня?
2. Ско́лько сейча́с вре́мени?
3. Како́е у Же́ни сейча́с заня́тие?

Диало́г 3

1. Говоря́т…
   а. Са́ша и Же́ня.
   б. Роб и Же́ня.
   в. Роб и Воло́дя.
2. Что говори́т Роб снача́ла по телефо́ну?
   а. Здра́вствуйте!
   б. Здра́вствуй!
   в. Слу́шаю!
   г. Алло́!
3. Воло́дя хо́чет пойти́…
   а. в кино́.
   б. на конце́рт.
   в. на футбо́льный матч.
   г. в парк.

4. Он хóчет пойти. . .
   а. в пя́тницу.
   б. в суббóту.
   в. в воскресéнье.

5. Во скóлько они́ иду́т?
   а. В три часá.
   б. В пять часóв.
   в. В шесть часóв.
   г. В семь часóв.

6. Роб тóже хóчет пойти́. Он говори́т. . .
   а. Хорошó!
   б. Отли́чно!
   в. Могу́.
   г. С удовóльствием.

Диалóг 4

Прáвда и́ли непрáвда?

1. У Сáши и Вéры ру́сская истóрия во втóрник.
2. У них ру́сская истóрия на вторóй пáре.
3. Ру́сская истóрия в аудитóрии нóмер три.
4. Аудитóрия нóмер три на пéрвом этажé.

Диалóг 5

Что? Где? Когда? With a partner, finish the following questions, then answer them.

1. Что сейчáс _____ Джилл?
   Отвéт: Джилл _____ .
2. Что сейчáс _____ Энн?
   Отвéт: Энн _____ .
3. Кудá Лéна хóчет _____ ?
   Отвéт: Лéна хóчет _____ .
4. Почему́ Джилл не мóжет _____ днём?
   Отвéт: Джилл _____ .
5. Когдá они́ _____ ?
   Отвéт: Они́ _____ вéчером.

Упражнения к диалогам

5-3 Какóй сегóдня день? With a partner, practice asking and answering the day.

    Образéц: пя́тница
           — Какóй сегóдня день?
           — Сегóдня? Пя́тница.

a. понедéльник   г. суббóта
б. средá   д. втóрник
в. воскресéнье   е. четвéрг

5-4 Когда? В какой день? В какие дни? With a partner, practice asking and answering on what day things will happen.

Вопросы	Ответы
В какие дни ты слушаешь лекции?	В понедельник.
В какие дни ты не слушаешь лекции?	Во вторник.
В какие дни у тебя русский язык?	В среду.
В какие дни ты смотришь телевизор?	В четверг.
В какие дни ты не занимаешься?	В пятницу.
В какие дни ты идёшь в библиотеку?	В субботу.
В какие дни ты отдыхаешь?	В воскресенье.
В какие дни ты работаешь?	
В какие дни ты встаёшь поздно?	
В какие дни ты встаёшь рано?	
В какие дни ты играешь в футбол?	

5-5 Answer these questions about yourself.

1. Что ты делаешь в понедельник?
2. Что ты делаешь во вторник?
3. Что ты делаешь в среду?
4. Что ты делаешь в четверг?
5. Что ты делаешь в пятницу?
6. Что ты делаешь в субботу?
7. Что ты делаешь в воскресенье?

5-6 Сколько сейчас времени?

Сейчас **час.**

Сейчас **два часа.**

Сейчас **три часа.**

Сейчас **четыре часа.**

Сейчас
пять часов.

Сейчас
шесть часов.

Сейчас
семь часов.

Сейчас
восемь часов.

Сейчас
девять часов.

Сейчас
десять часов.

Сейчас
одиннадцать часов.

Сейчас
двенадцать часов.

 5-7 Act out a short dialog for each of the pictures below. Follow the model.

Образец: — Извините, пожалуйста, сколько сейчас времени?
— Сейчас три часа.
— Спасибо.

a.

б.

в.

г.

5-8 Когда? Во сколько?

Вопросы	**Ответы**

Вопросы

Во сколько ты обычно встаёшь?
Во сколько ты обычно принимаешь душ?
Во сколько ты обычно одеваешься?
Во сколько ты обычно читаешь газету?
Во сколько ты обычно завтракаешь?
Во сколько ты обычно идёшь на занятия?
Во сколько ты обычно идёшь в библиотеку?
Во сколько ты обычно обедаешь?
Во сколько ты обычно идёшь на урок
   русского языка?
Во сколько ты обычно играешь в футбол?
Во сколько ты обычно идёшь домой?
Во сколько ты обычно ужинаешь?
Во сколько ты обычно смотришь телевизор?
Во сколько ты обычно ложишься спать?

Ответы

В час.
В два часа.
В три часа.
В четыре часа.
В пять часов.
В шесть часов.
В семь часов.
В восемь часов.
В девять часов.
В десять часов.
В одиннадцать часов.
В двенадцать часов.

> To tell what time something happens, use **в** + the hour.

5-9 Моя́ неде́ля. Make a calendar of your activities for next week. As always, use what you know, not what you don't.

5-10 Куда́ я иду́? For each of the pictures below, construct a sentence telling on what day(s) and at what time you go to these places.

Образе́ц: В понеде́льник в во́семь часо́в я иду́ в университе́т.

в кинотеа́тр

в магази́н

в музе́й

в рестора́н

в библиоте́ку

в кафе́

на стадио́н

на дискоте́ку

в цирк

в банк

в бассе́йн

на рабо́ту

5-11 Са́мый люби́мый день.

1. Како́й у вас (у тебя́) са́мый люби́мый день? Почему́?
2. Како́й у вас (у тебя́) са́мый нелюби́мый день? Почему́?

5-12 Как ча́сто? The following adverbs let you describe how often you do things.

ча́сто	*often*	**ре́дко**	*rarely*
обы́чно	*usually*	**никогда́ не**	*never*
ка́ждый день	*every day*	**всегда́**	*always*
иногда́	*sometimes*		

When you use these adverbs with regard to "going" somewhere in the present tense, use the verb form **я хожу́: Я ча́сто хожу́ в кафе́.**

For each of the pictures in exercise 5-10, construct a sentence indicating how often you go there.

Образцы́:   Я ча́сто хожу́ в университе́т.
Я ре́дко хожу́ в цирк.
Я никогда́ не хожу́ на дискоте́ку.

5-13 Типи́чная неде́ля. Working in pairs, find out what your partner does in a typical week and how often he or she does those things.

5-14 Подгото́вка к разгово́ру. Review the dialogs. How would you do the following?

1. Ask what day it is.
2. Tell what day today is.
3. Ask what time it is.
4. Tell what time it is now.
5. Express surprise at something you hear.
6. Say you need to think for a minute.
7. Bring a conversation to an end by saying you have to go.
8. Start a telephone conversation with a friend.
9. Ask what someone is doing (on Saturday, Sunday, now, etc.).
10. Invite a friend to go to the movies.
11. Take someone up on an invitation to go to the movies (library, etc.).
12. Signal agreement to proposed arrangements.
13. Identify yourself on the phone.
14. Ask what day your Russian (math, English) class is.
15. Tell what day your Russian (economics) class is.
16. Ask what time your Russian (French, Spanish) class is.
17. Tell what time your Russian (psychology) class is.
18. Say that you are (or someone else is) free (to do something).
19. Say that you can't do something.
20. End a conversation with a friend.

5-15 Вопро́сы. Working with a partner, practice responding to the following. Then reverse roles.

1. Како́й сего́дня день?
2. Ско́лько сейча́с вре́мени?
3. Когда́ ру́сский язы́к?
4. Куда́ ты идёшь?
5. Что ты сейча́с де́лаешь?
6. Хо́чешь пойти́ в магази́н?
7. Дава́й пойдём в кино́.
8. Хо́чешь пойти́ в библиоте́ку вме́сте?
9. Что ты де́лал(а) вчера́?

Игровые ситуации

5-16 В Росси́и…

1. Call up a friend and ask what he or she is doing. Invite him or her to go out.
2. Your friend calls you up and invites you to the library. Accept the invitation and decide when you will go.
3. A friend calls to invite you to a concert Thursday night. You are busy then. Decline the invitation and suggest an alternative.
4. Working with a partner, prepare and act out a situation of your own that deals with the topics of this unit. Remember to use what you know, not what you don't know.

Устный перевод

5-17 In Russia, you are asked to act as an interpreter between a tourist who does not speak any Russian and a Russian who does not speak any English.

ENGLISH SPEAKER'S PART

1. Hi. I'm an American student and my name is …
2. Where do you go to school?
3. What year are you in?
4. How interesting! My major is Russian history.
5. I am a sophomore. I am taking Russian, history, political science, mathematics, and economics.
6. That would be great! When?
7. That will be fine!

Первые абзацы

The following expressions will help you talk about your daily schedule and make your speech flow more naturally.

снача́ла	*at first*
(а) пото́м	*then*
наконе́ц	*finally*

As you progress through the exercises in this unit, pay attention not only to content and grammatical accuracy, but to the flow of your speech as well. Try to vary the way you begin your sentences and pay special attention to where you might combine two smaller sentences into one longer one. Consider the following monologue:

У́тром я встаю́. Я принима́ю душ. Я одева́юсь. Я за́втракаю. Я иду́ на заня́тия.

The monologue, which consists of a number of short sentences monotonously strung together, is boring. You can convey the same information in a more coherent and interesting way:

Утром я встаю **в семь часо́в. Снача́ла** я принима́ю душ, **а пото́м** одева́юсь. **В во́семь часо́в** я за́втракаю и иду́ на заня́тия.

As you can see, you can turn a group of sentences into a short paragraph.

5-18 Based on the preceding example, turn the following groups of sentences into paragraphs.

а. В суббо́ту я отдыха́ю. Я встаю́. Я чита́ю газе́ту. Я принима́ю душ. Я одева́юсь. Я иду́ в кино́ и́ли в рестора́н.

б. Ве́чером я у́жинаю. Я иду́ в библиоте́ку. Я занима́юсь. Я иду́ домо́й. Я ложу́сь спать.

в. В воскресе́нье днём я обе́даю. Я отдыха́ю. Я занима́юсь. Я чита́ю газе́ту. Ве́чером я у́жинаю. Я занима́юсь. Я ложу́сь спать.

г. Вчера́ я по́здно встал(а). Я чита́л(а) газе́ту и слу́шал(а) ра́дио. Я обе́дал(а) в кафе́. Я занима́лся (занима́лась) в библиоте́ке. Ве́чером я смотре́л(а) телеви́зор.

5-19 Now answer the following questions about yourself in as much detail as you can.

а. Что вы обы́чно де́лаете в суббо́ту?

б. Что вы обы́чно де́лаете в понеде́льник у́тром?

в. Что вы обы́чно де́лаете в пя́тницу ве́чером?

г. Что вы де́лали вчера́?

Грамматика

1. Days and Times

— Како́й сего́дня день?
What day is it?

— Сего́дня
It's
$$\begin{cases}\text{понеде́льник.}\\\text{вто́рник.}\\\text{среда́.}\\\text{четве́рг.}\\\text{пя́тница.}\\\text{суббо́та.}\\\text{воскресе́нье.}\end{cases}$$

— **В** како́й день...?
On what day...?

— **В** каки́е дни...?
On what days...?
$$\begin{cases}\text{— В понеде́льник.}\\\text{— Во вто́рник.}\\\text{— В сре́ду.}\\\text{— В четве́рг.}\\\text{— В пя́тницу.}\\\text{— В суббо́ту.}\\\text{— В воскресе́нье.}\end{cases}$$

— Ско́лько сейча́с вре́мени?.
What time is it?

— Сейча́с
It's
$$\begin{cases}\text{час.}\\\text{2, 3, 4 часа́.}\\\text{5, 6, 7, 8, 9, 10, 11, 12 часо́в.}\end{cases}$$

— **Во** ско́лько...?
At what time...?
$$\begin{cases}\text{— В час.}\\\text{— В 2, 3, 4 часа́.}\\\text{— В 5, 6, 7, 8, 9, 10, 11, 12 часо́в.}\end{cases}$$

Упражнения

5-20 Supply questions for these answers.

Образцы́:	Сего́дня пя́тница.	Како́й сего́дня день?

Образцы́: Сего́дня пя́тница. — Како́й сего́дня день?
У меня́ семина́р в понеде́льник. — В како́й день у тебя́ семина́р?
У меня́ ру́сская исто́рия во вто́рник и в четве́рг. — В каки́е дни у тебя́ ру́сская исто́рия?

1. Сего́дня понеде́льник.
2. Сего́дня суббо́та.
3. Сего́дня вто́рник.
4. У меня́ эконо́мика в понеде́льник.
5. У меня́ семина́р в четве́рг.

6. У меня́ неме́цкий язы́к в понеде́льник, в сре́ду и в пя́тницу.

7. У меня́ политоло́гия в понеде́льник, во вто́рник, в сре́ду и в четве́рг.

8. Сего́дня воскресе́нье.

9. Я чита́ю журна́лы в суббо́ту.

10. Я пишу́ пи́сьма и e-mail'ы в воскресе́нье.

5-21 Supply questions for these answers.

| Образцы́: | Сейча́с 2 часа́. | *Ско́лько сейча́с вре́мени?* |
| | У меня́ семина́р в 2 часа́. | *Во ско́лько у тебя́ семина́р?* |

1. Сейча́с 5 часо́в.

2. Сейча́с час.

3. У меня́ америка́нская исто́рия в 9 часо́в.

4. У меня́ эконо́мика в 11 часо́в.

5. Сейча́с 4 часа́.

6. У меня́ политоло́гия в 4 часа́.

7. У меня́ матема́тика в 10 часо́в.

➤ *Complete Oral Drills 1–4 and Written Exercises 1–3 in the Student Activity Manual (S.A.M.).*

2. New Verbs — Что вы де́лаете?

e/ё-conjugation verbs

You already know the **e/ё**-conjugation verbs **знать** – *to know,* **чита́ть** – *to read,* **понима́ть** – *to understand,* **изуча́ть** – *to study (a subject),* **рабо́тать** – *to work,* **спра́шивать** – *to ask,* and **отвеча́ть** – *to answer.* The following new verbs are conjugated the same way.

де́лать (to do)		
я	де́ла - **ю**	он/кто де́лал
ты	де́ла - **ешь**	она́ де́лала
он/она́ (кто)	де́ла - **ет**	они́/вы де́лали
мы	де́ла - **ем**	
вы	де́ла - **ете**	
они́	де́ла - **ют**	

за́втракать (to eat breakfast)		
я	за́втрака - **ю**	он/кто за́втракал
ты	за́втрака - **ешь**	она́ за́втракала
он/она́ (кто)	за́втрака - **ет**	они́/вы за́втракали
мы	за́втрака - **ем**	
вы	за́втрака - **ете**	
они́	за́втрака - **ют**	

обéдать (to eat lunch)

я	обéда - **ю**	он/кто	обéдал
ты	обéда - **ешь**	онá	обéдала
он/онá (кто)	обéда - **ет**	они́/вы	обéдали
мы	обéда - **ем**		
вы	обéда - **ете**		
они́	обéда - **ют**		

у́жинать (to eat supper)

я	у́жина - **ю**	он/кто	у́жинал
ты	у́жина - **ешь**	онá	у́жинала
он/онá (кто)	у́жина - **ет**	они́/вы	у́жинали
мы	у́жина - **ем**		
вы	у́жина - **ете**		
они́	у́жина - **ют**		

Other new verbs with this conjugation are: **опáздывать** – *to be late,* **отдыхáть** – *to relax,* **принимáть (душ)** – *to take a shower,* **слу́шать** – *to listen,* **убирáть (кóмнату)** – *to clean a room,* and **игрáть** – *to play.*

The vowel in the first-conjugation endings for the **ты, он/онá, мы,** and **вы** forms is **ё** instead of **e** when the ending is stressed. This can occur in verbs with consonant stems, like **жить** – *to live,* and in verbs with vowel stems. The consonant-stemmed verb **идти́** – *to go (by foot), to walk* is conjugated just like **жить.**

идти́ (to go/walk)

я	ид - **у́**	*past tense for the verb "go/walk" is*
ты	ид - **ёшь**	*presented on p. 161.*
он/онá (кто)	ид - **ёт**	
мы	ид - **ём**	
вы	ид - **ёте**	
они́	ид - **у́т**	

For the past tense of the verb **встава́ть,** for now use the shorter alternate forms if you mean *one time*. This will be explained in Unit 9.

Он обы́чно **встава́л** в 6 часо́в, но сего́дня он **встал** в 8 часо́в.

встава́ть (to get up)			
			one time:
я	вста - **ю́**	он/кто вставáл	он/кто встал
ты	вста - **ёшь**	она́ вставáла	она́ встáла
он/она́ (кто)	вста - **ёт**	они́/вы вставáли	они́/вы встáли
мы	вста - **ём**		
вы	вста - **ёте**		
они́	вста - **ю́т**		

In Unit 4 you learned the conjugation of **учи́ться** – *to study, be a student* and **занима́ться** – *to study, do homework*. Remember that the reflexive particle is spelled **-ся** after consonants and **-сь** after vowels. The **е/ё**-conjugation verb **одева́ться** – *to get dressed* is formed like **занима́ться.**

одева́ться (to get dressed)		
я	одева́ - **ю** - **сь**	он/кто одева́л - **ся**
ты	одева́ - **ешь** - **ся**	она́ одева́ла - **сь**
он/она́ (кто)	одева́ - **ет** - **ся**	они́/вы одева́ли - **сь**
мы	одева́ - **ем** - **ся**	
вы	одева́ - **ете** - **сь**	
они́	одева́ - **ют** - **ся**	

и-conjugation verbs

You already know the **и**-conjugation verbs **говори́ть** – *to speak* and **люби́ть** – *to love*. The new **и**-conjugation verb **смотре́ть** – *to watch* has shifting stress, like **люби́ть.**

смотре́ть (to watch)		
я	смотр - **ю́**	он/кто смотре́л
ты	смо́тр - **ишь**	она́ смотре́ла
он/она́ (кто)	смо́тр - **ит**	они́/вы смотре́ли
мы	смо́тр - **им**	
вы	смо́тр - **ите**	
они́	смо́тр - **ят**	

The new verb **ложи́ться** – *to go to bed* has the reflexive particle **-ся** and stable stress. Like **учи́ться,** it is subject to the 8-letter spelling rule.

ложи́ться (to go to bed)			
			one time:
я	лож - у́ - сь	он/кто ложи́лся	он/кто лёг
ты	лож - и́шь - ся	она́ ложи́лась	она́ легла́
он/она́ (кто)	лож - и́т - ся	они́/вы ложи́лись	они́/вы легли́
мы	лож - и́м - ся		
вы	лож - и́те - сь		
они́	лож - а́т - ся		

For the past tense of the verb **ложи́ться,** for now use the shorter alternate forms if you mean *one time.* This will be explained in Unit 9.

Она́ обы́чно **ложи́лась** в 11 часо́в, но вчера́ она́ **легла́** в 9 часо́в.

Упражне́ния

5-22 Запо́лните про́пуски. Fill in the blanks.

1. Ки́ра встаёт в 7 часо́в, а я _____ в 8.
2. Ки́ра принима́ет душ в 8 часо́в, а я _____ душ в 9.
3. Ки́ра бы́стро одева́ется, а я _____ ме́дленно.
4. Ки́ра за́втракает в 9 часо́в, а я _____ в 10 часо́в.
5. Ки́ра не слу́шала ра́дио, а я его́ _____ .
6. Ки́ра смо́трит телеви́зор, а я не _____ .
7. Ки́ра опа́здывает на ле́кцию, а я не _____ .
8. Днём Ки́ра отдыха́ла, а я не _____ .
9. Ки́ра не убира́ла ко́мнату, а я её _____ .
10. Ки́ра занима́лась, и я то́же _____ .
11. Ки́ра ложи́тся спать ра́но, а я _____ спать по́здно.

по́здно – late

5-23 Что ты де́лал(а) вчера́? Change the following sentences to the past tense.

Образе́ц: Сего́дня я отдыха́ю. → Вчера́ я отдыха́л(а).

1. Сего́дня я смотрю́ телеви́зор.
2. Сего́дня он слу́шает ра́дио.
3. Сего́дня мы занима́емся.
4. Сего́дня ты не за́втракаешь.
5. Сего́дня вы чита́ете газе́ту.
6. Сего́дня они́ не рабо́тают.

5-24 Как по-ру́сски?

— What do you do in the morning?
— I get up at 6 o'clock and get dressed.
— You don't eat breakfast in the morning?
— No. I study. Then at 10 o'clock I go to class.
— When do you eat lunch?
— At 1 o'clock. Then I go home. I relax and watch TV.
— And when do you go to bed?
— At 12 o'clock.

➤ *Complete Oral Drills 5–6 and Written Exercises 4–5 in the S.A.M.*

3. Stable and Shifting Stress in Verb Conjugations

Russian verb conjugations have three possible stress patterns:

1. Stress always on the ending, as in **говори́ть.**
2. Stress always on the stem, as in **чита́ть.**
3. Stress on the ending in the infinitive and **я** forms, and on the last syllable of the stem in all other forms, as in **люби́ть, писа́ть, смотре́ть,** and **учи́ться.**

Thus, if you know the stress on the infinitive and the **они́** form, you can predict the stress for the entire conjugation.

Stable Stress				Shifting Stress			
infinitive stress = stress on all forms				end stress on infinitive and **я** form			
говор	и́ть	чита́	ть	пис	а́ть	уч	и́ться
говор	ю́	чита́	ю	пиш	у́	уч	у́сь
говор	и́шь	чита́	ешь	пи́ш	ешь	у́ч	ишься
говор	и́т	чита́	ет	пи́ш	ет	у́ч	ится
говор	и́м	чита́	ем	пи́ш	ем	у́ч	имся
говор	и́те	чита́	ете	пи́ш	ете	у́ч	итесь
говор	я́т	чита́	ют	пи́ш	ут	у́ч	атся

Упражнение

5-25 Как по-ру́сски? Express the following in Russian. Pay special attention to the stress on the verbs.

— Ты (*like*) ста́рые фи́льмы?
— Да, я их (*like*).
— Где ты (*study*)?
— Я (*study*) в университе́те. Мла́дший брат и сестра́ (*study*) в шко́ле, а ста́рший брат (*study*) в институ́те.
— Что вы (*write*)?
— Я (*am writing*) письмо́, а Ма́ша (*is writing*) сочине́ние.

сочине́ние – composition

4. Going

Russian distinguishes between going by foot and by vehicle:

However, verbs for going by vehicle are used only when the context makes it absolutely clear that a vehicle is used, that is:

- when talking about going to another city or country (**Мы е́дем в Ки́ев** – *We're going to Kiev*) or going out of town (**Мы е́дем на да́чу** – *We're going to the dacha*).

Саша **идёт** в библиотеку.

Мария **едет** в Москву.

- when the vehicle is physically present (e.g., one person sees another on a bicycle and asks **Куда ты едешь?** – *Where are you going?*).
- when the specific vehicle being used is mentioned in the sentence (**Мы едем домой на машине** – *We're going home in a car*).

In all other instances, verbs for going by foot are used.

Both **идти** and **ехать** are regular **e/ё**-conjugation verbs.

	идти (to go [walk]; by foot, within city)	ехать (to go [ride]; by vehicle, to another city)
я	ид - у́	е́д - у
ты	ид - ёшь	е́д - ешь
он/она́ (кто)	ид - ёт	е́д - ет
мы	ид - ём	е́д - ем
вы	ид - ёте	е́д - ете
они́	ид - у́т	е́д - ут

Упражнение

5-26 Заполните про́пуски. Fill in the blanks with the correct form of **идти** or **ехать**.

1. Ви́тя, Ма́ша говори́т, что в суббо́ту ты _____ в США.
   — Да, я _____ .
   — Как интере́сно! Мо́жет быть, ты...
   — Ла́ра, извини́! Я _____ на уро́к и о́чень опа́здываю!
2. Мы _____ в библиоте́ку.
3. Ко́стя _____ в Москву́.
4. Са́ша и Ва́ня _____ в Оде́ссу.
5. Со́ня _____ в кино́.
6. Вы _____ на ле́кцию?
7. Кто _____ на стадио́н?
8. Кто _____ в Росси́ю?

Ходи́ть and **идти́**, **е́здить** and **е́хать.** Russian also distinguishes between going in one direction or setting out (**я иду́, я е́ду**) and making trips back and forth (**я хожу́, я е́зжу**). With adverbs telling how often trips are made (**ча́сто, ре́дко, обы́чно, ка́ждый день**, etc.), the verb **ходи́ть** is usually used for walking, and the verb **е́здить** is used for travel by vehicle.

идти́

Я сейча́с **иду́** в библиоте́ку.

В пять часо́в я **иду́** в библиоте́ку.

е́хать

Я сейча́с **е́ду** на рабо́ту.

В де́вять часо́в я **е́ду** на рабо́ту.

ходи́ть

Я ка́ждый день **хожу́** в библиоте́ку.

Он ка́ждый день **ходи́л** в библиоте́ку.

е́здить

Я ка́ждый день **е́зжу** в институ́т.

Он ка́ждый день **е́здил** в институ́т.

The verbs **ходи́ть** and **е́здить** are **и**-conjugation verbs, like **говори́ть** and **учи́ться**. Only the **я** form is slightly different in both verbs: **я хожу́, я е́зжу**.

ходи́ть (to go [walk] habitually)			
я	хож - у́	он/кто	ходи́л
ты	хо́д - ишь	она́	ходи́ла
он/она́ (кто)	хо́д - ит	они́/вы	ходи́ли
мы	хо́д - им		
вы	хо́д - ите		
они́	хо́д - ят		

е́здить (to go [ride] habitually)			
я	е́зж - у	он/кто	е́здил
ты	е́зд - ишь	она́	е́здила
он/она́ (кто)	е́зд - ит	они́/вы	е́здили
мы	е́зд - им		
вы	е́зд - ите		
они́	е́зд - ят		

Past tense of going. The Russian concept of "go" in the past tense is complicated. For the time being, use the past tense of **ходи́ть** or **е́здить** for a round trip.

Summary Table of "Go" Verbs

Grammatical Form	Foot	Vehicle
Infinitive (for the time being)	(должны́) **пойти́**	(должны́) **пое́хать**
Future tense	*Covered in Unit 10.*	*Covered in Unit 10.*
Present tense (one direction, setting out, are going)	иду́, идёшь, иду́т	е́ду, е́дешь, е́дут
Present tense (many directions, habitual, "go")	хожу́, хо́дишь, хо́дят	е́зжу, е́здишь, е́здят
Past tense (one direction, set out, went, and stopped)	*Covered in Unit 8.*	*Covered in Unit 8.*
Past tense (many directions, habitual, "made a trip, used to go")	ходи́л, ходи́ла, ходи́ли	е́здил, е́здила, е́здили

Упражнение

5-27 Запо́лните про́пуски. Fill in the blanks with the appropriate form of **идти́, ходи́ть, е́хать, е́здить.**

1. Я сейча́с _____ в парк.
2. Я ка́ждый день _____ в парк.
3. Сего́дня мы _____ в Петербу́рг.
4. Мы ча́сто _____ в Петербу́рг.
5. Мы ча́сто _____ в кино́, но ре́дко _____ в музе́й.
6. В 8 часо́в я _____ на ле́кцию. В час я _____ домо́й.
7. Ты ка́ждый день _____ в библиоте́ку?
8. Вы ча́сто_____ на да́чу?
9. Мы вчера́ _____ в кино́.
10. — Что вы де́лали в суббо́ту?
    — Мы _____ на конце́рт.

> ➤ *Complete Oral Drills 7–10 and Written Exercises 6–7 in the S.A.M.*

5. Asking Where: где vs. куда́

In Russian, **где** is used to inquire about location and **куда́** is used to inquire about destination. Compare the following questions in English and in Russian:

— **Где** ты живёшь?
— *Where* do you live?

— **Куда́** ты идёшь?
— *Where* are you going?

location

destination

Verbs such as **жить** – *to live,* **рабо́тать** – *to work,* and **учи́ться** – *to study, be a student* refer to location and require the use of **где** – *where.* Verbs like **ходи́ть/идти́** – *to go,* **е́здить/е́хать** – *to go (by vehicle),* and **опа́здывать** – *to be late* refer to destination and require the use of **куда́** – *where to.*

Упражнение

5-28 Как по-ру́сски?

1. Where do you live?
2. Where do you work?
3. Where are you going?
4. What are you late for?
5. Where are you driving?
6. Where do you go to school? (Be careful! Don't take the *go* of *go to school* literally.)

➤ *Complete Oral Drill 11 and Written Exercise 8 in the S.A.M.*

6. Answering the Question Куда́?

You already know that **где** questions require answers with **в** or **на** plus the prepositional case:

— **Где** ты занима́ешься?
— **Я** занима́юсь **в библиоте́ке.**

Куда́ questions require answers with **в** or **на** plus the accusative case:

— **Куда́** ты идёшь?
— Я иду́ **в библиоте́ку.**

Где? (в/на + Prepositional)	Куда? (в/на + Accusative)	в or на?
в библиотéке в шкóле в аудитóрии в магазúне в институ́те в музéе	в библиотéку в шкóлу в аудитóрию в магазúн в институ́т в музéй	Place names usually take the preposition **в**.
на лéкции на концéрте на рабóте на урóке	на лéкцию на концéрт на рабóту на урóк	Activities take the preposition **на**.
на пéрвом этажé на кáфедре на стадиóне на факультéте на дáче на дискотéке	на пéрвый этáж на кáфедру на стадиóн на факультéт на дáчу на дискотéку	Some words that one would expect to take **в** in fact take **на**. They must be memorized.
дóма	домóй	Learn these special expressions for *home*.

Упражнения

5-29 Заполните про́пуски. Supply the needed preposition. Indicate whether the noun following the preposition is in the prepositional case (P) or the accusative case (A).

1. Утром я хожу́ _____ библиотéку (   ). Я занимáюсь _____ библиотéке (   ) 3 часá.
2. Я опáздываю _____ лéкцию (   ).
3. В 2 часá я иду́ _____ институ́т (   ). Я рабóтаю _____ институ́те (   ) 4 часá. В 6 часóв я иду́ _____ кáфедру (   ) ру́сского языкá.
4. Вéчером я обы́чно хожу́ _____ концéрт (   ) или _____ кинó (   ).
5. Кáждую суббóту мы éздим _____ дáчу.
6. Мы идём _____ дискотéку. Хóчешь пойти́?

5-30 Куда́ вы идёте? Где вы? Answer the questions **Куда́ вы идёте?** and **Где вы?** using the following prompts:

dormitory, class, university, home

5-31 Отве́тьте на вопро́сы.

1. Куда́ вы идёте в понеде́льник у́тром? В воскресе́нье у́тром?
2. Куда́ вы идёте в сре́ду днём? В суббо́ту днём?
3. Куда́ вы идёте в пя́тницу ве́чером? В суббо́ту ве́чером?
4. Куда́ вы обы́чно хо́дите в пя́тницу?
5. Куда́ вы обы́чно е́здите в суббо́ту?
6. Где вы живёте?
7. Где вы у́читесь?
8. Где вы рабо́таете?
9. Где рабо́тают ва́ши роди́тели? Ва́ши бра́тья и сёстры? Ваш муж и́ли ва́ша жена́?

➤ Complete Oral
Drills 12–16
and Written
Exercises 9–12
in the S.A.M.

7. Expressing Necessity or Obligation: The Short-Form Adjective до́лжен, должна́, должны́ + Infinitive

Ка́тя идёт в библиоте́ку, потому́ что она́ **должна́** занима́ться.

Katya is going to the library because she has to study.

Марк говори́т «до свида́ния», потому́ что он **до́лжен** идти́.

Mark says "Goodbye" because he has to go.

За́втра экза́мен. Студе́нты **должны́** занима́ться.

Tomorrow is a test. The students have to study.

До́лжен means "must" or "have to." It is a short-form adjective. It agrees with the grammatical subject of its clause. The **вы** form is always plural, even if the subject addressed as **вы** is only one person.

Masculine	я ты он кто	до́лжен
Feminine	я ты она́	должна́
Neuter	оно́ э́то	должно́
Plural	мы вы они́	должны́

До́лжен, должна́, and **должны́** are always followed by a verb infinitive:

Яша до́лжен **занима́ться.**	*Yasha has to study.*
Со́ня должна́ **убира́ть ко́мнату.**	*Sonya has to straighten her room.*
Мы должны́ **идти́.**	*We have to go.*
Анна Петро́вна, вы должны́ **рабо́тать** сего́дня?	*Anna Petrovna, do you have to work today?*

The short-form adjective свобо́ден, свобо́дна, свобо́дны. Like **до́лжен,** the short-form adjective **свобо́ден, свобо́дна, свобо́дны** (*free, not busy*) agrees with the subject of the sentence in gender and number:

Аня, ты сего́дня свобо́дна?	*Anya, are you free today?*
Джим то́же свобо́ден.	*Jim's also free.*
Мы свобо́дны.	*We're free.*

Упражне́ния

5-32 Кака́я фо́рма? Choose the needed form of the verb.

— Что вы (**де́лаете — де́лать**) сего́дня?
— Сего́дня мы должны́ (**занима́емся — занима́ться**) в библиоте́ке.
— А пото́м?
— А пото́м мы (**идём — идти́**) на уро́к.
— А ве́чером?
— А ве́чером мы должны́ (**чита́ем — чита́ть**) журна́л.

5-33 Кто что до́лжен де́лать?

1. Что вы должны́ де́лать сего́дня?
2. Что до́лжен де́лать ваш друг?
3. Что должна́ де́лать ва́ша подру́га?
4. Что до́лжен де́лать ваш преподава́тель?

5-34 Как по-ру́сски? How would you ask the following people what they have to do today?

1. your best friend (Watch out for gender!)
2. your Russian professor
3. two friends together

► *Complete Oral Drill 17 and Written Exercise 13 in the S.A.M.*

Давайте почитаем

5-35 Расписа́ние.

1. Look through the page from someone's daily calendar to get a general idea of who it might belong to.

> 9.00 – английская литература
> 10.40 – фонетика
> 13.00 – обед
> 14.00 – грамматика
> 16.00 – театральный клуб
> 19.00 – кино

2. Look through the schedule again. What courses and academic activities are mentioned?

5-36 Зна́ете ли вы...? Match up the famous names with their achievements.

___ 1. Анна Ахма́това

___ 2. Ма́ргарет Мид

___ 3. Фёдор Миха́йлович Достое́вский

___ 4. Мари́я Склодо́вская-Кюри́

___ 5. Влади́мир Ильи́ч Ле́нин

___ 6. Джон Ле́ннон и Пол Макка́ртни

___ 7. Пилигри́мы

___ 8. Альберт Эйнште́йн

а. Приду́мал уравне́ние $E = MC^2$.

б. Изуча́ла эффе́кты радиоакти́вности.

в. Организова́л па́ртию большевико́в.

г. Занима́лась антрополо́гией наро́дов Ти́хого океа́на.

д. Написа́л рома́н «Бра́тья Карама́зовы».

е. Писа́ла поэ́зию.

ж. Писа́ли пе́сни, кото́рые пе́ли Битлз.

з. Пое́хали из А́нглии в Аме́рику.

5-37 Письмо́. Read the letter below and answer the following questions.

1. Кто написа́л э́то письмо́?
2. Она́ у́чится и́ли рабо́тает?
3. Ско́лько у неё ку́рсов?
4. В каки́е дни у неё неме́цкая исто́рия?
5. В каки́е дни у неё неме́цкий язы́к?
6. В каки́е дни у неё семина́р по неме́цкой литерату́ре?
7. Како́й у неё четвёртый курс?
8. Почему́ она́ ду́мает, что семина́р по литерату́ре тру́дный?
9. Когда́ она́ обы́чно встаёт?
10. Что она́ де́лает у́тром?
11. Что она́ де́лает в четве́рг?
12. Когда́ она́ обе́дает во вто́рник, в сре́ду и в пя́тницу?

Дорогая Линда!

Спасибо за твоё интересное письмо. Я рада слышать, что у тебя всё хорошо в университете.

Ты пишешь, что курсы у тебя трудные в этом семестре. У меня тоже очень напряжённый семестр. Я слушаю четыре курса. Во вторник, в среду и в пятницу у меня три лекции. В четверг у меня библиотечный день — я не хожу на лекции, но я занимаюсь весь день. Обычно читаю в библиотеке, но иногда занимаюсь дома. Понедельник у меня день нетрудный — только один семинар. В воскресенье я отдыхаю — хожу в кино или на концерт.

Ты спрашиваешь, какой у меня типичный день. Я обычно встаю рано, часов в семь. Завтракаю в столовой, а потом иду в спортивный зал. Первая пара, немецкая история, начинается в 9.30 во вторник, в среду и в пятницу. В эти дни у меня также немецкий язык в 11 часов и экономика в час. Обедаю я поздно. А в понедельник у меня семинар по немецкой литературе. Этот курс очень интересный, но надо очень много читать. Мы сейчас читаем Томаса Манна. Мне трудно, потому что я ещё медленно читаю по-немецки, но я люблю этот семинар.

Каждый день я ужинаю в 7 часов. Потом я обычно читаю до 10-и. После этого я или смотрю телевизор, или ложусь спать.

Хотелось бы узнать больше о твоём расписании. Какой у тебя типичный день?

Жду ответа.

Твоя Маша

5-38 Записки. Imagine that the following notes were left for you. You do not know many of the words in the notes. On the basis of what you do understand, put a check mark next to the notes you believe need action on your part.

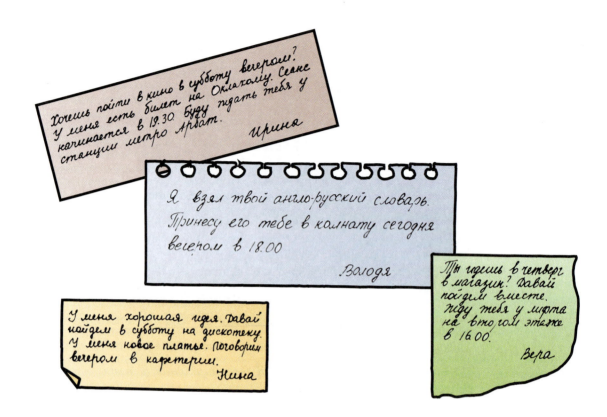

Хочешь пойти в кино в субботу вечером?
У меня есть билет на Оклахому. Сеанс
начинается в 19.30. Буду ждать тебя у
станции метро Арбат.
Ирина

Я взял твой англо-русский словарь.
Принесу его тебе в комнату сегодня
вечером в 18.00
Володя

Ты идёшь в четверг
в магазин? Давай
пойдём вместе.
Жду тебя у лифта
на втором этаже
в 16.00.
Вера

У меня хорошая идея. Давай
пойдём в субботу на дискотеку.
У меня новое платье. Поговорим
вечером в кафетерии.
Нина

5-39 Расписа́ние в америка́нском университе́те. Read the e-mails below and answer the questions that follow.

Файл Правка Вид Переход Закладки Инструменты Справка	

http://yaschik.ru ● Перейти

yaschik.ru
Выход

НАПИСАТЬ   ВХОДЯЩИЕ   ПАПКИ   НАЙТИ ПИСЬМО   АДРЕСА   ЕЖЕДНЕВНИК   НАСТРОЙКИ

От:	valyabelova234@mail.ru
Кому:	popovaea@inbox.ru
Копия:	
Скрытая:	
Тема:	Новые курсы

простой формат

Дорогая Елена Анатольевна!

Подумать только — я здесь уже две недели. Я уже поменяла° свою° программу. Я Вам писала о курсе английского языка для иностранцев. Я сразу° поняла, что этот курс лёгкий° для меня, и я перешла° на американскую литературу. Что интересно, в американских колледжах можно° свободно° выбирать° курсы. Кроме того°, есть такая система "add-drop" (дословно° — "добавить-бросить"). Это значит, что можно послушать курс примерно° неделю. Если он не нравится°, можно перейти° на другой курс, если ещё есть свободные места°.

Правда, эта свобода° — большой плюс, но есть ещё и большой минус: студенты обязательно° должны слушать общие° курсы не по специальности. Вот у меня специальность — журналистика. Но помимо° этих курсов, официально я должна прослушать курс по математике (!). К счастью°, я сдала° вступительный° экзамен° по математике в первый день занятий, и решили°, что этот курс не нужен°.

Тут я должна признаться:° английский как иностранный я бросила не только потому, что он не нужен, но ещё и потому, что он был четыре раза в неделю° в восемь часов утра! И как Вы помните°, я люблю поздно вставать. (Сколько раз я опаздывала в школу, не нужно даже напоминать°!)

По новому расписанию моя первая лекция (лингвистика) только в 11 часов утра. Поэтому° я встаю только в 9. Завтракаю дома с Антонией и иногда с Робом. Виктор уже на работе, Анна в школе.

change   one's own

immediately

easy   to switch; **перешла** *– switched*

it is possible   freely

choose   moreover

literally

approximately

is pleasing   to switch

place; space (pl. **места**)

freedom

absolutely

general

in addition to

fortunately   to pass an exam

entrance   examination

they decided (**нужна́, ну́жно, нужны́**) *is/are necessary*

to admit

… times a week

(**по́мню, по́мнишь, по́мнят**) *– to remember*

to remind

so; therefore

Capitalized Вы.
In personal correspondence to an individual reader (not to a group), the formal words for *you* and *yours* are capitalized: **Я чита́ю Ва́ше письмо́… В письме́ Вы пи́шете… Пра́вда, я Вас зна́ю не о́чень хорошо́…** This rule does not apply to **ты.**

Распорядок дня ◆ 169

Ой, чуть не° забыла ответить на Ваш вопрос, сколько стоит° учиться, но ответ сложный°. Наш университет государственный. Один год° стоит примерно $10.000. А в частных° университетах ещё дороже°! Но у большинства° студентов какие-то° стипендии и дополнительно° работают — в ресторанах, в библиотеках и т.д. И, конечно, помогают° родители.

almost

it costs   complicated

year

private (nonpublic)

more expensive   majority

some sort of   in addition

help

—Валя

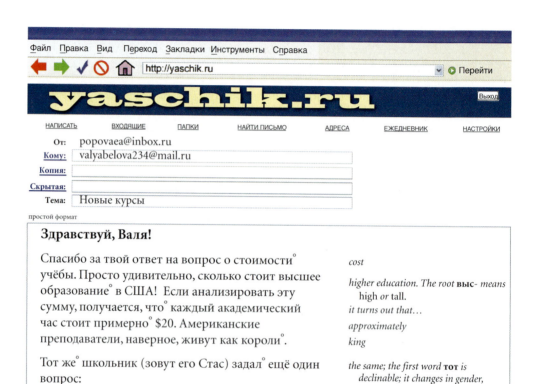

От: popovaea@inbox.ru
Кому: valyabelova234@mail.ru
Копия:
Скрытая:
Тема: Новые курсы

простой формат

Здравствуй, Валя!

Спасибо за твой ответ на вопрос о стоимости° учёбы. Просто удивительно, сколько стоит высшее образование° в США! Если анализировать эту сумму, получается, что° каждый академический час стоит примерно° $20. Американские преподаватели, наверное, живут как короли°.

Тот же° школьник (зовут его Стас) задал° ещё один вопрос:

Это правда, что большинство° студентов не живут дома, а в общежитиях, даже если родители живут недалеко от университета? Ты ведь живёшь в семье, а не в общежитии.

Е.

cost

higher education. The root **выс-** *means high or tall.*

it turns out that…

approximately

king

the same; the first word **тот** *is declinable; it changes in gender, number, and case:* **тот же школьник, та же школьница, то же общежитие, те же книги**   *to ask a question*

majority

1. Вопро́сы

а. Почему́ Ва́ля бро́сила англи́йский язы́к как иностра́нный и перешла́ на литерату́ру?

б. Как вы ду́маете, студе́нты в Росси́и свобо́дно выбира́ют свои́ ку́рсы?

в. Ва́ля сейча́с изуча́ет матема́тику?

г. Когда́ у Ва́ли пе́рвая ле́кция у́тром?

д. Когда́ она́ встаёт?

е. Как Ва́ля отвеча́ет на вопро́с Еле́ны Анато́льевны, ско́лько сто́ит учи́ться в госуда́рственном университе́те в США?

ж. Что спра́шивает учени́к Еле́ны Анато́льевны?

2. Грамма́тика в конте́ксте

a. Find the nine direct object nouns in this e-mail correspondence.

b. Does **перейти́** – *to switch over to* (**Я сра́зу перешла́ на…**) answer the question **где** or **куда?** How can you tell?

c. In the first line of Elena Anatolievna's e-mail, you see the word **сто́имость** – *cost*. The **-ь** ending does not by itself reveal this noun's gender. But by looking at the prepositional case ending in the sentence, you can figure out the gender. How?

d. How do we say "thanks *for* something"? Hint: the thing for which you are thanking is *not* in the nominative. What case is it in?

e. Find the word **о́бщий** (**о́бщие ку́рсы** – *general courses*). The root **общ-** means *general* or *in common*. What other word have you seen with this root?

Давайте послушаем

5-40 Звукова́я за́пись в e-mail'e. Nikolai sent an audio e-mail attachment to his American friend, Jim. Listen to the recording with the following questions in mind.

1. What are Nikolai's hard days?
2. What are his easy days?
3. What does his schedule look like on a hard day?
4. What does he do on weekends?

5-41 Автоотве́тчик. You came home and found a message for your Russian roommate on your answering machine (**автоотве́тчик**).

1. Take down as much information as you can (in English or in Russian).
2. Leave a note for your roommate with this information in Russian.

Новые слова и выражения

NOUNS

аудито́рия	classroom
банк	bank
бассе́йн	swimming pool
воскресе́нье	Sunday
вто́рник	Tuesday
гита́ра	guitar
да́ча (на)	dacha
д(е)нь	day
дискоте́ка	dance club, disco
душ	shower
за́втрак	breakfast
заня́тие (на)	class
кафе́ (*indeclinable*)	cafe
кино́ (*indeclinable*)	the movies
кинотеа́тр	movie theater
конце́рт	concert
магази́н	store
музе́й	museum
но́мер	number
обе́д	lunch
па́ра	class period
понеде́льник	Monday
пя́тница	Friday
рабо́та (на)	work
распоря́док дня	daily routine
рестора́н	restaurant
среда́ (в сре́ду)	Wednesday (on Wednesday)
стадио́н (на)	stadium
суббо́та	Saturday
телеви́зор	television set
у́жин	supper
уро́к (на)	class, lesson (*practical*)
уро́к ру́сского языка́	Russian class
футбо́л	soccer
футбо́льный матч	soccer game
цирк	circus
час (2–4 часа́, 5–12 часо́в)	o'clock
четве́рг	Thursday
эта́ж (на) (*ending always stressed*)	floor; story

MODIFIERS

все	everybody, everyone (*used as a pronoun*)
до́лжен (должна́, должны́) + *infinitive*	must

Новые слова и выражения

ка́ждый — each, every
са́мый + *adjective* — the most + *adjective*
   са́мый люби́мый — most favorite
   са́мый нелюби́мый — least favorite
свобо́ден (свобо́дна, свобо́дны) — free, not busy

VERBS

встава́ть (встаю́, встаёшь, встаю́т) — to get up
де́лать (де́лаю, де́лаешь, де́лают) — to do
е́здить (е́зжу, е́здишь, е́здят) — to go habitually; make a round trip (*by vehicle*)
е́хать (е́ду, е́дешь, е́дут) — to go by vehicle
за́втракать — to eat breakfast
   (за́втракаю, за́втракаешь, за́втракают)
игра́ть (игра́ю, игра́ешь, игра́ют) — to play
   игра́ть в + *accusative* — to play a game
   игра́ть на + *prepositional* — to play an instrument
идти́ (иду́, идёшь, иду́т) — to go, walk, set out
ложи́ться спать — to go to bed
   (ложу́сь, ложи́шься, ложа́тся)
обе́дать (обе́даю, обе́даешь, обе́дают) — to eat lunch
одева́ться — to get dressed
   (одева́юсь, одева́ешься, одева́ются)
опа́здывать — to be late
   (опа́здываю, опа́здываешь, опа́здывают)
отдыха́ть — to relax
   (отдыха́ю, отдыха́ешь, отдыха́ют)
принима́ть (душ) — to take a shower
   (принима́ю, принима́ешь, принима́ют)
слу́шать (слу́шаю, слу́шаешь, слу́шают) — to listen
смотре́ть (телеви́зор) — to watch (*television*)
   (смотрю́, смо́тришь, смо́трят)
убира́ть (дом, кварти́ру, ко́мнату) — to clean (*house, apartment, room*)
   (убира́ю, убира́ешь, убира́ют)
у́жинать (у́жинаю, у́жинаешь, у́жинают) — to eat dinner
ходи́ть (хожу́, хо́дишь, хо́дят) — to go habitually; make a round trip (*on foot*)

OTHER VERBS

я забы́л(а) — I forgot
могу́ — I can
поду́маю — I'll think, let me think
слу́шай(те) — listen (*command form*)

Новые слова и выражения

ADVERBS

ве́чером	in the evening
вме́сте	together
всегда́	always
вчера́	yesterday
днём	in the afternoon
за́втра	tomorrow
иногда́	sometimes
ка́ждый день	every day
наконе́ц	finally
никогда́ не	never
но́чью	at night
обы́чно	usually
отли́чно	excellent
по́здно	late
пото́м	later
ра́но	early
ре́дко	rarely
сего́дня	today
снача́ла	to begin with; at first
у́тром	in the morning
ча́сто	frequently

PREPOSITIONS

в + *accusative case of days of week*	on
в + *hour*	at
в + *accusative case for direction*	to
на + *accusative case for direction*	to

QUESTION WORDS

когда́	when
куда́	where (to)
почему́	why

OTHER WORDS AND PHRASES

алло́	hello (*on telephone*)
весь день	all day
Во ско́лько?	At what time?
Дава́й(те) пойдём…	Let's go… (*on foot; someplace within city*)

Новые слова и выражения

Дава́й(те) пое́дем...   Let's go... (*by vehicle; to another city or country*)
Договори́лись.   Okay. (We've agreed.)
домо́й   (to) home (*answers* куда́)
Извини́...   Excuse me...
Како́й сего́дня день?   What day is it?
мо́жет быть   maybe
Не мо́жет быть!   That's impossible!; It can't be!
Не хо́чешь (хоти́те) пойти́ (пое́хать)...?   Would you like to go...?
ничего́   nothing
Сейча́с поду́маю.   Let me think.
Ско́лько сейча́с вре́мени?   What time is it?
С удово́льствием.   With pleasure.
типи́чный   typical

PASSIVE VOCABULARY

абза́ц   paragraph
автоотве́тчик   answering machine
биле́т   ticket
бра́тья   brothers
буфе́т   buffet
друзья́   friends
жена́   wife
за́пись (*она́*)   recording
мла́дший   younger
муж   husband
неде́ля   week
по телефо́ну   by telephone
пра́вда   truth
расписа́ние   (*written*) schedule
семина́р   seminar
сёстры   sisters
сочине́ние   composition
ста́рший   older

Дом, квартира, общежитие

Коммуникативные задания

- Talking about homes, rooms, and furnishings
- Making and responding to invitations
- Reading want ads

Культура и быт

- Adjectives used to name a room
- **Что в шкафу?** Russian closets
- **Ты и вы**
- Living conditions in Russia
- Russian apartments, dormitories, and dachas

Грамматика

- **Хоте́ть**
- Verbs of position — **стоя́ть, висе́ть, лежа́ть**
- Genitive case of pronouns, question words, and singular modifiers and nouns
- Uses of the genitive case
- **у кого́ + есть**
- Expressing nonexistence and absence: **нет чего́**
- Possession and attribution ("of")
- Specifying quantity
- At someone's place: **у кого́**

О чём идёт речь?

Дом

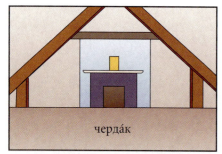

черда́к

спа́льня

столо́вая

ку́хня

подва́л

ва́нная

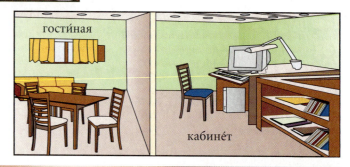

гости́ная

кабине́т

Культура и быт

The words **гости́ная, столо́вая,** and **ва́нная** are feminine adjectives in form. They modify the word **ко́мната,** which is normally left out of the sentence. Although they are used as nouns, they take adjective endings.

Ме́бель

холоди́льник

плита́

пи́сьменный стол

стул

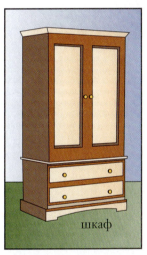

шкаф

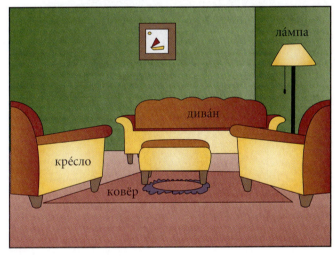

ла́мпа

дива́н

кре́сло

ковёр

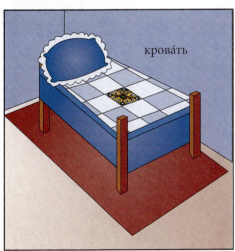

крова́ть

6-1 Каки́е ко́мнаты в ва́шем до́ме? Кака́я у вас ме́бель до́ма?

6-2 Како́й у вас дом? Using the vocabulary below, answer the following questions.

Како́го цве́та сте́ны в ва́шей ку́хне? В ва́шей гости́ной? В ва́шей спа́льне?

У вас о́кна больши́е и́ли ма́ленькие?

У вас потоло́к высо́кий и́ли ни́зкий? Како́го он цве́та?

У вас есть ле́стница? Она́ широ́кая и́ли у́зкая?

Како́го цве́та две́ри в ва́шем до́ме?

У вас ковёр лежи́т на полу́? Е́сли да, како́го он цве́та?

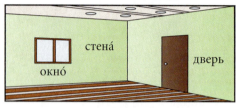

высо́кий потоло́к

ни́зкий потоло́к

Разговоры для слушания

Разговор 1. Фотографии дома
Разговаривают Маша и Кейт.

1. What does Masha want Kate to show her?
2. What does Masha think about the size of Kate's house?
3. How many rooms does Kate first say are on the first floor of her house?
4. How many rooms are there by Masha's count?
5. How many bedrooms are there in Kate's house?
6. Where is the family car kept?

Разговор 2. Комната в общежитии
Разговаривают Оля и Майкл.

1. Where does Michael live?
2. Does he live alone?
3. How many beds are there in his room?
4. How many desks?
5. Does Michael have his own TV?

Разговор 3. Первый раз в русской квартире
Разговаривают Роберт и Валя.

1. What does Robert want to do before the meal?
2. Valya mentions two rooms. Which is hers?
3. Who lives in the second room?
4. What does Valya say about hanging rugs on walls?

Культура и быт

Что в шкафу? Michael calls his closet a **шкаф.** Most Russian apartments, however, don't have built-in closets. The word **шкаф** normally refers to a freestanding wardrobe. Note the stressed **-у** ending in the prepositional case.

Разгово́р 4. Приглаша́ем на да́чу!
   Разгова́ривают На́дя и Ли́за.

1. Where is Nadya's dacha?
2. How many rooms does it have?
3. Why doesn't Nadya's family live at the dacha all the time?

Разгово́р 5. Ко́мната в общежи́тии.
   Разгова́ривают Ми́тя и Кэ́ти.

1. In what city does Kathy live?
2. What sort of housing does she have?
3. What can you say about her room furnishings?
4. Kathy's Russian friend asks where she got her rug. What does her friend assume?
   Is this assumption correct?

Давайте поговорим

Диалоги

1. Фотогра́фия до́ма

— Марк, у тебя́ есть фотогра́фия твоего́ до́ма?

— Да. Хо́чешь посмотре́ть?

— Коне́чно.

— Вот э́то наш дом. Здесь живу́ я, сестра́ и роди́тели.

— То́лько одна́ семья́ в тако́м большо́м до́ме?! А ско́лько у вас ко́мнат?

— Сейча́с посмо́трим. На пе́рвом этаже́ — гости́ная, столо́вая, ку́хня и туале́т. А на второ́м — три спа́льни и две ва́нные.

— А гара́ж у вас есть?

— Нет, гаража́ нет. Маши́на стои́т на у́лице. Вот она́, си́няя.

— Дом у вас о́чень краси́вый.

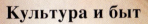

Культура и быт

Ты и вы. As you know, Russians use the **ты** form to address people with whom they are on familiar speech terms, and the **вы** form for those with whom they are on formal terms, or when talking to more than one person. In many dialogs in this lesson, the speakers may seem to alternate between formal and informal address, but in fact they are using the **вы** forms to address more than one person (a whole family, the members of a cultural group).

Ско́лько у вас ко́мнат? Есть is omitted in "have" constructions when the focus is not on the existence of the item, but rather on some additional information about it. Mark's friend already knows that Mark has rooms in his house. His question is how many.

2. Фотогра́фия общежи́тия

— Джа́нет, ты живёшь в общежи́тии?

— Да. Хо́чешь посмотре́ть фотогра́фию?

— Да, хочу́. Ты живёшь одна́?

— Нет. У меня́ есть сосе́дка по ко́мнате. Ви́дишь, на фотогра́фии две крова́ти, два стола́.

— Кака́я краси́вая ме́бель! А э́то что тако́е?

— Это холоди́льник, а ря́дом шкаф.

— А телеви́зор?

— В ко́мнате телеви́зора нет. Телеви́зор у нас есть то́лько на этаже́. Ва́нные и туале́ты то́же на этаже́.

3. Можно посмотреть квартиру?

— Добрый вечер, Саша. Я не опоздала?
— Нет-нет, Джоанна. Проходи в большую комнату. Мамы и папы ещё нет, но обед готов.
— А можно посмотреть квартиру?
— Конечно. Правда, она небольшая, всего 32 метра.
— Но очень уютная.
— Вот в той маленькой комнате живу я. А здесь живут родители.
— Какие большие окна! О, я вижу, что у вас иконы висят.
— Да, мы верующие.

4. Ковёр на стене

— Валера, какая красивая комната!
— Да что ты?! Она такая маленькая.
— Но уютная. Я вижу, что у тебя на стене висит ковёр. Это русская традиция?
— Да, а что? У вас такой традиции нет?
— Нет. Дома у меня такой же ковёр, только он лежит на полу.

5. Хотите поехать на дачу?

— Хотите, в воскресенье поедем на дачу?
— На дачу? У вас есть дача?
— Да, в пригороде.
— Она большая?
— Два этажа, четыре комнаты. Хотите посмотреть фотографию?
— Это ваша дача? Жёлтая?
— Да.
— Какая красивая! Почему вы живёте здесь, в городе, когда есть такой дом?
— Понимаете, у нас на даче нет ни газа, ни горячей воды.
— Тогда понятно.

Жили́щные усло́вия в Росси́и

Ру́сская кварти́ра. In Soviet times, privately owned housing was virtually unknown. Most Russians lived in communal apartments or small one- or two-bedroom apartments. It was not uncommon for several generations to share the same living space. On the other hand, rent and utilities for most represented a small fraction of household income. After the breakup of the Soviet Union, the Russian government began selling apartments to residents. Privatization of the housing market has spurred new construction leading to a steady increase in availability—albeit at much higher prices. Nevertheless, most Russians live in cramped quarters by U.S. standards. So the question **Ско́лько (квадра́тных) ме́тров?** is a part of any discussion of housing. **Три́дцать (квадра́тных) ме́тров** corresponds to an average Russian two-room apartment.

Коммуна́льная кварти́ра. In communal apartments, some of which remain in old cities with large apartments, especially St. Petersburg, a family shares one or two rooms, and several families share a common kitchen and bathroom. Increasingly families are buying and refurbishing these apartments, and the purchase price  includes the resettlement of the families who lived in the communal apartment into smaller apartments, often far from the city center.

Жилы́е ко́мнаты. When describing the number of rooms in a house or apartment, Russians count only those rooms where one sleeps or entertains (**жилы́е ко́мнаты**). They do not include the kitchen, bathroom, or entrance hall.

Гости́ная и столо́вая. The words **гости́ная** – *living room* and **столо́вая** – *dining room* are usually used to describe Western homes. Most Russian apartments are too small to have a dining room, and Russians usually refer to the room where they entertain (be it a combination bedroom/living room or the equivalent of a small living room) as **больша́я ко́мната.** If the bedroom is separate from the **больша́я ко́мната,** it is a **спа́льня.**

Ва́нная и туале́т. In most Russian apartments the toilet is in one room (**туале́т**) and the sink and bathtub in another (**ва́нная**).

У нас дéлают ремóнт. Those who can afford it are refurbishing their Soviet-era apartments with new appliances, plumbing, and electrical wiring. Since the new plumbing and electrical fixtures are often from European models, this home improvement, **ремóнт,** is sometimes called **éвроремонт.**

Дáчи. Дáчи are summer houses located in the countryside surrounding most big cities in Russia. Many Russian families own one. Until recently, these houses were usually not equipped with gas, heat, or running water. Toilets were in outhouses in the backyard. Some newer **дáчи** are built with all the conveniences. During the summer months Russians, especially old people and  children, spend a lot of time at their dachas. Besides allowing them to get away from the city, dachas provide a place where people can cultivate vegetables and fruits to preserve for the winter.

Общежúтие. Only students from another city live in the dormitory. Russian students studying at an institute in their hometown are not given dormitory space. They usually live with their parents.

Вопросы к диалогам

Диало́г 1

1. Кто ещё живёт в до́ме Ма́рка?
2. Ско́лько ко́мнат у них в до́ме?
3. Каки́е ко́мнаты на пе́рвом этаже́? Каки́е на второ́м?
4. Где стои́т их маши́на?

Диало́г 2

1. Где живёт Джа́нет?
2. Она́ живёт одна́?
3. Кака́я ме́бель у неё в ко́мнате?
4. У Джа́нет есть телеви́зор в ко́мнате?

Диало́г 3

Пра́вда и́ли непра́вда? Answer for each statement. If the statement is untrue, provide the correct answer.

> Образе́ц: Это кварти́ра Джоа́нны.
> — Непра́вда! Это кварти́ра Са́ши.

1. Сейча́с у́тро.
2. Джоа́нна опозда́ла на обе́д.
3. Бра́та ещё нет.
4. Обе́д гото́в.
5. Кварти́ра о́чень больша́я.
6. О́кна о́чень больши́е.
7. В кварти́ре нет ико́н.
8. Они́ ве́рующие.

Диало́г 4

Что чему́ соотве́тствует? Match the appropriate items in the two columns below.

1. Вале́ра
2. Ковёр виси́т на стене́.
3. Ковёр лежи́т на полу́.

а. америка́нец
б. америка́нская тради́ция
в. ру́сская тради́ция
г. ру́сский

Диало́г 5

1. Когда́ друзья́ ду́мают пое́хать на да́чу?
2. Где нахо́дится да́ча?
3. Ско́лько ко́мнат в э́том до́ме? Ско́лько этаже́й?
4. Како́го цве́та да́ча?
5. Чего́ нет на да́че?

нахо́дится – is located

Упражнения к диалогам

6-3 Где я живу? Describe where you live. Use as many descriptive words as you can.

1. Я живу́ в... (до́ме, кварти́ре, общежи́тии).
2. Наш дом... (большо́й, ма́ленький).
3. Моя́ кварти́ра о́чень... (ма́ленькая, краси́вая).
4. В на́шем до́ме... (оди́н эта́ж, два этажа́, три этажа́).
5. В мое́й кварти́ре... (одна́ ко́мната, две ко́мнаты, три ко́мнаты).
6. В мое́й ко́мнате... (больша́я крова́ть...).
7. На пе́рвом этаже́... (гости́ная...).
8. На второ́м этаже́... (ма́ленькая спа́льня...).
9. У меня́ маши́на стои́т... (в гараже́, на у́лице).

6-4 В и́ли на? Fill in the blanks with the appropriate prepositions.

— Хоти́те, _____ воскресе́нье пое́дем _____ да́чу?

— _____ да́чу? У вас есть да́ча?

— Да, _____ при́городе. Хоти́те посмотре́ть фотогра́фию?

— Кака́я краси́вая! Почему́ вы живёте здесь, _____ го́роде, когда́ есть тако́й дом?

— Понима́ете, у нас _____ да́че нет ни га́за, ни горя́чей воды́.

— Тогда́ поня́тно.

6-5 Цвета́. Remember these colors from Unit 2. List the colors below in order of your most to least favorite.

Remember, the adjective **си́ний** – *dark blue* takes soft endings. Any endings you add should preserve the softness of the stem: **си́ний, си́няя, си́нюю, си́нее, си́ние,** etc.

Цвета́:

кра́сный	red	чёрный	black
жёлтый	yellow	бе́лый	white
зелёный	green	се́рый	gray
голубо́й	light blue	кори́чневый	brown
си́ний	dark blue	бе́жевый	beige
фиоле́товый	purple	ора́нжевый	orange
ро́зовый	pink		

6-6 Како́го цве́та?

Образе́ц: — Како́го цве́та ваш пи́сьменный стол? — *Он кори́чневый.*
— Како́го цве́та ва́ша крова́ть? — *Она́ кори́чневая.*

Како́го цве́та ваш дом?
Како́го цве́та ваш холоди́льник?
Како́го цве́та ваш дива́н?
Како́го цве́та ваш ковёр?
Како́го цве́та ваш шкаф?
Како́го цве́та ва́ше общежи́тие?
Како́го цве́та ва́ша маши́на?
Како́го цве́та ва́ша плита́?
Како́го цве́та ва́ше кре́сло?

Какого цвета ваш люби́мый сви́тер?
Како́го цвета ва́ша люби́мая руба́шка?
Како́го цвета ва́ши люби́мые боти́нки?
Како́го цвета ва́ше пальто́?

6-7 What are you wearing today? List at least six items and say what color they are.

Образе́ц: Мои́ ту́фли чёрные.

6-8 Что у кого́ есть? If you wanted to find out whether someone in your class lives in a large apartment, you could ask **Ты живёшь в большо́й кварти́ре?** or **Твоя́ кварти́ра больша́я и́ли ма́ленькая?** How would you find out the following?

1. If someone lives in a small apartment.
2. If someone has a car.
3. If someone has a radio.

Find answers to the following questions by asking other students and your teacher. Everyone asks and answers questions at the same time. Do not ask one person more than two questions in a row.

Кто живёт в большо́й кварти́ре?	У кого́ есть о́чень большо́й пи́сьменный стол?
Кто живёт в ма́ленькой кварти́ре?	У кого́ есть бе́лый сви́тер?
Кто живёт в общежи́тии?	У кого́ есть кра́сная маши́на?
У кого́ есть большо́й дом?	У кого́ нет маши́ны?
У кого́ нет телеви́зора?	У кого́ есть компью́тер и при́нтер?
У кого́ в ко́мнате есть кре́сло?	У кого́ нет телефо́на в ко́мнате?
У кого́ есть но́вая крова́ть?	У кого́ есть краси́вый ковёр?
У кого́ есть хоро́шее ра́дио?	У кого́ есть холоди́льник в ко́мнате?

6-9 Подгото́вка к разгово́ру. Review the dialogs. How would you do the following?

1. Ask if someone has something (a photograph, car, television).
2. State what rooms are on the first and second floors of your house.
3. Find out if someone lives in a house, apartment, or dormitory.
4. Find out if someone has a roommate.
5. State what things you have in your dorm room.
6. State what things you don't have in your dorm room.
7. State that you have two of something (tables, beds, books).
8. State that someone (Mom, Dad, roommate) is not present.
9. Ask if you are late.
10. Ask permission to look at someone's apartment (book, icons).
11. Compliment someone on his/her room (house, car, icons).
12. Respond to a compliment about your room (car, rug).

6-10 Планиро́вка до́ма. Make a detailed floor plan of these houses. Label rooms and furniture.

1. Your home, or your parents' or grandparents' home.
2. Your dream home.

Игровые ситуации

6-11 В Росси́и...

1. You have just arrived at a Russian friend's apartment. Ask to see the apartment. Ask as many questions as you can.
2. You have been invited to spend the weekend at a friend's dacha. Accept the invitation. Find out as much as you can about the dacha.
3. Your Russian host family is interested in where you live. Describe your living situation in as much detail as you can. Show a photo if you have one.
4. You've just checked into a hotel in Russia and are not pleased with your room. Complain at the hotel desk. There is no television. The lamp doesn't work. The table is very small, and there is no chair. You want a different room (**У вас нет друго́й ко́мнаты?**).
5. You want to rent a furnished apartment in St. Petersburg. Ask the owner five or six questions to find out about the apartment.
6. Working with a partner, prepare and act out a situation of your own that deals with the topics of this unit.

Устный перевод

6-12 You have been asked to interpret for a Russian exchange student who is seeking accommodations at your university. He needs to talk to the housing director. Your task is to communicate ideas, not to translate word for word.

ENGLISH SPEAKER'S PART

1. What did you say your last name is?
2. First name?
3. Oh, yes, here it is. You're in a dorm. Do you know where Yates Hall is? You're on the fifth floor.
4. No, you have two roommates.
5. Bathrooms and showers are on the (each) floor.
6. No, there's no refrigerator, but every room has a bed, a desk, and a lamp. There's a refrigerator on each floor.
7. There's a telephone and TV on each floor.
8. You're welcome.

Грамматика

1. Хотеть

Learn the conjugation of the verb **хотеть** (*to want*). It is one of only a handful of irregular verbs in Russian and must be memorized. Note the shifting stress, as in **учиться**.

хотеть		
я	хоч - у́	он/кто хоте́л
ты	хо́ч - ешь	она́ хоте́ла
он/она́ (кто)	хо́ч - ет	они́/вы хоте́ли
мы	хот - и́м	
вы	хот - и́те	
они́	хот - я́т	

Упражнения

6-13 Запо́лните про́пуски. Complete the dialog with the appropriate forms of **хоте́ть**.

— Алло́, Ли́за? Слу́шай, вы с Кристи́ной не _____ пойти́ сего́дня на концéрт?

— Я _____ . А Кристи́на говори́т, что она́ _____ смотре́ть телеви́зор.

— Зна́ешь, у меня́ четы́ре биле́та. Если Кристи́на не _____ , дава́й пригласи́м Пи́тера и Ама́нду.

— Дава́й. Они́ у меня́ в ко́мнате и говоря́т, что _____ пойти́.

— Прекра́сно.

вы с Кристи́ной – you and Christina

6-14 Соста́вьте предложе́ния. Make sentences by combining words from the columns. The question marks mean that you may use a phrase of your own.

я			смотре́ть телеви́зор
наш преподава́тель	всегда́		писа́ть пи́сьма
мы	никогда́ не		слу́шать ра́дио
вы	сейча́с	хоте́ть	убира́ть ко́мнату
студе́нты	сейча́с не		чита́ть по-ру́сски
ты			у́жинать в кафе́
Кто?			игра́ть в футбо́л
?			?

6-15 Соста́вьте предложе́ния. Make sentences using the following model:

Образе́ц: Я хочу́ отдыха́ть, но я до́лжен (должна́) рабо́тать.

➤ *Complete Oral Drill 3 and Written Exercise 1 in the Student Activity Manual (S.A.M.).*

Я хочу́...
смотре́ть телеви́зор
слу́шать ра́дио
писа́ть пи́сьма
у́жинать в кафе́
за́втракать по́здно

но я до́лжен (должна́)...
занима́ться
убира́ть ко́мнату
писа́ть упражне́ния
у́жинать в столо́вой
за́втракать ра́но

2. Verbs of Position — стоя́ть, висе́ть, лежа́ть

Use the verbs **стоя́ть (стои́т/стоя́т)**, **висе́ть (виси́т/вися́т)**, **лежа́ть (лежи́т/лежа́т)** to describe the position of objects. All three verbs are **и**-conjugation. For now you need only the **он** and **они́** forms.

В ко́мнате **стои́т** большо́й стол.

О, я ви́жу, что у вас ико́ны **вися́т**.

До́ма у меня́ ковёр **лежи́т** на полу́.

6-16 Indicate what furniture you have in each room of your house or apartment. Use the verbs **стои́т/стоя́т, виси́т/вися́т,** and **лежи́т/лежа́т** as in the example.

Образе́ц: В гости́ной стоя́т дива́н, кре́сла и ма́ленький стол. На полу́ лежи́т бе́лый ковёр, а на стене́ вися́т фотогра́фии.

		ла́мпа
		дива́н
		холоди́льник
		фотогра́фии
В гости́ной	стои́т/стоя́т	ковёр
В столо́вой	виси́т/вися́т	кре́сло
В спа́льне	лежи́т/лежа́т	стол
На ку́хне		сту́лья
		плита́
		пи́сьменный стол
		шкаф
		крова́ть
		ико́на

6-17 Какой у тебя дом? Describe your home. Based on what you say, your partner will draw a detailed floor plan. You will then correct any mistakes your partner makes in it. Throughout this activity you should speak only Russian. The expressions below will help you describe your home.

Сле́ва стои́т/лежи́т/виси́т. . .	*On the left* there is. . .
Спра́ва стои́т/лежи́т/виси́т. . .	*On the right* there is. . .
Ря́дом стои́т/лежи́т/виси́т. . .	*Nearby* there is. . .
Да́льше. . .	*Farther. . .*

➤ *Complete Oral Drill 4 and Written Exercises 2–3 in the S.A.M.*

3. Genitive Case — Forms

The genitive case of personal pronouns

У **него́** есть кни́га.

У **неё** есть кни́га.

You already know how to express "having" by saying **У меня́ есть. . .**, **У тебя́ есть. . .**, and **У вас есть. . . .** The word following the preposition **у** is in the genitive case. The table below gives the genitive case forms for all of the pronouns.

Nominative Case	У + Genitive Case
кто	у кого́
я	у меня́
ты	у тебя́
он	у него́
она́	у неё
мы	у нас
вы	у вас
они́	у них

Упражнение

6-18 Соста́вьте предложе́ния. Make sentences out of these words following the model.

Образе́ц: У/я/есть/телеви́зор. У меня́ есть телеви́зор.

1. У/вы/есть/те́хника.
2. У/я/есть/ра́дио и магнитофо́н.
3. Это Анто́н. У/он/есть/маши́на.
4. У/мы/есть/компью́тер.
5. Это мои роди́тели. У/они́/есть/компью́тер и при́нтер.
6. Это Ка́тя. У/она́/есть/да́ча.
7. У/ты/есть/но́вое пла́тье?

➤ *Complete Oral Drills 5–6 and Written Exercise 5 in the S.A.M.*

Genitive case of nouns

Masculine nouns:

- If there is an ending other than **-й** or **-ь,** add **-а: стола́.**
- If the word ends in **-й** or **-ь,** drop that letter and add **-я: словаря́.**

Neuter nouns:

- If the word ends in **-о,** drop that letter and add **-а: окна́.**
- If the word ends in **-е** or **-ё,** drop that letter and add **-я: пла́тья.**

Feminine nouns:

- If the word ends in **-а,** drop that letter and add **-ы: ла́мпы.**
- Exception: If the letter before the final **-а** is mentioned in the 7-letter spelling rule, add **-и** instead: **кни́ги.**
- If the word ends in **-я** or **-ь,** drop the last letter and add **-и: ку́хни.**

	Masculine and Neuter	Feminine
Hard (-∅, -o, -a)	стола́*, окна́*	газе́ты
Soft (-я, -ь, -е)	словаря́*, пла́тья	ку́хни, крова́ти, ле́кции

*See Note 1 below.

Genitive case of adjectives

Masculine and neuter adjectives:

- The regular ending is **-ого: но́вого.**
- If the letter prior to that ending is mentioned in the 5-letter spelling rule and the ending is unstressed, then the ending is **-его: хоро́шего.**
- The ending for naturally soft adjectives is **-его: си́него.**

Note: The **-ого/-его** endings are pronounced [**ово**]/[**ево**].

Feminine adjectives:

- The regular ending is **-ой: но́вой.**
- If the letter prior to that ending is mentioned in the 5-letter spelling rule and the ending is unstressed, then the ending is **-ей: хоро́шей.**
- The ending for naturally soft adjectives is **-ей: си́ней.**

	Masculine, Neuter	Feminine
Hard (-ый, -ой) **Soft (-ий)** **Spelling rule (5-letter)**	но́в**ого**, больш**о́го** си́**него** хоро́ш**его**	но́в**ой**, больш**о́й** си́**ней** хоро́ш**ей**

Notes

1. Some masculine nouns have end stress whenever an ending is added: **стол → стола́; гара́ж → гаража́.**
2. Some masculine nouns with **e** or **o** in the semifinal position lose this vowel whenever an ending is added: **оте́ц → отца́; ковёр → ковра́.**
3. The words **мать** and **дочь** have a longer stem in every case except the nominative and accusative singular. Their genitive singular forms are **ма́тери** and **до́чери.**
4. Nouns ending in **-a** or **-я** that refer to men and boys decline like feminine nouns, but they are masculine and take masculine modifiers: **У ма́ленького Ди́мы есть кни́га.**

Genitive case of special modifiers

Special modifiers include possessive pronouns (your, my, etc.), demonstrative pronouns (this/that), and some numbers ("one" and "third"). The genitive endings for special modifiers are not irregular, but because they involve accent shifts, soft endings, and application of the 5-letter spelling rule, you may wish simply to memorize them.

	Masculine Singular	**Neuter Singular**	**Feminine Singular**
Nominative	мой, наш, чей, э́тот одńн тре́тий	моё, на́ше, чьё, э́то одно́ тре́тье	моя́, на́ша, чья, э́та одна́ тре́тья
Genitive	моего́, на́шего, чьего́, э́того одного́ тре́тьего	моего́, на́шего, чьего́, э́того одного́ тре́тьего	мое́й, на́шей, чьей, э́той одно́й тре́тьей

The special modifiers **его́, её,** and **их** (his, hers, and theirs) never change.

Genitive Case of Modifiers and Nouns—Summary

Nominative	э́тот, наш но́вый дом си́ний слова́рь хоро́ший музе́й	э́то, на́ше но́вое письмо́ си́нее пла́тье хоро́шее общежи́тие	э́та, на́ша но́вая шко́ла си́няя ку́хня хоро́шая тетра́дь	э́ти, на́ши но́вые шко́лы си́ние пла́тья хоро́шие тетра́ди
Genitive	э́того, на́шего но́вого до́ма си́него словаря́ хоро́шего музе́я	э́того, на́шего но́вого письма́ си́него пла́тья хоро́шего общежи́тия	э́той, на́шей но́вой шко́лы си́ней ку́хни хоро́шей тетра́ди	*See Unit 7*

Упражнение

6-19 Put the following words and phrases into the genitive case.

1. студе́нт
2. дом
3. слова́рь
4. окно́
5. пла́тье
6. газе́та
7. кварти́ра

8. америка́нка
9. ку́хня
10. Росси́я
11. наш оте́ц
12. моя́ мать
13. э́тот америка́нец
14. ста́рая сосе́дка

15. большо́е общежи́тие
16. его́ брат
17. твоя́ ко́мната
18. на́ша семья́
19. интере́сный журна́л
20. хоро́шая кни́га

➤ *Complete Oral Drill 7 and Written Exercises 6–8 in the S.A.M.*

4. Expressing Ownership, Existence, and Presence: есть что

Russian expresses ownership by using **у** + genitive case + **есть** + nominative case. The preposition **у** means *by* or *next to*. Russians don't say, *Ivan has a dacha.* Instead they say, *There is a dacha by Ivan* (**У Ива́на есть да́ча**). Note that in the sentence *There is a dacha by Ivan,* the word *dacha* (**да́ча**) is the subject of the sentence. That is why it is in the nominative case.

Russians often answer questions about ownership with the short answer **Да, есть.** Note that **есть** has several different English translations depending on context.

— *У них есть* компью́тер?	*Do they have a computer?*
— Да, **есть.**	*Yes, they do.*
— *У твое́й сестры́ есть* пальто́?	*Does your sister have a coat?*
— Да, **есть.**	*Yes, she does.*

Simple presence (*There is. . ./There are. . .*) is also expressed by using **есть.**

— Здесь **есть** кни́га?	*Is there a book here?*
— Да, **есть.**	*Yes, there is.*

Just as in English, the object or person present is the subject of the sentence, and therefore it is in the nominative case.

Упражне́ния

6-20 Соста́вьте предложе́ния. Make five questions and five statements about things people have by combining words from the columns below.

Образе́ц: У твоего́ отца́ есть да́ча?
У меня́ есть но́вая маши́на.

я	да́ча
мы	компью́тер
ваш сосе́д	большо́й дива́н
мой оте́ц	краси́вая ла́мпа
твоя́ сестра́	япо́нский телеви́зор
э́та америка́нка	ма́ленький стол
её дочь	но́вая маши́на

6-21 Как по-ру́сски? Translate into Russian.

1. — Do you have a car?
   — Yes, I have a new black car.
2. He has a nice apartment.
3. Do they have American magazines?
4. Does your mother have a house?
5. This student has interesting Russian books.
6. My daughter has beautiful furniture.
7. Does your neighbor have a computer?

➤ *Review Oral Drills 5–7 and Written Exercises 5–8 in the S.A.M.*

5. Expressing Nonexistence and Absence: нет чего

When the word **есть** is negated, the result is the contraction **нет**. To express nonexistence, the negation of **есть**, Russian uses **нет** *plus the genitive case.*

Здесь **нет кни́ги.**	*There's no book here.*
Здесь **нет общежи́тия.**	*There's no dormitory here.*
Здесь **нет студе́нта.**	*There's no student here.*

Russian sentences with this contraction have no grammatical subject.

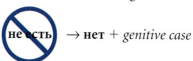

не есть → **нет** + *genitive case*

— Где Ка́тя?	— Где Ми́ша?	— Где роди́тели?
— **Её** здесь нет.	— **Его́** здесь нет.	— **Их** здесь нет.

Note that the genitive case of **он, она́,** and **они́** in the example sentences above differ slightly from the forms introduced before: **у него́, у неё, у них.** The third person pronouns begin with the letter **н** only when they follow a preposition.

The contraction **нет** + *genitive* is also used to say that someone does *not have* or *own* something:

HAVING	NOT HAVING
у + *gen.* + **есть** + *nom.*	**у** + *gen.* + **нет** + *gen.*
У меня́ **есть брат.**	У меня́ **нет бра́та.**
У нас **есть кассе́та.**	У нас **нет кассе́ты.**
У неё **есть пла́тье.**	У неё **нет пла́тья.**

In short, **нет** has two meanings as shown in this exchange:

— У вас есть маши́на?
— **Нет,** маши́ны **нет.** (*or in shortened form:* — **Нет, нет.**)

Упражнения

6-22 Отве́тьте на вопро́сы. Indicate that the following people are not present.

Образе́ц: — Ма́ша здесь? — *Её нет.*

1. Никола́й Константи́нович здесь?
2. Па́па здесь?
3. Ива́н здесь?
4. А́нна Серге́евна здесь?
5. Ма́ма здесь?
6. Со́ня здесь?
7. Вади́м и Ка́тя здесь?
8. Ва́ши сосе́ди здесь?
9. Ма́ма и па́па здесь?

6-23 Indicate that the following things are not present.

Образе́ц: — Ла́мпа здесь? — *Её нет.*

1. Телеви́зор здесь?
2. Холоди́льник здесь?
3. Ковёр здесь?
4. Кре́сло здесь?
5. Общежи́тие здесь?
6. Ико́на здесь?
7. Крова́ть здесь?
8. Кварти́ра здесь?
9. Кни́ги здесь?
10. Стол и сту́лья здесь?
11. Письмо́ здесь?
12. Кни́га здесь?
13. Слова́рь здесь?
14. Шкаф здесь?

6-24 Отве́тьте на вопро́сы. Answer the following questions, following the model.

Образе́ц: — У вас есть но́вый телеви́зор?
               — *Да, у меня́ есть но́вый телеви́зор.*
               и́ли
               — *Нет, у меня́ нет но́вого телеви́зора.*

1. У вас есть брат?
2. У вас есть сестра́?
3. У вас есть да́ча?
4. У вас есть дом?
5. У вас есть кварти́ра?
6. У вас есть но́вая маши́на?
7. У вас есть гара́ж?
8. У вас есть ру́сско-англи́йский слова́рь?
9. У вас есть а́нгло-ру́сский слова́рь?
10. У вас есть кре́сло?
11. У вас есть компью́тер?

> ➤ *Complete Oral Drills 8–13 and Written Exercises 9–12 in the S.A.M.*

6. Possession and Attribution (*of*): Genitive Case of Noun Phrases

To express possession, Russian uses the genitive case where English uses a noun + *'s*.

Это **кварти́ра Вади́ма.**   This is *Vadim's apartment.*

The genitive case is used to answer the question **чей** when the answer is a noun or noun phrase.

— Чья э́то кварти́ра?	Whose apartment is this?
— Это **кварти́ра Вади́ма.**	This is *Vadim's* apartment.
— Чей э́то ковёр?	Whose rug is this?
— Это **ковёр Ки́ры.**	This is *Kira's* rug.
— Чьё э́то письмо́?	Whose letter is this?
— Это **письмо́ на́шего сосе́да.**	This is *our neighbor's* letter.
— Чьи э́то кни́ги?	Whose books are these?
— Это **кни́ги мое́й сестры́.**	These are *my sister's* books.

In Russian the genitive case is also used where English uses *of.*

Это фотогра́фия Ка́ти.

This is *Katya's* picture.

or

This is a photograph *of Katya.*

Note the word order in the Russian sentences. The genitive case word or words indicating possession or *of* come at the end.

Упражне́ния

6-25 Отве́тьте на вопро́сы. Express possession using the appropriate forms of the genitive.

1. — Чья э́то ко́мната? — Это ко́мната (но́вый студе́нт).
2. — Чей э́то пи́сьменный стол? — Это пи́сьменный стол (наш профе́ссор).
3. — Чьё э́то пла́тье? — Это пла́тье (моя́ ма́ма).
4. — Чьи э́то ту́фли? — Это ту́фли (её сосе́дка).
5. — Чья э́то спа́льня? — Это спа́льня (мой оте́ц).
6. — Чьи э́то фотогра́фии? — Это фотогра́фии (их семья́).
7. — Чьё э́то общежи́тие? — Это общежи́тие (э́тот университе́т).

6-26 Как по-ру́сски? Express the following short dialog in Russian. Pay special attention to the words in italics.

➤ Complete Oral Drill 14 and Written Exercises 13–14 in the S.A.M.

— Do you have a picture *of your house?*
— Yes, I do. This is *my family's* house. This is my room, and this is *my sister's* room.
— Is that your car?
— That's *my father's* car. *My mother's* car is on the street.

7. Specifying Quantity

оди́н, одно́, одна́

The Russian word **оди́н** is a modifier. It agrees with the noun it modifies.

оди́н	брат, журна́л, студе́нт, стол
одно́	окно́, пла́тье, общежи́тие
одна́	сестра́, газе́та, студе́нтка, крова́ть
одни́	очки́, часы́

Compound numerals ending in **оди́н (одно́, одна́)** follow the same pattern.

два́дцать **оди́н**	журна́л, студе́нт, стол
сто **одно́**	окно́, пла́тье, общежи́тие
пятьдеся́т **одна́**	газе́та, студе́нтка, крова́ть

2, 3, 4 + genitive singular noun

A noun following **два, три,** or **четы́ре** is in the genitive singular:

2 } бра́та, журна́ла, студе́нта, стола́
3 } окна́, пла́тья, общежи́тия
4 } сестры́, газе́ты, студе́нтки, крова́ти

The numeral 2 is spelled and pronounced **два** before masculine and neuter nouns, and **две** before feminine nouns:

два { бра́та, журна́ла, студе́нта, стола́,
      окна́, пла́тья, общежи́тия

две { сестры́, газе́ты,
      студе́нтки, крова́ти

Compound numerals ending in **два (две), три,** or **четы́ре** follow the same pattern:

В э́том до́ме два́дцать **три этажа́.**

Other expressions of quantity

The genitive plural is used after all other numbers (5–20, tens, hundreds, thousands, etc., and compound numbers ending in 5, 6, 7, 8, or 9). Until you learn the genitive plural, avoid specifying quantity unless the number ends in **оди́н, два, три,** or **четы́ре,** and avoid using adjectives with numbers other than *one.*

	Masculine	Neuter	Feminine	Plural
1 (21, 31, etc.): Nominative singular	оди́н шкаф	одно́ окно́	одна́ сестра́	одни́ часы́
2 (22, 32, etc.): Genitive singular	два шкафа́	два окна́	две сестры́	
3, 4 (24, 33, etc.): Genitive singular	три/четы́ре шкафа́	три/четы́ре окна́	три/четы́ре сестры́	
5–20, 25–30, etc.: Genitive plural	*See Unit 7*	*See Unit 7*	*See Unit 7*	

Упражнение

6-27 Заполните пропуски. Supply the needed endings.

1. У Ки́ры есть два компью́тер_____ .
2. У Ми́ши две сестр_____ .
3. В на́шей кварти́ре четы́ре ко́мнат_____ .
4. У тебя́ то́лько оди́н брат_____ ?
5. В на́шем го́роде три библиоте́к_____ .
6. В ко́мнате Ната́ши одно́ кре́сл_____ и два сту́л_____ .
7. У сосе́дки три спа́льн_____ .
8. В гости́ной два окн_____ .
9. На столе́ четы́ре газе́т_____ .
10. У нас в до́ме три этаж_____ .

➤ Complete Oral Drills 15–16 and Written Exercises 15–16 in the S.A.M.

8. At Someone's Place: у кого́

To indicate *at someone's place* in Russian, use **у** + *genitive case*. Context dictates what the "place" is (house, office, city, or country).

Мы живём **у бра́та.**	We live *at my brother's (house).*
Студе́нт сейча́с **у преподава́теля.**	The student is now *at the teacher's (office).*
У **нас** интере́сно.	It's interesting *in our town.*
У **вас** нет тако́й тради́ции?	Isn't there a similar tradition *in your country?*

Упражнение

6-28 Как по-ру́сски? Pay special attention to the phrases in italics.

➤ Complete Written Exercise 17 in the S.A.M.

1. There's no library *in our town.*
2. Petya is *at Sasha's* today.
3. I'm living *at my sister's place* right now.
4. It's interesting *in our country.*

9. Review of Genitive Case Uses

6-29 Read the following sentences. Underline the pronouns, adjectives, and nouns in the genitive case. Indicate (a, b, c, d, or e) why the genitive case was used.

a. Appears after **y** to indicate *have*.
b. Follows the number **два/две, три,** or **четы́ре.**
c. Used in connection with **нет** to indicate absence or nonexistence.
d. Indicates possession or the notion *of*.
e. Appears after **y** to indicate *at someone's place*.

Образе́ц: __c__ Здесь нет большо́й ко́мнаты.

1. _____ У моего́ бра́та есть маши́на.
   _____ Это маши́на моего́ бра́та.
2. _____ В университе́те четы́ре общежи́тия.
   _____ Это ко́мната Мари́и.
   _____ Здесь нет цветно́го телеви́зора.
   _____ Но у неё есть кре́сло, стол и шкаф.
   _____ Здесь ещё два сту́ла.
3. _____ У ма́тери зелёный ковёр.
4. _____ У кого́ есть фотогра́фии?
   _____ У меня́ есть.
   _____ Вот фотогра́фия мое́й сестры́.
   _____ А э́то её де́ти — две до́чери.
5. _____ В на́шем университе́те четы́ре библиоте́ки.
   _____ У нас хоро́ший спорти́вный зал.
   _____ Но здесь нет бассе́йна.
6. _____ Сего́дня мы у́жинаем у Са́ши.
   _____ Са́ша живёт у сестры́.

Давайте почитаем

6-30 Продаю́.

1. Look for these items in the classified ads on this page. What number(s) would you call to inquire about their prices?

   - dacha _____
   - bed _____
   - dining room set _____
   - refrigerator _____
   - sleeper sofa _____
   - television _____

2. What do the following words mean, given these building blocks?

   двух – *two*   **ту́мба** – *pedestal*
   пи́сьменный – *writing*   **я́рус** – *tier*

   двухту́мбовый пи́сьменный стол
   двухкассе́тный магнитофо́н
   двухкассе́тник
   двухъя́русная крова́ть

3. Given that **на** means *on* and **стена́** means *wall*, what is a **настённый холоди́льник?**

4. What is the difference between a **кре́сло-крова́ть** and a **дива́н-крова́ть?**

ПРОДАЮ

7537-540. Дачу (на участке, 120 км от Москвы). Звонить с 19 до 21 час. по тел. 377-64-32.

7625-360. Импортный диван-кровать (в хорошем состоянии). Тел. 165-69-34.

7668-360. Телевизор «Панасоник». Тел. 286-34-67.

7557-360. Двухъярусную кровать. Тел. 464-61-55.

7535-560. Двухкассетник «Шарп-575». Тел. 398-03-51.

7632-340. Новую кухню. Тел. 997-58-38.

7599-660. Старинное пианино «Новик». Тел. 152-64-83.

7426-388. Два кресла-кровати (ЧР). Тел. 332-64-79.

7446-52. Новый телевизор «Панасоник». ПАЛ/СЕКАМ-автомат. Тел. 461-15-87.

7692-540. Стол и стулья из гарнитура «Севан» (Румыния). Тел. 654-77-94.

7396-350. Двухъярусную кроватку. Тел. 127-71-28.

7600-532. Дом в деревне (140 км от Москвы). Звонить с 19 до 21 час. по тел. 378-74-85.

7786-507. Тренажер для занятий атлетической гимнастикой. Тел. 452-17-66.

7610-543. Импортные CD рок-музыки. Тел. 289-30-24.

7257-720. Двухтумбовый письменный стол. Тел. 469-17-63.

7132-67. Двухкассетный магнитофон. Тел. 239-89-36.

7588-360. Холодильник «Минск-15». Тел. 532-69-71.

7353-721. Настенный холодильник «Сарма». Тел. 237-53-27.

7542-1260. Дом (на участке, в 80 км от Москвы, г. Серпухов, для постоянного проживания). Тел. 268-74-30, звонить с 10 до 18 час., кроме субботы и воскресенья.

6-31 Но́вая кварти́ра. In Soviet times, communal apartments were a way of life for millions of people. Families were allotted a room or two to themselves and shared a kitchen and bathroom with several others. A major housing program begun in the 1960s provided small apartments in cheap prefab buildings to many city dwellers, but communal housing survived in some areas through the fall of the Soviet Union.

You are about to read a letter from Volodya to his American friend Gene, in which he describes his move from a downtown communal apartment to new housing on the outskirts of town.

1. **Reading strategies.** This letter contains lots of new words. You need to know some of the new words to understand what you are reading, but you don't need to know all of them to get large chunks of the meaning. Part of reading for content is knowing what to expect when you read. When you know what is likely to be said, you can figure out what to do with unfamiliar vocabulary, even if you cannot provide an exact definition.

   Therefore, before you read the letter, try to figure out what it is going to say. Which of the following topics do you expect to see in a letter describing this move? Put the topics in the correct order. Cross out those topics which you do not expect to see.

   ___ Volodya's description of the new apartment
   ___ Volodya's description of the old apartment
   ___ Reasons for the move
   ___ Volodya's description of the family's last vacation
   ___ Volodya's medical problems
   ___ An invitation to come visit the new apartment once things are in order

2. **Words you will need.** You cannot do without some new words. Watch out for these new words, given in order of their appearance in the text.

   коммуна́льная кварти́ра or **коммуна́лка** – What do you think this word means?
   свой – here, *its* (*plural*): **У на́шей кварти́ры есть свои́ плю́сы.** Another form of the word that you will meet is **своя́: в свое́й ко́мнате** – *in one's own room.*
   са́мый – *most; very*. What then does **Мы живём в са́мом це́нтре го́рода** mean?
   ме́сяц: Э́то 100 до́лларов в ме́сяц – *Rent is $100 per. . .* what?
   зачем = **почему́**
   на окра́ине го́рода – *on the outskirts of the city.*
   снима́ть – *to rent (an apartment)*. Many people rent apartments from people who are taking extended business trips. That explains Volodya's statement: **Мы снима́ем у люде́й, кото́рые уе́хали на пять лет в командиро́вку заграни́цу** – *We're renting from people who have left for five years on a business trip abroad.*
   хозя́ева – *landlords*. Landlord is **хозя́ин.** Landlady is **хозя́йка.**

3. Now read over these questions. A few of the answers might be predictable. Which ones? Once you have read the questions, read the passage to find the answers.

- What are the disadvantages of a communal apartment?
- What advantages does Volodya see in his family's communal apartment?
- Why do Volodya and his family have to move?
- Where is the new apartment?
- Describe the new apartment.
- How much will Volodya's family have to invest in furniture?
- What can you say about Volodya's financial situation after the move?
- What does Volodya invite Gene to do?

Дорогой Джин!

Наконец, мы переезжаем![1] Ты, конечно, помнишь,[2] что мы жили в центре, в коммунальной квартире: я и жена в одной комнате, в соседних комнатах ещё две семьи. Конечно, все наши друзья давно нас уговаривают[3] переехать. Да, у коммунальной квартиры есть свои минусы, но есть и свои плюсы. Во-первых, мы жили в самом центре города. Магазины, театры, рестораны, клубы тут рядом. Во-вторых, дёшево:[4] – всего 3 000. Это 100 долларов в месяц.

Так зачем переезжать?[5] Как ты знаешь, мы ждём ребёнка. Лара уже на третьем месяце. В коммуналке ребёнка девать некуда.[6]

Теперь о нашем новом доме. Эту квартиру мы снимаем у людей, которые уехали на пять лет в командировку заграницу. Значит, мы будем жить здесь несколько лет. Дом расположен на окраине города, но мы не очень далеко от метро: одна остановка на автобусе или 10 минут пешком. До центра всего 30-40 минут.

У нас три комнаты!! Плюс новая кухня с микроволновкой и новый туалет! Хозяева сделали полный ремонт[7] год назад, так что квартира в прекрасном состоянии.[8]

Квартира наполовину[9] меблирована.[10] Хозяева оставили[11] большую кровать, 2 стола и ещё ковры и занавески.[12] В общем, не пришлось покупать[13] ничего нового. Это хорошо, потому что всё *равно денег нет и не будет:[14] наша новая квартира обходится в 175.$ в месяц. Это, конечно, дорого.[15] Зато[16] квартира не только новая и чистая, она ещё на сигнализации,[17] и, к сожалению,[18] в эти дни приходится думать о преступности,[19] особенно когда в доме есть маленький ребёнок.*

Джин! Мы очень ждём тебя в нашем новом доме. Собираешься ли ты к нам[20] в Москву? Приедешь — не надо будет[21] жить в общежитии, сможешь жить у нас в своей комнате! Напиши, какие у тебя планы. Наш новый адрес:

113226 Москва, ул. Зеленогорская, 14-47

Тел. (095) 485-41-57

Володя

[1]*move* [2]*remember* [3]*давно... have spent a long time talking us into...* [4]*cheap* [5]*So why move?*
[6]*ребёнка... there's no place to put a child* [7]*repair* [8]*в прекрасном... in great condition* [9]*half*
[10]*furnished* [11]*left behind* [12]*curtains* [13]*не пришлось... wasn't necessary to buy*
[14]*денег... There's no money now and there won't be in the future* [15]*expensive* [16]*но* [17]*alarm system*
[18]*unfortunately* [19]*пходится... one is forced to think about crime* [20]*Собираешься... are you planning to visit us*
[21]*it will not be necessary*

4. **Но́вые слова́ из конте́кста.** You can probably figure out the meaning of these words in context:

   плю́сы и ми́нусы: У коммуна́льной кварти́ры есть свои́ ми́нусы, но есть и свои́ плю́сы.

   во-пе́рвых, ... во-вторы́х: Во-пе́рвых, мы жи́ли в са́мом це́нтре го́рода. Во-вторы́х, дёшево: всего́ три ты́сячи.

   ме́сяц: Given the situation in this family, what does **Она́ уже́ на тре́тьем ме́сяце** mean?

   располо́жен: Дом располо́жен на окра́ине го́рода. Other examples:
   На́ша библиоте́ка располо́жена на Большо́й у́лице.
   Но́вые магази́ны располо́жены недалеко́ от Центра́льной пло́щади.
   Туристи́ческое аге́нтство располо́жено в це́нтре го́рода.
   What does **располо́жен** mean? What word does it agree with grammatically?

   Микроволно́вка is short for **микроволно́вая печь.** With what room is this item associated? What does it mean?

5. **Как по-ру́сски. . . ?** You can use this text to find out how to say some useful things. (You will have to make some slight adjustments to some of the phrases in the text to come up with the expressions given below.)

We used to live downtown.
Our apartment has its good points and its bad points.
My neighbor is expecting.
I'm renting an apartment. It's $. . . a month.
It's only . . . minutes to get downtown (to the university, to the park, to our apartment, to our dorm, etc.).
The university isn't far: five minutes by foot or one stop.
You won't have to live in a dorm.
You can live at our place (at my place, at her place, at their place, at Valya's, etc.).

Словарь

всё равно́ – nevertheless
всего́ – only
давно́ – since long ago
де́ньги: де́нег нет – there's no money
дёшево – cheap(ly)
до́рого – expensive(ly)
ждать: жд-у, -ёшь, -ут – to await; to expect
заграни́цу – abroad (куда́)
занаве́ски – curtains
зато́ – then again
командиро́вка – business trip
ли – whether or not
меблиро́ван – furnished
ме́сяц – month
мо́жно – it is possible
на́до – it is necessary;
   на́до бу́дет – it will be necessary
наза́д – ago
наконе́ц – at last
не́сколько лет – several years
ну́жно – it is necessary
обходи́ться: он обхо́дится – it comes to (a sum of money)
о́бщем: в о́бщем – all in all
окра́ина – outskirts

осо́бенно – especially
остано́вка – bus (tram, trolley) stop
пешко́м – by foot
покупа́ть – to buy
по́лный – full, complete
полови́на – half; **наполови́ну** – halfway
по́мнить: по́мн-ю, -ишь, -ят – to remember
престу́пность (*fem.*) – crime
прихо́дится – it is necessary
   пришло́сь – it was necessary
располо́жен – located
ремо́нт – repair
ря́дом – right nearby
сигнализа́ция – alarm system
снима́ть: снима́-ю, -ешь, -ют – to rent (an apartment, house)
собира́ться: собира́-юсь, -ешься, -ются – to plan; **собира́ться куда́** – to plan to go somewhere
сожале́ние: к сожале́нию – unfortunately
состоя́ние – condition; state
так что – and for that reason
угова́ривать – to try to convince
хозя́ева – owners; landlords
чи́стый – clean

6-32 Где и как живу́т америка́нцы? Read the e-mails below and answer the questions that follow.

Файл	Правка	Вид	Переход	Закладки	Инструменты	Справка

http://yaschik.ru   ▶ Перейти

yaschik.ru
Выход

НАПИСАТЬ	ВХОДЯЩИЕ	ПАПКИ	НАЙТИ ПИСЬМО	АДРЕСА	ЕЖЕДНЕВНИК	НАСТРОЙКИ

От: valyabelova234@mail.ru
Кому: popovaea@inbox.ru
Копия:
Скрытая:
Тема: Где живут американцы

простой формат

Дорогая Елена Анатольевна!

Вчера мы со студентами были у нашего преподавателя лингвистики на вечеринке°. Было очень весело°, но самое интересное — это была его квартира. Если Рамосы живут в большом красивом доме, то профессор Пейли живёт довольно° скромно:° в однокомнатной квартире недалеко от университета. «Однокомнатная квартира» — это и спальня, и кухня, и гостиная в одной большой комнате, примерно° 25 метров.

party
it's fun; **бы́ло ве́село** *– it was fun*
fairly; rather   modestly

approximately

Если сравнить° этот дом с домом, где я живу, то сразу° видно° большую разницу.° У Рамосов пять комнат на двух этажах: три спальни, большая гостиная и столовая, а также огромная° кухня и подвал. Это не подвал в нашем обычном понимании — тёмный° и мокрый°. Их подвал — это практически вторая гостиная. Правда, в этой комнате нет окон, но всё равно° это довольно уютное место°. В комнате стоят кресла и диван и даже раскладушка° для гостей°. На полу лежит пушистый° ковёр. В одном углу° стоит стол для пинг-понга, но я пока° не играла.

to compare   immediately
you can see; it's evident difference
о́чень большо́й
dark   wet

all the same
place
foldaway bed   for (+ gen)
гость *– guest   fluffy (said of rugs)*
corner; **в углу́** *– in the corner*
for the time being

Я очень хотела узнать, сколько стоит такой дом, но боялась° спрашивать об этом. Роб мне сказал, что этот дом типичен для семьи среднего° класса. Нужно° отметить°, что Рамосы — и Виктор, и Антония — зарабатывают° неплохо. Может быть, «богатый» — это не то слово. Но сразу видно, что семья хорошо обеспечена°.

боя́ться (бою́сь, бои́шься, боя́тся) чего *– to be afraid (for something)   middle*
it is necessary   to take note
to earn   wealthy
well-to-do

Интересно, что почти все американские дома имеют° одну общую° черту° — американцы любят белые стены. Я видела обои° только в одном американском доме. Я долго° думала, почему здесь любят такой спартанский стиль, и, наконец°, поняла: белые стены создают° иллюзию простора°.

to have
common   feature
wallpaper (always plural)
for a long time
*finally   ***создава́ть (создаю́, создаёшь, создаю́т)** *– to create*
spaciousness

Валя

yaschik.ru

От:	popovaea@inbox.ru
Кому:	valyabelova234@mail.ru
Копия:	
Скрытая:	
Тема:	Где живут американцы

простой формат

Здравствуй, Валя!

Кажется°, что твой профессор Пейли живёт в комнате в общежитии! Трудно поверить°, что профессор крупного° американского университета живёт в таких условиях°. Но, может быть, он не профессор. Я знаю, что в Америке студенты обычно называют° преподавателя «профессор», даже если это не доктор наук. Было очень интересно узнать, как живут американские «профессора».

Пиши!

Е.

it seems
to believe
major; among the biggest
condition

to refer to as

1. Вопро́сы

а. У кого́ была́ Ва́ля вчера́?

б. Где живёт преподава́тель лингви́стики?

в. Каки́е ко́мнаты в до́ме, где живёт Ва́ля?

г. Что Ва́ля пи́шет о подва́лах в ру́сских дома́х?

д. Что мо́жно сказа́ть о подва́ле в до́ме Ра́мосов?

е. Что Ва́ля говори́т о фина́нсовом положе́нии (*status*) Ра́мосов?

ж. Как вы ду́маете, что мо́жно сказа́ть о сте́нах в типи́чной ру́сской кварти́ре?

2. **Словá в контéксте**

a. **Notes on individual words:**

Éсли … то – If … then… *or* While …, + contrast; for example, *While student X lives in a big apartment, most students live in small dorm rooms.*

Имéть (имéю, имéешь, имéют) means *to have*, but it is limited to abstractions: **Америкáнские домá имéют однý óбщую чертý** – *American homes have one common feature.* **Я имéю прáво говорúть** – *I have the right to speak.*

Дóктор наýк is the highest educational degree awarded in Russia. It is harder to earn than an American Ph.D. It requires the defense of a second dissertation, published as a book, and can therefore be seen as an equivalent to the rank of full professor in the United States. Also see Unit 4 about the difference between **кандидáт** and **дóктор наýк**.

b. **Кóрни рýсского языкá. The Russian root system.** Russian has an extraordinarily rich system of word roots. An experienced learner can often predict the meaning of new words by looking at their roots. Find the roots or related words in these "new" words:

вечерúнка – party

зарабáтывать – to earn

игрáть – to play

óбщий – common (hint: a place where people live in common)

однокóмнатный – one-room

спáльня – bedroom

срáзу – immediately (hint: a synonym for *immediately* is "at once." What word do we use for *one* to start counting in Russian?)

срéдний – middle (hint: what is the middle day of the week?)

столóвая – dining room (What's the main piece of furniture?)

6-33 Ищу́ кварти́ру.

1. Listen to the entire conversation. Decide which of the following statements best describes it.
   a. Someone has come to look over an apartment for rent.
   b. Someone has paid a visit to some new neighbors to see how they are doing.
   c. A daughter is helping her mother move into a newly rented apartment.
   d. An apartment resident is selling her furniture.

2. Write down an expression or two from the conversation that supports your conclusion.

3. Listen to the conversation again. Number the pictures to indicate the sequence.

_____ А те́хнику . . . отдаём сы́ну.

_____ Туале́т то́же по́лностью отремонти́рован.

_____ Вот э́то ку́хня.

_____ Я ви́жу, что у вас микроволно́вая печь.

_____ Больши́е ве́щи – шкафы́, дива́н, крова́ть, столы́ – да, оставля́ем.

_____ 150? Дорогова́то, коне́чно.

_____ Вы о́чень далеко́ от метро́.

_____ Кварти́ра на сигнализа́ции.

4. Now figure out the meaning of the following new expressions from context.

1. **микроволно́вая печь**
   a. microcomputer
   b. microwave oven
   c. minibike
   d. minicassette recorder

2. **Мы де́лали ремо́нт.**
   a. We had repairs done.
   b. We made a deal.
   c. We threw in the towel.
   d. We took out the garbage.

3. **остано́вки тролле́йбуса**
   a. trolley cars
   b. trolley traffic
   c. trolley repairs
   d. trolley stops

4. **сигнализа́ция**
   a. traffic light
   b. television signal
   c. antitheft alarm
   d. microwave radiation

5. You now have enough information to answer these questions about renting the apartment.
   a. How many rooms does the apartment have (according to the way Russians count)?
   b. The woman renting the apartment is leaving some furniture behind for the renters to use. Which furniture stays with the house?
   c. What pieces will not be available to the renters?
   d. List at least two good points about this apartment.
   e. List at least two disadvantages.

Новые слова и выражения

NOUNS

ва́нная (*declines like adj.*)	bathroom (bath/shower; no toilet)
ве́рующий (*declines like adj.*)	believer
вода́ (*pl.* во́ды)	water
газ	natural gas
гара́ж (*ending always stressed*)	garage
гости́ная (*declines like adj.*)	living room
да́ча (на)	summer home, dacha
дверь (*fem.*)	door
де́ти (*gen.* дете́й)	children
дива́н	couch
дочь (*gen. sing.* до́чери)	daughter
ико́на	religious icon
кабине́т	office
ков(ё)р (*ending always stressed*)	rug
коридо́р	hallway, corridor
кре́сло	armchair
крова́ть (*fem.*)	bed
ку́хня (в, на)	kitchen
ла́мпа	lamp
ле́стница	stairway
мать (*gen. sing.* ма́тери)	mother
ме́бель (*fem., always sing.*)	furniture
метр	meter
окно́ (*pl.* о́кна)	window
плита́ (*pl.* пли́ты)	stove
подва́л	basement
пол (на полу́; *ending always stressed*)	floor (as opposed to ceiling)
потол(о́)к	ceiling
при́город	suburb
ребёнок (*pl.* де́ти)	child
сосе́д(ка) по ко́мнате	roommate
спа́льня	bedroom
стена́ (*pl.* сте́ны)	wall
стол (*ending always stressed*)	table
пи́сьменный стол	desk
столо́вая (*declines like adj.*)	dining room, cafeteria
стул (*pl.* сту́лья)	(hard) chair
тради́ция	tradition
туале́т	bathroom
у́лица (на)	street
фотогра́фия (на)	photograph
холоди́льник	refrigerator
черда́к (на) (*ending always stressed*)	attic
шкаф (в шкафу́) (*ending always stressed*)	cabinet; wardrobe; freestanding closet

Новые слова и выражения

ADJECTIVES

высо́кий	high
горя́чий	hot (of things, not weather)
квадра́тный	square
три́дцать квадра́тных ме́тров	30 square meters
ни́зкий	low
оди́н (одна́, одно́, одни́)	one
пи́сьменный	writing
тако́й	such, so (used with nouns)
тако́й же	the same kind of
тот (то, та, те)	that, those (as opposed to э́тот)
у́зкий	narrow
ую́тный	cozy, comfortable (about a room or house)
широ́кий	wide

QUESTION WORDS

почему́	why
ско́лько	how many

VERBS

хоте́ть	to want
(хочу́, хо́чешь, хо́чет,	
хоти́м, хоти́те, хотя́т)	
ви́дишь	you see (*informal*)
висе́ть (виси́т, вися́т)	to hang
лежа́ть (лежи́т, лежа́т)	to lie; be in a lying position
посмотре́ть	to look
стоя́ть (стои́т, стоя́т)	to stand

ADVERBS

далеко́	far
да́льше	farther, next
недалеко́	near, not far
ря́дом	alongside
тогда́	in that case
сле́ва	on the left
спра́ва	on the right

OTHER WORDS AND PHRASES

всего́	only
есть (+ *nominative*)	there is
у + *genitive* + есть + *nominative*	(*someone*) has (*something*)

Новые слова и выражения

нет (+ *genitive*) — there is not
   у + *genitive* + нет + *genitive* — (*someone*) doesn't have (*something*)
Какого цвета. . . ? — What color is/are. . . ?
Можно посмотреть квартиру? — May I look at the apartment?
Ни. . . ни. . . — neither. . . nor. . .
Обед готов. — Lunch is ready.
Поедем. . . — Let's go. . .
Посмотрим. — Let's see.
Проходи(те). — Come in.
Сколько у вас комнат? — How many rooms do you have?
у + *genitive* — at (*somebody's*) house
Хочешь посмотреть? — Would you like to see [it, them]?
Я вижу. . . — I see. . .
Я не опоздал(а)? — Am I late?

PASSIVE VOCABULARY

жилищные условия — living conditions
ремонт — renovations
свой (своё, своя, свой) — one's own
спортивный зал — gym
цветной — color (*adj.*)

Наша семья

Коммуникативные задания

- Naming family members
- Talking about people: names, ages, professions, where they were born, and where they grew up
- Exchanging letters and e-mails about families

Культура и быт

- Russian families
- Teachers vs. professors
- Office work

Грамматика

- **Роди́лся, вы́рос**
- Expressing age: the dative case of pronouns
- Genitive plural: introduction
- Specifying quantity in expressions of age (**год, го́да, лет**) and family members (**Ско́лько дете́й, бра́тьев, сестёр?**)
- Comparing ages: **ста́рше/моло́же (мла́дше) кого́ на ско́лько лет**
- Telling someone's name: **зову́т**
- Accusative case of pronouns and masculine animate modifiers and nouns

Точка отсчёта

О чём идёт речь?

Это на́ша семья́.

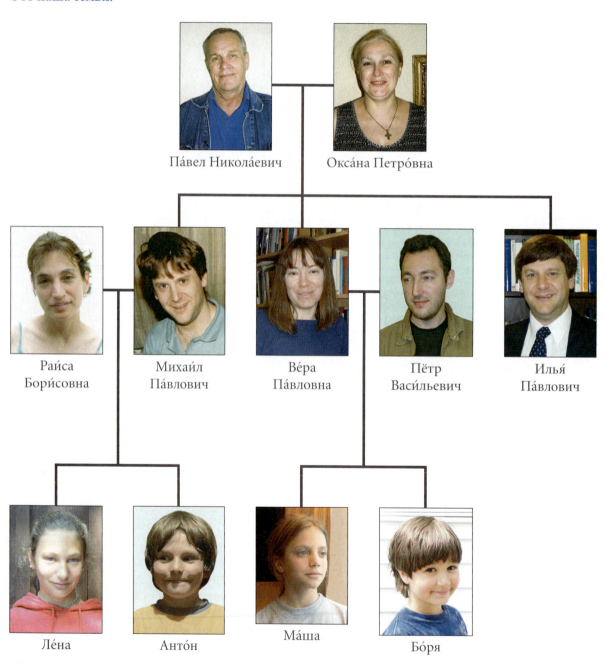

Па́вел Никола́евич   Окса́на Петро́вна

Раи́са Бори́совна   Михаи́л Па́влович   Ве́ра Па́вловна   Пётр Васи́льевич   Илья́ Па́влович

Ле́на   Анто́н   Ма́ша   Бо́ря

Познако́мьтесь. Это мои́
роди́тели. Вот мать. Её зову́т
Раи́са Бори́совна. А вот оте́ц. Его́
зову́т Михаи́л Па́влович. Анто́н
мой брат. Я его́ сестра́.

Это мой дя́дя Илья́. У него́ нет
жены́. А э́то моя́ тётя Ве́ра и её
второ́й муж, Пётр Васи́льевич.
Я их племя́нница, а мой брат
Анто́н их племя́нник.

Па́вел Никола́евич мой де́душка.
Окса́на Петро́вна моя́ ба́бушка.
Я их вну́чка, а Анто́н их внук.

Это де́ти тёти Ве́ры. Вот её сын
Бо́ря. Он мой двою́родный брат.
А вот её дочь Ма́ша. Она́ моя́
двою́родная сестра́.

Чле́ны семьи́

оте́ц	мать	роди́тели
сын	дочь	де́ти
дя́дя	тётя	
де́душка	ба́бушка	
внук	вну́чка	
брат	сестра́	
двою́родный брат	двою́родная сестра́	
племя́нник	племя́нница	
муж	жена́	

7-1 У тебя́ есть...? Find out if your partner has the family members shown on page [219].

Образе́ц: — У тебя́ есть сестра́?
— Да, есть. *или* — Нет, нéт.

7-2 Профéссии. Find out what your partner's relatives do for a living. Use the pictures to help you with the names of some typical occupations. Ask your teacher for other professions if you need them.

Образе́ц: — Кто по профéссии твой отéц?
— По профéссии мой отéц преподавáтель.

врач

учи́тель

учи́тельница

секретáрь

медсестрá/ медбрáт

учёный

бизнесмéн

музыкáнт

худóжник

программи́ст

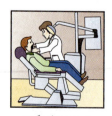

зубнóй врач

архитéктор

писа́тель

ме́неджер

инжене́р

фе́рмер

библиоте́карь

журнали́ст

продаве́ц/
продавщи́ца

домохозя́йка

бухга́лтер

юри́ст

Культура и быт

учи́тель — преподава́тель — профе́ссор

Although these words all describe teachers, they are not interchangeable.

Учи́тель. Учителя́ work in a **шко́ла,** that is, a grade school or high school. Formally, **учи́тель** refers to both male and female teachers, but in conversational Russian, a female teacher is an **учи́тельница.**

Преподава́тель. Преподава́тели work at an **институ́т** or **университе́т.** Their job is most equivalent to the job of a lecturer or instructor in a U.S. college or university. Although the feminine form **преподава́тельница** exists, **преподава́тель** is usually used to identify either a man or a woman in this job.

Профе́ссор. Профессора́ also work at an **институ́т** or **университе́т.** They normally have a **до́кторская сте́пень,** which is considerably more difficult to obtain than a U.S. doctoral degree. The closest equivalent in the U.S. educational system is a full professor.

7-3 Места́ рабо́ты. Find out where your partner's relatives work. Review the prepositional case endings for adjectives and nouns in Unit 3 if necessary.

Образе́ц: — Где рабо́тает твоя́ мать?
    — Она́ рабо́тает в ба́нке.

библиоте́ка

газе́та

комме́рческая фи́рма

теа́тр

лаборато́рия

заво́д

музе́й

фе́рма

телеста́нция

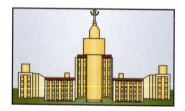

университе́т

шко́ла

о́фис

поликли́ника

магази́н

юриди́ческая фи́рма

туристическое бюро

бюро недвижимости

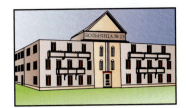

больница

Культура и быт

В офисе

We often say, "So-and-so works in an office." One can translate this phrase directly (**работать в офисе,** where **офис** is any sort of white-collar setting), but by and large Russians describe jobs more specifically: **Мама работает в бухгалтерии небольшой фирмы** – *My mother works in the accounting department of a small company.*

Разговоры для слушания

Разговор 1. Наша семья.
  Разговаривают Мэри и Наташа.

1. What does Natasha want to know about Mary's parents?
2. What does Mary's father do for a living?
3. What does Mary's mother do?
4. Does Mary have any siblings?
5. What does Natasha say about the size of Russian families?

Разговор 2. Дома у Олега.
  Разговаривают Олег и Джон.

1. What is Oleg showing John?
2. What do Oleg's parents do for a living?
3. Who else lives with Oleg and his parents?

Разговор 3. Немного о брате.
  Разговаривают Надя и Дженнифер.

1. Whom does Nadya want to introduce to Jennifer?
2. What does he do for a living?
3. What kind of person is he?
4. What do we learn about Jennifer's brother?

Widowed grandmothers often live with their married children and take care of the grandchildren. This is the preferred childcare solution for many families.

Давайте поговорим

Диалоги

1. Я родила́сь в Калифо́рнии.

— Дже́ннифер, где ты родила́сь?

— Я родила́сь в Калифо́рнии.

— И там вы́росла?

— Нет, я вы́росла в Нью-Йо́рке.

— А кто по профе́ссии твой оте́ц?

— Оте́ц? Он архите́ктор.

— А мать рабо́тает?

— Коне́чно. Она́ юри́ст.

— А как её зову́т?

— По́ла.

— А как зову́т отца́?

— Э́рик.

When adult Russians speak of **моя́ семья́,** they normally speak of a spouse and children. When children or young adults speak about their parents or siblings, they are likely to refer to them as **на́ша семья́.**

2. Немно́го о на́шей семье́

— Послу́шай, Марк! Я ничего́ не зна́ю о твое́й семье́. Расскажи́ мне, кто твои́ роди́тели.

— Ла́дно. Зна́чит так. Оте́ц у меня́ бизнесме́н. У него́ ма́ленькая фи́рма.

— Пра́вда? А мать?

— Ма́ма врач. У неё ча́стная пра́ктика.

— Ты еди́нственный ребёнок?

— Нет, у меня́ есть ста́рший брат.

— А на ско́лько лет он ста́рше?

— Ему́ 23, зна́чит, он на три го́да ста́рше меня́.

3. Кто э́то на фотогра́фии?

— Мэ́ри! Кто э́то на фотогра́фии?

— Брат.

— А э́то?

— Это сестра́. Зову́т её Кэ́рол. Она́ на два го́да мла́дше меня́.

— А бра́та как зову́т?

— Дже́йсон. Он ещё у́чится в шко́ле, в оди́ннадцатом кла́ссе. Очень лю́бит спорт и му́зыку.

— Он, наве́рное, о́чень весёлый?

— Вы зна́ете, не о́чень. Он очень серьёзный и симпати́чный.

4. В Аме́рике се́мьи больши́е?

— Фрэнк! Говоря́т, что в Аме́рике больши́е се́мьи. Это пра́вда?

— Да как сказа́ть? Есть больши́е, есть ма́ленькие. У нас, наприме́р, семья́ ма́ленькая: я, оте́ц и мать. Бра́тьев и сестёр у меня́ нет.

— А кто по профе́ссии твой оте́ц?

— Оте́ц? Он преподава́тель междунаро́дных отноше́ний в университе́те.

— А мать?

— Ма́ма по профе́ссии медсестра́. Рабо́тает в больни́це. Очень лю́бит э́ту рабо́ту.

5. Де́душка и ба́бушка

— Ване́сса! Кто э́то на фотогра́фии?

— Это моя́ ба́бушка. А вот э́то — мой де́душка.

— Они́ совсе́м не ста́рые! Ско́лько им лет?

— Ей шестьдеся́т пять. А ему́ се́мьдесят. Ба́бушка и де́душка на пе́нсии. Они́ живу́т во Флори́де. Они́ о́чень здоро́вые и энерги́чные. Лю́бят спорт.

— Интере́сно. А у нас таки́х ба́бушек и де́душек немно́го.

> Russian families in large urban centers tend to be small. Couples rarely have more than one child.

Вопросы к диалогам

Диало́г 1: Пра́вда и́ли непра́вда?

Образе́ц: Её зову́т Дже́ннифер. — Пра́вда!
Её зову́т Ма́ша. — Непра́вда! Её зову́т Дже́ннифер.

1. Дже́ннифер родила́сь в Индиа́не.
2. Дже́ннифер вы́росла в Вашингто́не.
3. Её оте́ц архите́ктор.
4. Её мать врач.
5. Отца́ зову́т Э́рик.
6. Мать зову́т Ти́на.

Диало́г 2

1. Кто по профе́ссии оте́ц Ма́рка?
2. Где он рабо́тает?
3. Кто по профе́ссии мать?
4. У Ма́рка есть бра́тья и сёстры?
5. Что Марк расска́зывает о бра́те?

Диало́г 3

1. Как зову́т бра́та и сестру́ Мэ́ри?
2. На ско́лько лет Мэ́ри ста́рше сестры́?
3. Где у́чится брат Мэ́ри?
4. Каки́е у него́ хо́бби?
5. Что ещё Мэ́ри говори́т о бра́те?

Диало́г 4

1. Кака́я семья́ у Фрэ́нка, больша́я и́ли ма́ленькая?
2. Ско́лько дете́й в э́той семье́?
3. Кто по профе́ссии оте́ц Фрэ́нка?
4. Где он рабо́тает?
5. Кто по профе́ссии его́ ма́ма?
6. Где ма́ма рабо́тает?

Диало́г 5

1. На фотогра́фии Ване́ссы...
   а. её ма́ма и па́па
   б. её ба́бушка
   в. её де́душка
   г. её ба́бушка и де́душка
2. Они́ рабо́тают...
   а. до́ма.
   б. в о́фисе.
   в. Они́ уже́ не рабо́тают.
   г. в библиоте́ке.
3. Они́ живу́т...
   а. в Вашингто́не.
   б. во Фло́риде.
   в. в Москве́.
   г. во Фра́нции.
4. Им...
   а. 60 и 70 лет.
   б. 70 и 75 лет.
   в. 60 и 65 лет.
   г. 75 и 80 лет.
5. Они́ лю́бят...
   а. му́зыку.
   б. спорт.
   в. кино́.
   г. кни́ги.
6. А что говори́т её подру́га о ру́сских де́душках и ба́бушках?
   а. Они́ то́же энерги́чные и спорти́вные.
   б. Они́ то́же лю́бят му́зыку.
   в. Они́ таки́е же.
   г. Они́ совсе́м не таки́е.

Упражнения к диалогам

7-4 Draw your family tree. Write in your relatives' names and their relationship to you. If you need words that are not in the textbook, consult your teacher.

7-5 In Russian, list ten of your relatives and friends. Indicate their profession and relationship to you.

> Образе́ц: Ли́нда — сестра́ — профе́ссор.

7-6 Write three sentences about each of your family members.

> Образе́ц: Мой де́душка о́чень серьёзный. Сейча́с он на пе́нсии. Он мно́го чита́ет.

7-7 Немного о себе. As you ask your partner the questions in 1–5 below, make notes of the information you learn so you can verify it in 6.

1. — Сколько у тебя бра́тьев и сестёр?   *OR*
   — У меня́…

оди́н	брат
два, три, четы́ре	бра́та
пять	бра́тьев
одна́	сестра́
две, три, четы́ре	сестры́
пять	сестёр

— У вас есть бра́тья и сёстры?
— Да, у меня́…

2. Твой брат у́чится и́ли рабо́тает? Где?
   Твоя́ сестра́ у́чится или рабо́тает? Где?

3.

— Как зову́т твоего́ отца́?
— Его́ зову́т Джон.

— Как зову́т твою́ мать?
— Её зову́т Мели́сса.

— Как зову́т твою́ сестру́?
— Её зову́т Кристи́на.

— Как зову́т твоего́ бра́та?
— Его́ зову́т Марк.

4. Use two or three of the following adjectives to describe your parents and siblings.

Образец: Мой брат о́чень серьёзный.
Мои́ роди́тели энерги́чные.

энерги́чный – неэнерги́чный

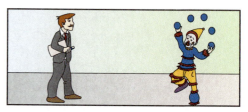

серьёзный – несерьёзный

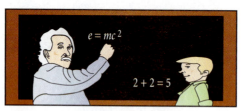

у́мный – глу́пый
(not) smart

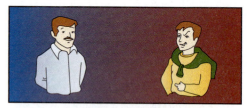

симпати́чный – несимпати́чный
(not) nice

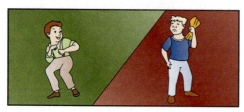

весёлый – невесёлый
(not) cheerful

обыкнове́нный – необыкнове́нный
ordinary – extraordinary

здоро́вый – нездоро́вый
(un)healthy

5. Где роди́лись твои́ роди́тели? Где роди́лся твой брат? Где родила́сь твоя́ сестра́? Где роди́лись твои́ бра́тья и сёстры?

6. Verify with your partner that the information you jotted down is correct. Your partner will respond appropriately.

То́чно!	**Нет, э́то не совсе́м так!**	**Нет, совсе́м не так!**
That's right!	*No, that's not completely right!*	*No, that's not it at all!*

7-8 Подгото́вка к разгово́ру. Review the dialogs. How would you do the following?

1. Ask where someone was born.
2. State where you were born.
3. Ask where someone grew up.
4. State where you grew up.
5. Ask what someone's father (mother, brother) does for a living.
6. State what you do for a living.
7. Ask what someone's father's (mother's, sister's) name is.
8. Ask if someone is an only child.
9. Ask if someone has brothers and sisters.
10. State you have an older brother or sister.
11. State you have a younger brother or sister.
12. Say your brother or sister is two (one, five) years older (younger) than you.
13. Say your mother (father, brother) really likes her (his) job.
14. Describe the size and composition of your family.

7-9 Фотогра́фия семьи́. Bring a picture of your family to class. Pass it around. Your classmates will ask you questions about various members of your family. Answer in as much detail as you can.

7-10 Семья́ и кварти́ра. Divide up into small groups of 3–6 people. Each group is to be a family.

1. Using Russian only, decide what your names are and how you are related. On large sheets of paper, draw a diagram of the house or apartment where you live. Label the rooms and furniture.
2. Invite another "family" to your house. Introduce yourselves, and show them around your home.
3. One of you in each group is a new exchange student from the United States or Canada. Russian families: introduce yourselves, show the new student your apartment, and ask about the new American or Canadian student's home and family.

Игровые ситуации

7-11 О семья́х…

1. Working with a partner, develop a list of questions for interviewing the following people about their families. Then act out one or more of the interviews with your teacher playing the role of the Russian.
   a. A Russian student who has just arrived in the United States.
   b. A new teacher from Russia who will be teaching Russian.
   c. A Russian rock musician who will be performing in your town.
2. You were invited to an informal get-together of Russian students attending St. Petersburg University. They ask you about your family.
3. You are getting to know your new host family in Russia. Tell them about your family at home, and show them your family pictures. Answer their questions about your family.
4. With a partner, prepare and act out a situation of your own that deals with the topics of this unit.

 # Устный перевод

7-12 You have been asked to interpret at a university reception for a group of visiting Russian students.

ENGLISH SPEAKER'S PART

1. Where do your parents live?
2. Where were they born?
3. What does your father do for a living?
4. Does your mother work?
5. What does she do for a living?
6. Do you have any brothers and sisters?
7. What are their names?
8. What a pretty Russian name!
9. That was very interesting.

Грамматика

1. Was Born, Grew Up

— Джéннифер, где ты **родилáсь?**
Я родилáсь в Калифóрнии.
— И там **вы́росла?**
— Нет, я **вы́росла** в Нью-Йóрке.

Jennifer, where *were you born?*
I *was born* in California.
And *did you grow up* there?
No, I *grew up* in New York.

Марк **роди́лся** и **вы́рос** в Мичигáне.

Mark *was born* and *grew up* in Michigan.

Нáши роди́тели **роди́лись** и **вы́росли** во Флóриде.

Our parents *were born* and *grew up* in Florida.

Learn to say where you and other people *were born* and *grew up*. Note that the masculine past tense form **вы́рос** has no **л,** but that the feminine and plural forms do.

Was (were) born		
Singular		**Plural**
он **роди́лся**	мы	
онá **родилáсь**	вы } **роди́лись**	
	они́	

Grew up		
Singular		**Plural**
он **вы́рос**	мы	
онá **вы́росла**	вы } **вы́росли**	
	они́	

Notes

1. The forms used after **я** and **ты** depend on the gender of the person referred to.
2. Reminder: The forms used after **вы** are always **роди́лись** and **вы́росли,** even when referring to only one person.

Упражнения

7-13 Как по-рýсски? How would you ask the following people where they were born and grew up?

1. your best friend
2. your Russian teacher

7-14 Отвéтьте на вопрóсы.

1. Где вы роди́лись?
2. Где вы вы́росли?
3. Где роди́лись и вы́росли вáши роди́тели? Брáтья, сёстры?

> ➤ *Complete Oral Drill 3 and Written Exercise 1 in the Student Activity Manual (S.A.M.).*

2. Expressing Age—The Dative Case of Pronouns

Note how to ask someone's age in Russian, and how to tell how old someone is:

— Кто э́то на фотогра́фии?
— Ба́бушка.
— Она́ совсе́м не ста́рая! **Ско́лько ей лет?**
— **Ей шестьдеся́т два го́да.**

— **Ско́лько им лет?**
— **Им пять лет.**

— **Ско́лько ему́ лет?**
— **Ему́ се́мьдесят лет.**
— **А ей?**
— **Ей четы́ре го́да.**

The *dative case* is used to form statements about age. The person is in dative. Learn the dative case forms of the personal pronouns:

Nominative	что	кто	я	ты	он	она́	мы	вы	они́
Dative	чему́	кому́	мне	тебе́	ему́	ей	нам	вам	им

Упражнения

7-15 Как по-ру́сски? How would you ask the following people how old they are?

1. a friend
2. a friend's father
3. friends who are twins

7-16 Как по-ру́сски? How would you ask the following questions?

1. How old are you (*informal, singular*)?
2. How old is she?
3. How old is he?
4. How old are they?
5. How old are you (*plural*)?
6. Who in this group is how old?

➤ *Complete Oral Drill 4 and Written Exercise 2 in the S.A.M.*

3. Introduction to the Genitive Plural

In this lesson you have already seen some genitive plural endings.

Бра́тьев и **сестёр** у меня́ нет.
Ско́лько ей **лет?**

Nouns. Genitive plural endings for nouns are as follows:

- "zero" ending for hard feminine and neuter nouns: **книг.**
- "soft zero" ending for feminine nouns ending in consonant + **-я: неде́ль.**
- **-й** for many soft feminine and neuter nouns: **общежи́тий.**
- **-ей** for nouns ending in **-ь** (masculine and feminine), **-ж, -ш, -щ, -ч: гаражéй.**
- **-ов** (also **-ев**) for other masculine nouns: **столо́в, америка́нцев.**

I. "Zero" ending

Nouns ending in **-a** or **-o** lose that ending in the genitive plural.

Nominative Singular	Genitive Plural
кни́га	книг
библиоте́ка	библиоте́к
учи́тельница	учи́тельниц
жена́	жён
ме́сто	мест
о́тчество	о́тчеств

If the resulting genitive plural form has two consonants at the end, the fill vowel **-o** or **-e** is often added. A **-e** is added in order to avoid breaking a spelling rule, or if the last consonant is preceded by **-й** or **-ь.**

Nominative Singular	Genitive Plural
окно́	о́кон
ба́бушка	ба́бушек
студе́нтка	студе́нток
вну́чка	вну́чек
письмо́	пи́сем
ма́йка	ма́ек

Sometimes the fill vowel is **-ё** in order to preserve the stress of the nominative singular form: **сестра́ – сестёр.**
And sometimes there are exceptions that simply need to be memorized:
кре́сло – кре́сел.

II. "Soft zero" ending: -ь

If a feminine word ends in consonant + -я, drop the -я and add -ь.

Nominative Singular	Genitive Plural
неде́ля	неде́ль
ку́хня	ку́хонь

Упражнения

7-17 Ско́лько...?

Образе́ц: кни́га → *Ско́лько здесь книг?*

1. кассе́та
2. ла́мпа
3. газе́та
4. маши́на
5. сестра́
6. ку́хня
7. ме́сто
8. мину́та
9. де́душка
10. па́па
11. письмо́
12. неде́ля

7-18 Запо́лните про́пуски: о - е - ё

1. мно́го сест_____р
2. ма́ло пи́с_____м
3. шесть ру́ч_____к
4. ско́лько су́м_____к
5. не́сколько де́душ_____к
6. де́сять руба́ш_____к
7. ско́лько ма́_____к
8. два́дцать о́к_____н
9. ско́лько ба́буш_____к
10. пять вну́ч_____к

III. -ий ending

Nouns whose nominative singular forms end in either -ие or -ия have a genitive plural ending of -ий.

Nominative Singular	Genitive Plural
общежи́тие	общежи́тий
лаборато́рия	лаборато́рий

Упражнение

7-19 Ско́лько. . . ?

> Образе́ц: общежи́тие → *Ско́лько здесь общежи́тий?*

1. фотогра́фия
2. заня́тие
3. зда́ние
4. упражне́ние
5. ле́кция

IV. -ей ending

The genitive plural ending for masculine nouns ending in consonants **-ж, -ш, -щ, -ч,** and all nouns ending in **-ь** is **-ей.**

Nominative Singular	Genitive Plural
преподава́тель	преподава́телей
слова́рь	словаре́й
мать	матере́й
тетра́дь	тетра́дей
каранда́ш	карандаше́й
муж	муже́й
эта́ж	этаже́й
врач	враче́й

Упражнение

7-20 Здесь нет. . .

> Образе́ц: анса́мбль → *Здесь нет анса́мблей.*

1. преподава́тель
2. секрета́рь
3. эта́ж
4. слова́рь
5. писа́тель
6. гара́ж
7. врач
8. каранда́ш
9. учи́тель

V. -ов/ев ending

The genitive plural ending for masculine nouns ending in all other consonants is **-ов.** For now you should keep in mind three exceptions, when the genitive plural ending will be **-ев** instead:

1. If the nominative singular ending is **-й: музе́й → музе́ев.**
2. If the **-ов** ending would break a spelling rule: **америка́нец → америка́нцев.**
3. If the nominative plural is soft: **бра́тья → бра́тьев.**

Nominative Singular	Genitive Plural
худо́жник	худо́жников
компью́тер	компью́теров
оте́ц	отцо́в
америка́нец	америка́нцев
музе́й	музе́ев
стул (*pl.* сту́лья)	сту́льев

Упражнение

7-21 Здесь нет...

Образе́ц: учебник → *Здесь нет уче́бников.*

1. телеви́зор
2. кассе́тник
3. докуме́нт
4. фотоаппара́т
5. магнитофо́н
6. костю́м
7. сви́тер
8. га́лстук
9. не́мец
10. кана́дец
11. брат
12. профе́ссор
13. францу́з
14. музе́й
15. теа́тр

VI. Plural forms

There are some words you generally see only in the plural. Here are their genitive plural forms:

Nominative Singular	Genitive Plural
роди́тели	роди́телей
очки́	очко́в
джи́нсы	джи́нсов
носки́	носко́в

VII. Exceptions

There are some exceptional forms of words you have already seen or might commonly use. You will simply need to memorize their genitive plural forms. This chart contains the nominative and genitive plural forms for **family members, friends, neighbors,** and **people,** even though some are technically **not** irregular.

Nominative Singular	Nominative Plural	Genitive Plural
семья́	се́мьи	семе́й
оте́ц	отцы́	отцо́в
мать	ма́тери	матере́й
дочь	до́чери	дочере́й
сын	сыновья́	сынове́й
брат	бра́тья	бра́тьев
сестра́	сёстры	сестёр
ребёнок	де́ти	дете́й
дя́дя	дя́ди	дя́дей
тётя	тёти	тётей
друг	друзья́	друзе́й
сосе́д	сосе́ди	сосе́дей
челове́к	лю́ди	люде́й

Упражнение

7-22 У друзе́й больша́я семья́!

Образе́ц: де́ти → *У них мно́го дете́й.*

1. брат
2. сестра́
3. дя́дя

4. тётя
5. ба́бушка
6. сосе́д

7. сын
8. дочь
9. друг

VIII. Adjectives

The genitive plural for adjectives is **-ых/-их**. Use the latter ending for soft adjectives and to avoid breaking a spelling rule. These are the same endings as for adjectives in the prepositional plural.

Nominative Singular	Genitive Plural
но́вый/но́вое/но́вая	но́вых
большо́й/большо́е/больша́я	больши́х
хоро́ший/хоро́шее/хоро́шая	хоро́ших
си́ний/си́нее/си́няя	си́них

В э́том го́роде не́сколько **хоро́ших** музе́ев.
Ско́лько **ру́сских** пе́сен вы зна́ете?
В на́шей библиоте́ке мно́го **но́вых** книг.
У нас нет **после́дних** пи́сем ба́бушки. Они́ у ма́мы.

IX. Special Modifiers

These forms are similar to adjectives, but have some slight differences. You should therefore memorize them. Like the adjectives, these modifiers have the same form as in the prepositional plural.

	Nominative Singular	Nominative Plural	Genitive Plural
my	мой/моё/моя́	мои́	мои́х
your	твой/твоё/твоя́	твои́	твои́х
our	наш/на́ше/на́ша	на́ши	на́ших
your (*formal/plural*)	ваш/ва́ше/ва́ша	ва́ши	ва́ших
this/that	э́тот/э́то/э́та	э́ти	э́тих
whose?	чей/чьё/чья	чьи	чьих
all	весь/всё/вся	все	всех
one	оди́н/одно́/одна́	одни́	одни́х

> ➤ Complete Oral Drills 5–11 and Written Exercises 3–5 in the S.A.M.

Упражнение

7-23 Reread the dialogs in this unit and find all the words in the genitive case. In each instance, explain why the genitive case is used and tell whether the word is singular or plural.

4. Specifying Quantity

As you learned in Unit 6 (see Section 6), quantity in Russian affects case:

1. After the numbers 1, 21, 31, etc. (but not 11), the nominative singular is used. The number 1 agrees in gender and number with the following noun.
2. After the numbers 2, 3, and 4 and their compounds (except those in the teens), the following noun is in the genitive singular. The number 2 agrees in gender with the following noun. The numbers 3 and 4 do not change according to gender.
3. After the numbers 5–20, 25–30, 35–40, etc., the following noun is in the genitive plural. The genitive plural also follows the words **мно́го** – *many*, **ма́ло** – *(too) few*, **не́сколько** – *(a) few*, and **Ско́лько?** – *How many?*

In summary:

два́дцать оди́н/одно́/одна́/одни́ + nominative singular
два́дцать два/две + genitive singular
два́дцать пять + genitive plural
двена́дцать + genitive plural

1
21, 31, 101 $\Big\{$ год, рубль

2, 3, 4
22, 33, 44 $\Big\{$ го́да, рубля́

5–20, 25–30
ско́лько
мно́го $\Big\{$ лет
ма́ло   бра́тьев
не́сколько   сестёр
          студе́нтов
          америка́нцев

нет   рубле́й

— **Ско́лько** тебе́ **лет?**
— Мне **20 лет.**

Ей **21 год,** а ему́ **24 го́да.**
У нас **20 рубле́й,** а у них **21 рубль.**
В за́ле **32 (три́дцать две) ла́мпы, 40 столо́в** и **41 (со́рок оди́н) стул.**
В библиоте́ке **мно́го книг,** но **ма́ло журна́лов.**
У меня́ **не́сколько видеокассе́т.**

— **Ско́лько** у вас **бра́тьев** и **сестёр?**
— У меня́ **нет бра́тьев** и **сестёр.** Я еди́нственный ребёнок.

Упражнения

7-24 Ско́лько лет? Express the following people's ages in Russian. Remember the dative case of pronouns.

он — 13   она́ — 31   они́ — 3   вы — 22   мы — 19   я — ?

7-25 Запо́лните про́пуски. Complete the dialogs by using the correct forms of the words given in parentheses. Answer the question in the last dialog about yourself.

1. — Ди́ма, ско́лько у тебя́ (брат) и (сестра́)?
   — У меня́ (2) (сестра́) и (1) (брат).
   — Кака́я больша́я семья́!
2. — Са́ша, у тебя́ больша́я семья́?
   — То́лько я и (1) (сестра́).
3. — Ско́лько у вас (сестра́) и (брат)?
   — У меня́...

7-26 Как по-ру́сски? Complete the sentences.

1. There are a few small old stores on our street.
   На на́шей у́лице...
2. There are a lot of good theaters and museums in this city.
   В э́том го́роде...
3. How many American firms are there in Moscow?
   Ско́лько в Москве́...
4. A lot of foreign students go to our university.
   В на́шем университе́те...
5. My friend has five younger sisters and brothers.
   У моего́ дру́га...

Де́ти

When talking about the number of children in a family, use the following special forms:

У вас есть де́ти?
Ско́лько у вас дете́й?

оди́н ребёнок

двое детей

трое детей

четверо детей

пять детей

нет детей

For the time being, use the collective numbers **двое, трое,** and **четверо** only for numbers of children.

Упражнение

7-27 Как по-русски?

— Сколько у новой соседки (*children*)? Папа говорит, что у неё (*five kids*)!

— Нет, у неё только (*three kids*). Паша и его (*two sisters*).

— И в соседней квартире тоже есть (*children*)?

— Нет, там (*there aren't any children*).

➤ *Complete Oral Drills 12–16 and Written Exercises 6–7 in the S.A.M.*

5. Comparing Ages: ста́рше/моло́же кого́ на ско́лько лет

To say that one person is older or younger than another, use **ста́рше** or **моло́же (мла́дше)** plus the genitive case.

Отец **ста́рше ма́тери.**	My father is *older than my mother.*
Сестра́ **моло́же (мла́дше) бра́та.**	My sister is *younger than my brother.*

To express age difference, use **на** followed by the time expression. Note that the stress shifts to the preposition **на** if you are talking about one year's difference.

Отец старше матери **на пять лет.**	My father is *five years older* than my mother.
Сестра́ моло́же бра́та **на два го́да.**	My sister is *two years younger* than my brother.
Брат мла́дше меня́ **на́ год.**	My brother is *a year younger* than me.

Упражнение

7-28 Составьте предложения. Make truthful and grammatically correct sentences by combining words from the columns below. Do not change word order, but remember to put the nouns after **старше** and **моложе/младше** into the genitive case. Use the proper form of **год** after the numbers.

папа		я	1	год
мама		папа		
сестра		мама	2	
брат		сестра	3	года
бабушка		брат	4	
дедушка	моложе (младше)	бабушка	на	
сосед	старше	дедушка	5	
соседка		сосед	10	лет
друг		соседка	50	
двоюродный брат		дядя		
двоюродная сестра				

➤ Complete Oral Drills 17–18 and Written Exercise 8 in the S.A.M.

6. The Accusative Case of Pronouns

Remember that Russian uses the accusative case for direct objects. When the direct object is a pronoun, it usually comes before the verb.

Это мой старший брат. Я **его** очень люблю.
Это наши родители. Мы **их** очень любим.
Вы **меня** понимаете, когда я говорю по-русски?

Here are the forms of the question words and personal pronouns in the accusative case.

Nominative	что	кто	я	ты	он/оно	она	мы	вы	они
Accusative	что	кого	меня	тебя	его	её	нас	вас	их

Упражнения

7-29 Как по-русски?

— (*Whom*) ты знаешь в нашем университете?

— Профессора Павлова. Ты (*him*) знаешь? Он читает очень интересный курс.

— Я знаю. Я (*it*) слушаю.

— Значит, ты, наверное, знаешь Сашу Белову. Она тоже слушает этот курс.

— Да, конечно, я (*her*) знаю.

7-30 Как по-русски?

1. — Where is my magazine?
   — Masha is reading it.
2. — Do you know my sister?
   — No, I don't know her.
   — Interesting. . . She knows you!
   — She knows me?

➤ Complete Oral Drill 19 and Written Exercise 9 in the S.A.M.

7. Telling Someone's Name: зову́т

Note the structure for asking and telling someone's name in Russian:

— Как **вас** зову́т?
— **Меня́** зову́т Кири́лл.
— А как зову́т **ва́шего бра́та** и **ва́шу сестру́?**
— **Их** зову́т Ди́ма и Со́ня.
— А как зову́т **ва́ших роди́телей?**
— **Их** зову́т Влади́мир Алекса́ндрович и Мари́я Петро́вна.

Как вас зову́т? actually means *How do they call you?* **Меня́ зову́т Кири́лл** means *They call me Kirill.* These literal translations should help you see that the words in boldface in the preceding dialog are direct objects, and therefore are in the accusative case.

In questions with **Как зову́т,** nouns normally come at the end of the question (**Как зову́т** *ва́шу сестру́?*), whereas pronouns normally immediately follow the question word (**Как** *вас* **зову́т?**).

➤ Complete Oral Drill 20 and Written Exercise 10 in the S.A.M.

8. The Accusative Case

The accusative case is used:

- for direct objects
    Меня́ зову́т Ива́н.
    Я чита́ю **ру́сскую газе́ту,** а Ва́ня чита́ет **ру́сский журна́л.**

- after the prepositions **в** or **на** to answer the question куда́
    Мы идём **в библиоте́ку.** Пото́м мы идём **в музе́й.**
    Студе́нты иду́т **на ле́кцию.**

- in many expressions of time. So far you have seen:
    в + day of the week for *on a day of the week:*
    Мы отдыха́ем **в суббо́ту.**

    на + number of years for comparing ages (this is most obvious with one year):
    Мой брат ста́рше меня́ **на́ год.**

Review the accusative case endings you learned in Unit 4:

The accusative singular endings for feminine phrases are **-ую** for adjectives (**-юю** for soft adjectives) and **-у** for nouns (**-ю** if the noun stem is soft; **-ь** for feminine words ending in **-ь**). Remember: **-а** to **-у**, **-я** to **-ю**, **-ь** no change: **ру́сскую газе́ту, большу́ю ку́хню, хоро́шую лаборато́рию, си́нюю дверь.**

For all other phrases (masculine singular, neuter singular, all plurals), the accusative endings are the same as the nominative endings if the phrase refers to something *inanimate* (not an animal or person).

The accusative for masculine singular animate phrases is the same as the genitive.

The accusative plural for all animate phrases, masculine and feminine, is the same as the genitive plural.

Accusative Case of Adjectives and Nouns — Summary

	Masculine Singular	Neuter Singular	Feminine Singular	Plural
Nominative	но́вый чемода́н большо́й чемода́н	но́вое письмо́	но́вая ви́за си́няя дверь	но́вые чемода́ны
Accusative Inanimate	*like nominative*		но́вую ви́зу си́нюю дверь	*like nominative*
Accusative Animate	*like genitive:* но́вого студе́нта		но́вую студе́нтку	*like genitive:* но́вых студе́нток

Notes

1. Some masculine nouns have end stress whenever an ending is added: **оте́ц** → **отца́.**

2. Some masculine nouns with **o** or **e** in the semifinal position lose this vowel whenever an ending is added: **америка́нец** → **америка́нца, оте́ц** → **отца́.**

3. The accusative singular of feminine **-ь** nouns looks the same as the nominative case, even for animate beings: **мать** → **мать, дочь** → **дочь.**

4. Nouns ending in **-а** or **-я** that refer to men or boys decline like feminine nouns, but they are masculine and they take masculine modifiers: **Мы зна́ем ва́шего па́пу.**

5. The possessive forms **его́, её,** and **их** never change. Examples: **Вы зна́ете его́ ма́му? Я чита́ю её журна́л. Она́ чита́ет их письмо́.**

Упражнения

7-31 **Составьте предложения.** Ask what the following people's names are.

Образец: ваш но́вый сосе́д   *Как зову́т ва́шего но́вого сосе́да?*

э́тот америка́нский инжене́р
э́та молода́я продавщи́ца
их зубно́й врач
твоя́ но́вая учи́тельница
ваш люби́мый писа́тель
твой племя́нник
э́та у́мная студе́нтка
симпати́чный музыка́нт
наш но́вый ме́неджер
ста́рший брат
ва́ша мать
его́ ба́бушка
твой де́душка
твоя́ племя́нница
они́
твоя́ сестра́

7-32 **Составьте предложения.** Construct meaningful and grammatically correct sentences from the following elements. Do not change word order, but do conjugate the verbs and put direct objects in the accusative case.

	я	люби́ть	мой брат и моя́ сестра́
наш	роди́тели	чита́ть	ру́сская литерату́ра
мой	преподава́тель	писа́ть	э́тот ру́сский писа́тель
ваш	сосе́д(ка) по ко́мнате	знать	америка́нские газе́ты
твой	друг	слу́шать	интере́сная кни́га
			но́вый рома́н*
			интере́сные пи́сьма
			америка́нская му́зыка

> ► *Complete Oral Drill 21 and Written Exercises 11–14 in the S.A.M.*

рома́н – novel

Давайте почитаем

7-33 Реклáма. Advertisements like these are common in local Russian newspapers.

For each ad, indicate:

- who placed it.
- what kind of help is wanted.
- any other details you understand.

ООО «АМФАРМ»
приглашает на работу
фармацевтов
со знанием английского языка

Телефон для справок (095) 151-38-44.
Факс (095) 151-11-78

- Редакторы
- дизайнеры
- художники
- журналисты!

Вас приглашает редакция нового
журнала в области
рекламы и информации
о программных продуктах
и компьютерной технике.

Телефон для справок: (812) 903-04-57.
Факс: (812) 934-9870

РОССИЙСКАЯ ТОВАРНАЯ БИРЖА
ОБЪЯВЛЯЕТ КОНКУРС

для специалистов высокой квалификации:
бухгалтеров, менеджеров, консультантов,
юристов всех специализаций,
экономистов, финансистов,
специалистов по рекламе,
психологов,
переводчиков,
секретарей,
журналистов, редакторов, художников.

Просим составить резюме на одной странице, описание
биографических данных, этапов карьеры и
профессиональных навыков и вместе с 2 фотографиями
выслать по адресу Москва 125190 а/я 225.

Find the abbreviation for **абонéнтный я́щик** – *post office box.*

7-34 Find out if any of the resumes match the job descriptions above.

Ф.И.О.: Иванова Ольга Николаевна
413112, г. Энгельс
Семейное положение: не замужем

Дата рождения: 04.12.1975 год
Место рождения: г. Челябинск

Среднее образование: 1983–1993гг. Средняя школа № 2 города Энгельса

Высшее образование:

- 1993–1998гг. Саратовский Государственный Педагогический институт им. К. А. Федина. Факультет: иностранные языки
Квалификация по диплому: учитель французского и английского языков.
- Второе высшее образование (незаконченное) — Московский Государственный Социальный Университет
1999 г. — Факультет: юридический
Специальность: юриспруденция

Прежнее место работы:
- 1999 г. (февраль–май) ООО «Артромед». Должность: менеджер отдела снабжения
- 1999 г. (май)–2001(август) ООО «Химтекс». Холдинговое управление. Должность: офис-менеджер

Ф.И.О.: Сидорова Елена Максимовна
Дата и место рождения: 12 октября 1978 года, г. Волгоград.
Семейное положение: замужем.

Образование:
- в 1996 г. закончила среднюю школу.
- 1996–1998 г. — обучение в Волгоградской медицинской академии, специальность: фармацевт.
- с 1998 года по настоящее время — обучение в Академии АйТи (г. Волгоград) на сертификат Microsoft.

Опыт работы:
- 02.2002 г.–12.2002 г. — работа в аптеке О.О.О. «Валедус» в должности фармацевта.
- 04.1999 г.–01.2002 г. — работа в Киевской городской санитарно-эпидемиологической станции в должности лаборанта бактериологической лаборатории.
- 08.1998 г.–04.1999 г. — работа в аптечном объединении «Фармация» в должности фармацевта.

Дополнительные сведения: английский язык (читаю со словарём), умею работать в Word, Excel, Internet, а также пользоваться e-mail'ом. Исполнительная, коммуникабельная.

Контактный телефон: 44-29-63, 21-69-33.

Meaning from context

1. The abbreviation **Ф.И.О.** appears not only on resumes, but on nearly every form any Russian would ever fill out. What does it stand for?

2. A woman who is **за́мужем** has a **муж.** (A man with a **жена́** is **жена́т.**) What then does **семе́йное положе́ние** mean? Does this heading appear on resumes in North America?

3. **Обуче́ние** is the noun for **учи́ться. До́лжность** has to do with what one does at work. Judging from context, what is the meaning of both words? What word is **до́лжность** related to?

4. Does **квалифика́ция по дипло́му** indicate the job that a candidate is seeking or what the diploma lists as a qualification?

7-35 Резюме́. Using the resumes from **Дава́йте почита́ем,** write a resume for yourself or an acquaintance. Stay as close to the original as possible. Have your teacher help you with any specialized vocabulary.

7-36 Здра́вствуйте, далёкие друзья́! The following letter is similar to many that were written in response to an American organization's request for Russian citizens to become pen pals with Americans. Although there is much in the letter that you will not yet understand, you will be able to get some basic information from it.

1. First look through the letter to find out which paragraphs contain the following information.
   a. the languages known by the writer
   b. where the writer lives
   c. the writer's family
   d. the writer's hobby (**увлече́ние**)
   e. her husband's hobby

2. Now go through the letter again to answer the following questions.
   a. Who wrote the letter?
   b. What foreign languages does she know?
   c. Where does she live?
   d. The author discusses her nationality and that of family members. What nationalities does she mention?
   e. What family members does she mention? What are their names? Where do they work?

3. a. Determine the meaning of the word **жена́т(ы)** from context (paragraph 2). Note: **Он жена́т, они́ жена́ты,** but **она́ за́мужем.**
   b. Find a synonym for the word **увлече́ние** – *hobby.*
   c. What is special about the way Russians write **вы, ваш,** and all their forms in letters to one person?

Здравствуйте, далёкие незнакомые друзья! К сожалению, я не знаю английского языка, в школе учила французский. Пишу Вам из старинного города Переславля-Залесского. Наш город входит в Золотое кольцо России.[1]

Немного о себе. Зовут меня Ольга, мне 46 лет, по профессии я инженер, работаю в проектном институте. Очень люблю свою работу. У меня два взрослых сына: один – профессиональный спортсмен, живёт в Киеве, женат, другой достиг призывного возраста и служит в армии. Мы с мужем живём сейчас вдвоём.[2] Мой муж Толя тоже инженер. Как опытный специалист он работает в отделе экспертизы. С ним мы женаты 12 лет. Наша семья интересна в национальном отношении: в моих жилах[3] течёт польская и русская кровь.[4] Мой первый муж и отец моих детей по национальности украинец. Жена старшего сына наполовину[5] эстонка. У меня есть увлечение: я пишу стихи.[6] Печататься[7] я никогда не пыталась,[8] писала для себя.[9] Муж мой тоже имеет хобби: он поёт в хоре.[10] Голос у него очень хороший, и он поёт с удовольствием.

У нас есть небольшой участок земли[11] на берегу реки Волги, в лесу, с небольшим домиком. Там мы выращиваем ягоды,[12] некоторые интересные растения и много цветов,[13] особенно любим розы и гвоздики. Вот такая наша жизнь.

Жду письма. Хотелось бы узнать о Вас, о Вашей семье.

С огромным приветом
Ольга Соколова

---

1 Золотóе кольцó "Golden Ring" – an area of historically preserved Russian cities to the northeast of Moscow.   2 the two of us together   3 veins   4 blood   5 half   6 poetry   7 publish   8 try   9 для себя́ – for(my)self   10 choir   11 учáсток земли́ – real estate property   12 выра́щиваем я́годы – grow berries   13 цветы́ – ро́зы, ли́лии и т.д.

Наша семья ◆ 249

7-37 Привéт из Амéрики! Read the following e-mails and answer the questions below.

yaschik.ru

НАПИСАТЬ   ВХОДЯЩИЕ   ПАПКИ   НАЙТИ ПИСЬМО   АДРЕСА   ЕЖЕДНЕВНИК   НАСТРОЙКИ

От: valyabelova234@mail.ru
Кому: popovaea@inbox.ru
Копия:
Скрытая:
Тема: Моя американская семья

простой формат

Дорогая Елена Анатольевна!

Вчера был° день рождения Виктора. Собралась° вся
семья плюс армия родственников: его родители
(бабушка и дедушка Роба и Анны), всякие° дяди и
тёти, двоюродные братья и сёстры и много друзей.
Было очень весело.°

Сначала я боялась,° что все будут говорить° только
по-испански и что мне будет° трудно общаться.° Но
почти все разговоры шли° на английском. Во-первых,
среди° гостей° было много друзей и соседей, которые°
не говорят по-испански. Во-вторых, многие из
родственников Виктора, особенно° молодые, говорят
по-английски лучше,° чем по-испански.

Самое интересное — это разнообразие° профессий в
этой семье. Брат Виктора фермер, у него большое ранчо
где-то в Техасе. Его дочь Габриела актриса, живёт в
Лос-Анджелесе, часто играет° в мыльных° операх на
телевидении. Ещё одна двоюродная сестра физик,
работает в каком-то° государственном учреждении.° Но
самый интересный из моих сверстников° — это
Мартин. Он фотомодель. Когда говоришь «модель»,
обычно думаешь о женщине. Но оказывается,° что
фотографии Мартина видишь везде: на упаковках
шампуня, в газетной рекламе костюмов и во всяких
других местах°!

was   to gather

all sorts of

fun

to fear   will speak
for me it will be   to communicate;
talks were (lit. *went*)
(+gen.) *among   guest;* **гостей**
   (gen. pl.)   *who; which; that*

especially
better

variety

to play; to act (a role)   soap
some sort of   bureau;
   government office
peer

to turn out to be

place

Хотя это был день рождения° отца семьи, я тоже оказалась в центре внимания.° Меня бомбили вопросами о России: «Что думают русские о президенте США?», «Какие в России экономические перспективы?», «Слушают ли° русские американскую музыку?». Были и вопросы личного° характера, типа «Есть у тебя американский бойфренд?», «Сколько зарабатывают° родители?», «Ты веришь в° Бога°?». Последние два вопроса особенно шокировали меня. Ведь сколько раз° предупреждали:° в Америке о заработке° и религии не спрашивают!

В общем°, всё было страшно° интересно. Мы сидели допоздна.° Я легла спать° только в 2 часа ночи.

Валя

birth	
attention	
whether	
personal	
earn	**верить (ве́рю, ве́ришь, ве́рят)**
	в – *to believe in* God
time (occasion, not clock time)	*to warn*
earnings	
in general; overall *terribly; very*	
till the wee hours	
to go to sleep (went to sleep)	

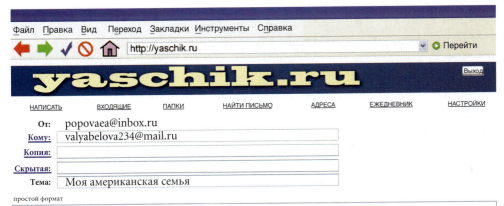

От: popovaea@inbox.ru
Кому: valyabelova234@mail.ru
Копия:
Скрытая:
Тема: Моя американская семья

простой формат

Здравствуй, Валя!

Оказывается,° ты в семье больших медиа звёзд° (модель, актриса). И ещё есть фермер! Я и в нашей стране никаких° фермеров не знаю! Да и на ферме никогда не была!

Должно быть, интересно иметь возможность° разговаривать с людьми стольких разнообразных° профессий. А в моей семье повторяются° одни и те же° слова: мы все учителя (я и мама), инженеры (папа и дедушка) и экономисты (брат, двоюродная сестра).

Е.

to turn out to be *star* (both "heavenly body" and "celebrity")

no sort of

to have the opportunity
so many varied
to be repeated
one and the same

1. Вопро́сы

а. У кого́ вчера́ был день рожде́ния?

б. Кто был на э́том ве́чере?

в. На како́м языке́ говори́ли го́сти?

г. Кто по профе́ссии ро́дственники Ви́ктора?

д. О чём го́сти спра́шивали Ва́лю? Что хоте́ли знать о Росси́и? Каки́е ещё вопро́сы бы́ли у госте́й?

е. Ва́ля легла́ спать ра́но и́ли по́здно?

ж. Что мы зна́ем о семье́ Еле́ны Анато́льевны?

2. Язы́к в конте́ксте

a. **Н the Adjectivizer.** Many nouns can be converted to adjectives by adding **н** + an adjectival ending to the word root. Find adjectives in the e-mails formed from the following nouns:

мы́ло – soap (requires a **ь** before the **н**)
интере́с – interest
газе́та – newspaper
труд – labor

b. **Ли – *whether*.** Russian does not allow **е́сли** (*if*) to introduce questions in sentences like *We asked if . . . . She wants to know if . . . .* Instead it uses the word *whether* – **ли.** We cover the use of **ли** in Book 2. For the time being, you can drop the **ли** in conversational Russian (a special word order is required). But avoid using **е́сли.**

c. **Во-пе́рвых, во-вторы́х. . .** Judging from context, what do you think these expressions mean? (There's also **в-тре́тьих, в-четвёртых,** and **в-пя́тых,** but they are used rarely.)

d. **Ты without "ты" — the impersonal *you.*** In English, we often use "you" as an informal way of saying "one": *You have to have a driver's license to drive = One must have a driver's license. . . .* Russian allows the same use of "you." Most of the time such expressions have a **ты** verb without the **ты** pronoun, even when the rest of the conversation takes place on **вы: Зна́ете, в Аме́рике, е́сли рабо́таешь мно́го, зараба́тываешь хорошо́.**

e. **Ко́рни ру́сского языка́. The Russian root system.** Find words with the following roots. The basic meaning of the root is given after the tilde (~) sign.

рожд-, род- ~ birth; clan
общ- ~ general; common; communing
позд- ~ late; tardy (You have seen **по́здно** and **опа́здывать,** which are also related.)
мож- ~ ability; possibility. This root is distantly related to the English word *might.*
втор- ~ second

7-38 Викторина. You are about to listen to the opening of a game show in which one family plays against another. As you tune in, the contestants are being introduced. Listen for the information requested below.

THE BELOVS: <u>Head of the family</u>—Name (and patronymic if given):

Age (if given):

Job:

Hobby (at least one):

<u>Her brother</u>—Name (and patronymic if given):

Age (if given):

Job:

Hobby (at least one):

<u>Her sister</u>—Name (and patronymic if given):

Age (if given):

Job:

Hobby (at least one):

<u>Her aunt's husband</u>—Name (and patronymic if given):

Age (if given):

Job:

Hobby (at least one):

THE NIKITINS: <u>Head of the family</u>—Name (and patronymic if given):

Age (if given):

Job:

Hobby (at least one):

<u>His son</u>—Name (and patronymic if given):

Age (if given):

Job:

Hobby (at least one):

<u>His daughter-in-law</u>—Name (and patronymic if given):

Age (if given):

Job:

Hobby (at least one):

<u>His wife</u>—Name (and patronymic if given):

Age (if given):

Job:

Hobby (at least one):

7-39 Звукова́я за́пись в e-mail'e. You received an audio e-mail from a Russian pen pal with the photos shown below. Listen to the letter. Then prepare a response. Include as much information about your family as you can, while staying within the bounds of the Russian you know.

Новые слова и выражения

NOUNS

Ро́дственники и друзья́
бáбушка
брат (*pl.* брáтья)
   двою́родный брат
внук
внýчка
дéдушка
дéти (*gen. pl.* детéй)
дочь (*gen. and prep. sg.* до́чери,
   nom. pl. до́чери)
друг (*pl.* друзья́)
дя́дя
женá (*pl.* жёны)
мать (*gen. and prep. sg.* мáтери,
   nom. pl. мáтери)
муж (*pl.* мужья́)
от(é)ц (*all endings stressed*)
племя́нник
племя́нница
ребён(о)к (*pl.* дéти)
ро́дственник
семья́
сестрá (*pl.* сёстры)
   двою́родная сестрá
сын (*pl.* сыновья́)
тётя

Relatives and friends
grandmother
brother
   male cousin
grandson
granddaughter
grandfather
children
daughter

friend
uncle
wife
mother

husband
father
nephew
niece
child(ren)
relative
family
sister
   female cousin
son
aunt

Профéссии
архитéктор
библиотéкарь
бизнесмéн
бухгáлтер
врач (*all endings stressed*)
   зубнóй врач
домохозя́йка
журналúст
инженéр
медбрáт (*pl.* медбрáтья)
медсестрá (*pl.* медсёстры)
мéнеджер
музыкáнт

Professions
architect
librarian
businessperson
accountant
physician
dentist
housewife
journalist
engineer
nurse (male)
nurse (female)
manager
musician

Новые слова и выражения

писа́тель	writer
программи́ст	computer programmer
продав(е́)ц (*all endings stressed*)	salesperson (man)
продавщи́ца	salesperson (woman)
секрета́рь (*all endings stressed*)	secretary
учёный (*declines like an adjective; masculine only*)	scholar; scientist
учи́тель (*pl.* учителя́)	schoolteacher (man)
учи́тельница	schoolteacher (woman)
фе́рмер	farmer
худо́жник	artist
юри́ст	lawyer

Места́ рабо́ты — Places of work

больни́ца	hospital
бюро́ (*indecl.*)	bureau, office
бюро́ недви́жимости	real estate agency
туристи́ческое бюро́	travel agency
заво́д (на)	factory
лаборато́рия	laboratory
магази́н	store
музе́й	museum
о́фис	office
поликли́ника	health clinic
теа́тр	theater
телеста́нция (на)	television station
фе́рма (на)	farm
фи́рма	company, firm
комме́рческая фи́рма	trade office, business office
юриди́ческая фи́рма	law office

Други́е слова́ — Other words

год (2–4 го́да, 5–20 лет)	year(s) [old]
класс	grade (*in school: 1st, 2nd, 3rd, etc.*)
лет (*see* год)	years
пе́нсия	pension
на пе́нсии	retired
пра́вда	truth
пра́ктика	practice
ча́стная пра́ктика	private practice
профе́ссия	profession
рубль (*pl.* рубли́)	ruble
спорт (*always singular*)	sports

Новые слова и выражения

ADJECTIVES

(не)весёлый	cheerful (melancholy)
глу́пый	stupid
еди́нственный	only
(не)здоро́вый	(un)healthy
комме́рческий	commercial, trade
мла́дший	younger
молодо́й	young
(не)обыкнове́нный	ordinary (unusual)
(не)серьёзный	(not) serious
(не)симпати́чный	(not) nice
ста́рший	older
ста́рый	old
туристи́ческий	tourist, travel
у́мный	intelligent
ча́стный	private (business, university, etc.)
(не)энерги́чный	(not) energetic
юриди́ческий	legal, law

VERBS

only past tense forms of these verbs:

вы́расти (вы́рос, вы́росла, вы́росли)	to grow up
роди́ться (роди́лся, родила́сь, родили́сь)	to be born

ADVERBS

ла́дно	okay
ма́ло	(too) few; not much; little
мно́го	many; much; a great deal
наве́рное	probably
не́сколько	a few; some; several
совсе́м не	not at all. . .
то́чно	precisely

OTHER WORDS AND PHRASES

Говоря́т, что…	They say that . . .; It is said that. . .
Да как сказа́ть?	How should I put it?
Зна́чит так…	Let's see. . .
Как зову́т (кого́)?	What is . . .'s name?
Кто по профе́ссии (кто)?	What is . . .'s profession?
мла́дше *or* моло́же (кого́) на (год, … го́да, … лет)	. . . years younger than . . .
наприме́р	for example

Новые слова и выражения

Послу́шай(те)!	Listen!
Расскажи́(те) (мне)...	Tell (me) ... (*request for narrative, not just a piece of factual information*)
Ско́лько (кому́) лет?	How old is ...?
(Кому́)...год (го́да, лет).	...is ... years old.
ста́рше (кого́) на (год, ...го́да, ...лет)	...years older than...
Я ничего́ не зна́ю.	I don't know anything.

COLLECTIVE NUMBERS

дво́е, тро́е, че́тверо	2, 3, 4 (*apply to children in a family*)

PASSIVE VOCABULARY

был	was
везде́	everywhere
взро́слый	adult
во́зраст	age
гость	guest
далёкий	far; far away; distant
друго́й	other; another
жена́т	married (*said of a man*)
же́нщина	woman
за́мужем	married (*said of a woman*)
к сожале́нию	unfortunately
образова́ние	education
вы́сшее образова́ние	higher (*college*) education
обуче́ние	schooling
о́пыт рабо́ты	job experience
подру́га	female friend
семе́йное положе́ние	family status (*marriage*)
служи́ть	to serve
служи́ть в а́рмии	to serve in the army
увлече́ние	hobby
учрежде́ние	bureau, government office
цвето́к (*pl.* цветы́)	flower
чле́ны семьи́	members of a family

В магазине

Коммуникативные задания

- Asking for advice about purchases
- Making simple purchases
- Birthday greetings
- Presents and gift giving

Культура и быт

- Viktor Pelevin
- Russian stores
- Metric clothing sizes

Грамматика

- Past tense — **был**
- Past tense of **есть** and **нет**
- **Ходи́л** vs. **пошёл**, **е́здил** vs. **пое́хал**
- Dative case of modifiers and nouns
- Uses of the dative case
- Expressing age
- Indirect objects
- The preposition **по**
- Expressing necessity and possibility: **ну́жно, на́до, мо́жно**
- Subjectless expressions: **нельзя́, невозмо́жно, тру́дно, легко́**
- Likes and dislikes: **нра́виться**
- **Нра́виться** vs. **люби́ть**

Точка отсчёта

О чём идёт речь?

Что продают в э́том универма́ге?

ОТДЕЛ	ЭТАЖ	ОТДЕЛ	ЭТАЖ
аудио-видео	1	обувь	1
галантерея	1	пальто, меха	2
головные уборы	2	спорттовары	2
женская одежда	3	сувениры	1
мужская одежда	3		

ремни́

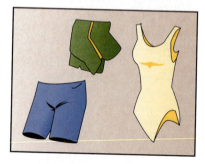

чулки́

шля́пы

игру́шки

матрёшки

шкату́лки

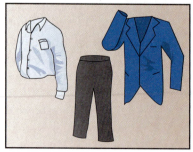

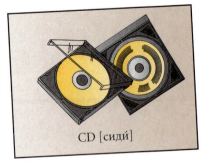

CD [сиди́]

8-1 Make a list of gifts you could buy for the following people. Next to each item indicate the department in which you are most likely to find the gifts.

отец	друг/подру́га
мать	ба́бушка/де́душка
брат/сестра́	сосе́д/сосе́дка

Что продаю́т в э́тих магази́нах?

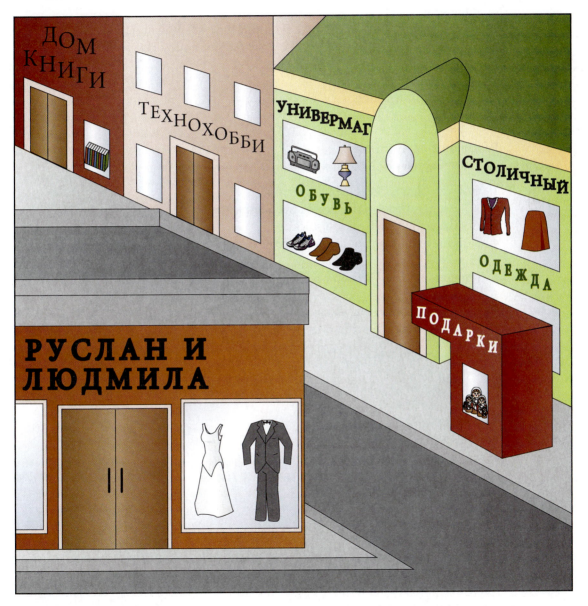

Где мо́жно купи́ть кни́ги?

Где мо́жно купи́ть брю́ки?

Где мо́жно купи́ть игру́шки?

Где мо́жно купи́ть ту́фли?

Где мо́жно купи́ть матрёшки?

Где мо́жно купи́ть пла́тья?

Где мо́жно купи́ть ка́рту?

Где мо́жно купи́ть блу́зки?

Где мо́жно купи́ть кроссо́вки?

Разговоры для слушания

Разгово́р 1. Джим покупа́ет пода́рок.
Разгова́ривают Вале́ра и Джим.

1. What does Valera advise Jim to get as a gift for Masha's birthday?
2. Jim says he has already been to the **Дом кни́ги** bookstore. Did he see anything interesting there?
3. Valera suggests that Jim go to the **Лужники́** market. Will he accompany him?
4. Listen to the conversation again. Find the Russian equivalents for the following expressions:
   a. birthday
   b. nothing interesting
   c. gift

Разгово́р 2. В Лужника́х.
Разгова́ривают Джим и продавщи́ца.

1. How does Jim address the salesperson?
2. What kind of book does Jim ask the salesperson for?
3. Are there any such books in stock?
4. How much does one of the books cost? Is that more expensive or cheaper than expected?
5. Jim decides to buy Pelevin's *Yellow Arrow.* How much does it cost?

Разгово́р 3. С днём рожде́ния!
Разгова́ривают Джим и Ма́ша.

1. What does Jim say to Masha as he gives her the birthday present?
2. Has Masha heard of Pelevin?
3. What does Masha ask Jim?
4. What does Jim tell her?
5. Does Masha like the present?

Культура и быт

Ви́ктор Пеле́вин

Victor Pelevin (b. 1962) skyrocketed to literary prominence in the mid-1990s. His surrealistic tales hit some of the hot buttons of youth culture: the cynicism of the post-Soviet period, the growth of the drug culture, Eastern mysticism, and the looming presence of virtual reality's darker sides. Some of Pelevin's best known works are *Generation P, The Life of Insects, Omon Ra,* and *The Yellow Arrow.*

Разгово́р 4. Где мо́жно купи́ть шля́пу?
Разгова́ривают Ди́на и Нэ́нси.

1. Nancy is talking to Dina about a hat. What does she ask?
2. Who gave Nancy the idea to buy a hat?
3. Two stores are mentioned in this conversation. Name one.
4. What is the Russian word for *hat*?

Разгово́р 5. В магази́не «Светла́на».
Разгова́ривают Ди́на, Нэ́нси и продавщи́ца.

1. Does Nancy want to look at the yellow hat or the red hat?
2. What is Nancy's hat size?
3. How much does the hat cost?

Разгово́р 6. Джеф пла́тит за това́р.
Разгова́ривают Джеф и продавщи́ца.

Remember that in many Russian stores customers pay for goods at a separate cashier's booth. When paying, they must name the **отде́л** from which they are making their purchase.

1. Does Jeff want to see the red gloves or the black leather ones?
2. How much does the scarf cost?
3. What happens when Jeff goes to pay?

Давайте поговорим

 **Диалоги**

1. До́ма: Я хочу́ сде́лать Ма́ше пода́рок.

— Пе́тя, я хочу́ сде́лать на́шей сосе́дке Ма́ше пода́рок. У неё ведь ско́ро день рожде́ния.
— Ой, я совсе́м забы́л об э́том!
— Что ты мне посове́туешь ей купи́ть?
— Мо́жет быть, кни́гу?
— Да, мо́жно подари́ть кни́гу.
— Ты зна́ешь, я неда́вно был на ры́нке. Там бы́ли интере́сные ве́щи.
— А, мо́жет быть, пойдём туда́ сего́дня?
— Дава́й.

2. В магази́не: Покажи́те, пожа́луйста…

— Де́вушка! Покажи́те, пожа́луйста, вот э́тот плато́к.
— Вот э́тот, зелёный?
— Нет, тот, си́ний. Ско́лько он сто́ит?
— Две́сти се́мьдесят.
— А вы принима́ете креди́тные ка́рточки?
— Принима́ем. Плати́те в ка́ссу.

3. До́ма: Где мо́жно купи́ть ту́фли?

— Ми́ла, где у вас мо́жно купи́ть ту́фли?
— Да везде́, практи́чески в любо́м магази́не, наприме́р в универма́ге.
— А, мо́жет быть, мы пойдём вме́сте? Мне на́до купи́ть но́вые ту́фли.
— А разме́р ты зна́ешь?
— Да, зна́ю. А ещё мне на́до купи́ть носки́ и перча́тки.
— Хорошо́. Мо́жно пойти́ в «Гости́ный двор». Но там всё дово́льно до́рого сто́ит. А ря́дом «Апра́ксин двор». Там всё дёшево. Коне́чно, и ка́чество друго́е.

The forms of address **де́вушка** and **молодо́й челове́к** may sound rude to you, but they are in fact neutral. Use them to attract the attention of younger service personnel, and do not be offended if you are addressed in this way.

Ру́сские магази́ны

Универма́г (an abbreviation for **универса́льный магази́н**) is usually translated as *department store*. Some **универма́ги** look like smaller versions of their Western counterparts, while others are little more than lines of stalls in which goods are displayed behind a counter. **Светла́на, ДЛТ (Дом Ленингра́дской торго́вли), Пасса́ж,** and **Гости́ный двор** are the names of some St. Petersburg **универма́ги.** The famous **ГУМ (Госуда́рственный универса́льный магази́н)** is on Red Square in Moscow. Another major Moscow **универма́г** is **ЦУМ (Центра́льный универса́льный магази́н),** near

the Bolshoi Theater. Many stores have no name other than that of the product sold there: **Обувь** – *Shoes,* **Оде́жда** – *Clothing,* **Молоко́** – *Milk.*

In many Russian stores, customers look at selections kept behind a sales counter and ask the salesperson **Покажи́те, пожа́луйста . . .** (**кни́гу, перча́тки, кассе́ту,** etc.). Having made their selection, they are directed to the **ка́сса,** a few meters away. There they pay and get a receipt (**чек**), which they take to the original counter and exchange for the item.

A **ры́нок** is a farmer's market combined with stalls that sell a bit of everything else. Every city has at least one **ры́нок.**

Prices for big-ticket items are sometimes quoted in dollars, but payment in rubles is required nearly everywhere. Larger stores and restaurants may accept **креди́тные ка́рточки,** but the Russian economy is still very much based on cold hard cash (**нали́чные**).

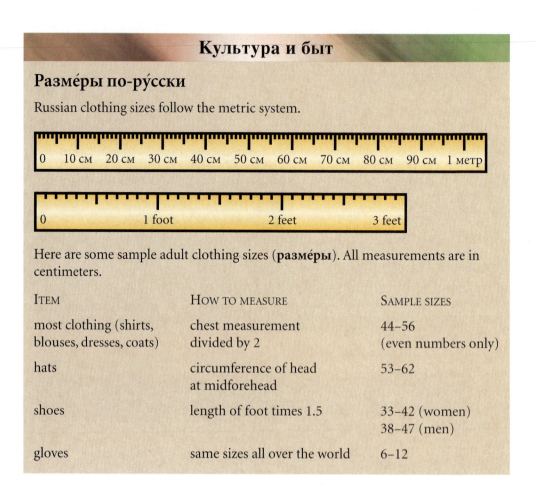

Культура и быт

Размéры по-рýсски

Russian clothing sizes follow the metric system.

Here are some sample adult clothing sizes (**размéры**). All measurements are in centimeters.

ITEM	HOW TO MEASURE	SAMPLE SIZES
most clothing (shirts, blouses, dresses, coats)	chest measurement divided by 2	44–56 (even numbers only)
hats	circumference of head at midforehead	53–62
shoes	length of foot times 1.5	33–42 (women) 38–47 (men)
gloves	same sizes all over the world	6–12

4. Дом кнѝги

The word **тепéрь** – *now* always implies a contrast with some other time. It is often used to contrast a former time with the present: **рáньше…, а тепéрь…** The other word for *now,* **сейчáс,** is neutral.

— Кóля, ты знáешь, кудá я сегóдня ходѝла?
— Кудá?
— В «Дом кнѝги».
— Мне сказáли, что там открѝли нóвый отдéл. Ты былá?
— Да, и дáже купѝла вот э́ту нóвую кнѝгу по искýсству.
— Авангардѝсты? Интерéсно. А скóлько онá стóила?
— Сто шестьдеся́т пять.
— Это совсéм не дóрого! А импрессионѝсты бы́ли?
— Бы́ли, но тепéрь их ужé нет.

5. С днём рождения!

— Ма́ша, с днём рожде́ния! Я купи́л тебе́
ма́ленький пода́рок.

— Ой, Пеле́вин! Я уже́ давно́ хоте́ла его́
почита́ть. Отку́да ты узна́л?

— Ми́ша мне посове́товал купи́ть тебе́
кни́гу.

— Но отку́да ты узна́л, что я люблю́
Пеле́вина?

— Ты же неда́вно сама́ говори́ла о Пеле́вине.

— Како́й ты молоде́ц! Спаси́бо тебе́ огро́мное.

The word **сам** –
self is marked for
gender and
number. When
using **вы** to one
person say **вы
са́ми**. When using
ты, say **ты сам** to
a man, **ты сама́** to
a woman.

Вопро́сы к диало́гам

Диало́г 1

1. Что хо́чет де́лать друг Пе́ти? Почему́?
2. Что забы́л Пе́тя?
3. Что Пе́тя сове́тует купи́ть?
4. Где мо́жно купи́ть интере́сные ве́щи?
5. Куда́ они́ иду́т сего́дня?

Диало́г 2

1. Кто разгова́ривает в э́том диало́ге?
2. Где они́?
3. Что хо́чет купи́ть покупа́тель? Како́го цве́та э́та вещь?
4. Ско́лько она́ сто́ит?
5. Как мо́жно плати́ть?
6. Куда́ на́до плати́ть?

покупа́тель –
store customer

Диало́г 3

1. Кто разгова́ривает в э́том диало́ге?
2. Что она́ хо́чет знать?
3. Что ей на́до купи́ть?
4. Она́ зна́ет разме́р?
5. Куда́ они́ пойду́т?
6. Куда́ они́ не пойду́т и почему́?

Диало́г 4

1. Кто разгова́ривает в э́том диало́ге?
2. Куда́ она́ сего́дня ходи́ла?
3. Что она́ купи́ла?
4. Ско́лько сто́ила кни́га по иску́сству?
5. Ко́ля ду́мает, что э́то до́рого?
6. Чего́ бо́льше нет в магази́не?

Диало́г 5

1. Како́й сего́дня у Ма́ши день?
2. Кто купи́л пода́рок и кому́?
3. Что он купи́л?
4. Кто ему́ посове́товал купи́ть Ма́ше кни́гу?
5. Почему́ он купи́л Пеле́вина?
6. Что говори́т Ма́ша?

Упражнения к диалогам

8-2 Что здесь продаю́т?

8-3 Ско́лько сто́ит . . . ? Ask how much the following items cost.

Образе́ц:

– Ско́лько сто́ит чемода́н?

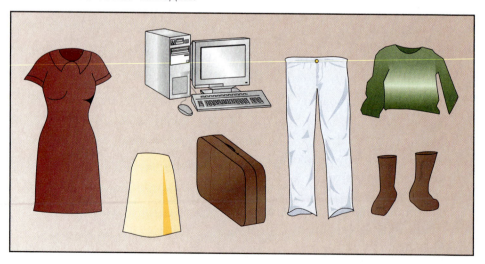

8-4 В каком отделе…? In which department of a store do you think the following items are sold? Verify your answers by asking your teacher where these items can be bought.

ОТДЕЛ	ЭТАЖ	ОТДЕЛ	ЭТАЖ
товары для детей	3	мужская одежда	3
парфюмерия	1	игрушки	1
фототовары	4	обувь	3
мебель	2	головные уборы	2
электротовары	4	подарки	1
женская одежда	3	аудио-видео	4

Образец:

— Где можно купить лампу?

1.

5.
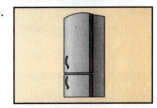

2.

6.

3.

7.

4.

8.

8-5 Где можно купить эти вещи?

____	1. книга по музыке	а.	«Дом обуви»
____	2. диски и DVD	б.	«Подарки»
____	3. пальто	в.	«Мебель»
____	4. фотоаппарат	г.	«Детский мир»
____	5. сапоги	д.	«М-Видео»
____	6. игрушки	е.	«Дом книги»
____	7. шкаф	ж.	Женская и мужская одежда
____	8. матрёшки	з.	Фотоэлектроника

8-6 Подготовка к разговору. Review the dialogs. How would you do the following?

1. Say you want to give your friend a present.
2. Ask a friend to help you choose a gift for someone.
3. Suggest that your friend go with you to the market.
4. Get a salesperson's attention.
5. Ask a salesperson to show you a scarf (book, hat).
6. Ask how much the scarf (book, hat) costs.
7. Ask if the store accepts credit cards.
8. Ask a friend where you can buy shoes (gloves, hats, pants).
9. State that you need to buy socks (shoes, gloves).
10. Tell a friend to wait a minute.
11. Wish someone a happy birthday.
12. Ask how someone knew you love Pelevin (Chekhov, Bunin, Akhmatova).
13. Thank someone enthusiastically.

8-7 In the third dialog Mila first proposes going to **Гости́ный двор,** then changes her mind and suggests going to **Апра́ксин двор** instead. Review the dialog to find out how she makes the second proposal. Then respond to the following suggestions with counterproposals of your own.

1. Пойдём в Дом кни́ги.
2. Пойдём в Макдо́налдс.
3. Пойдём на ры́нок.
4. Пойдём в парк.
5. Пойдём в кино́.
6. Пойдём в ГУМ.

8-8 Дава́й пойдём вме́сте!

1. In the first dialog the speaker invites Petya to go with him to the market. Review the dialog to find out how he issues the invitation.
2. Now look at the following possible responses. Which one(s) would you use to accept an invitation? to make a counterproposal? to turn down an invitation?
   - Хорошо́, дава́й.
   - Сего́дня не могу́. Я до́лжен занима́ться.
   - Дава́й лу́чше пойдём в кино́.

3. How do you signal agreement to plans that you have made with someone?
4. Prepare and act out a dialog in which you invite a partner to do something.

Игровые ситуации

8-9 О магази́нах.

1. Ask a friend where you can buy a good book on
   a. art
   b. medicine
   c. biology
   d. sociology
   e. literature
   f. your field of interest
   Invite your friend to go with you to make the purchase.

2. You are in a clothing store. Ask the salesperson to let you see
   a. a shirt
   b. a dress
   c. a pair of pants
   d. a swimsuit
   e. a blouse
   f. a pair of shoes
   Specify which item you want to look at and what your size is. Find out how much it costs. Find out if you can pay with a credit card.

3. You want to buy a present for the 7-year-old son of your Russian teacher. Ask the salesperson for advice on what to buy.

4. Help a Russian visitor to your town decide what presents to buy for family members at home. Your friend wants to know what's available and how much it will cost.

5. Working with a partner, prepare and act out a situation of your own that deals with the topics of this unit.

 # Устный перевод

8-10 You are in Russia. A friend who knows no Russian passes through on a two-week tour and asks you to help buy gifts. Serve as the interpreter in a store.

ENGLISH SPEAKER'S PART

1. Could I take a look at that scarf over there?
2. No, the red one.
3. How much does it cost?
4. That's awfully expensive. How much do those gloves cost?
5. Okay. I'll take the gloves then.

▶ Грамматика

1. Past Tense — Был

Russian usually does not use a verb for *to be* in present-tense sentences. In the past tense, however, the verb *to be* is expressed. Its forms are like other past tense forms: **был, была́, бы́ло, бы́ли.** Remember that **кто** behaves like **он** and always takes a masculine past-tense form, while **что** takes a neuter past-tense form.

Present Tense		Past Tense	
Джон в библиоте́ке.	John *is* at the library.	Джон **был** в библиоте́ке.	John *was* at the library.
Ка́тя на ле́кции.	Katya *is* at class.	Ка́тя **была́** на ле́кции.	Katya *was* at class.
Их роди́тели в рестора́не.	Their parents *are* at the restaurant.	Их роди́тели **бы́ли** в рестора́не.	Their parents *were* at the restaurant.
Кто здесь?	Who *is* here?	Кто здесь **был**?	Who *was* here?
Что здесь?	What *is* here?	Что здесь **бы́ло**?	What *was* here?

Упражнения

8-11 Отве́тьте на вопро́сы. Ask and answer questions as in the example.

Образе́ц: — Ма́ша сего́дня в библиоте́ке?
 — Нет, но она́ вчера́ была́ в библиоте́ке.

1. Анато́лий Петро́вич сего́дня на ле́кции?
2. Ве́ра Па́вловна сего́дня до́ма?
3. Эрик сего́дня в па́рке?
4. Его́ бра́тья сего́дня в кино́?
5. Мари́на сего́дня на рабо́те?

8-12 Распоря́док дня. Look at Viktor's daily schedule and tell where he was and what he might have done there.

8.00	буфет
9.00	лекция
13.00	ресторан
14.00	банк
17.00	кино
20.00	библиотека
23.00	дома

➤ Complete Oral Drills 1–2 and Written Exercise 1 in the Student Activity Manual (S.A.M.).

2. *Had* and *Did not have* — The Past Tense of есть and нет

Existence

Russian expresses existence, presence, and "having" by using **есть** (see page 197). To express sentences with **есть** in the past, use **был** (**была́, бы́ло, бы́ли**). The verb agrees with the grammatical subject of the Russian sentence — that is, the thing that exists or that one has, *not* the possessor.

Present Tense		Past Tense	
Здесь **есть** письмо́.	There *is* a letter here.	Здесь **бы́ло** письмо́.	There *was* a letter here.
Здесь **есть** библиоте́ка.	There *is* a library here.	Здесь **была́** библиоте́ка.	There *was* a library here.
Там **есть** кни́ги.	There *are* books there.	Там **бы́ли** кни́ги.	There *were* books there.
У роди́телей **есть** компью́тер.	My parents *have* a computer.	У роди́телей **был** компью́тер.	My parents *had* a computer.
У неё **есть** пла́тье.	She *has* a dress.	У неё **бы́ло** пла́тье.	She *had* a dress.
У Бори́са **есть** маши́на.	Boris *has* a car.	У Бори́са **была́** маши́на.	Boris *had* a car.
У меня́ **есть** де́ньги.	I *have* money.	У меня́ **бы́ли** де́ньги.	I *had* money.
У студе́нтов **есть** диске́тки.	The students *have* diskettes.	У студе́нтов **бы́ли** диске́тки.	The students *had* diskettes.

Упражнение

8-13 Что у вас было? Your friends told you they forgot to take many things on their trip last week. How would you ask if they had the following items?

➤ *Complete Oral Drill 3 in the S.A.M.*

Образе́ц: па́спорт
У вас был па́спорт?

де́ньги, чемода́н, оде́жда, кни́ги, газе́та, джи́нсы, фотоаппара́т, компью́тер, ра́дио, кроссо́вки, слова́рь, рома́н Пеле́вина

Nonexistence

Russian expresses nonexistence, absence, and "not having" by using **нет** + the genitive case (see page 198). To express these negative conditions with **нет** in the past, use **не́ было** (note the stress).

Present Tense		Past Tense	
Здесь **нет** письма́.	There *is* no letter here.	Здесь **не́ было** письма́.	There *was* no letter here.
Здесь **нет** библиоте́ки.	There *is* no library here.	Здесь **не́ было** библиоте́ки.	There *was* no library here.
У роди́телей **нет** компью́тера.	My parents *do not* have a computer.	У роди́телей **не́ было** компью́тера.	My parents *did not* have a computer.
У неё **нет** пла́тья.	She *does not* have a dress.	У неё **не́ было** пла́тья.	She *did not* have a dress.
У Бори́са **нет** маши́ны.	Boris *does not* have a car.	У Бори́са **не́ было** маши́ны.	Boris *did not* have a car.
У студе́нтов **нет** диске́ток.	The students *do not have* diskettes.	У студе́нтов **не́ было** диске́ток.	The students *did not have* diskettes.

Упражнения

8-14 Отве́тьте на вопро́сы. Answer these questions in the negative.

Образе́ц: — Здесь был институ́т?
— Нет, здесь не́ было институ́та.

1. Здесь был универма́г?
2. Здесь бы́ли шко́лы?
3. Здесь бы́ло кафе́?
4. Здесь был медици́нский институ́т?
5. У Ма́ши бы́ли больши́е чемода́ны?
6. У Ки́ры была́ но́вая оде́жда?
7. У Ви́ктора бы́ло чёрное пальто́?
8. У Юры был рома́н Пеле́вина?
9. У роди́телей есть при́нтер?
10. У студе́нтов есть де́ньги?

8-15 Составьте предложения. Create meaningful and grammatically correct sentences by combining words from the columns below. The question marks indicate that you may substitute a word or phrase of your own in this position.

► Complete Oral Drill 4 and Written Exercises 2–3 in the S.A.M.

	у меня	есть	красивое платье
	у моего брата	был	хорошая машина
	у моей сестры	была	книга по искусству
раньше	у нас	было	роман «Жёлтая стрела»
сейчас	у родителей	были	мобильный телефон
здесь	у моего друга	нет	новые диски
	?	не было	русские видеокассеты
			большой университет
			?

3. *Went* — ходил vs. пошёл, ездил vs. поехал

Russian differentiates between "went" in the sense of "set out" and "went" in the sense of "went and came back" within the confines of one city.

пошёл, пошла, пошли *set out* →	ходил, ходила, ходили *went and came back* ←
— Где Вадим? — Он **пошёл** на лекцию.	— Где был Вадим? — Он **ходил** на лекцию.
— Где Маша и Юра? — Они **пошли** в кино.	— Что делали Маша и Юра вчера? — Они **ходили** в кино.
— Где Александра? — Она **пошла** в библиотеку.	— Что делала Александра утром? — Она **ходила** в библиотеку.
Мы встали в 6 часов, **пошли** на работу в 7 и **пошли** на обед в час.	Мы вчера **ходили** на работу.

For the time being, use a form of **пошёл (пошла, пошли)** if the people are still gone or if you are specifying the precise time they set out. Use a form of **ходил** otherwise—example, if the entire trip is over and you are not specifying the precise time of departure.

The same principle applies to the past-tense verbs for motion by vehicle, **ездил** and **поехал.** These verbs are used for travel outside the confines of a city. When describing an entire trip that is already over, use a form of **ездил:**

— Где была Маша?
— Она ездила в Москву.

Use a form of **поéхал** when the motion is in one direction as in these examples:

- The person has set out for a destination but has not yet returned:

  — Где Мáша?
  — Онá поéхала в Москвý.

- The speaker is focusing on the point of departure rather than on the entire trip:

  В суббóту мы поéхали в Москвý. Там мы вúдели мнóго интерéсного.

- The speaker mentions a trip in one direction as an element in a series of one-time actions:

  Мы купúли кнúги и потóм поéхали домóй.

Упражнения

8-16 Пошёл úли ходúл? Select the correct verb given in parentheses.

1. — Где Анна?
   — Онá (пошлá — ходúла) на занятия.
2. — Где Вúтя?
   — Он (пошёл — ходúл) в магазúн.
3. — Где онú бýли вчерá?
   — Онú (пошлú — ходúли) в Дом кнúги.
4. — Что вы дéлали вчерá?
   — Мы (пошлú — ходúли) в центр.
5. У Антóна был интерéсный день. Он (пошёл — ходúл) в зоопáрк.
6. Оля былá óчень занятá вчерá. В 9 часóв онá (пошлá — ходúла) на занятия, в 2 часá онá (пошлá — ходúла) в центр и в 7 часóв онá (пошлá — ходúла) на концéрт.

8-17 Онú éздили úли поéхали? Pick the correct form of the verb based on the context of the sentence.

1. — Где родúтели?
   — Онú (éздили — поéхали) на дáчу.
2. — Где бýли родúтели?
   — Онú (éздили — поéхали) на дáчу.
3. — Кудá Лéна (éздила — поéхала) отдыхáть в áвгусте?
   — Онá (éздила — поéхала) в Сóчи.
4. — Кудá ты (éздил — поéхал) в суббóту?
   — Я (éздил — поéхал) в Вашингтóн.
5. — В мáрте у нас бýли канúкулы. Мы (éздили — поéхали) в Петербýрг. Потóм мы (éздили — поéхали) в Псков. Потóм мы (éздили — поéхали) в Нóвгород.

> канúкулы – school/university vacation

8-18 Как по-ру́сски?

► *Complete Oral Drills 5–7 and Written Exercises 4–5 in the S.A.M.*

1. — Where did you go last year?
   — We went to New York.
2. — Where is Pavel?
   — He's gone to St. Petersburg.
3. — Where was Anya this morning?
   — She went to a lecture.
4. — The students bought souvenirs and went home.

4. The Dative Case

Мне два́дцать оди́н год.	*I am twenty-one.*
Мое́й сестре́ два́дцать два го́да.	*My sister is twenty-two.*
Моему́ бра́ту шестна́дцать лет.	*My brother is sixteen.*
На́шим роди́телям со́рок семь лет.	*Our parents are forty-seven.*

In Unit 7 you learned the forms of the personal pronouns in the dative case and the use of the dative case to express age. This unit introduces the forms of nouns and their modifiers in the dative, and some additional uses of the dative case.

The dative case of nouns

Masculine and neuter nouns:

- If the ending is hard (not **-й** or **-ь**) or **-о,** add **-y** (drop the **-о** first): **студе́нту, окну́.**
- If the ending is soft (**-й** or **-ь, -е**), drop that letter and add **-ю: словарю́.**

Feminine nouns:

- If the ending is hard (**-а**), drop that letter and add **-е: студе́нтке.**
- If the ending is soft (consonant + **-я**), drop the last letter and add **-е: ку́хне.**
- If the word ends in **-ия** or **-ь,** drop the last letter and add **-и: ле́кции, крова́ти.**
- Exceptions: **мать** and **дочь** become **ма́тери** and **до́чери.**

Plural nouns (all genders):

- If the singular form ends in a hard consonant (i.e., not **-й, -ь**), **-а,** or **-о,** drop the final vowel and add **-ам.**
- If the singular form has a soft ending (**-й, -ь, -я,** or **-е**), drop that letter and add **-ям.**

	Masculine and Neuter	**Feminine**	**Plural**
Hard (-∅, **-о, -а**)	столу́	газе́те	стола́м
Soft (**-ь, -е, -я**)	словарю́	ку́хне	словаря́м
Feminine **-ь** and **-ия**		крова́ти	крова́тям
		ле́кции	ле́кциям

The dative case of adjectives

Masculine and neuter modifiers:

- The regular ending is **-ому: но́вому.**
- If the letter prior to that ending is mentioned in the 5-letter spelling rule and the ending is unstressed, then the ending is **-ему: хоро́шему.**
- The ending for naturally soft adjectives is **-ему: си́нему.**

Feminine modifiers:

- The regular ending is **-ой: но́вой.**
- If the letter prior to that ending is mentioned in the 5-letter spelling rule and the ending is unstressed, then the ending is **-ей: хоро́шей.**
- The ending for naturally soft adjectives is **-ей: си́ней.**

Plural adjectives (all genders):

- If the nominative plural ends in **-ые,** drop that ending and add **-ым: но́вым.**
- If the nominative plural ends in **-ие,** drop that ending and add **-им: си́ним, хоро́шим.**

	Masculine, Neuter	Feminine	Plural
Hard (**-ый, -ой**)	но́вому	но́вой	но́вым
Soft (**-ий**)	си́нему	си́ней	си́ним
Spelling rules	хоро́шему[5]	хоро́шей[5]	хоро́шим[7]

The dative case of special modifiers

Possessive pronouns (nominative masculine: **мой, твой, наш, ваш**) act like soft adjectives, except for possessive pronouns **его́, её,** and **их,** which never change (see below). Demonstrative pronouns (**э́тот, э́то, э́та, э́ти**) act like hard adjectives in the singular and soft adjectives in the plural.

	Masculine Singular	Neuter Singular	Feminine Singular	Plural
Nominative	мой, наш, э́тот	моё, на́ше, э́то	моя́, на́ша, э́та	мои́, на́ши, э́ти
Dative	моему́, на́шему, э́тому	моему́, на́шему, э́тому	мое́й, на́шей, э́той	мои́м, на́шим, э́тим

Dative Case: Summary

	Masculine Singular	Neuter Singular	Feminine Singular	Plural
Nominative	наш но́вый универма́г мой ру́сский плато́к э́тот молодо́й челове́к хоро́ший музе́й	на́ше но́вое письмо́ моё ру́сское пла́тье э́то большо́е общежи́тие хоро́шее кре́сло	на́ша но́вая газе́та моя́ ру́сская ша́пка э́та больша́я ку́хня хоро́шая лаборато́рия	ва́ши но́вые пи́сьма мои́ ру́сские пла́тья э́ти больши́е ку́хни хоро́шие лаборато́рии
Dative	на́шему но́вому универма́гу моему́ ру́сскому платку́ э́тому молодо́му челове́ку хоро́шему музе́ю	на́шему но́вому письму́ моему́ ру́сскому пла́тью э́тому большо́му общежи́тию хоро́шему кре́слу	на́шей но́вой газе́те мое́й ру́сской ша́пке э́той большо́й ку́хне хоро́шей лаборато́рии	ва́шим но́вым пи́сьмам мои́м ру́сским пла́тьям э́тим больши́м ку́хням хоро́шим лаборато́риям

Notes

1. Some masculine nouns have end stress whenever an ending is added:
   стол → столу́, стола́м (*pl.*); **гара́ж → гаражу́, гаража́м** (*pl.*).
2. Some masculine nouns with **o** or **e** in semifinal position lose this vowel whenever an ending is added: **оте́ц → отцу́, отца́м** (*pl*).
3. The words **мать** and **дочь** have a longer stem in every case except the nominative and accusative singular. Their dative forms are **мать → ма́тери** (*sg.*), **матеря́м** (*pl.*) and **дочь → до́чери** (*sg.*), **дочеря́м** (*pl.*).
4. The possessive modifiers **его́** (*his*), **её** (*her*), and **их** (*their*) never change. Do not confuse *his* (**его́**) with the dative form *him* (**ему́**)!

Мы хоти́м сде́лать **его́ бра́ту** пода́рок.
BUT
Мы хоти́м сде́лать **ему́** пода́рок.

We want to give a gift to *his brother.*
BUT
We want to give *him* a gift.

Упражнение

8-19 Ско́лько лет? Ask how old these people and things are.

Образе́ц: э́тот но́вый студе́нт
Ско́лько лет э́тому но́вому студе́нту?

1. ваш сосе́д
2. твой профе́ссор
3. э́тот хоро́ший учи́тель
4. его́ се́рое пальто́
5. э́то ста́рое зда́ние
6. молода́я балери́на
7. на́ша симпати́чная сосе́дка
8. её ку́хня
9. э́та больша́я лаборато́рия
10. твоя́ мать

> ➤ *Complete Oral Drill 8 and Written Exercises 6–7 in the S.A.M.*

5. Uses of the Dative Case

Expressing age

The dative case is used to express age:

Мне два́дцать оди́н год, а **моему́ бра́ту** девятна́дцать лет.

Indirect objects

The dative case is used for indirect objects. An indirect object is the person to whom or for whom an action is done.

Я хочу́ сде́лать **Ма́ше** пода́рок.	I want to give *Masha* a gift.
Я хочу́ подари́ть **Ма́ше** кни́гу.	I want to give *Masha* a book.

The gift, the thing being given, is the direct object; it is in the accusative case. Masha, the person for whom the present is intended, is the indirect object; it is in the dative case.

Упражнения

8-20 Identify the direct objects and the indirect objects in the following English text.

Everyone bought a present for Masha. John gave Masha a book. Jenny gave her a sweater. Her mother bought her a new album. She told them "Thank you."

Now fill in the blanks with the equivalent Russian text:

Все купи́ли пода́рки _____ . Джон подари́л _____ кни́гу. Дже́нни подари́ла _____ сви́тер. Ма́ма купи́ла _____ но́вый альбо́м. Она́ сказа́ла _____ «спаси́бо».

8-21 Что кому́ подари́ть? Make sentences explaining what you want to give to whom.

Образе́ц: Я хочу́ подари́ть Ви́ктору ша́пку.

Ма́ша	сви́тер
Лари́са Алексе́евна	кни́га
Ви́ктор Иго́рьевич	рома́н Пеле́вина
твоя́ сестра́	ма́йка
ваш брат	футбо́лка
на́ши роди́тели	сувени́ры
её сёстры	матрёшки
но́вые сосе́ди	шокола́д
на́ши студе́нты	компа́кт-ди́ски
моя́ дочь	но́вое пальто́

➤ *Complete Oral Drill 9 and Written Exercises 8–9 in the S.A.M.*

The preposition *по*

The dative case is used after the preposition **по.** You have seen several examples of this:

Use the structure **кни́ги по** + *dative* *only for fields of study.*

Кто **по национа́льности** ва́ши роди́тели?	What is your parents' nationality?
Кто **по профе́ссии** ва́ша сестра́?	What is your sister's profession?
У вас есть сосе́дка (сосе́д) **по ко́мнате?**	Do you have a roommate?
У вас есть кни́ги **по иску́сству?**	Do you have any books on art?

Упражне́ния

8-22 Как по-ру́сски?

1. Do you have any music books?
2. Do you have any philosophy books?
3. Do you have any books on medicine?
4. Do you have any books on [fill in *your* field of special interest]?

8-23 Кто э́то? In pairs, ask and provide the profession and nationality of the following people.

Образе́ц: Анна Ку́рникова
— Кто по национа́льности Анна Ку́рникова?
— Она́ ру́сская.
— Кто по профе́ссии Анна Ку́рникова?
— Она́ спортсме́нка.

1. Джу́лия Ро́бертс	7. Ала́нис Мо́рисет
2. Влади́мир Пу́тин	8. Мидо́ри
3. Федери́ко Фелли́ни	9. Франц Ка́фка
4. Ви́ктор Пеле́вин	10. Франсуа́ Миттера́н
5. Ви́льям Шекспи́р	11. Уи́нстон Че́рчилль
6. Билл Гейтс	12. Ники́та Хрущёв

➤ *Complete Oral Drill 10 and Written Exercise 10 in the S.A.M.*

Expressing necessity and possibility

The dative case is used with the words **на́до** and **ну́жно** to express necessity and with **мо́жно** to express possibility. Often, however, these words are used without a dative complement. If you have a specific person in mind, you use the dative case for that person:

Э́тому студе́нту ну́жно (на́до) рабо́тать.   *This student* has to work.

If you have a general rule or situation in mind, you use no dative complement:

Где здесь мо́жно купи́ть сувени́ры?	Where can one buy souvenirs here?
На́до плати́ть в ка́ссу?	Must one pay at the cashier's desk?

The word **мо́жно** is almost always used without a dative complement, unless the dative "subject" would not be understood in context:

Мо́жно пойти́ в кино́?   May I (or we) go to the movies?

Note the structure used for these sentences:

кому́ (person in dative case) + (or nothing)	на́до ну́жно + мо́жно	infinitive

Упражне́ния

8-24 Соста́вьте предложе́ния. Create logical and grammatically correct sentences by combining elements from the columns or by substituting words of your own choosing in the columns with the question mark.

Образе́ц: Мне всегда́ на́до занима́ться.

	я			занима́ться
мой	сосе́д(ка) по ко́мнате	сейча́с		рабо́тать
наш	преподава́тель	ча́сто	на́до	покупа́ть пода́рок
твой	роди́тели	иногда́	ну́жно	отдыха́ть
	?	всегда́		смотре́ть но́вости
				?

8-25 In the following paragraph, find the words that are in the dative case and explain why the dative is used in each instance. Then answer the question at the end in Russian.

➤ *Complete Oral Drills 11–12 and Written Exercise 11 in the S.A.M.*

У нас больша́я семья́ — тро́е дете́й! Ста́ршего сы́на зову́т Кири́лл. Ему́ во́семь лет, он уже́ хо́дит в шко́лу. Мла́дшему сы́ну Макси́му пять лет. А до́чери три го́да. Её зову́т Ната́ша. Ско́ро у Ната́ши бу́дет день рожде́ния. Её бра́тья хотя́т ей сде́лать пода́рок. Когда́ у меня́ был день рожде́ния, они́ мне подари́ли кни́гу. Но Ната́ша ещё не чита́ет. Что вы им посове́туете ей купи́ть?

6. Additional Subjectless Expressions: нельзя́, невозмо́жно, тру́дно, легко́

You now know how to express necessity and possibility with the words **на́до, ну́жно,** and **мо́жно.** Sentences with these words do not have a grammatical subject, and they are therefore called *subjectless expressions*. You can also use such expressions to say:

- when something is not permitted: **нельзя́**
- when something is impossible: **невозмо́жно** (or sometimes **нельзя́**)
- when something is easy: **легко́**
- or difficult: **тру́дно**

To specify a person for whom something is necessary, impossible, easy, etc., use the dative case. Otherwise no dative complement is necessary at all. The subjectless expression is followed by an infinitive:

(кому́)	+	ну́жно невозмо́жно нельзя́ тру́дно	+	*infinitive*

В «До́ме кни́ги» **мо́жно** купи́ть кни́ги по иску́сству, а в универма́ге **нельзя́** (**невозмо́жно**).	*You can* buy art books in Dom Knigi, but *not* in the department store.
Мне нельзя́ смотре́ть телеви́зор сего́дня. За́втра у меня́ экза́мен.	*I can't* watch TV today. I have an exam tomorrow.
Сейча́с **невозмо́жно** купи́ть э́ту кни́гу.	*It's impossible* to buy this book.
Джи́му и Мэ́ри легко́ говори́ть по-англи́йски, а **Ле́не тру́дно.**	*It's easy for Jim and Mary* to speak English, but *difficult for Lena.*
На ры́нке **легко́** найти́ ста́рые кни́ги.	*It's easy* to find old books at the market.
Мне тру́дно найти́ хоро́шие ту́фли.	*It's hard for me* to find good shoes.

Упражне́ние

8-26 Соста́вьте предложе́ния. Make logical and grammatically correct sentences by combining elements from the columns below. Be sure to put the person in the dative case. The question mark at the bottom of two of the columns indicates that you may substitute your own words.

мы	легко́	говори́ть по-ру́сски
ма́ма и па́па	на́до	писа́ть по-испа́нски
наш преподава́тель	ну́жно	чита́ть ру́сские газе́ты
твои́ роди́тели	нельзя́	покупа́ть пода́рки
∅	тру́дно	занима́ться в библиоте́ке
?	невозмо́жно	у́жинать в рестора́не
		найти́ кни́ги по иску́сству
		?

➤ *Complete Oral Drills 13–14 and Written Exercises 12–13 in the S.A.M.*

7. Likes and Dislikes: нра́виться/понра́виться

You already know that you can express likes and dislikes with the verb **люби́ть** plus the accusative case of the person or thing liked or loved. Another common way of expressing likes and dislikes is the verb **нра́виться,** which literally means *to be pleasing to*. The thing that is pleasing is the grammatical subject of the sentence; it appears in the nominative case. The person who likes it is expressed in the dative case. The verb agrees with the thing liked in gender and number. The past tense is formed from the verb **понра́виться.**

The verb **люби́ть** is often used with general categories, while the verb **нра́виться** is often used with specific things.

Джим **лю́бит** ру́сское иску́сство, но э́та кни́га по иску́сству ему́ **не понра́вилась.**

Мы **лю́бим** матрёшки, но э́та матрёшка нам **не нра́вится.**

Мне **нра́вится** твоя́ футбо́лка. Она́ краси́вая!

Я **люблю́** кни́ги по ру́сской исто́рии.

Dative Case	(agrees with right column)	Nominative Case
Мне	нра́вится	твоя́ футбо́лка.
Тебе́	нра́вится	Достое́вский?
Бори́су Оле́говичу (Ему́)	нра́вятся	кни́ги по иску́сству.
Мари́и Влади́мировне (Ей)	понра́вился	твой пода́рок.
Нам	понра́вилась	но́вая кни́га Пеле́вина.
Вам	понра́вилось	моё но́вое пальто́?
Им	понра́вились	мои́ пи́сьма?

Упражнение

8-27 Соста́вьте предложе́ния. Make logical and grammatically correct sentences by combining elements from the columns below. Be sure to put the person in the dative case. The question mark at the bottom of two of the columns indicates that you may substitute your own words.

я	нра́вится	твоя́ футбо́лка
ты	нра́вятся	ру́сская литерату́ра
твой брат	понра́вился	кни́ги по исто́рии
твоя́ сестра́	понра́вилась	твой пода́рок
мы	понра́вилось	но́вая кни́га Пеле́вина
вы	понра́вились	моё но́вое пальто́
она́		но́вые перча́тки
твои́ роди́тели		ру́сский сувени́р
америка́нские студе́нты		матрёшки
?		?

> ➤ *Complete Oral Drills 15–19 and Written Exercises 14–16 in the S.A.M.*

8-28 Магази́ны. Look through the lists of St. Petersburg stores to find answers to these questions.

1. Where would you go to look for the following items?
   - children's clothing
   - men's clothing
   - children's books
   - sporting goods
   - shoes
   - women's clothing
   - books
   - souvenirs
   - cosmetics
   - art

2. If you were planning to be on Nevsky Prospekt, a main thoroughfare in St. Petersburg, what stores would you have a chance to visit?

3. What are the standard abbreviations for:
   - проспе́кт (*avenue*)?
   - у́лица (*street*)?
   - пло́щадь (*square*)?

4. What are the Russian expressions for:
   - goods for children?
   - goods for men?
   - goods for women?
   - goods for a housewarming?

СПЕЦИАЛИЗИРОВАННЫЕ МАГАЗИНЫ

«Болгарская роза» (косметика). Невский пр., 55

«Ванда» (косметика). Невский пр., 111

Гастроном «Центральный». Невский пр., 56

«Детский книжный мир». Лиговский пр., 105

«ДЛТ» (товары для детей). Ул. Большая Конюшенная, 21–23

«Дом книги». Невский пр., 28

«Дом мод» (торговые залы). Каменноостровский пр., 37

«Дом обуви». Пл. Красногвардейская, 6

«Изделия художественных промыслов». Невский пр., 51

Магазин-салон «Лавка художников». Невский пр., 8

«Мебель». Пр. Загородный, 34

Ленвест. Невский пр., 119

«Нью Форм» (мебель, оборудование для дома и офиса). Морская наб. 9, к. 2

Пассаж (товары для женщин). Невский пр., 48

«Подарки». Невский пр., 54

«Рапсодия». Ул. Б. Конюшенная, 13

«Рекорд» (телевизоры, радиотовары, компьютеры). Пр. Просвещения, 62

Спортивные товары. Пр. Шаумяна, 2

«Сувениры». Невский пр., 92

«Тебе, девушка!». Сенная пл., 2

«Товары для новоселов». Якорная ул., 1

«Фарфор». Невский пр., 147

«Цветы Болгарии». Каменноостровский пр., 5

«Элегант» (модные товары). Большой пр., 55

«Юбилей» (товары для мужчин). Московский пр., 60

8-29 Америка́нский шо́ппинг-мо́лл. Read the e-mails below and answer the questions that follow.

НАПИСАТЬ   ВХОДЯЩИЕ   ПАПКИ   НАЙТИ ПИСЬМО   АДРЕСА   ЕЖЕДНЕВНИК   НАСТРОЙКИ

От:	valyabelova234@mail.ru
Кому:	popovaea@inbox.ru
Копия:	
Скрытая:	
Тема:	Шоппинг-моллы

простой формат

Дорогая Елена Анатольевна!

Вчера (в воскресенье) мы с Рамосами ездили в шоппинг-молл.

Молл — это огромная куча° магазинов под° одной крышей.° Чем же отличается° типично американский молл от ГУМа или, скажем, Пассажа? Во-первых, масштабом.° В молле расположены° 100 или даже 200 магазинов, из них два или три больших универмага, а остальные° специализированные. Тут всё, что только можно придумать:° шмотки,° косметика, игрушки, всё для° кухни, электроника... Я видела один магазин, где продают только антикварные лампы, в другом — мебель, в третьем — одни кухонные° ножи.°

bunch; pile   under
roof   to differ from...

scale
located

remaining

think of; think up   (colloquial = **оде́жда**)
for

kitchen (adj.)
knife

Во-вторых, если у нас крупные° магазины расположены в центре города, то американские моллы подальше° в пригороде или прямо° в глуши.° Сначала° я не понимала, почему это так. Но Виктор мне объяснил:° в пригороде живёт большинство° покупателей. Центр города — это в основном° место работы: государственные учреждения° и коммерческие офисы. А живут люди подальше от центра. Кроме того,° если арендовать° место для магазина в центре города, то это стоит очень дорого, намного° дороже,° чем в пригороде. Поэтому° неудивительно,° что в воскресенье центр города практически мёртв,° а моллы все работают.

major
somewhat farther away from
right (lit. straight)
в глуши́ *– in the middle of nowhere   at first*
to explain
the majority
mainly
bureau; (government) office
кро́ме того́ *– besides that;*
   moreover   to rent (commercial property)
much   more expensive
therefore   not surprising

мёртв, мертва́, мёртво, мёртвы *– dead*

Ещё одна разница:° американский молл — это не только магазины. В молле можно сходить в кино, отправить° письмо, послушать концерт и даже пойти к° глазному° врачу и тут же купить очки!

difference

to send

toward; to (a person's house or office)   eye (adj.)

И, наконец, здесь почти не платят наличными.° Если покупка стоит больше, чем, скажем, 20 долларов, то скорее всего° платят кредитными карточками.

cash

most likely

Всё это, конечно, очень удобно.° Но есть один минус: так как моллы разбросаны° подальше от центра, без° машины не обойтись.°

comfortable; convenient

spread out

without   to make do

Валя

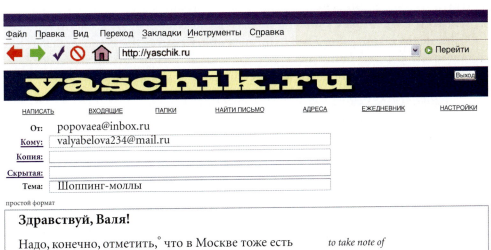

Здравствуй, Валя!

Надо, конечно, отметить,° что в Москве тоже есть подобные° магазины. Такие «гипермаркеты» есть в Москве тоже подальше от центра, где земля° подешевле.° И все мои друзья-москвичи говорят, что без машины попасть° в такой магазин практически невозможно.

to take note of

similar

land

a bit cheaper

to get to (a destination)

Интересно, что в Америке везде° платят кредитными карточками. У меня есть кредитная карточка, но я обычно плачу наличными. Во-первых, если на счету° нет денег, то всё равно° принимают твою карточку, только потом платишь большие проценты.° Во-вторых, с кредиткой° всегда боишься° кражи° идентичности. У нас был такой инцидент в школе. Евгений Михайлович купил DVD по Интернету за° 200 рублей. Заплатил кредитной карточкой. А потом через° неделю посмотрел свой счёт — нет 10 тысяч рублей! Оказалось,° что кто-то украл° номер его карты! Ему потом всё восстановили,° но я поняла, что кредитная карточка — иногда большая возня!°

everywhere

account: **на счету́** *– in an account*

all the same; nevertheless

interest on a loan

(colloquial = **креди́тная ка́рточка***)*

to fear   theft

for

after (a certain amount of time)

it turned out   to steal

restore

hassle

Е.

1. Вопро́сы

а. Что пи́шет Ва́ля о больши́х магази́нах в типи́чном ру́сском го́роде? Где они́ нахо́дятся?

б. Что удивля́ет (*surprises*) Ва́лю в америка́нских шо́ппинг-мо́ллах?

в. Где, как ду́мает Ва́ля, живёт большинство́ америка́нцев?

г. Почему́ Ва́ля говори́т, что тру́дно жить без маши́ны?

д. Чего́ бои́тся Еле́на Анато́льевна, когда́ она́ пла́тит креди́тной ка́рточкой?

е. Что случи́лось (*happened*), когда́ знако́мый Еле́ны Анато́льевны купи́л DVD по Интерне́ту?

ж. Как вы ду́маете, лу́чше плати́ть креди́тной ка́рточкой и́ли нали́чными?

2. Язы́к в конте́ксте

a. **Instrumental case preview.** You have already seen snippets of the instrumental case in expressions like **с удово́льствием** – *with pleasure*. We'll look at the instrumental case in some detail in the next unit. However, this e-mail exchange has quite a few instances of instrumental of "means" in the sense of "by means of…" or "by way of." Examples of instrumental endings for nouns and adjectives are:

> **ба́нковским че́ком** – *by means of a bank check*
> **краси́вой оде́ждой** – *by means of beautiful clothing*
> **но́выми иде́ями** – *by means of new ideas*

The prepositions **с** – *with* and **под** – *under* also take the instrumental case.

Find all the instrumentals in this e-mail exchange.

b. **Оди́н, одна́, одно́** literally mean *one*, but they have other meanings as well:

Я ви́дела оди́н магази́н, где…	I saw one store, where… *or* I saw this store, where…
В тре́тьем магази́не — одни́ ку́хонные ножи́.	The third store has only kitchen knives.

c. **Adjectives without nouns.** Russian has a number of contexts in which we find adjectives without nouns. You saw some examples in Unit 6 when you learned the names for rooms in a home: **столо́вая, гости́ная, ва́нная.** This e-mail exchange has a number of adjectives used without nouns. Can you find them?

d. **Они́-without-они́ constructions.** In the e-mail exchange in Unit 7, you saw **ты-without-ты** constructions to indicate the impersonal "you." Russian also has an **они́-without-они́** construction that conveys the idea of people in general:

> **Я понима́ю, когда́ говоря́т по-ру́сски ме́дленно.**
> I understand when "people" speak Russian slowly. *or*
> I understand when Russian is spoken slowly.

> **В э́том магази́не принима́ют креди́тные ка́рточки.**
> "They" accept credit cards in this store. *or*
> Credit cards are accepted in this store.

The trick about using **они́-without-они́** constructions is *to leave out the pronoun* **они́**.

Find all the **они́-without-они́** constructions in this e-mail exchange.

Давайте послушаем

8-30 В магазине.

1. Где находятся какие отделы? На каком этаже можно найти эти вещи?

тарелки и кастрюли

одежда

детская куртка

буфет

музыка

2. Нужные слова:

название – *name* (of a thing, not a person)

ожидать – *to expect*

очередь – *line*

пробовать – *to try* [something] *out*

распродажа – *sale* (as when a store lowers prices)

сомневаться – *to doubt*

скидка – *discount*

список цен – *price list*

стоит – *it costs; it's worth;* **не стоит** – *it's not worth* (doing something)

твёрдый – *hard*

товары – *goods, wares*

шмотки (*colloquial*) = **одежда**

3. Послушайте текст и найдите нужную информацию.

  a. What product does Jenny want to look at first?

  b. What doubts does Lina have?

  c. What does Jenny suggest looking at on the second floor? Why does Lina not want to do that?

  d. What does Jenny hope to find on the third floor? What does she discover?

  e. What does Jenny end up buying? What does she find surprising?

4. Пересмотрите новые слова из Части 2. Как они употребляются? Заполните пропуски.

Из объявления:

  а. Мы вам предлагаем фантастические ____ на детские ____ .

  б. Сегодня, и только сегодня, ____ мужских и женских джинсов и джинсовых костюмов.

Из диалога между Дженни и Линой:

  а. Может быть, ____ посмотреть косметику?

  б. «Le Beste»? Это, видимо, какое-то французское ____ .

  в. Ну, тогда может быть, не ____ смотреть. Давай лучше посмотрим шмотки.

  г. Ой, посмотри, какая большая ____ ! Нет, я в такую ____ становиться не буду.

  д. Я как-то ____ , что ты какие-нибудь интересные фильмы найдёшь.

  е. Вон там висит ____ цен.

  ж. Когда берёшь нелицензированные диски, никогда не знаешь, что ____ .

  з. Тут много дисков «Сектора Газа». Что это за группа? — Это ____ рок.

8-31 Посоветуй мне. A Russian friend wants your advice on what gifts to buy for three family members. Listen to the descriptions and select the most appropriate gift for each person.

1.	джинсы	шапка	телевизор	книга по искусству
2.	телевизор	телефон	диски	радио
3.	игрушка	книга	телевизор	магнитофон

Новые слова и выражения

NOUNS

авангарди́ст	avant-garde artist
альбо́м	album
вещь (*fem.*)	thing
галантере́я	men's/women's accessories (*store or department*)
головно́й убо́р	hats
да́же	even
де́вушка	(young) woman
д(е)нь рожде́ния	birthday (*lit.* day of birth)
де́ньги (*always plural; gen. pl.* де́нег)	money
диск	short for компа́кт-ди́ск (CD)
до́ллар (5–20 до́лларов)	dollar
игру́шки	toys
импрессиони́ст	impressionist
иску́сство	art
ка́рта	map
ка́рточка	card
креди́тная ка́рточка	credit card
ка́сса	cash register
ка́чество	quality
матрёшка	Russian nested doll
метр	meter
молодо́й челове́к	young man
о́бувь (*fem.*)	footwear
отде́л	department
парфюме́рия	cosmetics (*store or department*)
перча́тки	gloves
плат(о́)к (*endings always stressed*)	(hand)kerchief
разме́р	size
рома́н	novel
рем(е́)нь (*endings always stressed*)	belt (man's)
рубль (2–4 рубля́, 5–20 рубле́й) (*endings always stressed*)	ruble
ры́н(о)к (на)	market
сантиме́тр	centimeter
сувени́р	souvenir
това́р	goods
ту́фли	shoes
универма́г	department store
чек	check; receipt
челове́к (*pl.* лю́ди)	person
чулки́	stockings
шкату́лка	painted or carved wooden box (souvenir)
шля́па	hat (e.g., business hat)

Новые слова и выражения

ADJECTIVES

дешёвый	cheap
дорого́й	expensive
друго́й	another
же́нский	women's
кни́жный	book(ish)
креди́тный	credit
креди́тная ка́рточка	credit card
любо́й	any
мужско́й	men's
огро́мный	huge

VERBS

плати́ть (плачу́, пла́тишь, пла́тят)	to pay
покупа́ть (покупа́ю, покупа́ешь, покупа́ют)	to buy
принима́ть (принима́ю, принима́ешь, принима́ют)	to accept
продава́ть (продаю́, продаёшь, продаю́т)	to sell

For now, use the following verbs only in the forms given

Infinitives and past tense:

быть (был, была́, бы́ли)	to be
забы́ть (забы́л, забы́ла, забы́ли)	to forget
купи́ть (купи́л, купи́ла, купи́ли)	to buy
найти́ (нашёл, нашла́, нашли́)	to find
откры́ть (откры́л, откры́ла, откры́ли)	to open
подари́ть (подари́л, подари́ла, подари́ли)	to give a present
посове́товать (посове́товал, посове́товала, посове́товали)	to advise
почита́ть (почита́л, почита́ла, почита́ли)	to read for a little while
сказа́ть (сказа́л, сказа́ла, сказа́ли)	to say
узна́ть (узна́л, узна́ла, узна́ли)	to find out
ходи́ть (ходи́л, ходи́ла, ходи́ли)	to go (and come back) on foot

Third-person forms:

нра́виться (нра́вится, нра́вятся) (кому́) (*past:* понра́вился, понра́вилось, понра́вилась, понра́вились)	to please, be pleasing
сто́ить (сто́ит, сто́ят) (сто́ил, сто́ила, сто́ило, сто́или)	to cost

Новые слова и выражения

ADVERBS

везде́	everywhere
давно́	for a long time
да́же	even
дёшево	inexpensive(ly)
до́рого	expensive(ly)
неда́вно	recently
практи́чески	practically
ско́ро	soon
совсе́м	completely
туда́	there (*answers* Куда́?)

PREPOSITIONS

за — for
   плати́ть за (что) — to pay for (something)
   спаси́бо за… — thanks for…

SUBJECTLESS CONSTRUCTIONS

(кому́) легко́ + *infinitive*	it is easy
(кому́) мо́жно + *infinitive*	it is possible
(кому́) на́до + *infinitive*	it is necessary
(кому́) невозмо́жно + *infinitive*	it is impossible
(кому́) нельзя́ + *infinitive*	it is not permitted
(кому́) ну́жно + *infinitive*	it is necessary
(кому́) тру́дно + *infinitive*	it is difficult

QUESTION WORDS

Отку́да…? — How (*lit*. where from)… ?

OTHER WORDS AND PHRASES

ведь	you know, after all (*filler word, never stressed*)
Дава́й(те)	Let's
Де́вушка!	Excuse me, miss!
Мне сказа́ли, что…	I was told that…
Молодо́й челове́к!	Excuse me, sir!
Огро́мное спаси́бо!	Thank you very much!
Плати́те в ка́ссу.	Pay the cashier.
Пойдём!	Let's go!
Покажи́(те)!	Show!

Новые слова и выражения

поэ́тому	therefore
сам (сама́, са́ми)	(one)self
С днём рожде́ния!	Happy birthday!
Ско́лько сто́ит (сто́ят)…?	How much does (do) … cost?
Э́то (совсе́м не) до́рого!	That's (not at all) expensive!
Я хочу́ сде́лать (кому́) пода́рок.	I want to give (someone) a present.

PASSIVE VOCABULARY

бо́льше нет	no more; no longer there
де́тский	children's
за́нят (-а́, -о, -ы)	busy
из (чего́)	from (out of) + *genitive*
изде́лия худо́жественных про́мыслов	handicrafts
кани́кулы	school/university vacation
кастрю́ля	pot
косме́тика	cosmetics
ку́хонный	kitchen (adj.)
мужчи́на	man
мех (*pl.* меха́)	fur(s)
мо́да	fashion
мо́дный	fashionable
нали́чные (де́ньги)	cash
намно́го	much
нахо́дится, нахо́дятся	is (are) located
новосе́лье	housewarming
предлага́ть	to offer
обору́дование	equipment
объявле́ние	announcement
покупа́тель	customer
ски́дка	discount
специализи́рованный	specialized
стрела́	arrow
таре́лка	plate
торго́вля	trade
торго́вый	trading

Что мы будем есть?

Коммуникативные задания

- Reading menus
- Making plans to go to a restaurant
- Ordering meals in a restaurant
- Making plans to cook dinner
- Restaurant advertisements

Культура и быт

- Russian food stores
- Russian restaurants, cafés, and cafeterias
- The metric system
- What people eat

Грамматика

- Conjugation of the verbs **есть** and **пить**
- Instrumental case with **с**
- Verbs in **-овать: сове́товать**
- The future tense
- Introduction to verbal aspect
- Question words and pronouns

О чём идёт речь?

óвощи

капу́ста   сала́т   грибы́

гриб

помидо́р/
помидо́ры

огуре́ц/
огурцы́

чесно́к

лук

пе́рец

карто́фель/
карто́шка

морко́вь (fem.)

фру́кты

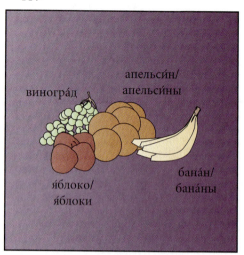

виногра́д

апельси́н/
апельси́ны

бана́н/
бана́ны

я́блоко/
я́блоки

напи́тки

вино́

минера́льная вода́

сок

ко́фе

лимона́д

чай

хлеб

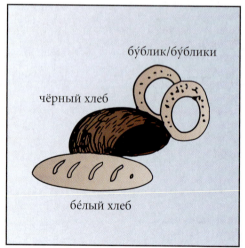

бу́блик/бу́блики

чёрный хлеб

бе́лый хлеб

мя́со, пти́ца, ры́ба

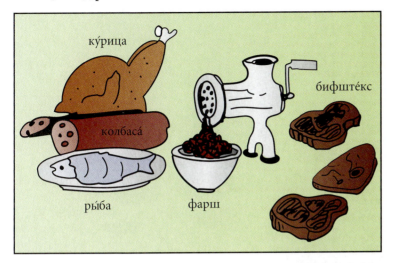

ку́рица

колбаса́

ры́ба

фарш

бифште́кс

горя́чие блю́да

ланге́т

га́мбургер

пирожки́

котле́та/котле́ты
по-ки́евски

пи́цца

супы́

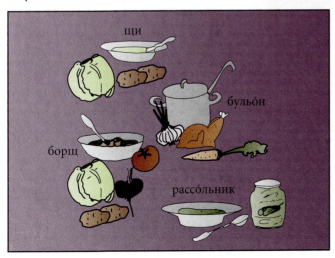

щи

бульо́н

борщ

рассо́льник

**моло́чные
проду́кты**

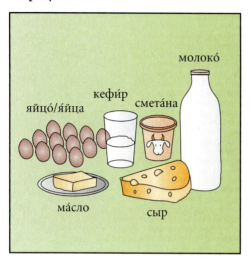

яйцо́/я́йца

кефи́р

смета́на

молоко́

ма́сло

сыр

заку́ски

мясно́й сала́т

мясно́е ассорти́

икра́

бутербро́д

сала́т из
помидо́ров

сала́т из
огурцо́в

сла́дкое

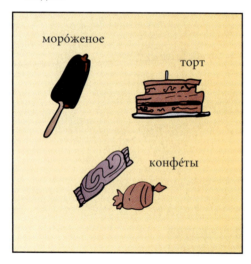

моро́женое

торт

конфе́ты

9-1 Which of the foods above would you eat for breakfast, lunch, or dinner?

9-2 List your most and least favorite foods.

9-3 List the ingredients you would need for **пи́цца, сала́т,** and **га́мбургер.**

9-4 Identify the foods being sold in each of these stores and at the market.

Бу́лочная

Ры́нок

Овощи

Мя́со

Культура и быт

Магази́ны и ры́нок

Food stores in Russia traditionally specialized in one or two types of items, and some still do. **Гастроно́м** usually specializes in **колбаса́** and **сыр. Бу́лочные** sell fresh bread, pastries, and baking goods. A **кулина́рия** sells ready-to-bake items, such as premade dough, ground beef and other prepared food items. **Моло́чные магази́ны** offer dairy products. **Продово́льственные магази́ны** are generic grocery stores. **Универса́мы** and **суперма́ркеты** are self-service grocery stores. Fresh produce, meat, dairy products, and other fresh food can be found at a farmer's market, **ры́нок,** where both quality and prices are generally higher.

The Metric System: Weight and Volume

At the **рынок,** food is not prepackaged, so when you buy an item you need to specify how much you want. Produce is generally sold in **килограммы.** When you buy drinks by the bottle in the store, they are measured in **литры.** When you order individual servings in a restaurant, they are measured in **граммы.** The following conversion information should help you with the metric system.

Стака́нчик моро́женого: 100 г

3 помидо́ра: 500 г (полкило́)

Буты́лка шампа́нского: 0,75 л
Небольшо́й стака́н воды́: 200 г (0,2 л)

Он роди́лся сего́дня! 3,5 кг

18-ле́тняя де́вушка (1,6 м): 52 кг
Баскетболи́ст (2 м): 80 кг

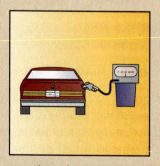

Автомоби́ль берёт 40 л бензи́на

Разговоры для слушания

Разгово́р 1. Ты уже́ обе́дала?
Разгова́ривают Вади́м и Кэ́рен.

1. Where do Vadim and Karen decide to go?
2. What street is it located on?
3. What time of day is it easiest to get in?

Разгово́р 2. В кафе́
Разгова́ривают Вади́м, Кэ́рен и официа́нтка.

1. What kind of soup does the waiter recommend?
2. What does Vadim order to drink?
3. Does Karen get dessert?

Разгово́р 3. В кафе́
Разгова́ривают Вади́м и официа́нтка.

1. How much does the meal cost?

Культура и быт

Рестора́н и кафе́

The English *restaurant* applies to almost any eatery. The Russian **рестора́н** usually refers to a full-service restaurant featuring a three-course meal, and sometimes live entertainment and dancing. A bit less formal is a **кафе́,** which can range from a few tables in a small room to something larger. A **кафете́рий** is a snack bar, while a **столо́вая** is a cafeteria, often at school or work.

You ask for a menu by saying: **Принеси́те меню́, пожа́луйста;** sometimes only one menu is provided for a table. It is not unusual for a customer to ask the waiter for a recommendation (**Что вы посове́туете взять?**). You can use the same expression for the check: **Принеси́те, пожа́луйста, счёт.**

Tips (**чаевы́е**) in Russian restaurants are normally about 5 percent.

Давайте поговорим

Диалоги

1. Может быть, пойдём в кафе?

— Кэ́рен, ты уже́ обе́дала?

— Нет, но уже́ стра́шно хочу́ есть.

— Мы с А́нной ду́мали пойти́ в кафе́ «Мину́тка». Не хо́чешь пойти́ с на́ми?

— В «Мину́тку»? Но я слы́шала, что попа́сть туда́ про́сто невозмо́жно.

— Ве́чером попа́сть тру́дно, а днём мо́жно. Я ду́маю, что сейча́с мы то́чно попадём.

— Хорошо́, пошли́.

Культура и быт

Что едя́т и пьют?

While **за́втрак** is indisputably *breakfast,* one can argue about **обе́д** and **у́жин**. Traditionally **обе́д** is the largest meal of the day (*dinner*), whereas **у́жин** is the evening meal (*supper*). In the past, the largest meal was taken at midday. Now **обе́д** is usually *lunch,* regardless of size. However, you may hear any large meal taken in the afternoon or early evening referred to as **обе́д**.

Обе́д usually consists of two, three, or even four courses. **Заку́ски** are appetizers. The first course (**пе́рвое**) is **борщ, бульо́н, щи,** or some other kind of **суп.** The main course (**второ́е**) follows, and the meal is rounded off by **сла́дкое** (dessert and/or coffee or tea).

The most common drink is tea, **чай.** It is customary to complete a meal with **чай,** to take a snack during the day or evening with **чай,** and to drink it throughout the day. Traditionally **чай** is made with loose leaves in boiling water and made into a strong brew, **зава́рка,** and diluted with boiling water to the desired strength. Strong tea is **кре́пкий,** and weak tea is **сла́бый.**

2. Что вы бу́дете зака́зывать?

— Что вы бу́дете зака́зывать?

— А что вы нам посове́туете взять?

— На пе́рвое я вам посове́тую взять борщ украи́нский. Или суп с ры́бой.

— Хорошо́. Суп с ры́бой — две по́рции.

— А на второе? Есть ланге́т. Есть цыпля́та табака́.

— Принеси́те два ланге́та.

— А пить что вы бу́дете? Есть лимона́д, минера́льная вода́.

— Два лимона́да, пожа́луйста.

— Моро́женое бу́дете?

— Да.

— А я возьму́ ко́фе с молоко́м.

3. Рассчита́йте нас!

— Де́вушка! Да́йте, пожа́луйста, счёт!

— Зна́чит так: суп с ры́бой, ланге́т с пюре́…

— Мину́точку! С каки́м пюре́? Никако́го пюре́ не́ было!

— Ой, извини́те. Вы пра́вы. Так… да́льше…

— А да́льше у нас бы́ли два лимона́да, одно́ моро́женое, оди́н ко́фе с молоко́м.

— Так. С вас 487 (четы́реста во́семьдесят семь) рубле́й.

— Четы́реста во́семьдесят семь? Вот. Получи́те, пожа́луйста.

```
-----------04/06/2006----------------14:10----

              Счет № 11305

Стол  Ст9
Официант: Шведова

----------------------------------------------

Суп с рыбой        1.0    130.00    130.00
Лангет             1.0    190.00    190.00
Лимонад            2.0     20.00     40.00
Мороженое          1.0     80.00     80.00
Кофе с молоком     1.0     47.00     47.00

----------------------------------------------

Итого:                               487.00
```

4. Хо́чешь, я тебе́ пригото́влю пи́ццу?

— Оля, хо́чешь, я тебе́ пригото́влю пи́ццу?

— Да, коне́чно. Что на́до купи́ть?

— Смотря́, с чем де́лать. Мо́жно сде́лать пи́ццу с колбасо́й и́ли с мя́сом, и́ли с гриба́ми.

— Ну, колбаса́ у нас уже́ есть.

— Хорошо́. Тогда́ на́до сде́лать тома́тный со́ус.

— Я́сно. Зна́чит, мы ку́пим те́сто, сыр, помидо́ры и лук.

— Мне нельзя́ есть лук. У меня́ аллерги́я.

— Тогда́ сде́лаем без лу́ка.

— Зна́чит, так. Те́сто мо́жно купи́ть в гастроно́ме. Сыр и помидо́ры ку́пим на ры́нке.

— Отли́чно!

A **бутербро́д** is an open-faced sandwich, usually consisting of a piece of cheese or meat on a small piece of white or black bread.

5. Мы гото́вим бутербро́ды.

— Хо́чешь, я тебе́ пригото́влю бутербро́ды?
— Да, коне́чно!
— Мне то́лько на́до купи́ть хлеб.
— Слу́шай, хлеб куплю́ я. Бу́лочная недалеко́.
— Хорошо́, а я пока́ найду́ горчи́цу.
— Что ещё ну́жно? Соль у нас есть?
— Есть. Купи́ то́лько хлеб. Чёрный и бе́лый.

Вопросы к диалогам

In St. Petersburg, black bread is called simply **хлеб,** and white bread is called **бу́лка.**

Диало́г 1

1. Кто хо́чет есть?
2. Куда́ они́ хотя́т пойти́?
3. Что слы́шала Кэ́рен о кафе́ «Мину́тка»?
4. Когда́ мо́жно туда́ попа́сть?

Диало́г 2

1. Где Кэ́рен и её друзья́?
2. Что им сове́туют взять на пе́рвое? А на второ́е?
3. Что они́ зака́зывают на пе́рвое? На второ́е?
4. Что они́ хотя́т пить?
5. Они́ зака́зывают сла́дкое?

Диало́г 3

посети́тели – customers

1. Что посети́тели говоря́т официа́нтке, когда́ хотя́т плати́ть?
2. Что они́ заказа́ли?
3. Чего́ не́ было?
4. Ско́лько они́ должны́?
5. Что говоря́т де́вушке, когда́ пла́тят?

Диало́г 4

Зако́нчите предложе́ния.

1. Подру́га Оли хо́чет пригото́вить…
2. Мо́жно сде́лать пи́ццу с…
3. На́до купи́ть…
4. У них уже́ есть…
5. Подру́ге Оли нельзя́ есть…, потому́ что у неё…
6. Они́ ку́пят те́сто… (где?).
7. Они́ ку́пят сыр и помидо́ры…

Диало́г 5

Пра́вда и́ли непра́вда?

1. Они́ сейча́с гото́вят бутербро́ды.
2. Им на́до купи́ть соль.
3. Им на́до найти́ горчи́цу.
4. Бу́лочная далеко́.
5. Они́ ку́пят то́лько чёрный хлеб.

Упражнения к диалогам

9-5 Что вы лю́бите есть?

1. Каки́е о́вощи вы лю́бите?
2. Каки́е фру́кты вы лю́бите?
3. Вы пьёте ко́фе? С молоко́м и́ли без молока́? С са́харом и́ли без са́хара?
4. Вы пьёте чай? С лимо́ном и́ли без лимо́на? С са́харом и́ли без са́хара?
5. Вы ча́сто и́ли ре́дко у́жинаете в рестора́не?
6. Что вы лю́бите зака́зывать в рестора́не?
7. Вы лю́бите пи́ццу? С гриба́ми и́ли без грибо́в? С колбасо́й и́ли без колбасы́?

9-6 Подгото́вка к разгово́ру. Review the dialogs. How would you do the following?

1. Ask if someone has had lunch.
2. Say you are (very) hungry.
3. Suggest going out to eat.
4. Say that it is impossible to get into a new restaurant.
5. Ask a waiter for suggestions on what to order.
6. Order a complete meal (soup, main course, dessert, drinks) in a restaurant.
7. Order two (three, four, etc.) servings of fish soup.
8. Tell the waiter to bring you the check.
9. Pay the check.
10. Offer to make someone pizza (sandwiches, dinner).
11. Say you have an allergy.
12. Ask what you need to buy.
13. Tell someone that one can buy dough (cheese, vegetables) in the grocery store.

9-7 Как вы ду́маете? A number of assertions reflecting common Russian views of life in the West are listed below. Working in pairs, use your own experience to respond to each assertion. The following expressions will help you organize your responses.

Я ду́маю, что…
Это так.
Это не совсе́м так.
Это совсе́м не так.
Если говори́ть о себе́, то…   *If I use myself as an example, then…*
С одно́й стороны́…   *On the one hand…*

А с другой стороны́…	*On the other hand…*
Во-пе́рвых…	*First of all…*
Во-вторы́х…	*Second of all…*

1. Я слы́шал(а), что америка́нцы (кана́дцы, англича́не) о́чень лю́бят есть в Макдо́налдсе.
2. Говоря́т, что америка́нская (кана́дская, англи́йская) ку́хня совсе́м не интере́сная.
3. Америка́нцы до́ма не гото́вят. Они́ покупа́ют гото́вые проду́кты в магази́не.

 # Игровые ситуации

9-8 Imagine that you are in Russia. Act out the following situations.

1. In a café, order yourself and a friend a meal. Find out if your friend wants an appetizer or soup. Use the menu on page 323.
2. At a restaurant you ordered soup with fish, chicken Kiev, and coffee, but the waiter brought borsch and some kind of beef, and completely forgot the coffee. Complain.
3. You are in a restaurant. Order a complete meal for yourself and a friend who is a vegetarian.
4. A Russian friend would like to try your favorite food. Offer to make it and explain what ingredients are needed. Decide who will buy what.
5. To celebrate a Russian friend's birthday, invite him or her to a new restaurant that you have heard is really good. Agree on a time.
6. Working with a partner, prepare and act out a situation of your own that deals with the topics of this unit.

 # Устный перевод

9-9 In Moscow, you are in a restaurant with a friend who doesn't know Russian. Help him order a meal.

ENGLISH SPEAKER'S PART

1. Can we get a menu?
2. I don't understand a thing. Do they have any salads?
3. I'll get the tomatoes, I guess.
4. I don't want any soup.
5. Do they have any chicken dishes?
6. Okay. And I'd like to get a Pepsi.
7. How about coffee? Do they have coffee?
8. I'll take coffee then… with milk, please.
9. No, that's it for me.

Грамматика

1. Verb Conjugation — есть, пить

The verb **есть** (*to eat*) is one of only four truly irregular verbs in Russian. Use it to talk about eating a specific food. To express *eat breakfast, eat lunch,* and *eat dinner,* use the verbs **за́втракать, обе́дать,** and **у́жинать.**

The verb **пить** (*to drink*) has regular **е/ё**-conjugation endings. But note the **ь** in the present-tense conjugation.

есть (to eat)	
я	ем
ты	ешь
он/она́ (кто)	ест
мы	еди́м
вы	еди́те
они́	едя́т
Past tense:	ел, е́ла, е́ли

пить (to drink)	
я	пью
ты	пьёшь
он/она́ (кто)	пьёт
мы	пьём
вы	пьёте
они́	пьют
Past tense:	пил, пила́, пи́ли

Упражнения

9-10 Соста́вьте предложе́ния. Make sentences by combining words from the columns below. Use the appropriate present-tense form of **есть** or **пить.**

я			мя́со
ты			ко́фе
мы	всегда́		чай
америка́нцы	никогда́ не	есть	суп
кто	ча́сто	пить	кра́сное вино́
де́ти	ре́дко		бе́лое вино́
ру́сские	ка́ждый день		о́вощи
вы			фру́кты
ма́ма			сала́т

9-11 Что ты ешь на за́втрак? With a partner, complete the following sentences. Be prepared to report your partner's answers to the class.

► *Complete Oral Drills 1–2 and Written Exercises 2–4 in the Student Activity Manual (S.A.M.).*

1. — Что ты ешь на за́втрак?
   — На за́втрак я ем…
2. — Что ты ешь на обе́д?
   — На обе́д я ем…
3. — Что ты ешь на у́жин?
   — На у́жин я ем….

2. Instrumental Case

Мы **с А́нной** ду́мали пойти́ в кафе́ «Мину́тка». Не хо́чешь пойти́ **с на́ми?**

Дава́йте возьмём суп **с ры́бой.**

Я возьму́ ко́фе **с молоко́м.**

Мо́жно сде́лать пи́ццу **с колбасо́й** и́ли **с мя́сом.**

Anna and I were thinking of going to the Minutka café. Would you like to go *with us?*

Let's order the soup *with fish.*

I'll take coffee *with milk.*

You can make pizza *with sausage* or *with meat.*

The instrumental case is used after the preposition **с** – *together with.*

The English phrase *so-and-so and I* is almost always **мы с** + *instrumental:* **мы с А́нной, мы с Макси́мом, мы с ва́ми,** etc.

The instrumental case of nouns

Masculine and neuter nouns:

- If the ending is hard (not **-й** or **-ь**) or **-о**, add **-ом** (drop the **-о** first): **студе́нтом, окно́м.**
- Add **-ем** to avoid breaking the 5-letter spelling rule: **америка́нцем.**
- If the ending is soft (**-й** or **-ь, -е**), drop that letter and:
      if the ending is stressed, add **-ём: словарём.**
      if the ending is unstressed, add **-ем: музе́ем, общежи́тием.**

Feminine nouns:

- If the ending is hard (**-а**), drop that letter and add **-ой: студе́нткой.**
- Add **-ей** to avoid breaking the 5-letter spelling rule: **Са́шей.**
- If the ending is soft (**-я**), drop the last letter and:
      if the ending is stressed, add **-ёй: семьёй.**
      if the ending is unstressed, add **-ей: ку́хней.**
- If the word ends in **-ь**, keep the **-ь** and add **-ю: крова́тью.**
- Exceptions: **мать** and **дочь** become **ма́терью** and **до́черью.**

Plural nouns (all genders):

- If the singular form ends in a hard consonant (i.e., not **-й** or **-ь**), **-а,** or **-о**, drop the final vowel and add **-ами: студе́нтами.**
- If the singular form has a soft ending (**-й, -ь, -я,** or **-е**), drop that letter and add **-ями: преподава́телями.**

	Masculine and Neuter	Feminine	Plural
Hard (-∅, -о, -а)	столо́м	газе́той	стола́ми
Soft (-ь, й, -е, -я)	словарём преподава́телем	семьёй ку́хней	словаря́ми се́мьями
Feminine (-ь)		крова́тью	крова́тями

The instrumental case of adjectives

Masculine and neuter modifiers:

- The regular ending is **-ым: но́вым.**
- If the letter prior to that ending is mentioned in the 7-letter spelling rule, add **-им: ру́сским.**
- The ending for naturally soft adjectives is **-им: си́ним.**

Feminine modifiers:

- The regular ending is **-ой: но́вой.**
- If the letter prior to that ending is mentioned in the 5-letter spelling rule and the ending is unstressed, then the ending is **-ей: хоро́шей.**
- The ending for naturally soft adjectives is **-ей: си́ней.**

Plural adjectives (all genders):

- If the nominative plural ends in **-ые,** drop that ending and add **-ыми: но́выми.**
- If the nominative plural ends in **-ие,** drop that ending and add **-ими: си́ними, хоро́шими.**

	Masculine and Neuter	Feminine	Plural
Hard (-ый, -ой)	но́вым	но́вой	но́выми
Soft (-ий)	си́ним	си́ней	си́ними
Spelling rules	хоро́шим[7]	хоро́шей[5]	хоро́шими[7]

The instrumental case of special modifiers

Possessive pronouns (nominative masculine: **мой, твой, наш, ваш**) act like soft adjectives, except for possessive pronouns **его, её,** and **их,** which never change (see below). Demonstrative pronouns (**этот, это, эта, эти**) act like soft adjectives except for the feminine singular form.

Note that the feminine singular form of special modifiers, and of adjectives, is the same in the genitive, prepositional, dative, and instrumental.

	Masculine Singular	Neuter Singular	Feminine Singular	Plural
Nominative	мой наш этот	моё наше это	моя наша эта	мои наши эти
Instrumental	мойм нашим этим	мойм нашим этим	моей нашей этой	мойми нашими этими

Instrumental case: Summary

	Masculine	Neuter	Feminine	Plural
Nominative	наш новый универсам этот свежий огурец хороший преподаватель большой кафетерий	наше новое окно это свежее мясо твоё большое общежитие хорошее блюдо	наша новая школа твоя свежая газета моя русская шапка эта большая кухня последняя лекция морковь и соль	твой преподаватели наши свежие газеты ваши русские блюда эти большие кухни последние лекции
Instrumental	нашим новым универсамом этим свежим огруцом хорошим преподавателем большим кафетерием	нашим новым окном этим свежим мясом твойм большим общежитием хорошим блюдом	нашей новой школой твоей свежей газетой моей русской шапкой этой большой кухней последней лекцией морковью и солью	твоими преподавателями нашими свежими газетами вашими русскими блюдами этими большими кухнями последними лекциями

The instrumental case of personal pronouns

Nominative Case	c + Instrumental Case
что	с чем
кто	с кем
я	со мной
ты	с тобóй
он, онó	с ним
онá	с ней
мы	с нáми
вы	с вáми
они́	с ни́ми

Note

Do not confuse the instrumental case of the personal pronouns with the nonchanging possessive modifiers **его, её,** and **их:**

Мы бы́ли **с ней** = We were *with her.*
Мы бы́ли **с её сестрóй** = We were *with her sister.*

Упражнения

9-12 Put the words in parentheses into the instrumental case.

1. Мы возьмём кóфе с (горя́чее молокó).
2. Я ем бутербрóд с (колбасá) и (горчи́ца).
3. Мы готóвим пи́ццу с (томáтный сóус).
4. Давáйте сдéлаем салáт с (капýста) и (моркóвь).
5. Хóчешь, я тебé закажý мя́со с (картóшка).
6. С (что) вы пьёте чай?
7. С (кто) вы обéдали сегóдня?

9-13 Answer the question with the words supplied.

С кем вы идёте в ресторáн?
твоя́ сосéдка по кóмнате, наш стáрый друг, э́та рýсская студéнтка, егó мла́дший брат, нáши роди́тели, тётя и дя́дя, её стáршая сестрá, мой друзья́

9-14 Как по-ру́сски? How would you say that you do the following things with the people listed below?

1. (Your friend and I) ходи́ли на ле́кцию.
2. (You (**ты**) and I) пое́дем в кино́ за́втра?
3. (She and I) ча́сто занима́емся вме́сте.
4. (He and I) изуча́ем кита́йский язы́к.
5. (They and I) игра́ем в футбо́л.
6. (You (**вы**) and I) познако́мились на рабо́те.
7. (Igor (**Игорь**) and I) е́дем в Москву́.
8. (Maria and I) е́здили в Росси́ю.
9. My friend and I _____ .
10. My roommate and I _____ .
11. My mother and I _____ .
12. My father and I _____ .
13. My parents and I _____ .
14. My sister(s) and I _____ .
15. My brother(s) and I _____ .

> ➤ *Complete Oral Drills 3–5 and Written Exercises 5–7 in the S.A.M.*

3. Verbs in -овать: сове́товать

Verbs whose infinitives end in **-овать** have a different stem in their present-tense form, featuring **-у.**

сове́товать (to advise, suggest)	
я	сове́т - у - ю
ты	сове́т - у - ешь
он/она́ (кто)	сове́т - у - ет
мы	сове́т - у - ем
вы	сове́т - у - ете
они́	сове́т - у - ют
Past tense:	
он/кто	сове́товал
она́	сове́товала
они́/вы	сове́товали

The verb **сове́товать** takes the dative case of the person being advised. You will also see it in the form **посове́товать;** the difference will be explained in Section 6.

— А что вы **нам посове́туете** взять?
— На пе́рвое я **вам посове́тую** взять борщ украи́нский. Или суп с ры́бой.

9-15 Запо́лните про́пуски. Fill in the blanks using forms of the verb **сове́товать.**

1. Я вам _____ взять борщ украи́нский и́ли ры́бу с карто́шкой.

2. Мы _____ вам пойти́ в кафе́ «Мину́тка». Там о́чень вку́сно.

3. Мои́ друзья́ мне то́же _____ туда́ пойти́.

4. Что ты мне _____ купи́ть Ма́ше ко дню рожде́ния?

5. Мы с Ле́ной _____ тебе́ купи́ть ей кни́гу Пеле́вина.

6. Мари́на Влади́мировна мне о́чень _____ пить чай с лимо́ном.

7. Мой брат нам _____ пое́хать на да́чу сего́дня.

8. Преподава́тели _____ студе́нтам чита́ть ру́сскую литерату́ру.

9. Я не зна́ю, куда́ пойти́ поу́жинать сего́дня. Куда́ ты мне _____ пойти́?

10. Каки́е пирожки́ ты мне _____ взять: с капу́стой и́ли с гриба́ми?

9-16 Что ты мне сове́туешь взять?

1. In pairs, give each other advice on what to order in a Russian restaurant. (See the menu on page 323.)

2. In pairs, give each other advice on what to order in a favorite local restaurant/café/pizza parlor.

4. Future Tense of быть

— Вы **бы́ли** до́ма вчера́?	*Were* you at home yesterday?
— Нет, но мы **бу́дем** до́ма за́втра.	No, but we *will be* home tomorrow.

Although Russian does not express the verb *to be* in the present tense, it does so in the past and future tenses. As with many Russian verbs, the stem of the conjugated verb differs from the stem of the infinitive, but the endings are regular, e/ё-conjugation endings.

быть (to be)	
я	бу́ду
ты	бу́дешь
он/она́ (кто)	бу́дет
мы	бу́дем
вы	бу́дете
они́	бу́дут
Past tense:	
он/кто	был
она́	была́
они́/вы	бы́ли

Упражнения

9-17 Anna wrote this postcard during her vacation. Fill in the verb *to be* in the appropriate tense forms.

9-18 Ask where the following people will be tomorrow.

> Образе́ц: моя́ сестра́ – шко́ла
>
> *Ва́ша сестра́ за́втра бу́дет в шко́ле?*

1. наш друг – рестора́н
2. вы – кафете́рий
3. ты – гастроно́м
4. на́ши сосе́ди – ры́нок
5. мы – дом
6. я – ?

➤ *Complete Oral Drill 6 and Written Exercises 8–9 in the S.A.M.*

5. The Future Tense

— Что вы **бу́дете де́лать** сего́дня?   What are you *going to do* today?
— Я **бу́ду занима́ться.**   I'm *going to study.*

For nearly all of the verbs you learned in Units 1 through 7, the future tense is formed by combining the conjugated form of **быть** with the infinitive: **бу́ду де́лать, бу́дешь чита́ть, бу́дет говори́ть, бу́дем жить, бу́дете ду́мать, бу́дут писа́ть,** etc.

Упражнения

9-19 Соста́вьте диало́ги. Make two-line dialogs as in the model.

Образе́ц: Со́ня – чита́ть   — Что Со́ня бу́дет де́лать за́втра?
  — Она́ бу́дет чита́ть.

1. Григо́рий Ви́кторович – писа́ть пи́сьма
2. мы – смотре́ть телеви́зор
3. на́ши друзья́ – отдыха́ть
4. Анна Никола́евна – рабо́тать
5. студе́нты – занима́ться в библиоте́ке
6. мы с сосе́дом (сосе́дкой) по ко́мнате – занима́ться в общежи́тии
7. мы с дру́гом (подру́гой) – пить ко́фе в кафе́
8. вы – ?
9. ты – ?
10. вы с дру́гом (подру́гой) – ?

9-20 Отве́тьте на вопро́сы.

1. Кто бу́дет отдыха́ть за́втра?
2. Кто не бу́дет занима́ться в воскресе́нье?
3. Кто бу́дет у́жинать в рестора́не в пя́тницу?
4. Кто бу́дет убира́ть кварти́ру в суббо́ту?
5. Кто бу́дет смотре́ть телеви́зор сего́дня ве́чером?
6. Кто не бу́дет гото́вить у́жин за́втра?
7. Кто в суббо́ту не бу́дет за́втракать?

> ➤ *Complete Oral Drills 7–8 and Written Exercise 10 in the S.A.M.*

6. Verbal Aspect — Introduction

Russian verbs contain information on both tense and aspect. *Aspect* tells something about *how* an action takes place. Do not confuse it with tense, which indicates *when* an action takes place.

Almost all Russian verbs belong either to the *imperfective* or *perfective* aspect. Usually imperfective and perfective verbs come in pairs. Their meaning is the same or very close, but they differ in *aspect*.

Perfective verbs are used to refer to completed, one-time actions, normally of short duration or with a result that is being emphasized. Perfective verbs have only two tenses: past and future.

Imperfective verbs are used in other circumstances. For instance, they refer to repeated actions, or to one-time actions in situations where the focus is not on the result but on the process or duration. Imperfective verbs have present, past, and future tenses.

Imperfective/perfective pairs

You have learned verbs primarily in the imperfective aspect. That's because your Russian has largely been limited to the present tense, which is expressed *only in the imperfective.* Now, more and more, you will see verbs listed in their aspectual pairs. The difference between perfective and imperfective is seen everywhere except the present tense: in the infinitive (**гото́вить/пригото́вить**), the future tense (**бу́ду гото́вить/пригото́влю**), the past tense (**гото́вил/пригото́вил**) and the imperative (**гото́вь/пригото́вь**).

Formation of the future tense

The imperfective future is a compound form: **бу́дем гото́вить.** The perfective future is formed by conjugating a perfective verb. When conjugated, perfective verbs have the same conjugation pattern as imperfective verbs. **Прочита́ть** is conjugated exactly like **чита́ть.** But conjugated perfective verbs have *future meaning.*

	Present	**Future**
Imperfective	я чита́ю я гото́влю я ем	я бу́ду чита́ть я бу́ду гото́вить я бу́ду есть
Perfective	∅	я прочита́ю я пригото́влю я съем

Imperfective and Perfective Future

Imperfective	Perfective
гото́вить	**пригото́вить**
Мы бу́дем **гото́вить пи́ццу** весь ве́чер.	Ве́чером мы **пригото́вим** пи́ццу, а пото́м мы пойдём в кино́.
We *will make* pizza all evening.	Tonight we *will make* pizza and then we'll go to the movies.
покупа́ть	**купи́ть**
Когда́ я бу́ду в Росси́и, я **бу́ду покупа́ть** газе́ту ка́ждый день.	Я обы́чно не покупа́ю газе́ту, но за́втра я её **куплю́.**
When I'm in Russia, I *will buy* a newspaper every day.	I don't usually buy a newspaper, but tomorrow I *will buy* one.

Use of aspect

The perfective is used to emphasize the *result* of a *one-time* action:

Мы пригото́вим пи́ццу.   *We'll get the pizza made.*

In other instances, the imperfective is used. For example, when the amount of time the action will last is mentioned (*We will make pizza all evening*), the focus is on duration rather than result and the imperfective must be used: **Мы бу́дем гото́вить пи́ццу весь ве́чер.** When the action is repeated (*We will make pizza every day*), the imperfective must also be used (**Мы бу́дем гото́вить пи́ццу ка́ждый день**).

Since perfective verbs emphasize the result of a one-time action, some sentences with perfective verbs do not make sense without a direct object. Just as the English phrase *I will buy* begs for a direct object, so do the Russian phrases **я куплю́. . . (хлеб), я прочита́ю. . . (кни́гу), я пригото́влю. . . (у́жин), я съем. . . (бутербро́д), я вы́пью. . . (молоко́).**

Formation of imperfective/perfective pairs

There are four patterns for aspectual pairs.

1. Prefixation (addition of a prefix to create a perfective verb from imperfective):

   гото́вить/пригото́вить
   сове́товать/посове́товать
   де́лать/сде́лать
   чита́ть/прочита́ть
   писа́ть/написа́ть

Prefixed verbs are listed in the vocabulary like this: **гото́вить/при- .**

2. Infixation (insertion of a unit, called an infix, inside the verb, like **-ыва/-ива,** to create an imperfective from a perfective verb):

заказывать/заказать
показывать/показать
рассказывать/рассказать
опаздывать/опоздать

3. Change in the verb stem or ending:

покупать/купить
решать/решить

4. Separate verbs:

брать (беру, берёшь, берут)/взять (возьму, возьмёшь, возьмут)
говорить/сказать (скажу, скажешь, скажут)

We will return to some of these verbs in Unit 10.

In the initial stages of your study of Russian you will have to memorize each pair individually. The glossaries in this textbook list the imperfective verb first. If only one verb rather than a pair is given, its aspect is noted.

Упражнения

9-21 Which aspect would you use to express the italicized verbs in the following sentences?

1. I *will make* the pizza tomorrow night. (буду готовить/приготовлю)
2. I *will make* pizza often. After all, I always fix pizza. (буду готовить/приготовлю)
3. We *will read* all evening. (будем читать/прочитаем)
4. We *will read* through the paper now. (будем читать/прочитаем)
5. Tomorrow evening I *will eat* and drink. (буду есть/съем)
6. I *will eat* a hamburger. I always eat hamburgers. (буду есть/съем)
7. We *will buy* milk here every week. (будем покупать/купим)
8. We *will buy* the milk here. (будем покупать/купим)

9-22 Закончите предложения. Complete the sentences using the appropriate form of the verb. In some instances both aspects work. Be ready to explain your choice.

1. Я (буду писать/напишу) тест три-четыре часа.
2. Марина (будет покупать/купит) подарки сегодня вечером.
3. Андрей быстро читает. Он (будет читать/прочитает) этот журнал сегодня.
4. Мы (будем готовить/приготовим) ужин весь вечер.
5. Студенты (будут смотреть/посмотрят) русские фильмы завтра.
6. Когда ты (будешь делать/сделаешь) эту работу?
7. Что вы нам (будете советовать/посоветуете) взять на второе?

➤ *Complete Oral Drills 9–13 and Written Exercises 11–14 in the S.A.M.*

7. Question Words and Pronouns

	Question Words		Personal Pronouns						
Nominative	кто	что	я	ты	он/оно́	она́	мы	вы	они́
Accusative	кого́	что	меня́	тебя́	(н)его́	(н)её	нас	вас	(н)их
Genitive	кого́	чего́	меня́	тебя́	(н)его́	(н)её	нас	вас	(н)их
Prepositional	о ком	о чём	обо мне́	о тебе́	о нём	о ней	о нас	о вас	о них
Dative	кому́	чему́	мне	тебе́	(н)ему́	(н)ей	нам	вам	(н)им
Instrumental	кем	чем	мной	тобо́й	(н)им	(н)ей	на́ми	ва́ми	(н)и́ми

Note that the forms of **он, оно́, она́,** and **они́** have an initial **н-** when they immediately follow a preposition:

У него́ есть кни́га.   *but*   Его́ нет.

Remember: Do not confuse personal pronouns with possessive modifiers. Compare:

Вчера́ они́ бы́ли у **нас.**	Yesterday they were at *our place.*
Вчера́ они́ бы́ли у **на́шего** дру́га.	Yesterday they were at *our* friend's place.
Мы **с ней** познако́мились.	We met *her.*
Мы познако́мились **с её** роди́телями.	We met *her* parents.

Упражнения

9-23 Соста́вьте вопро́сы. Ask questions about the words in boldface.

Образе́ц: **Моего́ бра́та** зову́т Алёша.
Кого́ зову́т Алёша?

Моего́ бра́та зову́т Алёша. Ему́ **16 лет.** Он **хорошо́** у́чится. Он изуча́ет **хи́мию** и **матема́тику.** Ещё он о́чень лю́бит **теа́тр.** Он говори́т об э́том **ча́сто.** Мы с ним **ча́сто хо́дим в теа́тр.** На день рожде́ния я хочу́ **сде́лать ему́ пода́рок.** Я ду́маю купи́ть ему́ **кни́гу.** Он о́чень лю́бит **Шекспи́ра и Пу́шкина.** У него́ есть **Пу́шкин.** Но у него́ нет **ни одно́й кни́ги Шекспи́ра.**

9-24 Отве́тьте на вопро́сы. Answer yes to the questions. Use complete sentences and replace the nouns with pronouns.

> ➤ *Complete Oral Drills 14–18 and Written Exercises 15–17 in the S.A.M.*

1. Алёша лю́бит Пу́шкина?
2. Брат ку́пит Алёше кни́гу?
3. Вы чита́ли о Пу́шкине?
4. Пу́шкин писа́л о Росси́и?
5. Алёша хо́дит в теа́тр с бра́том и с сестро́й?
6. Ру́сские студе́нты чита́ют интере́сные кни́ги?
7. Вы хоти́те чита́ть ру́сскую литерату́ру?

Давайте почитаем

9-25 Меню.

1. Scan the menu to see whether these dishes are available.
   - Люля-кеба́б
   - Шашлы́к
   - Котле́ты по-ки́евски
   - Ку́рица
2. Look at the menu again to find out whether these drinks are available.
   - Во́дка
   - Пепси-ко́ла
   - Минера́льная вода́
   - Пи́во
3. How much do the following cost?
   - Grilled chicken
   - Black coffee
   - Bottle of Stolichnaya vodka
   - 100 grams of Stolichnaya vodka
   - Bottle of Zhigulevskoe beer
   - A glass of fruit juice
4. What kinds of mineral water are available?
5. What kinds of wine are available?
6. This menu contains a number of words you do not yet know. What strategies would you use to order a meal if you were in this restaurant, alone and hungry, and no one else in the restaurant knew English?

МЕНЮ

ВИНО-ВОДОЧНЫЕ ИЗДЕЛИЯ	100 г	БУТЫЛКА
Водка «Русская»	75 00	220 00
Водка «Столичная»	80 00	250 00
Водка «Смирнов»	106 00	340 00
Вино «Цинандали»	96 00	263 00
Рислинг	86 00	240 00
Минеральная вода «Боржоми»	– –	45 00
Минеральная вода «Эвиан»	– –	65 00
Пиво «Жигулевское»	– –	92 00
Пиво «Хайнекен»	– –	140 00
«Кока-Кола», «Спрайт»	– –	26 00
Фруктовые соки	45 00	

ЗАКУСКИ

Блины с икрой	96 00
Блины с капустой	72 00
Пирожок с капустой	38 00
Пирожок с мясом и луком	50 00
Мясной салат	62 00
Салат из свежей капусты	58 00
Сосиска в тесте	45 00
Бутерброд с сыром	32 00

ПЕРВЫЕ БЛЮДА

Борщ	59 00
Бульон	43 00
Щи	55 00

ВТОРЫЕ БЛЮДА

Шашлык с рисом	272 00
Пельмени со сметаной	255 00
Курица, жаренная на гриле	261 00
Плов	248 00
Котлеты из индейки	236 00
Сосиски с гарниром	203 00
Колбаса	194 00
Осетрина, жаренная на решетке	273 00

СЛАДКИЕ БЛЮДА И ГОРЯЧИЕ НАПИТКИ

Кофе чёрный	45 00
Кофе со сливками	49 00
Чай	45 00
Пломбир с вареньем (100 г)	127 00
Мороженое фруктовое (100 г)	139 00
Пирожки с изюмом	124 00
Печенье	89 00

9-26 Что ду́мают о рестора́нах?

1. Read each of the restaurant reviews below. You will need the following key words:

   включа́ть в себя́ – *to include*
   дегустацио́нный зал – *wine-tasting room*
   заведе́ние – *establishment*
   испро́бовать (*perf.*) – *to try (something) out*
   отте́нок – *shade (of color)*
   подава́ть (подаю́т) (*impf.*) – *to serve (food)*
   полушу́бок – *short fur coat*
   потряса́ющий = **отли́чный**
   предложи́ть (*perf.*) – *to suggest*
   приноси́ть (*impf.*) – *to bring*
   приобрести́ (*perf.*) – *to obtain*
   приходи́ться (прихо́дится) = **на́до**
   проголода́ться (*perf.*) – *to get hungry*
   производи́ть (*impf.*) = **де́лать**
   произраста́ть (*impf.*) – *to be grown*
   сыт (сыта́, сы́ты) – *full (no longer hungry)*
   тот и́ли ино́й – *one or another; this or that*
   удиви́ть (*perf.*) – *to surprise*

2. **Basic content.** Are the reviews mostly positive or negative?

3. **Details.** Complete a chart similar to this one with the Russian key words or phrases that describe the information required. You might not have complete information for each category.

	Mama Rosa	**Pomona**	**Yen Ching**
Atmosphere			
Service			
Foods			
Cost			
Other?			

4. **Ваш вы́бор?** Based on the information provided, which restaurant appeals to you the most? If you can, state your opinion in Russian: **Я хочу́ пойти́ у́жинать в рестора́н «…», потому́ что там…**

МАМА РОЗА. Небольшое, но очень оригинальное и уютное заведение. Оно включает в себя кафе, бар, ресторан, магазин и дегустационный зал. Начнем с конца. Дегустационный зал. В приятной, уютной обстановке вам расскажут об искусстве питья вин, прочитают лекцию о том, где произрастает виноград для данного сорта вина, в какой стране производят тот или иной напиток, из какого бокала его обычно пьют и с каким блюдом подают. Самое интересное, что вам дадут даже испробовать все то, о чем будут рассказывать. Если вы проголодались, можно поужинать в ресторане европейской кухни. И в самом конце, при выходе, в магазине вам предложат приобрести вино, которое вам понравилось. Советую Вам посетить это замечательное место, где не только обстановка, но и цены вас приятно удивят.

ПОМОНА. *Интерьер.* Мягкий свет, традиционные оттенки цветов Италии в интерьере, хороший дизайн ресторанного зала. *Заказ.* Традиционное итальянское меню. Доброжелательные, симпатичные официантки по вашей просьбе порекомендуют блюда и расскажут о них. *Ожидание.* Напитки приносят практически сразу, хорошее вино и неплохие коктейли, спокойная тихая музыка скрашивает ожидание и не мешает общению, да и долго ждать не приходится. *Публика.* Как правило, мужчины возраста 35–40 лет с девушками в ажурных колготках, коротких юбках и меховых полушубках. *Наслаждение.* Прекрасная, аппетитная фокачча начинает ваш ужин, затем глоток сухого вина (советую домашнее), цветная капуста в сливочном соусе тает во рту, опять глоток вина, отличное спагетти, лазанья. Уже сыты? Пожалуйста, кофе и яблочный пирог с мороженым. Не пробовали? *Счёт, пожалуйста...* Да, спасибо, все было очень вкусно... Сколько? Цены? При таком вечере не менее 1000 на человека. *Эпилог.* Отлично!

ЙЕНЧИН. В меню блюда национальной китайской кухни. Это что-то потрясающее! Великолепный интерьер, приветливые официанты, приятная музыка. Блюда огромные, рассчитанные на двоих, недорого. Заказали: говяжий язык под соусом, говядина на плитке — невероятно оригинальное и очень вкусное блюдо, утка в пиве, рис с овощами и с креветками в соевом соусе, карп в кисло-сладком соусе. Это, конечно, невероятно много, в следующий раз надо заказывать не больше, чем три блюда. Советую всем посетить этот уютный ресторан. Часы работы с 12 до 23 часов.

5. **Слова́ в конте́ксте.** You can guess the meaning of some words based on context. Read the following sentences and pick the correct definition of the words given below.

В прия́тной, ую́тной *обстано́вке* вам расска́жут об иску́сстве *питья́* вин, прочита́ют ле́кцию о том, где произраста́ет виногра́д.

обстано́вка: (a) surroundings (b) basement (c) ballroom (d) rating
питьё: (a) drinks (b) drunk (c) drinking (d) drinker

Сове́тую вам *посети́ть* э́то *замеча́тельное* ме́сто, где не то́лько обстано́вка, но и це́ны вас прия́тно *удивя́т*.

посети́ть: (a) avoid (b) visit (c) buy (d) rent
замеча́тельный: (a) remarkable (b) horrid (c) doubtful (d) undefined
удивя́т: (a) will disappoint (b) will amaze (c) will deceive (d) will arrange

Напи́тки прино́сят практи́чески *сра́зу*.

сра́зу: (a) immediately (b) gently (c) slowly (d) carefully

9-27 Приве́т из Аме́рики! Read the e-mails below and answer the questions that follow.

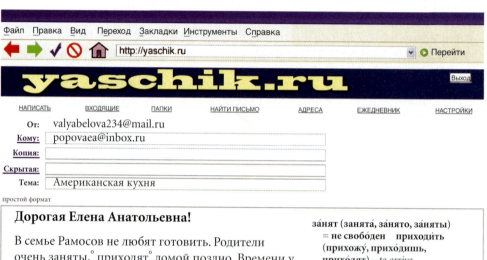

Дорогая Елена Анатольевна!

В семье Рамосов не любят готовить. Родители очень заняты,° приходят° домой поздно. Времени у них нет, а у детей нет желания.° Поэтому° мы часто ходим в рестораны или заказываем ужин на дом° — обычно два раза в неделю. Раз в неделю заказываем пиццу и раз — ужин из китайского ресторана. Мне кажется,° что большинство° американцев умеет° есть палочками.° Я тоже учусь, но пока° безуспешно.° Если доставка° еды на дом — это что-то° новое в России, то в Америке — это старая традиция.

за́нят (заня́та, за́нято, за́няты) = не свобо́ден   приходи́ть (прихожу́, прихо́дишь, прихо́дят) – to arrive

desire   for that reason

дом: на́ дом *(pronounced as if it were one word, stress on the **на**).*

it seems   majority
уме́ть (уме́ю, уме́ешь, уме́ют) – *to know how   lit. little sticks*

for the time being   unsuccessfully

delivery   something

Что интересно, даже в таком маленьком городке, как Центрпорт, есть рестораны всех возможных национальных кухонь. На углу° стоит греческий ресторан (их кухня похожа на° кавказскую), недалеко от школы — вьетнамское кафе. Есть и бразильский ресторан, а о множестве° итальянских и мексиканских ресторанов не стоит° даже говорить: их видишь на каждом углу. В Америке больше мексиканских ресторанов, чем в самой° Мексике. И Роб мне объяснил,° что пицца зародилась не в Италии, а в Америке.

Дело в том, что° первые итальянские иммигрантки в США не могли сидеть° дома и готовить весь день, как в Италии. Они должны были работать на фабриках. Приходили домой поздно, готовить было некогда,° поэтому брали все возможные ингредиенты, клади° на плоский° кусок° теста и пекли.° Так что пицца — не продукт самой Италии, а экономических условий иммигрантской жизни в США. Я думаю, что так можно объяснить появление° многих американских блюд.

Надо сказать, что хотя° мы ассоциируем американскую еду с «фэст-фуд», всё-таки° национальную кухню США (если такая есть) лучше искать° в «дайнерах». Дайнеры — это маленькие кафе в стиле ретро (1950-е годы). В таких ресторанах, так же как в Макдоналдсе, можно заказать чизбургер или картофель «фри» и молочный коктейль. Но в дайнерах вкус другой и реальная атмосфера 50-х.

Есть одно, что меня удивило° во всех ресторанах, от самых дешёвых до самых дорогих, на чай° дают° щедро.° Даже самый скупой° даст 15 процентов, а Виктор всегда даёт 20 процентов.

Валя

Файл   Правка   Вид   Переход   Закладки   Инструменты   Справка

http://yaschik.ru   Перейти

yaschik.ru   Выход

НАПИСАТЬ   ВХОДЯЩИЕ   ПАПКИ   НАЙТИ ПИСЬМО   АДРЕСА   ЕЖЕДНЕВНИК   НАСТРОЙКИ

От: popovaea@inbox.ru
Кому: valyabelova234@mail.ru
Копия:
Скрытая:
Тема: Американская кухня

простой формат

Здравствуй, Валя!

Твоя версия истории пиццы очень интересна, но я верю° ей только с трудом. У нас один из учеников — тот же,° кто всегда спрашивает о жизни в Америке, — недавно написал сочинение° об истории разных национальных блюд. (Зовут его Витя Минков, отличник.°) Он пишет, что пицца — это старая итальянская традиция, идёт с самых древних° времён. А первая пиццерия, пишет он, была открыта ещё в 19-м веке° в Неаполе. Что касается° истории пиццы в Америке, то Витя пишет, что первую пиццерию в США открыли в конце° 19-го века, а популярность пришла,° только когда американцы были в Италии во время Второй мировой° войны.°

Е.

ве́рить (ве́рю, ве́ришь, ве́рят) + *dat. – to believe*

то́т же (та́ же, то́ же, те́ же) – *the same one*

composition

отли́чник (отли́чница) – *straight-A student*

ancient

century   as far as … is concerned,…

end

приходи́ть/прийти́ (приду́, придёшь, приду́т) – *to arrive*

world(wide)   war

1. Вопро́сы

а. Почему́ Ра́мосы гото́вят так ре́дко?

б. Что Ра́мосы ча́сто де́лают, когда́ хотя́т у́жинать?

в. Что говори́т Ва́ля о популя́рности национа́льных ку́хонь в Аме́рике?

г. Что Роб рассказа́л Ва́ле об исто́рии пи́ццы в Аме́рике?

д Что отвеча́ет Еле́на Анато́льевна на э́то? Что ду́маете вы?

е. Почему́ Ва́ля ду́мает, что «да́йнеры» — интере́сные рестора́ны?

ж. Ско́лько обы́чно даю́т на чай в америка́нских рестора́нах?

з. Как вы ду́маете, ско́лько даю́т на чай в рестора́нах в Росси́и?

2. Язы́к в конте́ксте

а. **Вре́мя.** This e-mail exchange uses **вре́мя** in a number of forms. **Вре́мя** and **и́мя** are the two "first-year" words that have the irregular **-мя** declension. (There are eight others, but they are far less common.)

	Singular	Plural
Nominative (что)	вре́мя	времена́
Genitive (чего́)	вре́мени	времён
Dative (чему́)	вре́мени	времена́м
Accusative (что)	вре́мя	времена́
Instrumental (чем)	вре́менем	времена́ми
Prepositional (о чём)	о вре́мени	о времена́х

b. **Giving.** You have already seen a verb for "gifting." But the more common (and irregular) verb *to give* works as follows:

дава́ть	дать
даю́	дам
даёшь	дашь
	даст
	дади́м
	дади́те
даю́т	даду́т
дава́ла	дала́
	да́ли

We will see more of this verb in Book 2.

c. **Они́-without-они́ constructions** were discussed in the comments to the e-mail exchange of Unit 8. This exchange also has a number of such constructions. Can you find them?

d. **New words from old.** Find roots for the following words. Sometimes a root has a consonant mutation. For example, the adjective **кни́жный** comes from **кни́га.**

мно́жество – multitude
объясни́ть – explain
приходи́ть – arrive
жизнь (*fem.*) – life

Давайте послушаем

9-28 Сейча́с вы услы́шите три рекла́мы рестора́нов одного́ из городо́в Росси́и.

1. **Background:** One of the ads refers to **8 (восьмо́е) Ма́рта, Междунаро́дный же́нский день.** International Women's Day is a major holiday (**пра́здник**) in Russia. Men are expected to bring the women in their life (wives, colleagues, mothers) flowers and treat them to dinner.

2. **Прослу́шайте рекла́мные ро́лики и да́йте ну́жную информа́цию.**
   - Каки́е блю́да мо́жно заказа́ть в рестора́не «Ру́сская бесе́дка»?
   - В честь како́го пра́здника да́рят буты́лку шампа́нского?
   - В како́м рестора́не мо́жно отме́тить Междунаро́дный же́нский день? Как вы ду́маете, почему́ э́тот пра́здник отмеча́ют в э́том рестора́не, а не в други́х?
   - В како́м рестора́не игра́ет му́зыка?
   - В каки́х рестора́нах да́рят сувени́ры?
   - В како́м рестора́не мо́жно заказа́ть зал на день рожде́ния?
   - Како́й рестора́н лу́чше для вас? Почему́ вы так ду́маете?

3. **Ну́жные слова́:**

   друго́й – *different*
   отмеча́ть/отме́тить (отме́чу, отме́тишь, отме́тят) – *to observe*
   пра́здник – *holiday*
   честь – *honor*

4. **Как сказа́ть?** Прослу́шайте за́пись ещё раз. Узна́йте как сказа́ть:

You'll give her flowers…
Пода́рите _____

We suggest you treat the woman of your life…
Предлага́ем _____ же́нщину ва́шей жи́зни…

The performers of traditional Russian romances will charm you.
Вас очару́ют _____ ру́сских традицио́нных рома́нсов.

Reservations for tables or for a banquet hall…
_____ столо́в и́ли банке́тного за́ла…

In this restaurant on January 31 and February 1, there will be a festive atmosphere.
В рестора́не 31-го января́ и 1-го февраля́ бу́дет цари́ть _____ атмосфе́ра.

You will be met by the cozy atmosphere of sunny Italy and home cooking of that hospitable country.
Вас встре́тят ую́тная атмосфе́ра со́лнечной Ита́лии и _____ ку́хня э́той гостеприи́мной страны́.

You have a choice of pasta, veal in wine sauce, and a large variety of fruits and vegetables.
На ваш вы́бор па́ста, _____ под ви́нным со́усом, большо́е разнообра́зие фру́ктов и овоще́й.

Are you planning to celebrate a birthday, wedding, or anniversary?
Вы плани́руете _____ день рожде́ния, сва́дьбу и́ли торже́ственную годовщи́ну?

блю́да
ветчина́
говя́дина
дома́шняя
досто́йная
зака́з
исполни́тели
ожида́ть
отмеча́ть
официа́нтки
пе́сен
получа́ть
пра́здничная
пра́здновать
резерва́ция
теля́тина
угости́ть
ую́тная
цари́ть
цветы́

Новые слова и выражения

NOUNS

Пи́ща	**Food**
апельси́н	orange
бана́н	banana
бифште́кс	steak
борщ	borsch
бу́блик	bagel
бу́лка	white loaf of bread; roll
бу́лочка	small roll; bun
бульо́н	bouillon
бутербро́д	(open-faced) sandwich
виногра́д (*sing. only*)	grapes
га́мбургер	hamburger
горчи́ца	mustard
гриб	mushroom
заку́ски	appetizers
икра́	caviar
капу́ста	cabbage
карто́фель (*masc.*) (карто́шка)	potato(es)
кефи́р	kefir
колбаса́	sausage
конфе́ты (*sing.* конфе́та or конфе́тка)	candy
котле́та	cutlet; meat patty
котле́ты по-ки́евски	chicken Kiev
ко́фе (*masc., indecl.*)	coffee
ку́рица	chicken
ланге́т	fried steak
лимо́н	lemon
лимона́д	soft drink
лук	onion(s)
ма́сло	butter
минера́льная вода́	mineral water
молоко́	milk
моро́женое (*adj. decl.*)	ice cream
морко́вь (*fem.*)	carrot(s)
мя́со	meat
мясно́е ассорти́	cold cuts assortment
напи́т(о)к	drink
о́вощи	vegetables
огур(е́)ц	cucumber
официа́нт/ка	server

Новые слова и выражения

пельме́ни	pelmeni (*dumplings*)
пе́р(е)ц	pepper
пирожки́	baked (or fried) dumplings
пиро́жное	pastry
пи́цца	pizza
помидо́р	tomato
пюре́	creamy mashed potatoes
рассо́льник	fish (or meat) and cucumber soup
рис	rice
ры́ба	fish
сала́т	salad; lettuce
сала́т из огурцо́в	cucumber salad
сала́т из помидо́ров	tomato salad
са́хар	sugar
сла́дкое (*adj. decl.*)	dessert
смета́на	sour cream
сок	juice
соль (*fem.*)	salt
со́ус	sauce
тома́тный со́ус	tomato sauce
суп	soup
сыр	cheese
те́сто	dough
торт	cake
фарш	ground meat
фру́кты	fruit
хлеб	bread
цыпля́та табака́	a chicken dish from the Caucasus
чай	tea
чесно́к	garlic
шашлы́к	shish kebab
щи	cabbage soup
я́блоко (*pl.* я́блоки)	apple
яйцо́ (*pl.* я́йца)	egg

Магази́ны/рестора́ны / Stores/restaurants

бу́лочная (*adj. decl.*)	bakery
гастроно́м	grocery store
кафе́ [кафэ́] (*masc.; indecl.*)	café
кафете́рий	snack bar
продово́льственный магази́н	grocery store
универса́м	self-service grocery store

Новые слова и выражения

Другие существительные	**Other nouns**
аллерги́я	allergy
блю́до	dish
буты́лка	bottle
второ́е (*adj. decl.*)	main course; entrée
копе́йка (2-4 копе́йки, 5-20 копе́ек; see S.A.M.)	kopeck
ку́хня	cuisine, style of cooking
меню́ (*neuter; indecl.*)	menu
пе́рвое (*adj. decl.*)	first course (*always soup*)
по́рция	portion, order
проду́кты (*pl.*)	groceries
счёт	bill; check (*at a restaurant*)
чаевы́е (*pl.; adj. decl.*)	tip

ADJECTIVES

вку́сный	good, tasty
минера́льный	mineral
моло́чный	milk; dairy
мясно́й	meat
никако́й	none
све́жий	fresh
тома́тный	tomato

VERBS

быть (бу́ду, бу́дешь, бу́дут)	to be (*future tense conj.*)
брать/взять (беру́, берёшь, беру́т)/ (возьму́, возьмёшь, возьму́т)	to take
гото́вить/при- (гото́влю, гото́вишь, гото́вят)	to prepare
де́лать/с- (де́лаю, де́лаешь, де́лают)	to do, to make
ду́мать/по- (ду́маю, ду́маешь, ду́мают)	to think
есть/съ- (ем, ешь, ест, еди́м, еди́те, едя́т)	to eat
зака́зывать (*imperf.*) (зака́зываю, зака́зываешь, зака́зывают)	to order
идти́/пойти́ (иду́, идёшь, иду́т)/ (пойду́, пойдёшь, пойду́т)	to go (*on foot, or within a city*)
найти́ (*perf.*) (найду́, найдёшь, найду́т)	to find
обе́дать/по- (обе́даю, обе́даешь, обе́дают)	to have lunch, dinner
писа́ть/на- (пишу́, пи́шешь, пи́шут)	to write
пить/вы́пить (пью, пьёшь, пьют; пил, пила́, пи́ли)/ (вы́пью, вы́пьешь, вы́пьют)	to drink

Новые слова и выражения

пока́зывать/показа́ть
    (пока́зываю, пока́зываешь, пока́зывают)/
    (покажу́, пока́жешь, пока́жут)
	to show; to point to

покупа́ть/купи́ть
    (покупа́ю, покупа́ешь, покупа́ют)/
    (куплю́, ку́пишь, ку́пят)
	to buy

попа́сть (*perf.*)
    (попаду́, попадёшь, попаду́т;
    попа́л, попа́ла, попа́ли)
	to manage to get in

расска́зывать/рассказа́ть
    (расска́зываю, расска́зываешь, расска́зывают)/
    (расскажу́, расска́жешь, расска́жут)
	to tell

реша́ть/реши́ть
    (реша́ю, реша́ешь, реша́ют)/
    (решу́, реши́шь, реша́т)
	to decide

слы́шать/у- (слы́шу, слы́шишь, слы́шат)	to hear
смотре́ть/по- (смотрю́, смо́тришь, смо́трят)	to watch
сове́товать/по- (кому́) (сове́тую, сове́туешь, сове́туют)	to advise
у́жинать/по- (у́жинаю, у́жинаешь, у́жинают)	to have supper

ADVERBS

пока́	meanwhile
про́сто	simply
стра́шно	terribly

PREPOSITIONS

без (чего́)	without
с (чем)	with

OTHER WORDS AND PHRASES

Бу́дьте добры́!	Could you please. . . ?
Во-пе́рвых. . . , во-вторы́х. . .	In the first place. . . , in the second place. . .
Да́йте, пожа́луйста, счёт!	Check, please!
Е́сли говори́ть о себе́, то. . .	If I use myself as an example, then. . .
ко́фе с молоко́м	coffee with milk
Мину́точку!	Just a minute!
Мы то́чно попадём.	We'll get in for sure.
Получи́те!	Take it! (*said when paying*)

Новые слова и выражения

Пошли! — Let's go!

Принеси́те, пожа́луйста, меню́. — Please bring a menu.

С (кого́)... — Someone owes. . .

Смотря́... — It depends. . .

С одно́й стороны́..., с друго́й стороны́... — On the one hand. . . , on the other hand. . .

Что вы (нам, мне) посове́туете взять? — What do you advise (us, me) to order?

Что ещё ну́жно? — What else is needed?

PASSIVE VOCABULARY

бензи́н — gasoline

блины́ — Russian pancakes

варе́нье — preserves

вино́ — wine

вьетна́мский — Vietnamese

грамм (*gen. pl.* грамм) — gram

жа́реный — fried; grilled

зава́рка — concentrated tea

зако́нчите предложе́ния — complete the sentences

изю́м — raisin(s)

инде́йка — turkey

килогра́мм (*gen. pl.* килогра́мм) — kilogram

кре́пкий — strong

кусо́к (кусо́чек) — piece

литр — liter

осетри́на — sturgeon

пече́нье — cookie(s)

пи́во — beer

плов — Central Asian rice pilaf

пломби́р — creamy ice cream

полкило́ — half a kilo

посети́тель — visitor

приходи́ть — to arrive

пти́ца — bird; poultry

сла́бый — weak

соси́ска — hot dog

со сли́вками — with cream

стака́н — glass

   стака́нчик — small glass; cup (*measurement*)

фрукто́вый — fruit (*adj.*)

шампа́нское — champagne

Биография

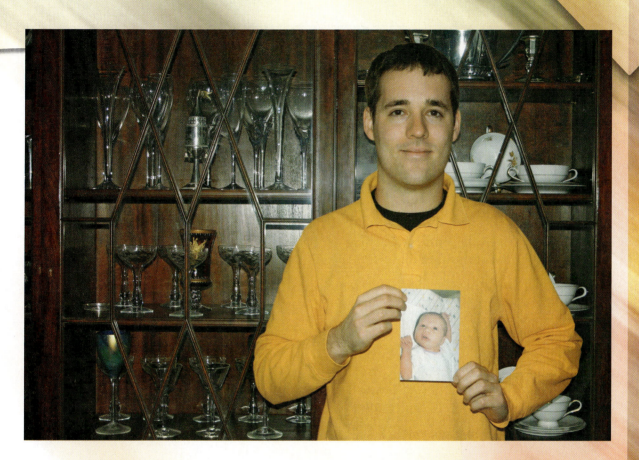

Коммуникативные задания

- Talking more about yourself and your family
- Telling where your city is located
- Reading and listening to short biographies

Культура и быт

- Russian educational system
- Russian higher education
- The three Tolstoys

Грамматика

- Expressing resemblance: **похóж (-а, -и) на когó**
- Expressing location: **на ю́ге (се́вере, восто́ке, за́паде) (от) чего́**
- Entering and graduating from school: **поступа́ть/поступи́ть куда́; око́нчить что**
- Time expressions: **в како́м году́, че́рез, наза́д**
- Verbal aspect: past tense
- Review of motion verbs
- Present tense in *have been doing* constructions

Точка отсчёта

О чём идёт речь?

На кого́ вы похо́жи?

– Это моя́ сестра́.
– Слу́шай, ты о́чень похо́ж на сестру́.

– Это мой оте́ц.
– Слу́шай, ты о́чень похо́жа на отца́.

– Это на́ша мать.
– Слу́шайте, вы о́чень похо́жи на мать.

 10-1 Tell your partner who looks like whom in your family by combining elements from the two columns below. Then switch roles.

	ба́бушку
Я похо́ж(а) на…	де́душку
Сестра́ похо́жа на…	мать
Брат похо́ж на…	отца́
Оте́ц похо́ж на…	бра́та
Мать похо́жа на…	сестру́
	дя́дю
	тётю

Отку́да вы?

– Са́ра, отку́да вы?
– Я из Ло́ндона.

– Джим, отку́да вы?
– Я из Та́мпы.

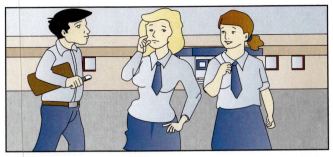

- Ребя́та, отку́да вы?
- Мы из Торо́нто.

10-2 How would you ask the following people where they are from?

1. преподава́тель
2. большо́й друг
3. мать подру́ги
4. сосе́д(ка) по ко́мнате
5. де́ти
6. делега́ция Моско́вского университе́та

Разговоры для слушания

Разгово́р 1. У Ча́рльза в гостя́х.

Разгова́ривают Же́ня, Лю́да и Чарльз.

1. Luda says that she is from Irkutsk. Charles is not sure where Irkutsk is located. What is his guess?
2. According to Luda, in what part of Russia is Irkutsk located?
3. Where was Luda born?
4. Where did she go to college?
5. How long did she work after graduating from college?
6. At what university will she be doing graduate work?

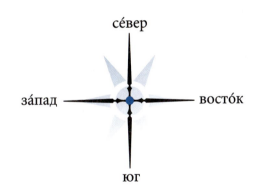

Вы́сшее образова́ние в Росси́и

Competition for entrance into Russia's more prestigious institutions of higher learning is intense. One who has graduated (**око́нчил университе́т, институ́т**) receives a **дипло́м.** Admission to graduate school (**аспиранту́ра**) is even more limited. Law and medical degrees are taken at the undergraduate, not graduate, level. See Unit 4, **Дава́йте почита́ем,** for more information on Russian academic degrees.

Разгово́р 2. По́сле обе́да.

Разгова́ривают Чарльз и Лю́да.

1. How old is Charles's sister?
2. Where does she go to college?
3. How much older than Charles is his brother?
4. Where does Charles's brother work?

Разгово́р 3. Америка́нцы ча́сто переезжа́ют.

Разгова́ривают Чарльз и Лю́да.

1. How old was Charles when his family moved to Denver?
2. In what state did his family live before that?
3. Where did his family move after five years in Denver?
4. Based on this conversation, what do you think the verb **переезжа́ть/перее́хать** means?

Давайте поговорим

Диалоги

1. Я поступа́ла в аспиранту́ру, но не поступи́ла.

— Здра́вствуй, Дэн! Познако́мься, э́то моя́ знако́мая Ка́тя.

— Очень прия́тно, Ка́тя!

— Ка́тя прие́хала из Перми́. Это на восто́ке от Москвы́.

— Как интере́сно! А вы родили́сь в Перми́?

— Нет, я вы́росла в Смоле́нске. Но учи́лась в Перми́. Три го́да наза́д я око́нчила университе́т. Я поступа́ла в аспиранту́ру, но не поступи́ла.

— Да. Я слы́шал, что у вас о́чень тру́дно попа́сть в аспиранту́ру.

— Ну вот. И я пошла́ рабо́тать. Рабо́тала два го́да, а пото́м поступи́ла в Моско́вский университе́т.

2. Дава́й перейдём на «ты»!

— Дэн, я ви́жу, что у тебя́ на столе́ фотогра́фии лежа́т. Это твоя́ семья́?

— Да. Хоти́те, покажу́?

— Дэн, дава́й перейдём на «ты».

— Хорошо́, дава́й! Вот э́то фотогра́фия сестры́.

— Она́ о́чень похо́жа на тебя́. Ско́лько ей лет?

— Два́дцать. Она́ мла́дше меня́ на два го́да.

— Она́ у́чится?

— Да, в Калифорни́йском университе́те. Она́ око́нчит университе́т че́рез год.

When referring to your own family, do not use possessive pronouns.

3. Кто э́то на фотогра́фии?

— Кто э́то на фотогра́фии?

— Это я три го́да наза́д.

— Не мо́жет быть!

— Пра́вда, пра́вда. Мы тогда́ жи́ли в Теха́се.

— Ты тогда́ учи́лся в шко́ле?

— Да, в деся́том кла́ссе.

— Вы до́лго жи́ли в Теха́се?

— Нет, всего́ два го́да. Мы перее́хали, когда́ я был в оди́ннадцатом кла́ссе.

Образова́ние

Most Russian universities and institutes have five, not four, years (**ку́рсы**). The students are called **студе́нт/студе́нтка**. Russian schools have eleven grades (**кла́ссы**). The pupils are called **шко́льник/шко́льница** or **учени́к/учени́ца**. Graduate school is **аспиранту́ра**. Graduate students are called **аспира́нт/аспира́нтка**.

4. Америка́нцы ча́сто переезжа́ют?

— Ребе́кка, а э́то пра́вда, что америка́нцы ча́сто переезжа́ют?

— Да. Мы, наприме́р, переезжа́ли ча́сто. Когда́ мне бы́ло 10 лет, мы перее́хали в Кли́вленд.

— А до э́того?

— До э́того мы жи́ли в Чика́го.

— А пото́м?

— А пото́м че́рез пять лет мы перее́хали из Кли́вленда в Да́ллас.

— А у нас переезжа́ют ре́дко. Вот я роди́лся, вы́рос и учи́лся в Москве́.

5. Отку́да вы?

— Здра́вствуйте! Дава́йте познако́мимся. Меня́ зову́т Наза́рова Наде́жда Анато́льевна. Пожа́луйста, расскажи́те о себе́. Как вас зову́т? Отку́да вы?

— Меня́ зову́т Мише́ль. Я из Нью-Хэ́мпшира.

— Нью-Хэ́мпшир, ка́жется, на за́паде Аме́рики?

— Нет, на восто́ке.

— А вы живёте у роди́телей?

— Нет, ма́ма и па́па живу́т в друго́м шта́те, во Фло́риде, на ю́ге страны́.

Вопро́сы к диало́гам

Диало́г 1

Пра́вда и́ли непра́вда?

1. Разгова́ривают Дэн, Ка́тя и подру́га Ка́ти.
2. Ка́тя прие́хала из Ирку́тска.
3. Ка́тя вы́росла в Смоле́нске.
4. Ка́тя учи́лась в Смоле́нске.
5. Она́ око́нчила университе́т три го́да наза́д.
6. Она́ рабо́тала три го́да.
7. Она́ сейча́с у́чится в Моско́вском университе́те.
8. В Росси́и тру́дно попа́сть в аспиранту́ру.

Диало́г 2

1. Кто разгова́ривает в э́том диало́ге?
2. Что лежи́т у Дэ́на на столе́?
3. У Дэ́на есть бра́тья и сёстры?
4. Ско́лько лет его́ сестре́?
5. Она́ рабо́тает и́ли у́чится?

Диало́г 3

1. Кто на фотогра́фии?
2. Когда́ сде́лали фотогра́фию?
3. Где они́ жи́ли, когда́ сде́лали фотогра́фию?
4. В како́м кла́ссе он был?
5. Когда́ они́ перее́хали?

Диало́г 4

1. Ребе́кка ду́мает, что америка́нцы ча́сто переезжа́ют? А что вы ду́маете?
2. Куда́ перее́хала семья́ Ребе́кки?
3. Ско́лько ей бы́ло лет, когда́ они́ перее́хали?
4. Где они́ жи́ли до э́того?
5. Когда́ они́ перее́хали в Да́ллас?
6. А ру́сские ча́сто переезжа́ют?

Диало́г 5

1. Кто разгова́ривает в э́том диало́ге?
2. Как вы ду́маете, кто Наде́жда Анато́льевна?
3. Отку́да Мише́ль?
4. Наде́жда Анато́льевна зна́ет, где Нью-Хэ́мпшир?
5. Где Нью-Хэ́мпшир?
6. Где живу́т роди́тели Мише́ль? А где э́тот штат?

Упражнения к диалогам

10-3 Кто на кого́ похо́ж?

In five minutes, find out as much as you can from your classmates about who resembles whom in their families. Ask questions such as the following in Russian. Jot down what you learn and be prepared to report several facts to the entire class.

1. Ты похо́ж(а) на ма́му и́ли на па́пу?
2. Твои́ бра́тья и сёстры похо́жи на роди́телей?
3. Кто похо́ж на твоего́ де́душку?
4. Кто похо́ж на тебя́?

10-4 О бра́тьях и сёстрах. Find out from your classmates how old they and their siblings are and what year of school they are in. Be ready to report your findings to the class. Be sure to use **в (-ом) кла́ссе** for grades in grade school and high school, and **на (-ом) ку́рсе** for years in college or university.

10-5 Мла́дше и́ли ста́рше? Recall the construction for older/younger (presented in Unit 6):

Э́то мой мла́дший брат.   А э́то моя́ мла́дшая сестра́.
Он мла́дше меня́ на́ год.   Она́ мла́дше меня́ на два го́да.
Вот э́то мой ста́рший брат.   И, наконе́ц, э́то моя́ ста́ршая сестра́.
Он ста́рше меня́ на три го́да.   Она́ ста́рше меня́ на пять лет.

Compare the ages of people in your family by combining elements from the columns below.

я		меня́		год
брат		его́		два го́да
сестра́	ста́рше	её		три го́да
мать	мла́дше	бра́та	на	четы́ре го́да
оте́ц		сестры́		пять лет
		ма́тери		два́дцать лет
		отца́		два́дцать оди́н год

It is important to provide a context for references to points of the compass: **На за́паде США (Аме́рики)** = *in the western part of the U.S. (America);* **на за́паде от Кли́вленда** = *west of Cleveland.* If you leave out the context, most Russian listeners will assume you are speaking about the concepts "the West" or "the East" in broad general terms.

10-6 Родно́й го́род. Just as most Europeans and Americans would not know the location of **Хи́мки,** a major Moscow suburb familiar to many Russians, Russians may not know the location of your hometown. If you are not from a major city like New York, London, or Montreal, you will need to provide more than the name of your hometown. Here are some ways to do this.

Я из Са́нта-Мо́ники.   Э́то го́род в шта́те Калифо́рния.
     Э́то го́род на ю́ге Калифо́рнии.
     Э́то при́город Лос-Анджелеса.
     Э́то го́род на за́паде от Лос-Анджелеса.

1. Practice telling in what states the following cities are located.

   Олбани, Ли́тл-Рок, Атла́нта, Та́мпа, Сан-Анто́нио, Балтимо́р, Анн-Арбор, Сэнт-Лу́ис

2. Say where the following U.S. states are located.

   Образе́ц: Калифо́рния на за́паде Аме́рики.

   Орего́н, Мэн, Нева́да, Фло́рида, Миннесо́та, Мэ́риленд, Вермо́нт, Теха́с, Виско́нсин

3. Indicate where the following cities are in relation to Moscow. Consult the map if necessary.

Образе́ц:　— Где Яросла́вль?　　— Он на се́вере от Москвы́.

Ки́ев, Санкт-Петербу́рг, Калинингра́д, Арха́нгельск,
Тбили́си, Ри́га, Ерева́н, Ирку́тск, Смоле́нск

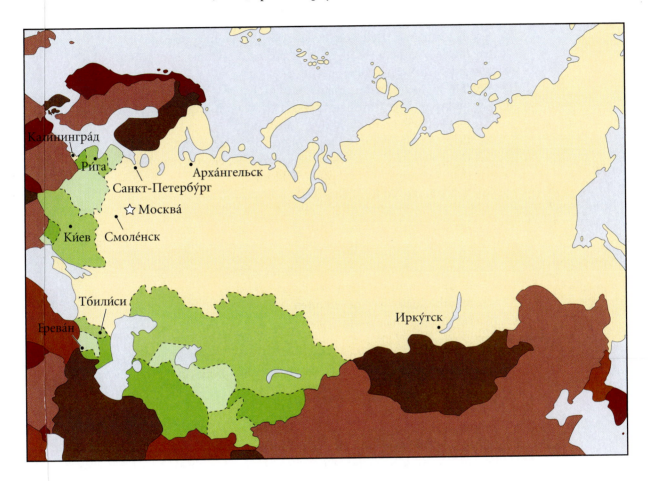

 10-7 Working in small groups, tell where you are from.

10-8 Find out where your classmates are from (by asking **Отку́да ты?**) and jot down their answers. Everyone asks and answers at the same time. The first person who can tell where everyone is from wins. Note that the word following **из** is in the genitive case.

10-9 Подгото́вка к разгово́ру. Review the dialogs. How would you do the following?

1. Introduce someone.
2. Say where you were born (grew up).
3. Ask where someone was born (grew up, went to college).
4. Say you applied to college.
5. Say you entered college.
6. Say that you graduated from college one (two, four) years ago.
7. Say that you worked (lived) somewhere for two (three, five) years.
8. Suggest switching to **ты** with someone.
9. Say that someone's sister resembles him/her.
10. Say that your sister (brother) is two (five) years younger (older) than you.
11. Say that you will graduate in one (three) years.
12. Say that your family moved somewhere (e.g., New York).
13. Say that you moved somewhere (e.g., Texas) when you were two (thirteen).
14. Say that your family moved often (seldom).
15. Say that you moved from New York to Boston.

10-10 О семье́. With a partner, have a conversation in Russian in which you find out the following information about each other's families.

1. Names, ages, and birthplaces of family members.
2. Where family members went to college.
3. Whether the family has moved often.
4. Where the family has lived.

10-11 О себе́. Tell your partner as much as you can about yourself and your family in two minutes. Then, to work on fluency, do it again, but try to say everything in one minute.

10-12 Два́дцать вопро́сов. One person in the group thinks of a famous contemporary person. The others ask up to twenty yes-no questions to figure out the person's identity. Here are some good questions to get you started:
Вы мужчи́на (*man*)? **Вы же́нщина** (*woman*)? **Вы роди́лись в Росси́и? Вы америка́нец? Вы писа́тель?**

Игровые ситуации

10-13 Расскажите о себе.

1. You are in Russia on an exchange program and your group has been invited to a let's-get-acquainted meeting with Russian students. To get things started, everybody has been asked to say a little bit about themselves.

2. You are at a party in Russia and are eager to meet new people. Strike up a conversation with someone at the party and make as much small talk as you can.

3. You are new to your host family in Russia and they would like to know more about your family at home. Tell them about your parents and siblings and where they work or study. Show photographs and explain how much older or younger your siblings are.

4. You were at a Russian friend's house and met someone who spoke English extremely well. Ask your friend about that person's background to find out how s/he learned English so well.

5. At a school in Russia, you have been asked to talk to students about getting into college in your country. Tell about your own experience.

6. Working with a partner, prepare and act out a situation of your own that deals with the topics of this unit.

Устный перевод

10-14 A Russian friend has come to visit your family. Everyone is interested in your friend's background. Serve as the interpreter.

ENGLISH SPEAKER'S PART

1. Sasha, are you from Moscow?
2. Vladivostok is in the north, isn't it?
3. Were you born there?
4. And you're in Moscow now? Where do you go to school?
5. Where did you stay?
6. When will you graduate?
7. So in two years, right?

Грамматика

1. Expressing Resemblance: похо́ж на кого́

The word **похо́ж (похо́жа, похо́жи)** – *looks like* is always used with the preposition **на** followed by the accusative case.

Сын похо́ж на отца́.	The son looks like his father.
Дочь похо́жа на ба́бушку.	The daughter looks like her grandmother.
Де́ти похо́жи на мать.	The children look like their mother.

Упражнения

10-15 Use the correct form of the words in parentheses.

1. — На (кто) похо́ж Анто́н?
   — Он похо́ж на (брат).
2. — На (кто) похо́жа Анна?
   — Она́ похо́жа на (оте́ц).
3. — На (кто) похо́ж Гри́ша?
   — Он похо́ж на (ма́ма).
4. — На (кто) похо́жи твои бра́тья?
   — Они́ похо́жи на (па́па).

5. — На (кто) похо́жа Со́ня?
   — Она́ похо́жа на (сестра́).
6. — На (кто) похо́ж Ви́тя?
   — Он похо́ж на (сёстры).
7. — На (кто) похо́жа Ла́ра?
   — Она́ похо́жа на (бра́тья).
8. — На (кто) похо́жи де́ти?
   — Они́ похо́жи на (роди́тели).

> ➤ *Complete Oral Drills 1–2 and Written Exercise 1 in the Student Activity Manual (S.A.M.).*

10-16 Как по-ру́сски? (Don't translate the words in brackets.)

1. Vanya looks like [his] brother.
2. Katya and Tanya look like [their] parents. That means Katya looks like Tanya.
3. — Whom do you look like?
   — My mother thinks I look like her, but my father thinks I look like him.

2. Expressing Location: на ю́ге (се́вере, восто́ке, за́паде) (от) чего́

Да́ча на ю́ге Москвы́.

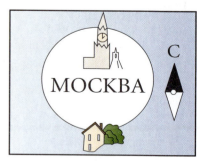

Да́ча на ю́ге от Москвы́.

The points of the compass are **на** words. To provide a context, use either **от** + the genitive case, or the genitive case alone.

Abbreviations that are pronounced like letters, like **США,** are indeclinable.

Теха́с **на ю́ге** США.   Texas is *in the south* of the USA.

Ме́ксика **на ю́ге от** США.   Mexico is *south* of the USA.

Упражнения

10-17 Соста́вьте предложе́ния. Make truthful and grammatically accurate sentences by combining words from the columns below. Do not change word order or add extra words, but do put the words in the last column in the genitive case.

Атла́нта			
Владивосто́к	се́вере	Кана́да	
Ванку́вер	ю́ге	Росси́я	
Монреа́ль	на	за́паде	США
Санкт-Петербу́рг	восто́ке		
Сан-Франци́ско			

10-18 Соста́вьте предложе́ния. Make truthful and grammatically accurate sentences by combining words from the columns below. Do not change word order or add extra words, but do put the words following the preposition **от** in the genitive case.

Берли́н				Берли́н
Бонн	се́вере			Бонн
Ло́ндон	ю́ге			Ло́ндон
Мадри́д	на	за́паде	от + *gen.*	Мадри́д
Осло	восто́ке			Осло
Пари́ж				Пари́ж
Хе́льсинки				Санкт-Петербург

➤ *Complete Oral Drill 3 and Written Exercise 2 in the S.A.M.*

3. Entering and Graduating from School: поступа́ть/ поступи́ть (куда́), око́нчить (что)

Ка́тя говори́т:

Три го́да наза́д я **око́нчила университе́т. Я поступа́ла в аспиранту́ру,** но не **поступи́ла.**

Three years ago I *graduated from the university. I applied to* graduate school, but didn't *begin* it.

поступа́ть/поступи́ть
{
в ко́лледж
в акаде́мию
в институ́т
в университе́т
в аспиранту́ру
}

Note that when speaking about Russia, **колледж** usually refers to a two-year or three-year trade school, somewhat equivalent to a U.S. community college. **Академия** and **институт** are very close in meaning.

Гимна́зия is an
elite high school.

око́нчить {
школу
гимна́зию
ко́лледж
акаде́мию
институт
университе́т
аспиранту́ру
}

Упражнения

10-19 Запо́лните про́пуски. Fill in the blanks with the preposition **в** where needed.

1. Ма́ша уже́ око́нчила _____ шко́лу.
2. Когда́ она́ посту́пит _____ институт?
3. Когда́ Са́ша око́нчит _____ университе́т, он посту́пит _____ аспиранту́ру?
4. Вы не зна́ете, когда́ он око́нчит _____ аспиранту́ру?
5. Мои́ друзья́ око́нчили _____ гимна́зию и поступи́ли _____ ко́лледж в США.

10-20 Как по-ру́сски?

▶ *Complete Oral Drills 4–8 and Written Exercises 3–5 in the S.A.M.*

1. Masha graduated from high school and entered the university.
2. When did she finish high school?
3. When will she graduate from college?
4. Will she go to graduate school?

4. Indicating the Year in Which an Event Takes (Took) Place: В како́м году́?

To answer the question **В како́м году́?** (*In what year?*), use **в** followed by the prepositional case of the ordinal number, plus **году́** (which is a special prepositional case form of **год**).

— **В како́м году́** вы бы́ли в Евро́пе?
— Мы там бы́ли **в две ты́сячи пе́рвом году́**.

If the year is a compound number, only the last word in the number will have the prepositional adjective ending (**-ом**). If context makes the century clear, the "18" or "19" may be omitted. For the twenty-first century, **две ты́сячи** is not omitted.

350 ◆ **Урок 10**

В	(тысяча девятьсот)	двадцать пе́рвом три́дцать второ́м со́рок тре́тьем пятьдеся́т четвёртом шестьдеся́т пя́том се́мьдесят шесто́м во́семьдесят седьмо́м девяно́сто восьмо́м девяно́сто девя́том	году́

В	две ты́сячи	пе́рвом второ́м тре́тьем четвёртом пя́том шесто́м седьмо́м восьмо́м девя́том деся́том	году́

Remember that the adjective **тре́тий** is soft. The prepositional ending is thus **тре́тьем.**

If the year is not a compound but rather one of the "tens," it will have a different stress and/or an additional syllable not present in the cardinal number. This is also true of the round year 2000.

В	ты́сяча восемьсо́т ты́сяча девятьсо́т две ты́сячи	деся́том двадца́том тридца́том сороково́м пятидеся́том шестидеся́том семидеся́том восьмидеся́том девяно́стом	году́
	двухты́сячном		

А что мы должны знать?

What you need to be able to do:

LISTENING. You should be able to understand the years when they are spoken at normal speed.

WRITING. Only rarely are years written out as words. It is more common to abbreviate as follows: **Мы бы́ли в Евро́пе в 74-ом году́. Мы бу́дем в Росси́и в 2007-ом году́ (и́ли: в 2007 г.).** Note that the prepositional ending and either the abbreviation **г.** or the word **году́** are often added, even when the year is written as numerals rather than as words. You should be able to write years like this.

SPEAKING. You should learn to pronounce with confidence the correct answers to the following questions:

В како́м году́ вы родили́сь?

В како́м году́ родили́сь ва́ши роди́тели?

В како́м году́ родили́сь ва́ши бра́тья и сёстры?

В како́м году́ родила́сь ва́ша жена́ (роди́лся ваш муж)?

В како́м году́ родили́сь ва́ши де́ти?

Strategy: If you are asked either **Когда́?** or **В како́м году́?** questions, you will probably find it easier to answer them using **че́рез** or **наза́д** (see 5).

Упражнение

10-21 Прочита́йте предложе́ния. Read the following sentences aloud.

1. Пе́тя роди́лся в 1989-ом г.
2. А́ля родила́сь в 1972-ом г.
3. И́ра родила́сь в 1990-ом г.
4. Ва́ня роди́лся в 1980-ом г.
5. Вади́м поступи́л в университе́т в 2003-ем г.
6. Кса́на око́нчила университе́т в 2000-ом г.
7. Мы око́нчим университе́т в 2010-ом г.
8. Де́душка у́мер в 2001 г.
9. Ба́бушка умерла́ в 1999 г.

> **у́мер, умерла́, у́мерли** – died (*infinitive:* **умере́ть**)

> ➤ *Review* **Числи́тельные** *in the S.A.M.; Complete Oral Drill 9 and Written Exercise 6 in the S.A.M.*

5.   Time Expressions with че́рез and наза́д

To indicate that something took place (or will take place) after a certain amount of time, use **че́рез** followed by the time expression.

О́ля сказа́ла, что она́ пригото́вит обе́д в 6 часо́в. Сейча́с 4 часа́. Зна́чит, она́ пригото́вит обе́д **че́рез 2 часа́.**	Olya said she would make dinner at 6 o'clock. It's now 4 o'clock. That means she'll make dinner *in two hours.*

че́рез
час
2–4 часа́
5–20 часо́в
2–4 дня
5–20 дней
неде́лю
2–4 неде́ли
5–20 неде́ль
ме́сяц
2–4 ме́сяца
5–20 ме́сяцев
год
2–4 го́да
5–20 лет

To indicate that something took place a certain amount of time ago, use the time expression followed by **наза́д**.

Сейча́с 6 часо́в. Пе́тя пришёл в 4 часа́. Зна́чит он пришёл **2 часа́ наза́д**.	It's 6 o'clock. Petya came over at 4 o'clock. That means he arrived *two hours ago*.

час
2–4 часа́
5–20 часо́в
2–4 дня
5–20 дней
неде́лю
2–4 неде́ли
5–20 неде́ль
ме́сяц
2–4 ме́сяца
5–20 ме́сяцев
год
2–4 го́да
5–20 лет
наза́д

> оди́н ме́сяц = четы́ре неде́ли
>
> одна́ неде́ля = семь дней

Упражнения

10-22 Как по-ру́сски?

Alla graduated from high school a week ago. In three months she'll start university. Her brother graduated from college two years ago. In a year he'll apply to graduate school.

10-23 Отве́тьте на вопро́сы. Answer the following questions truthfully, using time expressions with **че́рез** or **наза́д.** Pay attention to the tense of the verbs.

1. Когда́ вы поступи́ли в университе́т?
2. Когда́ вы око́нчите университе́т?
3. Когда́ вы посту́пите в аспиранту́ру?
4. Когда́ ва́ши бра́тья и сёстры око́нчили шко́лу?
5. Когда́ вы е́дете в Росси́ю?
6. Когда́ вы е́здили в Нью-Йо́рк?
7. Когда́ вы ходи́ли в кино́?

> ➤ *Complete Oral Drills 10–12 and Written Exercise 7 in the S.A.M.*

6. Verbal Aspect — Past Tense

The difference in meaning between imperfective and perfective verbs in the future applies to the past tense as well. Perfective verbs refer to complete one-time actions, normally of short duration or with emphasis on a result. Imperfective verbs, on the other hand, are used when the action itself, and not its completion or end result, is emphasized. Imperfective verbs are also used to describe actions in progress, the duration of actions, and actions that are repeated frequently. All verbs, perfective and imperfective, take the usual past tense endings: **-л, -ла, -ло, -ли.**

I. Repeated Actions: *imperfective verbs*

If the action described took place more than once, it is expressed with an imperfective verb. Repetition may be indicated by an adverb such as **всегда́, всё вре́мя, обы́чно, ча́сто, ре́дко, ка́ждый день,** or **ра́ньше.**

> Когда́ Ва́ня был в Аме́рике, он **ка́ждый день чита́л** америка́нские газе́ты.
> Когда́ я учи́лась в институ́те, я **ре́дко отдыха́ла. Я всё вре́мя занима́лась.**

Sometimes English indicates repetition with the expression *used to:* used to read, used to rest, etc. Such *used to* expressions are always imperfective in Russian.

Упражнение

10-24 Како́й вид глаго́ла? Select the correct aspect of each verb below. Which of these sentences requires an imperfective verb because the action is repeated?

1. Когда́ Же́ня учи́лась в Вашингто́не, она́ ка́ждый день (слу́шала/послу́шала) ра́дио.
2. Мы ра́ньше (покупа́ли/купи́ли) газе́ты на ру́сском языке́.
3. Серафи́ма Дени́совна, вы уже́ (писа́ли/написа́ли) письмо́ дире́ктору?
4. Ма́ма всё вре́мя (говори́ла/сказа́ла) ребёнку, что не на́до опа́здывать.
5. Извини́те, что вы сейча́с (говори́ли/сказа́ли)? Я вас не расслы́шала.
6. Ва́ня, почему́ ты сего́дня (опа́здывал/опозда́л) на уро́к? Ты ведь ра́ньше не (опа́здывал/опозда́л).

II. One-Time Actions

Both perfective and imperfective verbs can be used to convey one-time actions. However, as you will see below, perfective verbs are used to emphasize the *result* of an action.

A. Emphasis on result: *perfective verbs*

The people answering the questions in the captioned pictures below emphasize that they have completed the one-time actions by using perfective verbs. Often the adverb **ужé** indicates a completed action and the need for a perfective verb.

– Мóжно? Или вы ещё пишете?
– Нет, ужé всё **написáл**.

– Яи́чницу бу́дешь?
– Нет, спаси́бо. Я ужé **поза́втракала**.

– Вы ещё читáете газéту?
– Я её ужé **прочитáл**.

B. Lack of emphasis on result: *imperfective verbs*

Sometimes an action is complete and has a result, but the speaker does not emphasize its completion or result. In such cases, imperfective verbs are used. This is most common with verbs denoting extended activities, such as **читáть, слу́шать, смотрéть,** and **дéлать.**

The question "What did you [or anyone] do?" is always *imperfective.* This question is polite and neutral. To ask the same question in the perfective would have a meaning closer to "What did you get done?", with the expectation that an assignment should have been completed.

— Что ты вчерá **дéлал?**
— Я **отдыхáл, смотрéл** телеви́зор.

What *did you do* yesterday?
I *relaxed* and *watched* television.

> The speaker is interested in whether this activity has ever taken place, not whether it was completed.

If you ask someone casually whether they have read a book, seen a movie, and so forth, that question is also generally imperfective. The imperfective in such questions is polite and neutral. A perfective question would indicate an expectation that the action should have been completed, for example, if it were an assigned task.

— Ты **читáла** «Отцóв и детéй»?
— Да, **читáла** в прóшлом году́.

Have you *read Fathers and Sons?*
Yes, I *read* it last year.

Упражнение

10-25 Are the boldfaced verbs perfective or imperfective? Why?

1. — Та́ня, ты хо́чешь есть?
   — Нет, спаси́бо. Я уже́ **пообе́дала.**
2. — Ви́тя, где ты был вчера́ ве́чером?
   — Я был в це́нтре. **Обе́дал** в но́вом рестора́не.
3. — Что вы **де́лали** вчера́?
   — Мы **занима́лись.**
4. — Воло́дя ещё пока́зывает сла́йды?
   — Нет, уже́ всё **показа́л.** Мо́жет быть, он тебе́ пока́жет их за́втра.
5. — Ты **чита́ла** «Анну Каре́нину»?
   — Да, я её **чита́ла,** когда́ ещё учи́лась в институ́те.
6. В сре́ду Анна **купи́ла** но́вое пла́тье.
7. Мы до́лго **чита́ли** э́тот рома́н. Наконе́ц мы его́ **прочита́ли.**
8. Что вы **де́лали** в суббо́ту?

C. Duration: *imperfective verbs*

Imperfective verbs are used when the speaker focuses on the length of time an action took place. Often this is conveyed through the use of time expressions such as **весь день, всё у́тро, три часа́.** English allows speakers to focus on process through the use of the past progressive (for example, *was buying, were doing*). Such expressions in the past progressive are always imperfective in Russian.

Мы весь день **гото́вили** у́жин.

Студе́нты **де́лали** зада́ния всю ночь.

Упражнение

10-26 Pick the best Russian equivalent for the verbs in the sentences below.

1. Some students were watching videotapes all night. (**смотре́ли/посмотре́ли** видеофи́льмы) Others read their assignments for the next day. (**чита́ли/прочита́ли**)
2. Some students spent the hour eating lunch. (**обе́дали/пообе́дали**)
3. "Did your parents manage to order the plane tickets yesterday?" (**зака́зывали/заказа́ли**)
   "Yes, they spent all morning ordering those tickets." (**зака́зывали/заказа́ли**)

4. "Did you manage to write your term paper?" (**писа́ли/написа́ли**)
   "Yes, but I wrote all night." (**писа́л(а)/написа́л(а)**)
5. We spent four hours fixing dinner. (**гото́вили/пригото́вили**)
6. We made a pizza for our guests. (**гото́вили/пригото́вили**)
7. I wrote e-mails all evening. (**писа́л(а)/написа́л(а)**)
8. I wrote an e-mail to my parents and sent it this morning. (**писа́л(а)/написа́л(а)**)
9. Have you ever read *War and Peace?* (**чита́л(а)/прочита́л(а)** «Войну́ и мир»)
10. We read the assignment and feel prepared for class tomorrow.
    (**чита́ли/прочита́ли**)
11. My teacher advised me to take Russian history. (**сове́товал(а)/посове́товал(а)**)
12. My teacher often advised me what courses to take. (**сове́товал(а)/посове́товал(а)**)

III. Consecutive vs. Simultaneous Events

Мы **прочита́ли** газе́ту и **поза́втракали**.

We *read* the paper and then *had breakfast*.

Мы **чита́ли** газе́ту и **за́втракали**.

We *were reading* the paper while we were *having breakfast*.

Since one action must be finished before the next can begin in a series of events, *perfective* verbs are usually used to describe a series of complete, one-time actions that took place one after the other.

Two or more actions occurring simultaneously are normally described with *imperfective* verbs.

Упражнение

10-27 For each sentence, indicate whether the events occurred at the same time or one after the other.

1. Мы поу́жинали, пошли́ в кино́ и посмотре́ли фильм.
2. Когда́ мы поу́жинали, мы пошли́ в кино́.
3. Мы у́жинали и смотре́ли фильм.
4. Когда́ мы у́жинали, мы смотре́ли фильм.
5. Когда́ мы поу́жинали, мы посмотре́ли фильм.
6. Мы купи́ли проду́кты, пошли́ домо́й и пригото́вили обе́д.
7. Когда́ мы купи́ли проду́кты, мы пошли́ домо́й.
8. Когда́ мы покупа́ли проду́кты, мы говори́ли о фи́льме.
9. Мы пи́ли чай и слу́шали ра́дио.
10. Мы сде́лали дома́шние зада́ния и пошли́ на уро́к.

IV. Different Meanings

In some instances imperfective and perfective Russian verb partners have different English equivalents.

Анна **поступа́ла** в аспиранту́ру, но не **поступи́ла**.

Anna *applied* to graduate school, but *did not enroll (get in)*.

Анна и Вади́м до́лго **реша́ли,** что де́лать, и наконе́ц **реши́ли**.

Anna and Vadim *considered* what to do for a long time, and finally *decided*.

The oral and written exercises in this unit give you a chance to learn and practice the perfective partners of a number of verbs you already know in the imperfective, as well as of a number of new verbs. Refer to the vocabulary list at the end of the unit.

Упражнения

10-28 Read Masha's description of what she did last night. Then help her complete it by selecting the appropriate verb from each pair of past-tense verbs given. Pay attention to context.

Вчера́ ве́чером я (**смотре́ла/посмотре́ла**) телеви́зор. Я (**смотре́ла/ посмотре́ла**) одну́ переда́чу, а пото́м пошла́ в центр. Там я до́лго (**реша́ла/ реши́ла**), что де́лать. Наконе́ц я (**реша́ла/реши́ла**) пойти́ в кафе́. Там сиде́ли мои́ друзья́ Со́ня и Ко́стя. Ра́ньше мы ча́сто (**обе́дали/пообе́дали**) вме́сте, а тепе́рь мы ре́дко ви́дим друг дру́га. Мы до́лго (**обе́дали/пообе́дали**) в кафе́, (**спра́шивали/спроси́ли**) друг дру́га об университе́те и о рабо́те и (**расска́зывали/рассказа́ли**) о се́мьях. Когда́ мы обо всём (**расска́зывали/ рассказа́ли**), мы (**говори́ли/сказа́ли**) «до свида́ния» и пошли́ домо́й. Я о́чень по́здно пришла́ домо́й.

10-29 Как по-ру́сски?

➤ *Complete Oral Drills 13–18 and Written Exercises 8–11 in the S.A.M.*

Yesterday my friend Viktor and I were having dinner in a restaurant. I ordered meat with potatoes and ice cream. Viktor decided to get chicken with vegetables and coffee. While we were having dinner Viktor was telling me about Moscow and I was asking him about his university. He said that he would graduate from the university in a year. Then we went home.

7. Review of Motion Verbs

Russian motion verbs come in two sets, one for going by foot (or for moving around in town), and one for going by vehicle (or for going out of town.) For now you can choose from the following verbs:

Foot	Vehicle	
ходи́ть	е́здить	multidirectional, round trips, past or present
идти́	е́хать	unidirectional/imperfective, present tense
пойти́	пое́хать	unidirectional/perfective, past or future tense

The multidirectional verbs **ходи́ть** and **е́здить** are by definition imperfective.

They are used in each tense (past, present, or future) as follows:

Tense	Foot	Vehicle
Present tense, unidirectional ("I am going")	идти́	е́хать
Present tense, multidirectional ("I go")	ходи́ть	е́здить
Past tense, unidirectional ("I went/set out")	пойти́	пое́хать
Past tense, multidirectional (one or more round trips)	ходи́ть	е́здить
Future tense, unidirectional ("I will go" [once])	пойти́	пое́хать

They are conjugated as follows:

Going by Foot		
ходи́ть (to go by foot or within town, round trip and/or repeatedly)	**идти́** (to go by foot or within town, present tense ["I am going"])	**пойти́** (to go by foot or within town, future ["I will go"] or past one way ["I went/I set out"])
хож - у́	ид - у́	пойд - у́
хо́д - ишь	ид - ёшь	пойд - ёшь
хо́д - ит	ид - ёт	пойд - ёт
хо́д - им	ид - ём	пойд - ём
хо́д - ите	ид - ёте	пойд - ёте
хо́д - ят	ид - у́т	пойд - у́т
	(*Do not use past tense for now.*)	
Past tense:		**Past tense:**
он/кто ходи́л		он/кто пошёл
она́ ходи́ла		она́ пошла́
они́/вы ходи́ли		они́/вы пошли́

Going by Vehicle

е́здить (to go by vehicle or out of town, round trip and/or repeatedly)

е́зж - у
е́зд - ишь
е́зд - ит
е́зд - им
е́зд - ите
е́зд - ят

Past tense:

он/кто е́здил
она́ е́здила
они́/вы е́здили

е́хать (to go by vehicle or out of town, present tense ["I am going"])

е́д - у
е́д - ешь
е́д - ет
е́д - ем
е́д - ете
е́д - ут

(*Do not use past tense for now.*)

пое́хать (to go by vehicle or out of town, future ["I will go"] or past one way ["I went/I set out"])

пое́д - у
пое́д - ешь
пое́д - ет
пое́д - ем
пое́д - ете
пое́д - ут

Past tense:

он/кто пое́хал
она́ пое́хала
они́/вы пое́хали

Foot or vehicle?

You will recall from Unit 5 that you use a vehicle verb only when the context makes it absolutely clear that a vehicle is used, that is:

- when talking about going to another city or country (**Мы е́дем в Ки́ев** – *We're going to Kiev*).
- when the vehicle is physically present (e.g., one person sees another on a bicycle and asks **Куда́ ты е́дешь?** – *Where are you going?*).
- when the specific vehicle being used is mentioned in the sentence (**Мы е́дем домо́й на маши́не** – *We're going home in a car*).

In all other instances, you should use verbs for going by foot.

For now, if you want to use an infinitive, use **пойти́** or **пое́хать**.

Хо́чешь пойти́ в кино́ сего́дня?	Do you *want to go* to the movies today?
Мы **должны́ пое́хать** на да́чу в суббо́ту.	We *have to go* to the dacha on Saturday.

Упражнения

10-30 Pick the correct form of the verb based on the context of the sentence.

1. — Где роди́тели?
   — Их нет. Они́ (е́здили/пое́хали) на да́чу. Они́ бу́дут до́ма ве́чером.

2. — Где Ле́на?
   — Она́ (ходи́ла/пошла́) в библиоте́ку. Она́ бу́дет до́ма че́рез два часа́.

3. — Ты хо́чешь (идти́/пойти́) на конце́рт в пя́тницу?
   — Хочу́, но не могу́. Я должна́ (е́хать/пое́хать) на да́чу в пя́тницу днём.

4. — Анна была́ в Сиби́ри?
   — Да, она́ (е́здила/пое́хала) в Сиби́рь ме́сяц наза́д. Хо́чешь, она́ тебе́ всё
   расска́жет.

5. — Куда́ вы (ходи́ли/пошли́) вчера́?
   — Мы (ходи́ли/пошли́) в музе́й.

6. — Каки́е у вас пла́ны на за́втра?
   — В 9 часо́в мы (хо́дим/пойдём) в музе́й. Пото́м мы хоти́м (идти́/пойти́) в
   кафе́ пообе́дать. А ве́чером (хо́дим/пойдём) в кино́.

7. — Что ты де́лала вчера́?
   — В 9 часо́в я (ходи́ла/пошла́) на уро́к англи́йского языка́. Пото́м я
   (ходи́ла/пошла́) в библиоте́ку занима́ться. Пото́м я (ходи́ла/пошла́) на
   ле́кцию по исто́рии. Наконе́ц, я (ходи́ла/пошла́) домо́й и отдыха́ла.

8. — Где вы бы́ли год наза́д?
   — Мы (е́здили/пое́хали) на юг отдыха́ть.

9. — Где вы там отдыха́ли?
   — Из Москвы́ мы (е́здили/пое́хали) в Со́чи. А из Со́чи мы (е́здили/пое́хали)
   в Новоросси́йск. Пото́м из Новоросси́йска мы (е́здили/пое́хали) в Оде́ссу.

10. — Приве́т, Са́ша! Куда́ ты сейча́с (идёшь/пойдёшь)?
    — (Иду́/Пойду́) в кафе́. Хо́чешь (идти́/пойти́) со мной?

10-31 Куда́ ты? Ask your partner about where he/she goes (is/was going) at the times
indicated below. Be prepared to report his/her answers to the class.

1. Каки́е у тебя́ пла́ны на суббо́ту?
2. Что ты обы́чно де́лаешь во вто́рник?
3. Куда́ ты ходи́л(а) вчера́?
4. Куда́ ты е́здил(а) в воскресе́нье?
5. Куда́ ты пое́дешь на кани́кулы (*on vacation/break*)?

➤ *Complete Oral
Drills 19–20
and Written
Exercises 12–13
in the S.A.M.*

Биогра́фия ◆ **361**

8. Have Been Doing — Present Tense

Russian normally uses present-tense verbs for actions that began in the past and continue into the present:

Мы давно **живём** в Нью-Йорке.	We *have been living* in New York for a long time.
А мы здесь **живём** только четыре месяца.	We *have been living* here for only four months.

Упражнение

10-32 Как по-русски? How would you express the following questions in Russian? How would you answer them?

1. Where do you live?
2. How long (**сколько времени**) have you been living there?
3. How long have you been a student at this university?
4. How long have you been studying Russian?
5. What other foreign languages do you know?
6. How long have you been studying… language?

➤ *Complete Oral Drill 21 and Written Exercises 14–15 in the S.A.M.*

Давайте почитаем

10-33 Наши авторы. Here is a reference listing of well-known Russian authors. Read it to find answers to the following questions.

1. What is the purpose of this article?
2. Supply the following information for each of the authors: name, birthplace and year, education (if given), current place of residence.
3. How many of the authors listed are women?
4. Which authors have lived abroad? How many still live in Russia? How many are dead?
5. The descriptions mention the forebears of some of the authors. What did you find out?
6. Which authors appear not to have graduated with a literature major? What brings you to this conclusion?
7. Which author do you find the most interesting and why?
8. Name one thing that you learned about the kinds of things each of the authors writes.

Наши авторы

ВОЙНОВИЧ Владимир Николаевич. Родился в 1932 г. в Душанбе. Много переезжал, в 1951–55 гг. служил в армии, учился в вечерней школе и полтора года в педагогическом институте. В армии начал писать стихи, потом он перешёл на прозу. Его первая повесть «Мы здесь живём» была опубликована в журнале «Новый мир» в 1961 г. В 1962 г. его приняли в Союз писателей. С 1966 г. принимал участие в движении за права человека. В 1969 и 1975 гг. вышел за границей его самый известный роман «Жизнь и необычайные приключения солдата Ивана Чонкина». В 1974 г. он был исключён из СП и в 1980 г. эмигрировал. Жил в Германии и в США. Его произведения публиковались за границей и в самиздате. Теперь он живёт в Москве и в Германии. В романах, повестях, рассказах, пьесах и фельетонах он критикует советскую систему. Его произведения «Иванькиада», «Шапка», «Москва 2042» и «Антисоветский Советский Союз» восходят к сатирическим традициям Гоголя, Салтыкова-Щедрина и Булгакова.

МАРИНИНА Александра Борисовна. Маринина — псевдоним Марины Анатольевны Алексеевой. Родилась в 1957 г. в Ленинграде. В 1971 году переехала в Москву. В 1979 г. окончила юридический факультет МГУ и получила распределение в Академию МВД СССР. В 1980 г. получила звание лейтенанта милиции и должность научного сотрудника со специальностью психопатология. В 1986 г. защитила кандидатскую диссертацию. С 1991 года пишет детективы. Первую свою повесть, «Шестикрылый серафим», она написала с коллегой Александром Горкиным. В 1992–93 гг. она написала свой первый детектив без соавтора «Стечение обстоятельств». Повесть была опубликована в журнале «Милиция» в 1993 г. На сегодняшний день Маринина — один из самых известных писателей популярного жанра русского детектива.

Среди её работ – «Игры», «Чужой», «Смерть ради смерти» и другие. В 2000 г. был снят телесериал по произведениям Марининой. Живёт в Москве.

ЕРОФЕЕВ Венедикт Васильевич. Родился в 1938 г. в Карелии. В 1955 г. поступил на филологический факультет МГУ, но был исключён из университета за участие в неофициальном студенческом кружке. В 1959 и 1961 гг. Ерофеев поступил в два педагогических института, но вскоре был исключён из обоих. В 1960–70 гг. живёт в ряде городов, работает на строительстве. Первые литературные произведения написаны ещё в студенческие годы, печатаются в «самиздате» и за рубежом в 1970–80 гг. Первые произведения были опубликованы в СССР в 1990 г. Ерофеев — абсурдист в традиции Гоголя или Кафки. Его романы: «Москва — Петушки», «Василий Розанов глазами эксцентрика», пьеса: «Вальпургиева ночь или Шаги командора». Ерофеев скончался в Москве в 1990 г.

ТОКАРЕВА Виктория Самойловна. Родилась в 1937 г. в Ленинграде. В 1963 г. окончила Ленинградское музыкальное училище, а в 1969 г. ВГИК. Член СП с 1971 г. Главные темы — рутина семейной жизни, скука, безнадёжность и разочарование жизнью — автор преподносит в лёгкой тональности, которая, по мнению критиков, напоминает Чехова или Зощенко. Токарева — автор ряда рассказов, пьес и киносценариев. Её романы: «О том, чего не было», «Когда стало немножко теплее», «Летающие качели», «Ничего особенного», «Первая попытка». Живёт в Москве.

ТОЛСТАЯ Татьяна Никитична. Родилась в 1951 г. в Ленинграде, прапраплемянница Льва Николаевича Толстого и внучка Алексея Николаевича Толстого. Окончила филологический факультет ЛГУ в 1974 г. Первые рассказы опубликованы в 1983 г. в ленинградском журнале «Аврора». В 1988 г. вышел сборник её рассказов «На золотом крыльце сидели», а в 2000 г. её роман «Кысь». Другие книги: «День. Личное» (2001), «Ночь. Рассказы» (2001), «Изюм» (2002). Многие её рассказы переведены на английский. Главные темы автора — негативные аспекты психологического облика людей. В её тематике особое место занимают старики и дети. В 90-е годы Толстая часто преподавала в американских вузах и публиковала статьи в американских и британских журналах. С 2002 г. ведёт телепередачу (вместе со сценаристкой Дуней Смирновой) «Школа злословия». Живёт и в Москве, и в США.

Культура и быт

Како́й Толсто́й?

Everyone knows Tolstoy as the author of *War and Peace*. But which Tolstoy? Russia has three famous Tolstoys, two of whom are mentioned here. **Лев Никола́евич** (1828–1910), the most famous, was the author of **Война́ и мир** and **Анна Каре́нина. Алексе́й Константи́нович** (1817–1875) is remembered for his lyric poetry and for his historical trilogy covering the czars of the sixteenth century. **Алексе́й Никола́евич** (1883–1945) wrote sweeping historical novels, among them **Пётр Пе́рвый** and **Ива́н IV.**

Ну́жные слова́

ВГИК – Всеросси́йский госуда́рственный институ́т кинематогра́фии
гла́вный – *main*
движе́ние за права́ челове́ка – *human-rights movement*
до́лжность – *position*
за грани́цей – *abroad*
занима́ть – *to occupy*
защити́ть – *to defend*
зва́ние – *title*
исключён, исключена́ (из чего́) – *was expelled from*
МВД – **Министе́рство вну́тренних дел** – *includes the police,* **мили́ция**
нау́чный сотру́дник – *researcher*
по́весть – **ма́ленький рома́н, нове́лла**
о́блик – (psychological) *portrait or profile*

печа́таться в «самизда́те» – *to be published in* samizdat (*underground publishing in Soviet times*)
получи́ть распределе́ние = **получи́ть рабо́ту**
принима́ть уча́стие – *to participate, take part in*
произведе́ние – *work* (of art or literature)
пье́са – *stage play*
расска́з – *story*
сбо́рник – *collection*
СП – **Сою́з писа́телей** – *Union of Writers* (*What then is* **член?**)
стече́ние обстоя́тельств – *coincidence*
строи́тельство – *construction*
уча́стие – *participation*

10-34 Вы уже́ зна́ете э́ти слова́! Most of the boldfaced words below are related to English words. What do they mean?

1. Он **критику́ет сове́тскую систе́му** – *he _____*
2. Мари́нина — **псевдони́м** Мари́ны Анато́льевны Алексе́евой – *Marinina is the _____ of Marina Anatolievna Alexeeva*
3. **неофициа́льный студе́нческий** кружо́к – *_____ club*
4. **абсурди́ст в тради́ции** Го́голя и́ли Ка́фки – *an _____ in the _____ of Gogol and Kafka*
5. Его́ произведе́ния … восхо́дят к сатири́ческим **тради́циям** Го́голя, Салтыко́ва-Щедрина́ и Булга́кова – *His works can be traced back to the satirical _____ of Gogol, Saltykov-Shchedrin, and Bulgakov.*
6. Гла́вные **те́мы** — **рути́на** семе́йной жи́зни – *the main _____ are the _____ of family life*
7. а́втор расска́зов и **киносцена́риев** – *author of short stories and _____*
8. Пе́рвые расска́зы **опублико́ваны** в 1983 г. – *the first stories were _____ in 1983*
9. Гла́вные те́мы а́втора — негати́вные аспе́кты **психологи́ческого о́блика** люде́й. – *The author's _____ themes are the negative aspects of people's _____.*
10. **В 90-е го́ды** Толста́я ча́сто преподава́ла в америка́нских ву́зах. – *In the _____ Tolstaya often taught in American universities.*

10-35 Привет из Америки! Read the e-mails below and answer the questions that follow.

Файл Правка Вид Переход Закладки Инструменты Справка

http://yaschik.ru _____ Перейти

yaschik.ru

Выход

НАПИСАТЬ   ВХОДЯЩИЕ   ПАПКИ   НАЙТИ ПИСЬМО   АДРЕСА   ЕЖЕДНЕВНИК   НАСТРОЙКИ

От:	valyabelova234@mail.ru
Кому:	popovaea@inbox.ru
Копия:	
Скрытая:	
Тема:	Удивительное совпадение

простой формат

Дорогая Елена Анатольевна!

Иногда думаешь, что твоя жизнь — не жизнь, а кадры° из какого-то° кинофильма. Вот что вчера случилось° со мной.

scene (from a film); some sort of
to happen

Роб меня познакомил со своим° другом Максом. Семья Макса русского происхождения.° Его дедушка (он живёт у них в доме) приехал сюда° из России после Великой Отечественной войны.° Зовут его Константин Михайлович. И хотя° его сын (отец Макса) говорит по-русски с трудом, дедушка язык не забыл. И он начал° рассказывать мне о своей жизни. Оказывается,° он из Архангельска. Это уже совпадение° — встретить человека из родного города в чужой° стране. Но это только начало.°

one's own
origin
here (answers **куда**; **здесь** answers **где**)
Great Fatherland War (World War II)
although

to begin
ока́зываться/оказа́ться – *to turn out*
coincidence
foreign; alien; not one's own
beginning

Дальше спрашиваю:

— А вы не помните,° на какой улице в Архангельске вы жили?

— Конечно, помню, — отвечает он. — На Плехановской.

по́мнить (по́мню, по́мнишь, по́мнят)/вспо́мнить – *to remember*

Второе совпадение! Я ему говорю:

— Моя бабушка жила на этой улице. Выросла в коммунальной квартире.

— Неудивительно,° — отвечает он. Тогда все жили в коммуналках.° А как зовут твою бабушку?

not surprising
communal apartment

— Лидия Сергеевна, — отвечаю я.

— А фамилия?

— Комарова. А девичья° фамилия была… Тут надо было вспомнить: Громова… или Громоковская?

maiden (adj.)

— Кажется, Громоковская.

Тут Константин Михайлович удивился°:

— Лидия Громоковская, говоришь?

удивля́ться (удивля́юсь)/ удиви́ться (удивлю́сь, удиви́шься, удивя́тся) – *to be surprised*

Оказывается, что ещё до войны они были знакомы. Выросли в одном° доме. Более того, они были влюблены° друг в друга. Но в начале 50-х Константин Михайлович оказался в Вене, был членом° официальной делегации. Остался° на Западе, в Германии. Там он познакомился с американкой, влюбился,° женился° на ней и переехал с ней в Америку.

in the same

влюблён (влюблена́, влюблены́) (в + acc.) – *in love*

member

to remain

влюбля́ться (влюбля́юсь)/ влюби́ться (влюблю́сь, влю́бишься, влю́бятся) (в + acc.) – *to fall in love   to get married (said of men and couples)*

Конечно, после всего этого контакт с моей бабушкой был невозможным. Во-первых, у него уже была жена, и, во-вторых, он был изменником Родины.° Ведь это были самые тяжёлые° годы «холодной войны».

traitor to one's homeland

heavy; difficult

Всё это похоже на фильм «Назад в будущее°». Но это не фантастика, а жизнь!

future

Валя

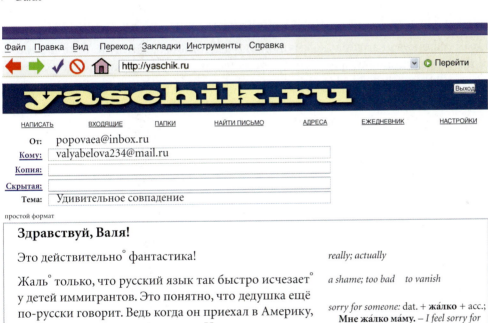

Файл Правка Вид Переход Закладки Инструменты Справка

http://yaschik.ru   ▾ ⊙ Перейти

yaschik.ru   Выход

НАПИСАТЬ   ВХОДЯЩИЕ   ПАПКИ   НАЙТИ ПИСЬМО   АДРЕСА   ЕЖЕДНЕВНИК   НАСТРОЙКИ

От: popovaea@inbox.ru
Кому: valyabelova234@mail.ru
Копия:
Скрытая:
Тема: Удивительное совпадение

простой формат

Здравствуй, Валя!

Это действительно° фантастика!

really; actually

Жаль° только, что русский язык так быстро исчезает° у детей иммигрантов. Это понятно, что дедушка ещё по-русски говорит. Ведь когда он приехал в Америку, он был уже взрослым человеком. Но мне его сына жалко.° Он ведь мог иметь° два языка.

a shame; too bad   to vanish

sorry for someone: dat. + **жа́лко** + acc.; **Мне жа́лко ма́му.** – *I feel sorry for Mom.   to have (used with abstract concepts)*

В детстве я была знакома с одной девочкой,° дочерью американских коммунистов. Приехали сюда в 50-х годах. Девочка, конечно, говорила по-русски, но дома все говорили по-английски. Английский язык она не забыла. Тем более,° Аня (так ее зовут) училась в спецшколе° с английским, поступила в Институт иностранных языков, окончила его и пошла работать. Сначала преподавала язык в институте, а потом основала° свою школу английского языка. Школа имеет большой успех!°

little girl

all the more reason

special school (These schools offer intensive study in a given subject, usually a foreign language, most often English.)

осно́вывать/основа́ть – *to found*

success

Е.

Ма́ленький уро́к исто́рии. Understanding this e-mail exchange requires a superficial knowledge of twentieth-century Russian history.

The Soviet period. Russians lived under totalitarian Communism from shortly after the October 1917 Revolution until the collapse of the Soviet Union. The Cold War pitted the United States against the Soviet Union in a geopolitical struggle from the end of World War II until the end of the 1980s. Throughout the Soviet period, citizens of the USSR were discouraged from having contact with Westerners. Free travel abroad was prohibited. Some Soviet citizens who were allowed to travel "defected": They chose to stay in the West. On the other hand, a trickle of American Communists and their sympathizers, hounded by anti-Communist witch hunts in the 1950s, moved to Russia.

World War II, or at least the part fought on Russian and Eastern European soil, is usually referred to as **Вели́кая Оте́чественная война́,** *the Great Fatherland War.* This name might sound self-aggrandizing, but keep in mind that the Soviet Union lost 27 million lives during the war. By comparison, the United States lost about 300,000. The term **Втора́я мирова́я война́** refers to the "rest" of World War II.

Коммуна́льная кварти́ра (коммуна́лка) is a communal apartment. Until the end of the 1960s, communal apartments represented the standard living arrangements of city dwellers. A family lived in one room and shared a kitchen and a bathroom with other families.

1. Вопро́сы

а. С кем познако́милась Ва́ля?

б. Где роди́лся и вы́рос де́душка Ма́кса?

в. Как зову́т де́душку?

г. В како́м го́роде в Сове́тском Сою́зе он жил?

д. Де́душка по́мнит, на како́й у́лице он жил в э́том го́роде?

е. С кем он жил в одно́м до́ме?

ж. Что он ду́мал об э́том челове́ке?

з. С кем познако́мился де́душка в Герма́нии?

и. Куда́ перее́хал де́душка, когда́ он жени́лся?

к. Почему́ не́ было конта́кта ме́жду (*between*) де́душкой Ма́кса и его́ пе́рвой любо́вью (*love*)?

л. Оте́ц Ма́кса хорошо́ зна́ет ру́сский язы́к?

м. Почему́ семья́ Ани прие́хала жить в Сове́тский Сою́з?

н. Куда́ поступи́ла Аня по́сле оконча́ния шко́лы?

о. Аня хорошо́ зна́ет англи́йский язы́к?

п. Кто Аня сейча́с? Где она́ рабо́тает?

2. Язык в контексте

a. **Boys, girls, men, women.** Russian uses the following words:

человек – *person*, both male and female, but often used in contexts where we might use *man*. **Он уже взрослый человек.** – *He's now a grown man*. But we can also say: **Она взрослый человек.** – *She is a grown woman*.

мальчик – *boy*. More or less equivalent to English.

мужчина = *man*. Specifically "male," never generic man. Thus **хороший мужчина** – *a good man*.

девочка – *little girl*. Applies until about puberty. However, Russians often use it as a diminutive for a young woman.

девушка – *young woman*. From teenage years through the thirties (with some free variation).

женщина – *woman*. From somewhere in the twenties on. However, for women in their twenties and thirties, Russians often use **девушка**. In English, the difference between the use of *girl* and *woman* is a socially sensitive question, but not in Russian.

b. **Secrets of the instrumental case.** The instrumental is often used to indicate a state of being after link verbs like **быть**.

| Он был взрослым человеком. | He was a grown man. |

We'll see much more of this usage in Book 2. But in this e-mail exchange, can you find any other places where the instrumental is used in this way?

c. **Свой** means *one's own*. It refers back to the subject of the sentence.

| Я люблю **свою** работу. | I love *my* job. |
| Она жила со **своей** мамой. | She lived with *her* mother. |

What instances of **свой** do you see in this exchange?

10-36 Семья́ и карье́ра. Boris Gorbunov lives in Smolensk with his wife Tanya. Boris is a programmer who dreams of moving to Moscow to work for Microsoft. Tanya, a teacher in the local pedagogical institute, is happy in Smolensk, where they have recently managed to get a cozy apartment. Today Boris received an e-mail message from the Moscow division of Microsoft. Scan the message and then listen to the conversation to find out whether the statements that follow are true or false.

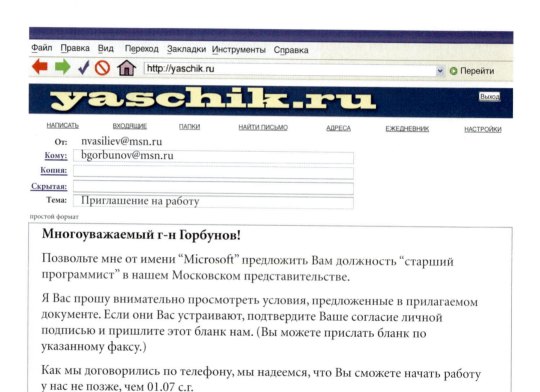

ДА и́ли НЕТ?

1. Бо́ря пригото́вил у́жин для Та́ни.
2. Та́не не нра́вится ланге́т с шампиньо́нами.
3. Бо́ря и Та́ня живу́т с роди́телями Бо́ри.
4. Бо́ря — оди́н из бли́зких знако́мых Би́лла Ге́йтса.
5. Та́ня давно́ хо́чет име́ть ребёнка.
6. Та́ня ра́ньше не зна́ла, что Бо́ря получи́л предложе́ние от большо́й америка́нской фи́рмы.
7. Та́ня хо́чет жить в Смоле́нске, потому́ что у неё там хоро́шая рабо́та.
8. Та́ня <u>не</u> хо́чет переезжа́ть в Москву́, потому́ что у неё там нет знако́мых.
9. Та́ня гото́ва пойти́ на компроми́сс, е́сли Бо́ря бу́дет зараба́тывать бо́льше де́нег.
10. Бо́ря не понима́ет, почему́ Та́ня не хо́чет переезжа́ть в Москву́.
11. В конце́ разгово́ра Та́ня понима́ет, что лу́чше жить в Москве́.

10-37 Биогра́фии. You are about to hear two short biographies. The first is about Dr. Martin Luther King, and the second is about Andrei Dmitrievich Sakharov.

You probably know that both became famous for their defense of human rights. How much more do you know? Most Russians have heard about King, but are unfamiliar with the details of his life. Similarly, many Americans have a vague notion of who Sakharov was, but know little more.

You are not expected to understand either of the passages word for word. However, keeping in mind the background knowledge you already possess and listening for key phrases will allow you to get the main ideas.

For both passages you will need these new words:

права́ – *rights*
защи́та гражда́нских прав – *defense of civil rights*
защи́та прав челове́ка – *defense of human rights*
расшире́ние экономи́ческих прав – *expansion of economic rights*
вопро́с прав челове́ка – *problem of human rights*
де́ятельность – *activity*
обще́ственная де́ятельность – *public activity*
полити́ческая де́ятельность – *political activity*

Ма́ртин Лю́тер Кинг

1. List five things you know about King. Then check to see whether any of them are mentioned in the biography.

2. Listen to the passage again. Pay special attention to the cognates below. Can you identify them? (Note that the words in this list are given in the nominative singular. They may appear in other forms in the passage. Do not let the unfamiliar endings throw you off!)

   семина́рия
   бойко́т городско́го тра́нспорта
   бапти́стский па́стор
   ра́совая гармо́ния

3. Listen to the passage once again, paying special attention to the following phrases. Then use context to figure out the meanings of the boldfaced words.

   филосо́фия **ненаси́льственности** Га́нди
   Но́белевская **пре́мия** ми́ра
   война́ во Вьетна́ме
   «У меня́ есть **мечта́**».

Андре́й Дми́триевич Са́харов

1. Before listening to the passage, read the following new words aloud.

   ми́рное сосуществова́ние – *peaceful coexistence*
   свобо́да – *freedom*
   свобо́да мышле́ния – *freedom of thought*
   он был лишён конта́кта – *he was deprived of contact*
   Съезд наро́дных депута́тов – *Congress of People's Deputies*
   у́мер – *he died* (**он у́мер, она́ умерла́, они́ у́мерли**)

2. Look up Sakharov in a recent encyclopedia or read the thumbnail sketch below.

САХАРОВ Андрей Дмитриевич (1921–89), физик-теоретик, общественный деятель.[1] «Отец» водородной бомбы в СССР (1953). Опубликовал труды[2] по магнитной гидродинамике, физике плазмы, управляемому термоядерному синтезу, астрофизике, гравитации. С конца 60-х по начало 70-х гг. один из лидеров правозащитного движения.[3] После публикации работы «Размышления о прогрессе, мирном сосуществовании и интеллектуальной свободе» (1968) Сахаров отстранён[4] от секретных работ. В январе 1980 г. был сослан[5] в г. Горький. Он возвращён[6] из ссылки в 1986 г. В 1989 г. избран народным депутатом СССР. Нобелевская премия мира (1975).

[1]обще́ственный де́ятель – *public figure*   [2]*studies*   [3]правозащи́тного движе́ния – *of the human-rights movement*   [4]*removed from*   [5]*exiled*   [6]*brought back*

Armed with your background knowledge, listen to the passage about Sakharov with these questions in mind.

a. What sort of work did Sakharov do when he was young?
b. What sorts of questions did Sakharov become concerned with later?
c. What award did Sakharov receive in 1975?
d. What was one of the things that Sakharov managed to do during his seven-year exile in Gorky (now called Nizhniy Novgorod)?
e. To what governmental body was Sakharov elected in 1989?

3. Use context to figure out the meaning of the boldfaced words.

термоя́дерная реа́кция

конта́кт **с за́падными** корреспонде́нтами

Новые слова и выражения

NOUNS

аспира́нт	graduate student
восто́к (на)	east
за́пад (на)	west
класс (в)	class, year of study in grade school or high school
курс (на)	class, year of study in institution of higher education
ме́сяц (2–4 ме́сяца, 5 ме́сяцев)	month
неде́ля (2–4 неде́ли, 5 неде́ль)	week
при́город	suburb
се́вер (на)	north
страна́	country, nation
учени́к	pupil
шко́льник	pupil (school-age student); school-age child
юг (на)	south

ADJECTIVES

друго́й	other, another
знако́мый	acquaintance, friend
похо́ж (-а, -и) на кого́	resemble, look like

VERBS

вы́расти (*perfective*) вы́рос, вы́росла, вы́росли (*past tense*)	to grow up
за́втракать/по- (за́втракаю, за́втракаешь, за́втракают)	to eat breakfast

зака́зывать/заказа́ть
    (зака́зываю, зака́зываешь, зака́зывают)
    (закажу́, зака́жешь, зака́жут)
	to order

име́ть	to have
обе́дать/по- (обе́даю, обе́даешь, обе́дают)	to have lunch
око́нчить (*perfective*) (око́нчу, око́нчишь, око́нчат)	to graduate from (*requires direct object*)

опа́здывать/опозда́ть
    (опа́здываю, опа́здываешь, опа́здывают)/
    (опозда́ю, опозда́ешь, опозда́ют)
	to be late

переезжа́ть/перее́хать (куда́)
    (переезжа́ю, переезжа́ешь, переезжа́ют)
    (перее́ду, перее́дешь, перее́дут)
	to move, to take up a new living place

писа́ть/на- (пишу́, пи́шешь, пи́шут)	to write

Новые слова и выражения

пойти́ рабо́тать (куда́) (*perfective*) (пойду́, пойдёшь, пойду́т)	to begin to work, to begin a job
пока́зывать/показа́ть (пока́зываю, пока́зываешь, пока́зывают) (покажу́, пока́жешь, пока́жут)	to show
покупа́ть/купи́ть (покупа́ю, покупа́ешь, покупа́ют)/ (куплю́, ку́пишь, ку́пят)	to buy
поступа́ть/поступи́ть (куда́) (поступа́ю, поступа́ешь, поступа́ют) (поступлю́, посту́пишь, посту́пят)	to apply to, to enroll in
приезжа́ть/прие́хать (приезжа́ю, приезжа́ешь, приезжа́ют) (прие́ду, прие́дешь, прие́дут)	to arrive (*by vehicle*)
расска́зывать/рассказа́ть (расска́зываю, расска́зываешь, расска́зывают) (расскажу́, расска́жешь, расска́жут)	to tell, narrate
реша́ть/реши́ть (реша́ю, реша́ешь, реша́ют) (решу́, реши́шь, реша́т)	to decide
слу́шать/про- (кого́/что) (слу́шаю, слу́шаешь, слу́шают)	to listen to
слы́шать/у- (слы́шу, слы́шишь, слы́шут)	to hear
смотре́ть/по- (смотрю́, смо́тришь, смо́трят)	to watch
чита́ть/про- (чита́ю, чита́ешь, чита́ют)	to read

ADVERBS

давно́ (+ *present-tense verb*)	for a long time
до́лго (+ *past-tense verb*)	for a long time
пото́м	then, afterwards
ре́дко	rarely
тогда́	then, at that time
ча́сто	frequently

PREPOSITIONS

из (чего́)	from
наза́д	ago
по́сле (чего́)	after
че́рез	in, after

Новые слова и выражения

OTHER WORDS AND PHRASES

в про́шлом году́	last year
Дава́й перейдём на ты.	Let's switch to ты.
до э́того	before that
ка́жется	it seems
на ю́ге (на се́вере, на восто́ке, на за́паде) страны́	in the south (north, east, west) of the country
Отку́да вы (ты)?	Where are you from?
Ребя́та!	Guys! (*conversational term of address*)
у роди́телей	at (one's) parents' (house)

PASSIVE VOCABULARY

в гостя́х	visiting someone's home
полтора́	one and a half
расслы́шать	to hear; to catch
смерть	death
стихи́	verse
яи́чница	scrambled eggs

Русско-английский словарь

Bold numbers in brackets indicate the unit in which a word is first introduced as active vocabulary. Nonbold numbers indicate a first-time use as passive vocabulary. Irregular plural forms are given in this order: nominative, genitive, dative, instrumental, prepositional. Only irregular forms or forms with stress changes are given, e.g., (*pl.* **сёстры, сестёр, сёстрам, -ами, -ах**).

For words denoting cardinal and ordinal numbers, see Appendix D.

А

а [**1**, *see 3.10*] — and (*often used to begin questions or statements*)

абза́ц [**5**] — paragraph

авангарди́ст [**8**] — avant-garde artist

автобиогра́фия [**4**] — autobiography

автоотве́тчик [**5**] — answering machine

Азия [**4**] — Asia

аллерги́я [**9**] — allergy

алло́ [**5**] — hello (*on telephone*)

альбо́м [**8**] — album

Аме́рика [**1**] — America (the U.S.)

америка́нец/америка́нка [**1**] — American (*person*)

американи́стика [**4**] — American studies

америка́нский [**2**, *see 3.6, 3.7*] — American

англи́йский [**3**, *see 3.6, 3.7*] — English

англича́нин/англича́нка [**1**] (*pl.* **англича́не, англича́н** [**3**, *see 3.6, 3.7*]) — English (*person*)

Англия [**1**] — England

англо-ру́сский [**2**] — English-Russian

анке́та [**1**] — questionnaire

антрополо́гия [**4**] — anthropology

апельси́н [**9**] — orange

ара́б/ара́бка [**3**, *see 3.6, 3.7*] — Arab

ара́бский [**3**, *see 3.6, 3.7*] — Arabic

Арме́ния [**3**] — Armenia

армяни́н (*pl.* **армя́не, армя́н**), **армя́нка** [**3**, *see 3.6, 3.7*] — Armenian

армя́нский [**3**, *see 3.6, 3.7*] — Armenian

архите́ктор [**7**] — architect

архитекту́ра [**4**] — architecture

аспира́нт(ка) [**10**] — graduate student

аспиранту́ра [**4**] — graduate school

ассорти́ (*indecl.*) [**9**] — assortment

мясно́е ассорти́ [**9**] — cold cuts assortment

аудито́рия [**2, 5**] — classroom

аэро́бика [**4**] — aerobics

аэропо́рт (в аэропорту́) [**2**] — airport

Б

ба́бушка [**7**] — grandmother

бале́т [**4**] — ballet

бана́н [**9**] — banana

банк [**5**] — bank

бассе́йн [**5**] — swimming pool

бе́жевый [**2**] — beige

без + *genitive* [**9**] — without

бе́лый [**2**] — white

бензи́н [**9**] — gasoline

библиоте́ка [**4**] — library

библиоте́карь (*он*) [**7**] — librarian

бизнесме́н [**1, 7**] — businessperson

биле́т [**5**] — ticket

биоло́гия [**4**] — biology

бифште́кс [**9**] — steak

блины́ [**9**] — Russian pancakes

блу́зка [**2**] — blouse

блю́до [**9**] — dish (*food*)

больни́ца [**7**] — hospital

бо́льше — more

бо́льше нет [**8**] — no more, no longer

большо́й [**2**] — large

Большо́е спаси́бо. [**3**] — Thank you very much.

борщ [**9**] — borsch

боти́нки (*sing.* **боти́нок**) [**2**] — men's shoes

брат (*pl.* **бра́тья, бра́тьев**) [**1, 7**] — brother

брать (**бер-у́, -ёшь, -ут; брала́, бра́ли**)/**взять** (**возьм-у́, -ёшь, -ут; взяла́, взя́ли**) [**9**] — to take

Что вы посове́туете нам взять? [**9**] — What do you advise us to order?

брю́ки (*always pl.; gen.* **брюк**) [**2**] — pants

бу́блик [**9**] — bagel

Бу́дьте добры́! [**9**, *see also* **быть**] — Could you please…?

Бу́дьте как до́ма. [**2**] — Make yourself at home.

бу́лка (бу́лочка) [**9**] — small white loaf of bread; roll

бу́лочная (*declines like adj.*) **[9]** — bakery
бульо́н [9] — bouillon
бутербро́д [9] — sandwich (open-faced)
буты́лка [9] — bottle
буфе́т [5] — snack bar
бухга́лтер [7] — accountant
бы́стро [3] — quickly
быт [1] — everyday life
быть (*fut.:* бу́д-у, -ешь, -ут; была́, бы́ли)
   [8, 9 *see 8.1, 9.4, 9.5, 9.6*] — to be
бюро́ (*indecl.*) **[7]** — bureau
   бюро́ недви́жимости — real estate agency
   туристи́ческое бюро́ — travel agency

В

в — in; on; at; to
   + *prepositional case* **[1, 4,** *see 3.8, 4.2, 5.6*] — in
   + *accusative case for direction* **[5,** *see 5.6*] — to
   + *accusative case of days of week* **[5,** *see 5.1*] — on
   + *hour* **[5,** *see 5.1*] — at
   во-пе́рвых... во-вторы́х... в-тре́тьих [9] — in
      the first (second, third) place
   Во ско́лько? [5] — At what time?
ва́нная (*declines like adj.*) **[6]** — bathroom
   (*bath/shower; no toilet*)
варе́нье [9] — fruit preserves
ваш (ва́ше, ва́ша, ва́ши) **[1, 2,** *see 2.4*] — your
   (*formal or plural*)
ведь [8] — you know; after all (*filler word, never
   stressed*)
везде́ [7, 8] — everywhere
ве́рсия [2] — version
ве́рующий (*declines like adj.*) **[6]** — believer
весёлый [7] — cheerful
весь — all
   весь день [5] — all day
ве́чер [1] — evening; party
   ве́чером [5] — in the evening
   До́брый ве́чер! [1] — Good evening!
вещь (*она*) **[8]** — thing
взро́слый [7] — adult; grown up
взять (*perf.* возьм-у́, -ёшь, -у́т; взяла́, взя́ли; *see*
   брать/взять) **[9]** — to take
   Что вы посове́туете нам взять? [9] — What do
      you advise us to take?
ви́деть (ви́ж-у, ви́д-ишь, -ят)/у- **[6]** — to see
видеока́мера [2] — video camera
видеокассе́та [2] — videocassette
видеомагнитофо́н [2] — videocassette recorder

ви́за [2] — visa
вино́ [9] — wine
виногра́д (*sing. only*) **[9]** — grapes
висе́ть (виси́т, вися́т) **[6]** — to hang
виско́нсинский [4] — Wisconsin (*adj.*)
вку́сный [9] — good; tasty
вме́сте [5] — together
внук [7] — grandson
вну́чка [7] — granddaughter
вода́ (*pl.* во́ды) **[6]** — water
во́зраст [7] — age
война́ [10] — war
Во-пе́рвых..., во-вторы́х ... [9] — In the first
      place ..., in the second place ...
вопро́с [1, 2] — question
воскресе́нье [5, *see 5.1*] — Sunday
восто́к (на) [10, *see 10.2*] — east
вот [2] — here is ...
   Вот как?! [4] — Really?!
врач (*ending always stressed*) **[7]** — physician
вре́мя (*neuter*) — time
   Ско́лько сейча́с вре́мени? [5] — What time is it?
всё [2, 3] — everything; that's all
все [5] — everybody; everyone (*used as a pronoun*)
всегда́ [3, 5] — always
всего́ [6] — only
встава́ть (встаю́, -ёшь, -ю́т) **[5]** — to get up
второ́е (*declines like adj.*) **[9]** — main course; entrée
вто́рник [5, *see 5.1*] — Tuesday
второ́й [4] — second
вуз (вы́сшее уче́бное заведе́ние) **[4]** — institute of
      higher education
вчера́ [5] — yesterday
вы [1, *see 1.1*] — you (*formal and plural*)
вы́пить (вы́пь-ю, -ешь, -ют; *perf., see* пить)
   [9, *see 9.1*] — to drink
выраже́ния — expression
   но́вые слова́ и выраже́ния [1] — new words
      and expressions
вы́расти (*perf. past:* вы́рос, вы́росла, вы́росли)
   [7, 10, *see 7.1*] — to grow up
высо́кий [6] — high
вьетна́мский [9] — Vietnamese

Г

газ [6] — natural gas
газе́та [2] — newspaper
галантере́я [8] — men's/women's accessories (*store
   or department*)

галстук [2] — tie

гамбургер [9] — hamburger

гараж (*ending always stressed*) [6] — garage

гастроном [9] — grocery store

где [1, *see 5.5*] — where

гендерные исследования [4] — gender studies

Германия [3] — Germany

гитара [5] — guitar

главный [10] — main

глупый [7] — stupid

говорить (говор-ю, -ишь, -ят) [3]/сказать
(скаж-у, скаж-ешь, -ут) [8] — to speak, to say

Говорите медленнее. [3] — Speak more slowly.

Говорят, что… [7] — They say that…; It is said
that…

Как вы сказали? [1] — What did you say?

год (2–4 года, 5–20 лет) [4, 7] — year(s) [old]

Dative + …год (года, лет). [7, *See 7.4*] — …is
…years old.

В каком году? [*See 10.4*] — In what year?

в прошлом году [10] — last year

головной убор [8] — hats

голос (*pl.* голоса) [1] — voice

голубой [2] — light blue

город (*pl.* города) [1] — city

горчица [9] — mustard

горячий [6] — hot (*of things, not weather*)

гостиная (*declines like adj.*) [6] — living room

гость [7] — guest

быть в гостях (у кого) [10] — to visit someone

государственный [4] — state

готовить (готов-лю, -ишь, -ят)/при- [9] — to
prepare; cook

готовый [9] — prepared

Short form: готов: Обед готов. — Lunch is ready.

грамм (*gen. pl.* грамм) — gram

грамматика [1] — grammar

граница — border

за границей (*answers* где) [10] — abroad

гриб [9] — mushroom

Д

да [1] — yes

да (*unstressed particle*) — but

Да как сказать? [7] — How should I put it?

давай(те) [1, 8] — Let's…

Давай перейдём на ты. [10] — Let's switch to
ты.

Давайте Поговорим! [1] — Let's talk!

Давай(те) поедем… [5] — Let's go… (*by vehicle;
to another city*)

Давайте познакомимся! [1] — Let's get
acquainted!

Давай(те) пойдём… [5] — Let's go… (*on foot;
someplace within city*)

Давайте послушаем! [1] — Let's listen!

Давайте почитаем! [1] — Let's read!

давать (даю, даёшь, дают)/дать (дам, дашь,
дадут) [9] — to give

Дайте, пожалуйста, счёт! [9] — Check, please!

давно (+ *present-tense verb*) [8, 10] — for a long time

даже [8] — even

далеко [6] — far

далёкий [7] — far; far away; distant

дальше [6] — farther; next

дача (на) [5, 6] — dacha; summer cottage

дверь (*она*) [6] — door

движение [10] — movement

движение за права человека — human-rights
movement

двое [7, *see 7.4*] — two (*most often with* детей: двое
детей)

двойка [4] — D (*a failing grade in Russia*)

двоюродная сестра (*pl.* сёстры, сестёр, сёстрам,
-ами, -ах) [7] — cousin (*female*)

двоюродный брат [7] (*pl.* братья, братьев) —
cousin (*male*)

девушка [8] — (young) woman

Девушка! [8] — Excuse me, miss!

дедушка [7] — grandfather

действительно [10] — really, actually

декларация [2] — customs declaration

делать (дела-ю, -ешь, -ют) [5]/с- [9] — to do;
to make

Я хочу сделать *кому* подарок. [8] — I want to
give *someone* a present.

д(е)нь (*он, pl.* дни) [5] — day

весь день [5] — all day

д(е)нь рождения [2, 8] — birthday (*lit.* day of
birth)

днём [5] — during the day (afternoon)

Добрый день! [1] — Good day!

Какой сегодня день? [5] — What day is it today?

С днём рождения! [8] — Happy birthday!

деньги (*always pl.; gen.* денег) [8] — money

дети (*gen.* детей) [6, 7, *see 7.6*] — children

детский [8] — children's

дешёвый [8] — cheap

дёшево [8] — cheap(ly); inexpensive(ly)

де́ятельность [10] — activity

общественная де́ятельность [10] — public activity

политическая де́ятельность [10] — political activity

джи́нсы [2] (*always pl.*) — jeans

диало́г [1] — dialog

дива́н [6] — couch

дипло́м [4] — college diploma

дипломи́рованный специали́ст [4] — certified specialist

диск [8] — short for **компакт-ди́ск** (CD)

диске́тка [2] — diskette

дискоте́ка [5] — dance club; disco

днём [5, *see* **день**] — in the afternoon

до + *genitive* — up until; before

До свида́ния. [1, 2] — Good-bye.

до э́того [10] — before that

до́брый — *lit.* kind

До́брое у́тро! [1] — Good morning!

До́брый день! [1] — Good afternoon!

До́брый ве́чер! [1] — Good evening!

дово́льно [3, 4] — quite

Договори́лись. [5] — Okay. (We've agreed.)

до́ктор нау́к [4] — doctor of science (*highest academic degree awarded in Russia*)

докуме́нт [2] — document; identification

до́лго (+ *past-tense verb*)[10] — for a long time

до́лжен (должна́, должны́) + *infinitive* [5, *see* 5.7] — must

до́лжность [10] — position; duty

до́ллар (5–20 до́лларов) [8] — dollar

дом (*pl.* дома́) [2] — home; apartment building

до́ма [2] — at home

Бу́дьте как до́ма. [2] — Make yourself at home.

домо́й [5] — (to) home (*answers* **куда́**)

домохозя́йка [7] — housewife

до́рого [8] — expensive(ly)

дорого́й [8] — expensive; dear

Это (совсе́м не) до́рого! [8] — That's (not at all) expensive!

доска́ (*pl.* до́ски) [2] — (black)board

дочь (*gen., dat., prep. sg.* до́чери, *instr.* до́черью; *nom. pl.* до́чери, дочере́й, дочеря́м, -я́ми, -я́х) [2, 6, 7] — daughter

друг (*pl.* друзья́) [1, 5, 7] — friend

друго́й [7, 8, 10] — other; another

ду́мать (ду́ма-ю, -ешь, -ют)[4]/по- [9] — to think

душ [5] — shower

дя́дя (*gen. pl.* дя́дей) [7] — uncle

Е

европе́йский [3, 4, *see* 3.6, 3.7] — European

Еги́п(е)т [3] — Egypt

его́ [2, *see* 2.4] — his

едини́ца [4] — F (grade)

еди́нственный [7] — the only

её [2, *see* 2.4] — her

е́здить (е́зж-у, е́зд-ишь, -ят) [5, *see* 5.4, 8.3, 10.7] — to go (*by vehicle, round trips*)

Ерева́н [3] — Yerevan (*city in Armenia*)

е́сли — if

Если говори́ть о себе́, то… [9] — If I use myself as an example, then…

есть (+ *nominative*) [2, 6, *see* 2.8, 6.4, 8.2] — there is

есть (ем, ешь, ест, еди́м, еди́те, едя́т; ел, е́ла)/съ- [9, *see* 9.1] — to eat

е́хать (е́д-у, -ешь, -ут)/по- [5, *see* 5.4, 8.3, 10.7] — to go; set out by vehicle

ещё [3, 4] — still; else

Что ещё ну́жно? [9] — What else is needed?

Ж

жа́реный [9] — fried; grilled

ждать + *genitive* [5] — to wait

Жду письма́… — Write! (I'm awaiting your letter.)

жена́ (*pl.* жёны) [5, 7] — wife

жена́т [7] — married (*said of a man*)

же́нский [8] — women's

же́нщина [7] — woman

жёлтый [2] — yellow

жили́щные усло́вия [6] — living conditions

жить (жив-у́, -ёшь, -у́т; жила́, жи́ли) [3] — to live

Я живу́… Кто живёт… [1] — I live… who lives…

журна́л [2] — magazine

журнали́ст [7] — journalist

журнали́стика [4] — journalism

З

за [8] — for

плати́ть/заплати́ть за + *accusative* [8] — to pay for

спаси́бо за + *accusative* [8] — thank you for

забы́ть (*perf. past:* забы́ла, забы́ли) [8] — to forget

Я забы́л(а). [5] — I forgot.

зава́рка [9] — concentrated tea

заво́д (на) [7] — factory

за́втра [5] — tomorrow

за́втрак [5] — breakfast

за́втракать (за́втрака-ю, -ешь, -ют) [5]/**по-**
[10] — to eat breakfast

зада́ние — task; assignment

коммуникати́вные зада́ния [1] —
communicative tasks

зака́зывать (зака́зыва-ю, -ешь, -ют) [9]/**заказа́ть**
(закаж-у́, зака́ж-ешь, -ут) [10] — to order

зако́нчите предложе́ния [9] — complete the
sentences

заку́ски [9] — appetizers

за́мужем [7] — married (*said of a woman*)

занима́ть [10] — to occupy

занима́ться (занима́-юсь, -ешься, -ются)
[4, *see 4.3*] — to study, do homework

за́нят (-а́, -о, -ы) [8] — busy

заня́тие (на) [5] — class

за́пад (на) [10, *see 10.2*] — west

за́пись (она́) [5, S.A.M.] — recording

заплати́ть (*perf., see* плати́ть) [8] — to pay

запо́лнить (*perf.*) — to fill in

Запо́лните про́пуски. [2] — Fill in the blanks.

зачёт [4] — passing grade (pass/fail)

защища́ть/защити́ть [10] — to defend

зва́ние [10] — title

здесь [1] — here

здоро́вый [7] — healthy

Здра́вствуй(те)! [1] — Hello!

зелёный [2] — green

знако́мый [10] — acquaintance; friend
(*used as a noun*)

знать (зна́-ю, -ешь, -ют) [3] — to know

зна́чить — to mean

Зна́чит… [1] — So…

Зна́чит так… [7] — Let's see…

зову́т — they call

Меня́ зову́т… [1] — My name is…

зубно́й врач [7] — dentist

И

и [3, *see 3.10*] — and

игра́ (*pl.* и́гры) [2] — game

игра́ть (игра́-ю, -ешь, -ют) [5] — to play

игра́ть в + *accusative* [5] — to play (a game)

игра́ть на + *prepositional* [5] — to play
(an instrument)

игрова́я ситуа́ция [1] — role-play

игру́шки [8] — toys

идти́ (иду́, -ёшь, -у́т) [5]/**пойти́** (пойд-у́, -ёшь,
-у́т) [9, *see 5.4, 8.3, 10.7*] — to go (*on foot*); to
walk; to set out

из + *genitive* [8, 10] — from (out of) + *genitive*

извини́ть (*perf.*) — to excuse

Извини́(те). [3, 5] — Excuse me.

изде́лия худо́жественных про́мыслов [8]
— handicrafts

изуча́ть (изуча́-ю, -ешь, -ют) + *accusative*
[3, *see 4.3*] — to study (*requires direct object*)

изю́м (*always sing.*) [9] — raisins

ико́на [6] — religious icon

икра́ [9] — caviar

и́ли [4] — or

иллино́йский [4] — Illinois (*adj.*)

име́ть [10] — to have (*with abstractions and in some
expressions*)

име́ть ребёнка [10] — to have a child

импрессиони́ст [8] — impressionist

и́мя (*neuter*) [1, *see 1.2*] — first name

и́мя-о́тчество [1] — name and patronymic

инде́йка [9] — turkey

инжене́р [7] — engineer

иногда́ [3, 5] — sometimes

иностра́нец/иностра́нка [4] — foreigner

иностра́нный [3, 4] — foreign

институ́т [4] — institute (*institution of postsecondary education*)

Институ́т иностра́нных языко́в [4] — Institute
of Foreign Languages

интере́сный [2] — interesting

Интере́сно… [2] — I wonder…; It's
interesting…

Ирку́тск [1] — Irkutsk (*city in Siberia*)

иску́сство [8] — art

искусствове́дение [4] — art history

испа́н(е)ц/испа́нка [3] — Spaniard

Испа́ния [3] — Spain

испа́нский [3, *see 3.6, 3.7*] — Spanish

истори́ческий [4] — historical

исто́рия [4] — history

Ита́лия [3] — Italy

италья́н(е)ц/италья́нка [3, *see 3.6, 3.7*]
— Italian (*person*)

италья́нский [3, *see 3.6, 3.7*] — Italian

их [2, *see 2.4*] — their

К

к сожале́нию [7] — unfortunately

кабине́т [6] — office

ка́ждый [5] — each, every

ка́ждый день [5] — every day

ка́жется [10] — it seems

как [4] — how

    Как вас (тебя́) зову́т? [1, 7] — What's your name?

    Как ва́ша фами́лия? [1] — What's your last name?

    Как ва́ше о́тчество? [1] — What's your patronymic?

    Как вы сказа́ли? [1] — What did you say? (*formal and plural*)

    Как зову́т (кого́)? [7] — What is …'s name?

    Как по-ру́сски…? [1, 3] — How do you say … in Russian?

    Как ты? [2] — How are you? (*informal*)

    Как ты сказа́л(а)? [1] — What did you say? (*informal*)

како́й [2, 4, *see 2.6*] — what; which

    Како́го цве́та…? [6] — What color is/are…?

    Како́й сего́дня день? [5] — What day is it?

калифорни́йский [4] — Californian

Кана́да [1] — Canada

кана́дец/кана́дка [1, *see 3.6, 3.7*] — Canadian (*person*)

кана́дский [3, *see 3.6, 3.7*] — Canadian

кандида́т нау́к [4] — candidate of science (*second-highest academic degree awarded in Russia*)

кани́кулы (на) [8] — school/university vacation

капу́ста [9] — cabbage

каранда́ш (*pl.* карандаши́) [2] — pencil

ка́рта [8] — map

карти́нка [3] — picture

    немно́го о карти́нках [3] — a little about the pictures

карто́фель (*он*) (карто́шка) [9] — potato(es)

ка́рточка [8] — card

    креди́тная ка́рточка [8] — credit card

ка́сса [8] — cash register

кассе́та [2] — cassette

кассе́тник (кассе́тный магнитофо́н) [2] — cassette player

кастрю́ля [8] — pot

кафе́ [*pronounced* кафэ́] (*masc.; indecl.*) [5, 9] — café

ка́федра (на) [4] — department

    ка́федра англи́йского языка́ [4] — English department

    ка́федра ру́сского языка́ [4] — Russian department

кафете́рий [9] — snack bar

ка́чество [8] — quality

квадра́тный [6] — square (*adj.*)

кварти́ра [3] — apartment

Квебе́к [1] — Quebec

кефи́р [9] — kefir

килогра́мм (*gen. pl.* килогра́мм) [9] — kilogram

кино́ (*indecl.*) [5] — the movies

кинотеа́тр [5] — movie theater

кита́ец/китая́нка [3, *see 3.6, 3.7*] — Chinese (*person*)

Кита́й [3] — China

кита́йский [3, *see 3.6, 3.7*] — Chinese

класс (в) [7, 10] — class; year of study in grade school or high school (*in school: 1st, 2nd, 3rd, etc.*)

кни́га [2] — book

кни́жный [8] — book(ish)

ков(ё)р (*ending always stressed*) [6] — rug

когда́ [3, 5] — when

колбаса́ [9] — sausage

колго́тки (*pl.*) [2] — pantyhose

ко́лледж [4] — in the U.S., a small college; in Russia, equivalent to a community college

колумби́йский [4] — Columbia(n)

комме́рческий [7] — commercial; trade

коммуникати́вные зада́ния [1] — communicative tasks

коммуника́ция [4] — communications

ко́мната [2] — room

компа́кт-диск [2] — CD

комплиме́нт [3] — compliment

компью́тер [2] — computer

компью́терная те́хника [4] — computer science

компью́терный [2] — computer (*adj.*)

коне́чно [4] — of course

конфе́ты (*sing.* конфе́та; конфе́тка) [9] — candy

конце́рт [5, 9, S.A.M.] — concert

копе́йка (5–20 копе́ек) — kopeck

коридо́р [6] — hallway; corridor

кори́чневый [2] — brown

косме́тика [8] — cosmetics

костю́м [2] — suit

котле́та [9] — cutlet; meat patty

котле́ты по-ки́евски [9] — chicken Kiev

ко́фе (*masc., indecl.*) [9] — coffee

    ко́фе с молоко́м [9] — coffee with milk

ко́шка (*masc.* кот, *masc. pl.* коты́) [2] — cat (tomcat)

краси́вый [2] — pretty

кра́сный [2] — red

кредитный [8] — credit (*adj.*)
   кредитная карточка [8] — credit card
крепкий [9] — strong
кресло [6] — armchair
кровать (*она*) [2, 6] — bed
кроссовки (*pl.*) [2] — athletic shoes
кто [1] — who
   Кто по профессии... [7] — What is ...'s profession?
   Кто... по национальности? [3] — What is ...'s nationality?
куда [5, *see 5.4, 5.5*] — where (to)
культура [1] — culture
культура и быт [1] — culture and everyday life
купальник [8] — woman's bathing suit
купить (*perf., see* покупать/купить) [8] — to buy
курица [9] — chicken
курс (на) [3, 4, 10] — course; year in university or institute
куртка [2] — short jacket
кусок (кусочек) [9] — piece
кухня (на *or* в) [4, 6, 9] — kitchen; cuisine; style of cooking
кухонный [8] — kitchen (*adj.*)

Л

лаборатория [3, 7] — laboratory
ладно [7] — okay
лампа [6] — lamp
лангет [9] — fried steak
легко [8, *see 8.6*] — easy
лежать (лежит, лежат) [6] — to lie
лекция [3, 4] — lecture
лестница [6] — stairway
лет (*see* год) [7] — years
лимон [9] — lemon
лимонад [9] — soft drink
лингвистический [4] — linguistic
литература [4] — literature
литр [9] — liter
ложиться (лож-усь, -ишься, -атся) спать [5] — to go to bed
Лондон [1] — London
Лос-Анджелес [1] — Los Angeles
лук [9] — onion(s)
любимый [5] — favorite
любить (люблю, любишь, любят) [4, *see 4.5*] — to love
любой [8] — any

М

магазин [2, 5, 7] — store
магнитофон [2] — tape recorder
майка [2] — t-shirt; undershirt
маленький [2] — small
мало [7] — few; too few
мама [2] — mom
масло [9] — butter
математика [4] — mathematics
математический [4] — math
матрёшка [8] — Russian nested doll
мать (*она; gen., dat., prep. sg.* матери, *instr.* матерью; *nom. pl.* матери, матерей, -ям, -ями, -ях) [3, 4, 6, 7] — mother
машина [2] — car
МГУ (Московский государственный университет) [4] — MGU, Moscow State University
мебель (*она, always sing.*) [6] — furniture
медбрат (*pl.* медбратья, медбратьев) [7] — nurse (*male*)
медицина [4] — medicine
медленно [3] — slowly
медсестра (*pl.* медсёстры, -сестёр, -сёстрам, -сёстрами, -сёстрах) [7] — nurse (*female*)
международные отношения [4] — international affairs
Мексика [3] — Mexico
мексикан(е)ц/мексиканка [3, *see 3.7*] — Mexican (*person*)
мексиканский [3, *see 3.6, 3.7*] — Mexican
мел [2] — chalk
менеджер [7] — manager
менеджмент [4] — management
меню (*neuter; indecl.*) [9] — menu
Меня зовут... [1] — My name is...
место — place
   место работы [7] — place of work
месяц (2–4 месяца, 5 месяцев) [10] — month
метр [6, 8] — meter
   квадратный метр — square meter
мех (*pl.* меха) [8] — fur(s)
мечта [10] — dream (aspiration, *not* sleep)
милиция [2] — police
минеральный [9] — mineral (*adj.*)
   минеральная вода [9] — mineral water
Минуточку! [9] — Just a minute!
мичиганский [4] — Michigan (*adj.*)

мла́дше *or* моло́же (кого́) на (год, … го́да, … лет) [**7**, *see 7.5*] — … years younger than …

мла́дший [**5, 7**] — (the) younger

мно́гие (*adj.*) [**3**] — many

мно́го (*adv.*) [**7**] — much; many

могу́ [**5**] — I can

мо́да [**8**] — fashion

мо́дный [**8**] — fashionable

мо́жет быть [**4, 5**] — maybe

Не мо́жет быть! [**5**] — That's impossible!

мо́жно (кому́) + *infinitive* [**8**, *see 8.5*] — it is possible

Мо́жно посмотре́ть кварти́ру? [**6**] — May I look at the apartment?

мой (моё, моя́, мои́) [**1, 2**, *see 2.4*] — my

Молод(е́)ц! [**2**] — Well done!

молодо́й [**7**] — young

молодо́й челове́к [**8**] — young man

моло́же *or* мла́дше (кого́) на (год, … го́да, … лет) [**7**, *see 7.5*] — … years younger than …

молоко́ [**9**] — milk

моло́чный [**9**] — milk; dairy (*adj.*)

морко́вь (*она́*) [**9**] — carrot(s)

моро́женое (*declines like adj.*) [**9**] — ice cream

Москва́ [**1**] — Moscow

моско́вский [**4**] — Moscow

муж (*pl.* мужья́, муже́й, мужья́м, -я́ми, -я́х) [**5, 7**] — husband

мужско́й [**8**] — men's

мужчи́на [**8**] — man

музе́й [**1, 5, 7**] — museum

му́зыка [**4**] — music

музыка́нт [**7**] — musician

мы [**3**] — we

мясно́й [**9**] — meat (*adj.*)

мясно́е ассорти́ [**9**] — cold cuts assortment

мя́со [**9**] — meat

Н

на [**3, 4**, *see 3.8, 4.2, 5.6*] — in; on; at; to

На каки́х языка́х вы говори́те до́ма? [**3**] — What languages do you speak at home?

на како́м ку́рсе [**4**] — in what year (*in university or institute*)

На како́м языке́ вы говори́те до́ма? [**3**] — What language do you speak at home?

на + *accusative case for direction* [**5**] — to

наве́рное [**7**] — probably

на́до + *dative* + *infinitive* [**8**, *see 8.5*] — it is necessary

наза́д [**10**, *see 10.5*] — ago

найти́ (*perf.* найд-у́, -ёшь, -у́т; нашёл, нашла́, нашли́) [**8, 9**] — to find

наконе́ц [**5**] — finally

нали́чные (де́ньги) [**8**] — cash

намно́го [**8**] — much (*in comparisons*)

написа́ть (*perf.*, *see* писа́ть) [**9, 10**] — to write

напи́т(о)к [**9**] — drink

наприме́р [**4, 7**] — for example

нау́чный сотру́дник [**10**] — researcher

нахо́дится, нахо́дятся [**8**] — is (are) located

национа́льность (*она́*) [**3**, *see 3.7*] — nationality; ethnicity

по национа́льности — by nationality

наш (на́ше, на́ша, на́ши) [**2**, *see 2.4*] — our

не [**3**] — not (*negates following word*)

Не мо́жет быть! [**5**] — That's impossible!

невозмо́жно + *dative* + *infinitive* [**8**, *see 8.6*] — impossible

неда́вно [**8**] — recently

недалеко́ [**6**] — not far; near; close by

неде́ля (2–4 неде́ли, 5 неде́ль) [**5, 10**] — week

нельзя́ + *dative* + *infinitive* [**8**, *see 8.6*] — forbidden

не́м(е)ц / не́мка [**3**] — German (*person*)

неме́цкий [**3**] — German

немно́го, немно́жко [**3**] — a little; a tiny bit

немно́го о карти́нках [**3**] — a little about the pictures

немно́го о себе́ [**1**] — a bit about oneself (myself, yourself)

непло́хо [**3**] — pretty well

не́сколько [**7**] — a few

нет [**2**] — no

нет + *genitive* [**6**, *see 6.4, 8.2*] — there is not

бо́льше нет [**8**] — no more, no longer

Ни… ни… [**6**] — neither… nor…

ни́зкий [**6**] — low

никако́й [**9**] — none

никогда́ (не) [**5**] — never

ничего́ [**5**] — nothing

Я ничего́ не зна́ю. [**7**] — I don't know anything.

но [**3**, *see 3.10*] — but

новосе́лье [**8**] — housewarming

но́вый [**2**] — new

но́вые слова́ и выраже́ния [**1**] — new words and expressions

но́мер [**5**] — number

норма́льно [**3**] — normally; in a normal way

носки́ (*pl.*) [**2**] — socks

но́утбук [**2**] — notebook computer

ночь (*она*) — night (midnight–4 A.M.)

    но́чью [5] — at night

    Споко́йной но́чи! [1] — Good night!

нра́виться (**нра́вится, нра́вятся;** *past* **понра́вился**) + *dative* [8] — to please, be pleasing

ну [2] — well …

ну́жно + *dative* + *infinitive* [8, *see* 8.5] — it is necessary

Нью-Йо́рк [1] — New York

О

о (**об, обо**) + *prepositional* [3, *see* 3.9] — about

    О чём…? [3] — What about…?

    О чём идёт речь? [1] — What are [we] talking about?

обе́д [4, 5] — lunch

    Обе́д гото́в. [6] — Lunch is ready.

обе́дать (**обе́да-ю, -ешь, -ют**) [5]/**по-** [9, 10] — to eat lunch

обме́н [3] — exchange

обору́дование [8] — equipment

образе́ц [1] — example

образова́ние [4, 7] — education

    вы́сшее образова́ние [4, 7] — higher education

о́бувь (*она*) [8] — footwear

обуче́ние [7] — schooling

общежи́тие [3] — dormitory

объявле́ние [8] — announcement

обыкнове́нный [7] — ordinary

обы́чно [4, 5, *see* 4.3] — usually

о́вощи [9] — vegetables

огро́мный [8] — huge

    Огро́мное спаси́бо! [8] — Thank you very much!

огур(е́)ц [9] — cucumber

одева́ться (**одева́-юсь, -ешься, -ются**) [5] — to get dressed

оде́жда [2] — clothing

оди́н (**одна́, одно́, одни́**) [6, *see* 6.7] — one

    С одно́й стороны́…, с друго́й стороны́… [9] — On the one hand…, on the other hand…

Ой! [2] — Oh!

окно́ (*pl.* **о́кна**) [2, 5] — window

око́нчить (*perf.*: **око́нч-у, -ишь, -ат**) [10, *see* 10.3] — to graduate from (*requires direct object*)

он [2, *see* 2.3] — he; it

она́ [2, *see* 2.3] — she; it

они́ [2, *see* 2.3] — they

оно́ [2, *see* 2.3] — it

опа́здывать (**опа́здыва-ю, -ешь, -ют**) [5]/ **опозда́ть** (**опозда́-ю, -ешь, -ют**) [10] — to be late

    Я не опозда́л(а)? [6] — Am I late?

о́пыт рабо́ты [7] — job experience

ора́нжевый [2] — orange (*color*)

осетри́на [9] — sturgeon (*fish*)

от + *genitive* [10] — from (*a person*)

отве́т [2] — answer

отвеча́ть (**отвеча́-ю, -ешь, -ют**)/**отве́тить** (**отве́ч-у, отве́т-ишь, -ят**) [4] — to answer

    Отве́тьте на вопро́сы. [1] — Answer the questions.

отде́л [8] — department

отдыха́ть (**отдыха́-ю, -а́ешь, -ют**) [5] — to relax

от(е́)ц (*ending always stressed*) [3, 7] — father

откры́ть (*perf.*) [8] — to open

откры́ться (*perf. past:* **откры́лся, откры́лись**) — to open up; to be opened

отку́да [8] — where from

    Отку́да вы (ты)? [10] — Where are you from?

    Отку́да вы зна́ете ру́сский язы́к? [3] — How do you know Russian?

отли́чно [4, 5] — perfectly; excellent

о́тчество [1, *see* 1.2] — patronymic

    Как ва́ше о́тчество? [1] — What's your patronymic?

    и́мя-о́тчество [1] — name and patronymic

о́фис [7] — office

официа́нт/ка [9] — server

о́чень [3] — very

    О́чень прия́тно с ва́ми познако́миться. [1] — Pleased to meet you.

очки́ (*pl.*) [2] — eyeglasses

П

пальто́ (*indecl.*) [2] — overcoat

па́па [2] — dad

па́ра [5] — class period

парк [5] — park

парфюме́рия [8] — cosmetics (*store or department*)

па́спорт (*pl.* **паспорта́**) [2] — passport

педаго́гика [4] — education (*a subject in college*)

пельме́ни [9] — pelmeni (*dumplings*)

пенсильва́нский [4] — Pennsylvanian (*adj.*)

пе́нсия [7] — pension

    на пе́нсии [7] — retired

пе́рвое (*declines like adj.*) [9] — first course (*always soup*)

пе́рвый [4] — first

перево́д — translation
    у́стный перево́д [1] — oral interpretation
переезжа́ть (переезжа́-ю, -ешь, -ют)/перее́хать (перее́д-у, -ешь, -ут) куда [10] — to move, to take up a new living place
пер(е)ц [9] — pepper
перча́тки (*pl.*) [2, 8] — gloves
печа́тать [10] — to publish
печа́ть (*она*) [2] — press
пече́нье [9] — cookie; cookies
пи́во [9] — beer
пиджа́к [2] — suit jacket
пиро́жное [9] — pastry
пирож(о́)к [9] — baked or fried dumpling
писа́тель (*он*) [7] — writer
писа́ть (пиш-у́, пи́ш-ешь, -ут) [3, 9]/на- [10] — to write
пи́сьменный [6] — writing (*adj.*)
    пи́сьменный стол [2, 6] — desk
письмо́ (*pl.* пи́сьма, пи́сем) [2, 4] — letter (*mail*)
пить (пь-ю -ёшь, -ют, пила́, пи́ли)/вы́пить (вы́пь-ю, -ешь, -ют) [9, *see 9.1*] — to drink
пи́цца [9] — pizza
пи́ща [9] — food
плати́ть (плачу́, пла́тишь, пла́тят)/за- [8] — to pay
    Плати́те в ка́ссу. [8] — Pay the cashier.
плат(о́)к (*ending always stressed*) [8] — (hand)kerchief
пла́тье [2] — dress
пле́йер: CD [сиди́]-пле́йер [2] — CD player
DVD [дивиди́]-пле́йер [2] — DVD player
племя́нник [7] — nephew
племя́нница [7] — niece
плита́ (*pl.* пли́ты) [6] — stove
плов [9] — rice pilaf
пломби́р [9] — creamy ice cream
пло́хо [3] — poorly
плохо́й [2] — bad
по — [8, *see 8.5*] — by way of; by means of; on (*a subject*)
    по национа́льности [3] — by nationality
    по профе́ссии … [7] — by profession?
    по телефо́ну [5] — by phone
    сосе́д/ка по ко́мнате [4] — roommate
по-англи́йски (по-ру́сски, по-япо́нски, *etc.*) [3, *see 3.6*] — in English (Russian, Japanese, *etc.*)
по́весть [10] — novella
подари́ть (*perf.*) [8] — to give a present
пода́р(о)к [2] — gift
подва́л [6] — basement
подгото́вка [1] — preparation

подру́га [1] — friend (female)
поду́мать (*perf., see* ду́мать) [9] — to think
поду́маю [5] — I'll think; let me think
пое́здка [2] — trip
пое́хать (*perf., see* е́хать) — to go
    Пое́дем… [6] — Let's go…
пожа́луйста [2, 3] — please; you're welcome
поза́втракать (*perf., see* за́втракать) [10] — to have breakfast
по́здно [5] — late
познако́миться (*perf.*) — to make one's acquaintance
    Дава́йте познако́мимся. [1] — Let's get acquainted.
    Познако́мьтесь! [1] — Let me introduce you! (*lit.* Get acquainted!)
пойти́ (*perf, see* идти́) — to go (*by foot*)
    Пойдём! [8] — Let's go!
    пойти́ рабо́тать куда́ [10] — to begin to work; to begin a job
    Пошли́! [9] — Let's go!
пока́ [1, 9] — meanwhile; See you later! (informal)
пока́зывать (пока́зыва-ю, -ешь, -ют) [9]/ показа́ть (покаж-у́, пока́ж-ешь, -ут) [10] — to show
    Покажи́(те)! [8] — Show!
покупа́тель [8] — customer
покупа́ть (покупа́-ю, -ешь, -ют) [8]/купи́ть (куп-лю́, ку́п-ишь, -ят) [9, 10] — to buy
пол (на полу́; *ending always stressed*) [6] — floor (*as opposed to ceiling*)
поликли́ника [7] — health clinic
полити́ческий [10] — political
политоло́гия [4] — political science
полкило́ [9] — half a kilo
положе́ние: семе́йное положе́ние [7] — family status (*marriage*)
полтора́ [10] — one and a half
получа́ть (получа́-ю, -ешь, -ют)/получи́ть (получ-у́, полу́ч-ишь, -ат) — to receive
    Я получи́л(а). [4] — I received.
    Получи́те! [9] — Take it! (*said when paying*)
помидо́р [9] — tomato
понеде́льник [5, *see 5.1*] — Monday
понима́ть (понима́-ю, -ешь, -ют) [3]/поня́ть (пойм-у́, -ёшь, -у́т; поняла́, по́няли) — to understand
    Я не по́нял (поняла́). [4] — I didn't catch (understand) that.

Поня́тно. [2] — Understood.

пообе́дать (*perf.*, *see* **обе́дать**) [9, 10] — to have lunch

попа́сть (*perf.*: **попаду́, -ёшь, -у́т; попа́л, -а, -и**) [9] — to manage to get in

    Мы то́чно попадём. [9] — We'll get in for sure.

по́рция [9] — portion; order

посети́тель [9] — customer

по́сле + *genitive* [2, 10] — after

после́дний [2] — last

послу́шать (*perf.*, *see* **слу́шать**) [10] — to listen

    Послу́шай(те)! [7] — Listen!

посмотре́ть (*perf.*, *see* **смотре́ть**) [6] — to look

    Посмо́трим. [6] — Let's see.

посове́товать (*perf.*, *see* **сове́товать**) [8] — to advise

    Что вы (нам, мне) посове́туете взять? [9] — What do you advise (us, me) to order?

поступа́ть (**поступа́-ю, -ешь, -ют**)/**поступи́ть** (**поступ-лю́, поступ-ишь, -ят**) куда [10, *see 10.3*] — to apply to; to enroll in

потол(о́)к [6] — ceiling

пото́м [5] — later; afterwards

потому́ что [4] — because

поу́жинать (*perf.*, *see* **у́жинать**) [9, 10] — to have supper

похо́ж (-а, -и) на + *accusative* [10, *see 10.1*] — resemble, look like

почему́ [4, 5, 6] — why

почита́ть [8] — to read for a while

Пошли́! [9] — Let's go!

поэ́тому [8] — therefore

пра́вда [5, 7] — truth

    Пра́вда? [1] — Really?

    пра́вда и́ли непра́вда [5] — true or false

пра́во [10] — right

    защи́та гражда́нских прав [10] — defense of civil rights

    защи́та прав челове́ка [10] — defense of human rights

    вопро́с прав челове́ка [10] — problem of human rights

пра́ктика (на) [4, 7] — practice; internship

    ча́стная пра́ктика [7] — private practice

практи́чески [8] — practically

предлага́ть [8] — to offer

предложе́ние — sentence

    Зако́нчите предложе́ния. [9] — Finish the sentences.

    Соста́вьте предложе́ния. [2] — Make up sentences.

предме́т [4] — subject

преподава́тель (*он*) [3, 4] — teacher (in college)

    преподава́тель ру́сского языка́ — Russian language teacher

Приве́т! [1] — Hi! (*informal*)

приглаше́ние [1] — invitation

при́город [6, 10] — suburb

пригото́вить (*perf.*, *see* **гото́вить**) [9] — to prepare

приезжа́ть (**приезжа́-ю, -ешь, -ют**)/**прие́хать** (**прие́д-у, -ешь, -ут**) [10] — to arrive (*by vehicle*)

приложе́ние к дипло́му [4] — transcript

Принеси́те, пожа́луйста, меню́. [9] — Please bring a menu.

принима́ть (**принима́-ю, -ешь, -ют**) [8] — to accept

    принима́ть душ [5] — to take a shower

при́нтер [2] — printer

приходи́ть (**прихож-у́, прихо́д-ишь, -ят**) [9] — to arrive (*by foot*)

прия́тно [4] — pleasant(ly)

    Очень прия́тно с ва́ми познако́миться. [1] — Pleased to meet you.

программи́ст [7] — computer programmer

продава́ть (**продаю́, продаёшь, продаю́т**) [8] — to sell

продав(е́)ц (*ending always stressed*) [7] — salesperson (*man*)

продавщи́ца [7] — salesperson (*woman*)

продово́льственный магази́н [9] — grocery store

проду́кты (*pl.*) [9] — groceries

произведе́ние [10] — work (*of art or literature*)

прослу́шать (*perf.*, *see* **слу́шать**) [10] — to listen

Прости́те! [1] — Excuse me!

про́сто [9] — simply

профе́ссия [7] — profession

    Кто по профе́ссии… [7] — What is …'s profession?

Проходи́те. [2, 6] — Go on through; Come on in!

про́шлый — last

    в про́шлом году́ [10] — last year

психоло́гия [4] — psychology

пти́ца [9] — bird; poultry

пье́са [10] — stage play

пюре́ [*pronounced* пюрэ́] [9] — mashed potatoes

пятёрка [4] — A (*grade*)

пя́тница [5, *see 5.1*] — Friday

пя́тый [4] — fifth

Р

рабо́та (на) [4, 5] — work
рабо́тать (рабо́та-ю, -ешь, -ют)/по- [4] — to work
ра́дио (радиоприёмник) [2] — radio
разгова́ривать (разгова́рива-ю, -ешь, -ют) [3] — to talk
разгово́р [1] — conversation
   разгово́ры для слу́шания [1] — listening conversations
разме́р [8] — size
Разреши́те предста́виться. [1, 3] — Allow me to introduce myself.
ра́но [5] — early
ра́ньше [3, 4] — previously
расписа́ние [1, 5] — schedule
распоря́док дня [5] — daily routine
**расска́зывать (расска́зыва-ю, -ешь, -ют)/
   рассказа́ть (расскаж-у́, расска́ж-ешь, -ут)** [9, 10] — to tell, narrate
   Расскажи́(те) (мне)… [7] — Tell (me)… (*request for narrative*)
рассл́ышать [10] — to hear, to catch
рассо́льник [9] — fish (or meat) and cucumber soup
ребён(о)к (*pl.* де́ти) [6, 7] — child(ren)
Ребя́та! [10] — Guys! (*conversational term of address*)
регуля́рно [4] — regularly
ре́дко [5, 10] — rarely
рекла́ма [3] — advertisement
рем(е́)нь (*masc.; ending always stressed*) [8] — belt (man's)
ремо́нт [6] — renovations
рестора́н [5] — restaurant
реша́ть (реша́-ю, -ешь, -ют)/реши́ть (реш-у́, -и́шь, -а́т) [9, 10] — to decide
рис [9] — rice
роди́тели [3] — parents
роди́ться (*perf.:* роди́лся, родила́сь, родили́сь) [7, *see 7.1*] — to be born
ро́дственник [7] — relative
рожде́ние — birth
   д(е)нь рожде́ния [2, 8] — birthday (*lit.* day of birth)
   С днём рожде́ния! [8] — Happy birthday!
ро́зовый [2] — pink
рома́н [8] — novel
росси́йский [3, *see 3.6, 3.7*] — Russian (*pertaining to the Russian Federation*)
Росси́я [3, 4] — Russia
россия́нин (*pl.* россия́не, россия́н)/россия́нка [3, *see 3.6, 3.7*] — Russian (*citizen*)

руба́шка [2] — shirt
рубль (*он*) (2–4 рубля́, 5–20 рубле́й; *ending always stressed*) [7, 8] — ruble
ру́сский/ру́сская [1, 2, 3, *see 3.6, 3.7*] — Russian (*person*)
русско-англи́йский — Russian-English
ру́чка [2] — pen
ры́ба [9] — fish
ры́н(о)к (на) [3, 8] — market
рюкза́к (*pl.* рюкзаки́) [2] — backpack
ря́дом [6] — alongside

С

с + *genitive*… [9] — Someone owes…
   С одно́й стороны́…, с друго́й стороны́… [9] — On the one hand…, on the other hand…
с + *instrumental* [9] — with; together with
   С днём рожде́ния! [8] — Happy birthday!
   С прие́здом! [2] — Welcome! (*to someone from out of town*)
   С удово́льствием. [5] — With pleasure.
сала́т [9] — salad; lettuce
   сала́т из огурцо́в [9] — cucumber salad
   сала́т из помидо́ров [9] — tomato salad
сам (сама́, са́ми) [8] — (one)self
са́мый + *adjective* [5] — the most + *adjective*
   са́мый люби́мый [5] — most favorite
   са́мый нелюби́мый [5] — least favorite
сантиме́тр [8] — centimeter
сапоги́ (*gen. pl.* сапо́г) [2] — boots
са́хар [9] — sugar
све́жий [9] — fresh
сви́тер (*pl.* свитера́) [2] — sweater
   спорти́вный сви́тер — sweatshirt
свобо́да [10] — freedom
свобо́ден (свобо́дна, свобо́дны) [5] — free, not busy
   свобо́дно говори́ть по-ру́сски [3] — to speak fluently Russian
свой (своё, своя́, свои́) [6] — one's own
сде́лать (*perf., see* де́лать) [9] — to do; to make
   Я хочу́ сде́лать *кому́* пода́рок. [8] — I want to give *someone* a present.
се́вер (на) [10, *see 10.2*] — north
сего́дня [5] — today
сейча́с [3] — now
секрета́рь (*он*) (*ending always stressed*) [3, 7] — secretary
семе́йное положе́ние [7] — family status (*marriage*)
семина́р [5] — seminar

семья́ [7] — family

член семьи́ [7] — family member

се́рый [2] — gray

серьёзный [7] — serious

сестра́ (*pl.* сёстры, сестёр, сёстрам, -ами, -ах) [1, 7] — sister

симпати́чиый [7] — nice

си́ний [2] — dark blue

ситуа́ция — situation

игрова́я ситуа́ция [1] — role-play

сказа́ть (*see* говори́ть/сказа́ть) [8] — to say

Мне сказа́ли, что… [8] — I was told that…

Как ты сказа́л(а)? [1] — What did you say?

ски́дка [8] — discount

ско́лько [6] — how many; how much

Ско́лько + *dative* лет? [7] — How old is…?

Ско́лько сейча́с вре́мени? [5] — What time is it?

Ско́лько (сто́ит, сто́ят) …? [8] — How much do(es) … cost?

Ско́лько у вас ко́мнат? [6] — How many rooms do you have?

Во ско́лько? [5] — At what time?

ско́ро [8] — soon

ску́чный [4] — boring

сла́бый [9] — weak

сла́дкое (*declines like adj.*) [9] — dessert

слайд [2] — slide

сле́ва [6] — on the left

сли́вки (*always pl.*) — cream

со сли́вками [9] — with cream

слова́рь (*он, ending always stressed*) [2] — dictionary

сло́во (*pl.* слова́) [1, 3] — word

но́вые слова́ и выраже́ния [1] — new words and expressions

одно́ сло́во [3] — one word

служи́ть [7] — to serve

служи́ть в а́рмии [7] — to serve in the army

слу́шай(те) [5] — listen (*command form*)

слу́шать (слу́шаю, слу́шаешь, слу́шают) [5]/про- [10] + *accusative* — to listen to

слы́шать(слы́ш-у, -ишь, -ат) [9]/у- [10] — to hear

смерть (*она́*) [10] — death

смета́на [9] — sour cream

смотре́ть (смотр-ю́, смо́тр-ишь, -ят) [5]/по- [9, 10] — to watch

Смотря́… [9] — It depends…

снача́ла [5] — to begin with; at first

соба́ка [2] — dog

сове́товать (сове́ту-ю, -ешь, -ют)/по- + *dative* [8, 9] — to advise

Что вы (нам, мне) посове́туете взять? [9] — What do you advise (us, me) to order?

совсе́м [8] — completely

совсе́м не [7] — not at all

Это (совсе́м не) до́рого! [8] — That's (not at all) expensive!

сок [9] — juice

соль (*она́*) [9] — salt

соотве́тствовать — to match

Что чему́ соотве́тствует? [1] — What matches what?

сосе́д (*pl.* сосе́ди, сосе́дей)/сосе́дка [4] — neighbor

сосе́д/ка по ко́мнате [4, 6] — roommate

соси́ска [9] — hot dog

Соста́вьте предложе́ния. [2] — Make up sentences.

со́ус [9] — sauce

социоло́гия [4] — sociology

сочине́ние [5] — composition

спа́льня [6] — bedroom

спаси́бо [2] — thank you

Огро́мное спаси́бо! [8] — Thank you very much!

специализи́рованный [8] — specialized

специа́льность (*она́*) [4] — major (*specialization in college*)

Споко́йной но́чи! [1] — Good night!

спорт (*always singular*) [7] — sports

спорти́вный зал [6] — gym

спра́ва [6] — on the right

спра́шивать (спра́шиваю, -ешь, -ют)/спроси́ть (спрош-у́, спро́с-ишь, -ят) [4] — to ask

среда́ (в сре́ду) [5, *see* 5.1] — Wednesday (on Wednesday)

стадио́н (на) [5] — stadium

стака́н [9] — glass

стака́нчик [9] — cup (measurement)

ста́рше (кого́) на (год, … го́да, … лет) [7, *see* 7.5] — … years older than …

ста́рший [5, 7] — older; the elder

ста́рый [2, 7] — old

статья́ [4] — article

стена́ (*pl.* сте́ны) [6] — wall

сте́пень [4] — degree

сте́пень бакала́вра (нау́к) [4] — B.A.

сте́пень маги́стра (нау́к) [4] — M.A.

сте́пень кандида́та нау́к — candidate of science (second-highest academic degree awarded in Russia

сте́пень до́ктора нау́к — doctor of science (highest academic degree awarded in Russia)

стихи́ [10] — verse; poetry

сто́ить (сто́ит, сто́ят) [8] — to cost
стол (*ending always stressed*) [6] — table
столо́вая (*declines like adj.*) [6] — dining room; cafeteria
сторона́ — side
    С одно́й стороны́…, с друго́й стороны́… [9] — On the one hand…, on the other hand…
стоя́ть (сто́ит, стоя́т) [6] — to stand
страна́ [10] — country; nation
странове́дение [4] — area studies
    странове́дение Росси́и [4] — Russian area studies
стра́шно [9] — terribly
стрела́ [8] — arrow
строи́тельство [10] — construction
студе́нт/студе́нтка [1] — student
стул (*pl.* сту́лья, сту́льев) [6] — (hard) chair
суббо́та [5, *see 5.1*] — Saturday
сувени́р [8] — souvenir
су́мка [2] — bag (woman's); purse; pocketbook
суп [9] — soup
счёт [9] — bill; check (*in a restaurant*)
съесть (*perf., see* есть) [9, *see 9.1*] — to eat
сын (*pl.* сыновья́, сынове́й, сыновья́м, сыновья́ми, сыновья́х) [2, 7] — son
сыр [9] — cheese
сюрпри́з [2] — surprise

Т

так [3] — so
та́кже [4, *see 4.8*] — also; too
тако́й [6] — such; so (*used with nouns*)
    тако́й же [6] — the same kind of
    Что э́то тако́е? [3] — Just what is that?
там [2] — there
тамо́жня (на) [2] — customs
та́почки (*pl.*) [2] — slippers
таре́лка [8] — plate
твой (твоё, твоя́, твои) [2, *see 2.4*] — your (*informal*)
теа́тр [7] — theater
телеви́зор [2, 5] — television
телеста́нция (на) [7] — television station
телефо́н [2] — telephone
    моби́льный телефо́н (моби́льник) [2] — cell phone
    по телефо́ну [5] — by phone
тепе́рь [4] — now (*as opposed to some other time*)
те́сто [9] — dough
тетра́дь (*она*) [2] — notebook
тётя [7] — aunt

те́хника [2] — gadgets
типи́чный [5] — typical
това́р [8] — goods
тогда́ [6, 10] — in that case, then; then, at that point in time
то́же [1, 4, *see 4.8*] — also; too
то́лько [2] — only
тома́тный [9] — tomato (*adj.*)
    тома́тный со́ус [9] — tomato sauce
торго́вля [8] — trade
торго́вый [8] — trading
торт [9] — cake
тот (то, та, те) [6] — that; those (*as opposed to* э́тот)
то́чка отсчёта [1] — point of departure
то́чно [7] — precisely; for sure
    Мы то́чно попадём. [9] — We'll get in for sure.
тради́ция [6] — tradition
тре́тий (тре́тье, тре́тья, тре́тьи) [4] — third
тро́е [7] — three (*most often with* де́тей: тро́е дете́й)
тро́йка [4] — C (*grade*)
тру́дный [4] — difficult
    тру́дно + *dative* + *infinitive* [8, *see 8.6*] — difficult
туале́т [6] — bathroom
туда́ [8] — there (*answers* куда́)
туристи́ческий [7] — tourist; travel
тут [2] — here
ту́фли [8] — shoes
ты [1, *see 1.1*] — you (*informal, singular*)
    Дава́й перейдём на «ты». [10] — Let's switch to ты.

У

у [2, 6] — at, near, by, "having," "at someone's place"
    у + *genitive* [6, *see 6.7*] — at (somebody's) house
    у + *genitive* + есть + *nominative* [2, 6, *see 2.8, 6.4*] — (someone) has (something)
    У вас (тебя́, меня́, *etc.*) есть…? [2] — Do you have… ? (*formal*)
    у + *genitive* + нет + *genitive* [6, *see 6.5*] — (someone) doesn't have (something)
    У меня́ нет. [2] — I don't have any of those.
убира́ть (убира́-ю, -ешь, -ют) (дом, кварти́ру, ко́мнату) [5] — to straighten up (house, apartment, room)
увлече́ние [7] — hobby
удовлетвори́тельно [4] — satisfactor(il)y
уже́ [4] — already
у́жин [5] — supper
у́жинать (у́жина-ю, -ешь, -ют) [5]/по- [9, 10] — to eat supper

у́зкий [**6**] — narrow
узна́ть (*perf.*) [**8**] — to find out
Украи́на [**3**] — Ukraine
украи́н(е)ц/украи́нка [**3**, *see 3.6, 3.7*] — Ukrainian (*person*)
украи́нский [**3**, *see 3.6, 3.7*] — Ukrainian
у́лица (на) [**6**] — street
умере́ть (*perf. past:* у́мер, умерла́, у́мерли) [**10**] — to die
у́мный [**7**] — intelligent
универма́г [**8**] — department store
универса́м [**9**] — self-service grocery store
университе́т [**1**] — university
упражне́ние [**1**] — exercise
  обзо́рные упражне́ния — summary exercises
уро́к (на) [**5**] — class; lesson (*practical*)
  уро́к ру́сского языка́ — Russian class
усло́вие — condition
  жили́щные усло́вия [**6**] — living conditions
у́стный: у́стный перево́д [**1**] — oral interpretation
у́тро — morning
  До́брое у́тро! [**1**] — Good morning!
  у́тром [**5**] — in the morning
уча́стие [**10**] — participation
  принима́ть уча́стие [**10**] — to participate
уче́бник [**2**] — textbook
уче́бный [**4**] — academic
учени́к/учени́ца — [**10**] pupil
учёный (*declines like adj.; masc. only*) [**7**] — scholar; scientist
учи́тель (*он*) (*pl.* учителя́) [**7**] — school teacher (*man or woman*)
учи́тельница [**7**] — schoolteacher (*woman*)
учи́ться (учу́сь, у́чишься, у́чатся) [**4**, *see 4.1, 4.3*] — to study; be a student (*cannot have a direct object*)
  Я учу́сь… [**1**] — I study…
учрежде́ние [**7**] — office; organization
ую́тный [**6**] — cozy; comfortable (*about room or house*)

Ф

факульте́т (на) [**3**, **4**] — department (*academic*)
фами́лия [**1**, *see 1.2*] — last name
  Как ва́ша фами́лия? [**1**] — What's your last name?
фарш [**9**] — chopped meat
фе́рма (на) [**7**] — farm
фе́рмер [**7**] — farmer
фи́зика [**4**] — physics

филологи́ческий [**3**, **4**] — philological (*relating to the study of language and literature*)
филоло́гия [**4**] — philology (*study of language and literature*)
филосо́фия [**4**] — philosophy
фина́нсовый [**3**] — financial
фина́нсы [**4**] — finance
фиоле́товый [**2**] — purple
фи́рма [**3**, **7**] — firm; company
  комме́рческая фи́рма [**7**] — trade office; business office
  юриди́ческая фи́рма [**7**] — law office
фоне́тика [*pronounced* фонэ́тика] [**4**] — phonetics
фотоаппара́т [**2**] — camera
фотогра́фия (на) [**2**, **6**] — photograph
Фра́нция [**3**] — France
францу́з/францу́женка [**3**, *see 3.7*] — French (*person*)
францу́зский [**3**, *see 3.6, 3.7*] — French
фру́кты [**9**] — fruit
  фрукто́вый [**9**] — fruit (*adj.*)
футбо́л [**5**] — soccer
  футбо́льный матч [**5**] — soccer game
футбо́лка [**2**] — t-shirt, jersey

Х

хи́мия [**4**] — chemistry
хлеб [**9**] — bread
ходи́ть (хож-у́, хо́д-ишь, -ят) [**5, 8**, *see 5.3, 8.4, 10.7*] — to make a round trip (*on foot*)
холоди́льник [**6**] — refrigerator
хоро́ший [**2**] — good
хорошо́ [**2**] — well; fine; good
хоте́ть (хочу́, хо́чешь, хо́чет, хоти́м, хоти́те, хотя́т) [**6**, *see 6.1*] — to want
  Не хо́чешь (хоти́те) пойти́ (пое́хать)…? [**5**] — Would you like to go…?
  Хо́чешь посмотре́ть? [**6**] — Would you like to see [it, them]?
худо́жник [**7**] — artist

Ц

цвет (*pl.* цвета́) [**2, 6**] — color
  Како́го цве́та…? [**6**] — What color is…?
цветно́й [**6**] — color (*adj.*)
цвето́к (*pl.* цветы́) [**7**] — flower
центр [**5**] — downtown
цирк [**5**] — circus
цыпля́та табака́ [**9**] — a chicken dish from the Caucasus

Ч

чаевы́е (*pl.; adj. decl.*) [**9**] — tip
чай [**9**] — tea
час (2–4 **часа́**, 5–12 **часо́в**) [**5**] — o'clock
ча́стный [**7**] — private (*business, university, etc.*)
    ча́стная пра́ктика [**7**] — private practice
ча́сто [**5, 10**] — frequently
часы́ (*pl.*) [**2**] — watch; clock
чей (**чьё, чья, чьи**) [**2**, *see 2.4*] — whose
чек [**8**] — check; receipt
челове́к (*pl.* **лю́ди**) [**8**] — person
чемода́н [**2**] — suitcase
черда́к (**на**) (*ending always stressed*) [**6**] — attic
че́рез [**10**, *see 10.5*] — in; after
чёрно-бе́лый [**6**] — black and white
чёрный [**2**] — black
чесно́к [**9**] — garlic
четве́рг [**5**, *see 5.1*] — Thursday
четвёрка [**4**] — B (*grade*)
четвёртый [**4**] — fourth
че́тверо [**7**] — four (*most often with* **детей**: **че́тверо детей**)
чита́ть (**чита́-ю, -ешь, -ют**) [**3**]/**про-** [**10**] — to read
    почита́ть [**8**] — to read for a while
член [**10**] — member
что [**1, 4**, *see 2.6*] — what; that
    Что вы (ты)! [**3**] — What do you mean?! (*response to a compliment*)
    Что ещё ну́жно? [**9**] — What else is needed?
    Что чему́ соотве́тствует? [**1**] — What matches what?
    Что э́то тако́е? [**3**] — (Just) what is that?
чулки́ [**8**] — stockings

Ш

шампа́нское [**9**] — champagne
ша́пка [**2**] — cap; fur hat; knit hat
шашлы́к [**9**] — shish kebab
широ́кий [**6**] — wide
шкату́лка [**8**] — painted or carved wooden box (souvenir)
шкаф (**в шкафу́**) (*ending always stressed*) [**2, 6**] — cabinet; wardrobe; freestanding closet
шко́ла [**2**] — school (*primary or secondary, not post-secondary*)
    шко́льник/шко́льница [**10**] — student in grade school
шля́па [**8**] — hat (e.g., business hat)
шокола́д [**A**] — chocolate
штат [**1**] — state

Щ

щи [**9**] — cabbage soup

Э

эконо́мика [**4**] — economics
экономи́ческий [**4**] — economics
энергети́ческий [**4**] — energy (institute)
энерги́чный [**7**] — energetic
эта́ж (**на**) (*ending always stressed*) [**5**] — floor; story
э́то [**2**, *see 2.7*] — this is; that is; those are; these are
э́тот, э́та, э́то, э́ти [**2**, *see 2.7*] — this

Ю

ю́бка [**2**] — skirt
юг (**на**) [**10**, *see 10.2*] — south
юриди́ческий [**4, 7**] — legal; law
юриспруде́нция [**4**] — law
юри́ст [**7**] — lawyer

Я

я [**1**] — I
я́блоко (*pl.* **я́блоки**) [**9**] — apple
язы́к (*ending always stressed*) [**3**, *see 3.6*] — language
яи́чница [**10**] — scrambled eggs
яйцо́ (*pl.* **я́йца, яи́ц, я́йцам, -ами, -ах**) [**9**] — egg
япо́н(е)ц/япо́нка [**3**, *see 3.7*] — Japanese (*person*)
Япо́ния [**3**] — Japan
япо́нский [**3**, *see 3.6, 3.7*] — Japanese

Англо-русский словарь

A

A (*grade in school*) — **пятёрка** [4]

able: I can — **могу́** [5]

about — **о (об, о́бо)** + *prepositional* [3, *see 3.9*]

abroad — **за грани́цей** (*answers* **где**) [10]

academic — **уче́бный** [4]

accept — **принима́ть (принима́-ю, -ешь, -ют)** [8]

accessories (*men's/women's in a store or department*) — **галантере́я** [8]

accountant — **бухга́лтер** [7]

acquaintance — **знако́мый** (*used as a noun*) [10]

    make one's acquaintance — **познако́миться** (*perf.*) [1]

    Get acquainted! (Let me introduce you!) — **Познако́мьтесь!** [1]

activity — **де́ятельность** [10]

    public activity — **обще́ственная де́ятельность** [10]

    political activity — **полити́ческая де́ятельность** [10]

adult — **взро́слый** [7]

advertisement — **рекла́ма** [3]

advise — **сове́товать (сове́ту ю, -ешь, -ют)/по-** + *dative* [8, 9]

    What do you advise (us, me) to order? — **Что вы (нам, мне) посове́туете взять?** [9]

aerobics — **аэро́бика** [4]

after — **че́рез** [10, *see 10.5*]

after all (*filler word, never stressed*) — **ведь** [8]

afternoon: in the afternoon — **днём** [5, *see* **день**]

after — **по́сле** + *genitive* [2, 10]

afterwards — **пото́м** [5, 10]

age — **во́зраст** [7]

agency — **бюро́** (*indecl.*) [7]

    real estate agency — **бюро́ недви́жимости** [7]

    travel agency — **туристи́ческое бюро́** [7]

ago — **наза́д** [10, *see 10.5*]

airplane ticket — **авиабиле́т**

airport — **аэропо́рт (в аэропорту́)** [2]

album — **альбо́м** [8]

all — **весь**

    all day — **весь день** [5]

    that's all — **всё!** [2]

    not at all + *adj.* — **совсе́м не** [7]

    That's (not at all) expensive! — **Это (совсе́м не) до́рого!** [8]

allergy — **аллерги́я** [9]

alongside — **ря́дом** [6]

already — **уже́** [4]

also — **то́же; та́кже** [1, 4, *see 4.8*]

always — **всегда́** [3, 5]

America — **Аме́рика** [1]

American — (*person*) **америка́нец/америка́нка** [1]; **америка́нский** [2, *see 3.6, 3.7*]

American studies — **американи́стика** [4]

and — **и; а** [1, *see 3.10*]

announcement — **объявле́ние** [8]

another — **друго́й** [7, 8, 10]

answer — **отве́т** [2]; **отвеча́ть (отвеча́-ю, -ешь, -ют)/отве́тить (отве́ч-у, отве́т-ишь, -ят)** [4]

    Answer the questions. — **Отве́тьте на вопро́сы.** [1]

answering machine — **автоотве́тчик** [5]

anthropology — **антрополо́гия** [4]

any — **любо́й** [8]

anything: I don't know anything. — **Я ничего́ не зна́ю.** [7]

apartment — **кварти́ра** [3]

    apartment building — **дом** (*pl.* **дома́**) [2]

appetizers — **заку́ски** [9]

apple — **я́блоко** (*pl.* **я́блоки**) [9]

apply (*to a college*) — **поступа́ть (поступа́-ю, -ешь, -ют)/поступи́ть (поступ-лю́, посту́п-ишь, -ят) куда** [10, *see 10.3*]

Arab — **ара́б/ара́бка** [3, *see 3.7*]

Arabic — **ара́бский** [3, *see 3.6, 3.7*]

architect — **архите́ктор** [7]

architecture — **архитекту́ра** [4]

area studies — **странове́дение** [4]

    Russian area studies — **странове́дение Росси́и** [4]

armchair — **кре́сло** [6]

Armenia — **Арме́ния** [3]

Armenian — (*person*) **армяни́н** (*pl.* **армя́не**)/**армя́нка; армя́нский** [3, *see 3.6, 3.7*]

arrive (*by vehicle*) — **приезжа́ть (приезжа́-ю, -ешь, -ют)/прие́хать (прие́д-у, -ешь, -ут)** [10]

arrow — **стрела́** [8]

art — **иску́сство** [8]

    art history — **искусствове́дение** [4]

article — **статья́** [4]

artist — **худо́жник** [7]

    avant-garde artist — **авангарди́ст** [8]

Asia — **Азия** [4]

ask (*a question*) — **спра́шивать (спра́шива-ю, -ешь, -ют)/спроси́ть (спрош-у́, спро́с-ишь, -ят)** + *accusative* [4]
assignment — **зада́ние**
    communicative tasks — **коммуникати́вные зада́ния** [1]
assortment — **ассорти́** [9]
    cold cuts assortment — **мясно́е ассорти́** [9]
at — **в, на** + *prepositional* [**1**, **4**, *see 3.8, 4.2, 5.6*]; (*in the vicinity of*) — **у** + *genitive* [**2**, **6**]; (*somebody's*) house **у** + *genitive* [**6**, *see 6.7*]
    at + *hour* — **в** + *number* + **час, часа́, часо́в** [**5**, *see 5.1*]
    At what time? — **Во ско́лько?** [5]
    at first — **снача́ла** [5]
    at that time — **тогда́** [10]
athletic shoes — **кроссо́вки** (*pl.*) [2]
attic — **черда́к (на)** (*ending always stressed*) [6]
aunt — **тётя** [7]
autobiography — **автобиогра́фия** [4]
avant-garde artist — **авангарди́ст** [8]

B

B (*grade in school*) — **четвёрка** [4]
backpack — **рюкза́к** (*pl.* **рюкзаки́**) [2]
bad — **плохо́й** [2]
badly — **пло́хо** [3]
bag (*woman's*) — **су́мка** [2]
bagel — **бу́блик** [9]
bakery — **бу́лочная** (*declines like adj.*) [9]
ballet — **бале́т** [4]
banana — **бана́н** [9]
bank — **банк** [5]
basement — **подва́л** [6]
bathroom — (*toilet*) **туале́т** [6]; (*bath/shower; no toilet*) **ва́нная** (*declines like adj.*) [6]
be — **быть** (*fut.:* **бу́д-у, -ешь, -ут; была́, бы́ли**) [**8**, *see 8.1, 9.4, 9.5, 9.6*]
because — **потому́ что** [4]
bed — **крова́ть** (*она*) [6]
    to go to bed — **ложи́ться (лож-у́сь, -и́шься, -а́тся) спать** [5]
bedroom — **спа́льня** [6]
beer — **пи́во** [9]
before — **до** + *genitive*
    before that — **до э́того** [10]
beige — **бе́жевый** [2]
believer (*religious*) — **ве́рующий** (*declines like adj.*) [6]

belt (*man's*) — **рем(е́)нь** (*masc. ending always stressed*) [8]
bill — **счёт** [9]
biology — **биоло́гия** [4]
bird — **пти́ца** [9]
birth — **рожде́ние**
    birthday (*lit. day of birth*) — **д(е)нь рожде́ния** [2, 8]
    Happy birthday! — **С днём рожде́ния!** [8]
black — **чёрный** [2]
    black and white — **чёрно-бе́лый** [6]
blackboard — **доска́** (*pl.* **до́ски**) [2]
blouse — **блу́зка** [2]
blue (*dark*) — **си́ний** [2]; (*light*) — **голубо́й** [2]
book — **кни́га** [2]
book(ish) (*adj.*) — **кни́жный** [8]
boots — **сапоги́** (*pl.*) [2]
border — **грани́ца** [10]
boring — **ску́чный** [4]
born: to be born — **роди́ться** (*perf.:* **роди́лся, родила́сь, роди́ли́сь**) [**7**, *see 7.1*]
borsch — **борщ** [9]
bottle — **буты́лка** [9]
bouillon — **бульо́н** [9]
box: painted or carved wooden box (*souvenir*) — **шкату́лка** [8]
bread — **хлеб** [9]
breakfast — **за́втрак** [5]
    to eat breakfast — **за́втракать (за́втрака-ю, -ешь, -ют)** [5]/**по-** [10]
brother — **брат** (*pl.* **бра́тья, бра́тьев**) [1, 7]
brown — **кори́чневый** [2]
bureau — **бюро́** (*indecl.*) [7]
businessperson — **бизнесме́н** [1, 7]
busy — **за́нят (-а́, -о, -ы)** [8]
but — **но** [**3**, *see 3.10*]
butter — **ма́сло** [9]
buy — **покупа́ть (покупа́-ю, -ешь, -ют)** [8] / **купи́ть (куп-лю́, ку́пишь, -ят)** [9, 10]
by — (*in the vicinity of*) **у** [2, 6]; by way of (*by means of*) — **по** [**8**, *see 8.5*]
    by nationality — **по национа́льности** [3]
    by phone — **по телефо́ну** [5]
    by profession — **по профе́ссии...** [7]

C

C (*grade*) — **тро́йка** [4]
cabbage — **капу́ста** [9]
    cabbage soup — **щи** [9]

cabinet — **шкаф (в шкафу́)** (*ending always stressed*) [2, 6]

café — **кафе́** [*pronounced* **кафэ́**] (*masc.; indecl.*) [5, 9]

cafeteria — **столо́вая** (*declines like adj.*) [6]

cake — **торт** [9]

Californian — (*adj.*) **калифорни́йский** [4]

camera — **фотоаппара́т** [2]
  video camera — **видеока́мера** [2]

can: I can — **могу́** [5]
  мо́жно + *infinitive* [8, *see* 8.5] Can (I) look at the apartment? — **Мо́жно посмотре́ть кварти́ру?** [6]

Canada — **Кана́да** [1]

Canadian — (*person*) **кана́дец/кана́дка** [1, *see* 3.7]; (*adj.*) **кана́дский** [3, *see* 3.6, 3.7]

candy — **конфе́ты** (*sing.* **конфе́та; конфе́тка**) [9]

cap — **ша́пка** [2]

car — **маши́на** [2]

card — **ка́рточка** [8]
  credit card — **креди́тная ка́рточка** [8]

carrot(s) — **морко́вь** (*она, always singular*) [9]

cash — **нали́чные (де́ньги)** [8]

cash register — **ка́сса** [8]

cassette — **кассе́та** [2]
  videocassette — **видеокассе́та** [2]
  videocassette recorder — **видеомагнитофо́н** [2]
  cassette player — **кассе́тник** [2]; **кассе́тный магнитофо́н** [2]

cat — **ко́шка; tomcat — кот** (*masc. pl.* **коты́**) [2]

caviar — **икра́** [9]

CD — **CD** [*pronounced* **сиди́**]; **компа́кт-ди́ск** [2]; **диск** [8]
  CD player — **пле́йер: CD** [**сиди́**]**-пле́йер** [2]

ceiling — **потоло́(о)к** [6]

centimeter — **сантиме́тр** [8]

certified specialist — **дипломи́рованный специали́ст** [4]

chair — **стул** (*pl.* **сту́лья**) [6]

chalk — **мел** [2]

champagne — **шампа́нское** [9]

cheap — **дешёвый; дёшево** [8]

check — **чек** [8]; (*in a restaurant*) **счёт** [9]
  Check, please! — **Да́йте, пожалу́йста, счёт!** [9]

cheerful — **весёлый** [7]

cheese — **сыр** [9]

chemistry — **хи́мия** [4]

chicken — **ку́рица** [9]
  chicken dish (*from the Caucasus*) — **цыпля́та табака́** [9]
  Chicken Kiev — **котле́ты по-ки́евски** [9]

child(ren) — **ребён(о)к** (*pl.* **де́ти**) [6, 7, *see* 7.6]
  to have a child — **име́ть ребёнка** [10]

children's — **де́тский** [8]

China — **Кита́й** [3]

Chinese — (*person*) **кита́ец/китая́нка** [3, *see* 3.7]; (*adj.*) **кита́йский** [3, *see* 3.6, 3.7]

chocolate — **шокола́д** [A]

chopped meat — **фарш** [9]

circus — **цирк** [5]

city — **го́род** (*pl.* **города́**) [1]

class — (*class session*) **заня́тие (на)** [5]; (*lesson or recitation*) **уро́к (на)** [5]; (*lecture*) **ле́кция** [3]; (*class period*) **па́ра** [5]; (*classroom*) **аудито́рия** [2, 5]; (*course*) **курс (на)** [4]

clean (*straighten up a house, apartment, room*) — **убира́ть** (**убира́-ю, -ешь, -ют**) (**дом, кварти́ру, ко́мнату**) [5]

clock — **часы́** (*pl.*) [2]

close by — **недалеко́** [6]

closet (*freestanding*) — **шкаф (в шкафу́)** (*ending always stressed*) [6]

clothing — **оде́жда** [2]

coffee — **ко́фе** (*masc., indecl.*) [9]
  ко́фе с молоко́м — coffee with milk [9]

cold cuts assortment — **мясно́е ассорти́** [9]

college — **университе́т** [1]; (*small*) **ко́лледж** [4]

color — **цвет** (*pl.* **цвета́**) [2]; (*adj.: not* black and white) **цветно́й** [6]
  What color is …? [6] — **Како́го цве́та…?**

Columbia(n) — **колумби́йский** [4]

concert — **конце́рт** [5]

Come on in! — **Проходи́те.** [2, 6]

comfortable (*about room or house*) — **ую́тный** [6]

commercial (*adj.*) — **комме́рческий** [7]

communications — **коммуника́ция** [4]

company (*firm*) — **фи́рма** [3, 7]

completely — **совсе́м** [8]

compliment — **комплиме́нт** [3]

composition — **сочине́ние** [5]

computer — **компью́тер** [2]

computer (*adj.*) — **компью́терный** [2]
  computer science — **компью́терная те́хника** [4]
  computer programmer — **программи́ст** [7]
  notebook computer — **но́утбук** [2]

condition — **усло́вие**
  living conditions — **жили́щные усло́вия** [6]

construction — **строи́тельство** [10]

conversation — **разгово́р**
  listening conversations — **разгово́ры для слу́шания** [1]

cook (*prepare*) — гото́вить (гото́в-лю, -ишь, -ят)/при- [9]

cookie; cookies — пече́нье [9]

cooking (*cuisine*) — ку́хня [4, 6, 9]

corridor — коридо́р [6]

cosmetics — косме́тика [8]

   cosmetics (store *or* department) — парфюме́рия [8]

cost — сто́ить (сто́ит, сто́ят) [8]

cottage: summer cottage — да́ча (на) [5, 6]

couch — дива́н [6]

country — страна́ [10]

course (*in university or institute*) — курс (на) [3, 4, 10]

   of a meal: first course (*always soup*) — пе́рвое (*declines like adj.*) [9]

   main course (*entrée*) — второ́е [9]

cousin — (*female*) двою́родная сестра́ [7]; (*male*) двою́родный брат [7]

cozy (*about room or house*) — ую́тный [6]

cream — сли́вки (*always pl.*)

   with cream — со сли́вками [9]

credit — креди́тный [8]

   credit card — креди́тная ка́рточка [8]

cucumber — огур(е́)ц [9]

cuisine — ку́хня [4, 6, 9]

culture — культу́ра [1]

cup (*measurement*) — стака́нчик [9]

customer — покупа́тель [8]; посети́тель [9]

customs — тамо́жня (на) [2]

customs declaration — деклара́ция [2]

D

D (*a failing grade in Russia*) — дво́йка [4]

dacha — да́ча (на) [5, 6]

dad — па́па [2]

daily routine — распоря́док дня [5]

dairy — моло́чный [9]

dance club — дискоте́ка [5]

daughter — дочь (*gen. and prep. sg.* до́чери; *nom. pl.* до́чери, дочере́й, дочеря́м, -я́ми, -я́х) [2, 6, 7]

day — д(е)нь (*он, pl.* дни) [5]

   during the day (*afternoon*) — днём [5]

   all day — весь день [5]

   Good day! — До́брый день! [1]

   What day is it today? — Како́й сего́дня день? [5]

dear — дорого́й [8]

death — смерть [10]

decide — реша́ть (реша́-ю, -ешь, -ют)/реши́ть (реш-у́, -и́шь, -а́т) [9, 10]

declaration — деклара́ция [2]

defend — защища́ть/защити́ть [10]

defense — защи́та [10]

   defense of civil rights — защи́та гражда́нских прав [10]

   defense of human rights — защи́та прав челове́ка [10]

degree — сте́пень [4]

   B.A. — сте́пень бакала́вра (нау́к) [4]

   M.A. — сте́пень маги́стра (нау́к) [4]

   candidate of science (*second-highest academic degree awarded in Russia*) — сте́пень кандида́та нау́к [4]

   doctor of science (*highest academic degree awarded in Russia*) — сте́пень до́ктора нау́к [4]

dentist — зубно́й врач [7]

department — (*academic, small unit*) ка́федра (на) [4]; (*academic, large unit*) факульте́т (на) [3, 4]; (*of a store*) отде́л [8]

   Russian department — ка́федра ру́сского языка́ [4]

   English department — ка́федра англи́йского языка́ [4]

department store — универма́г [8]

depend: It depends… — Смотря́… [9]

desk — пи́сьменный стол [2, 6]

dessert — сла́дкое (*declines like adj.*) [9]

dialog — диало́г [1]

dictionary — слова́рь (*он*) (*pl.* словари́) (*masc.*) [2]

die — умере́ть (*perf. past:* у́мер, умерла́, у́мерли) [10]

difficult — тру́дный [4]; тру́дно + *dative* + *infinitive* [8, *see* 8.6]

dining room — столо́вая (*declines like adj.*) [6]

diploma (*college*) — дипло́м [4]

disco — дискоте́ка [5]

discount — ски́дка [8]

dish (*food*) — блю́до [9]

diskette — диске́тка [2]

do — де́лать (де́ла-ю, -ешь, -ют) [5]/с- [9]

document — докуме́нт [2]

dog — соба́ка [2]

dollar — до́ллар (5–20 до́лларов) [8]

door — дверь (*она*) [6]

dormitory — общежи́тие [3]

dough — те́сто [9]

downtown — центр [5]

dream (*aspiration, not sleep*) — мечта́ [10]

dress — пла́тье [2]; одева́ться (одева́-юсь, -ешься, -ются) [5] drink — **напи́т(о)к** [9]; (*soft drink*) **лимона́д** [9]; **пить (пь-ю -ёшь, -ют, пила́, пи́ли)/вы́пить (вы́пь-ю, -ешь, -ют)** [9, *see 9.1*]

dumpling (*baked or fried, Russian*) — **пирож(о́)к** [9]

dumplings — **пельме́ни** [9]

duty — **до́лжность** [10]

DVD player — **DVD** [дивиди́] **пле́йер** [2]

E

each — **ка́ждый** [5]

early — **ра́но** [5]

east — **восто́к (на)** [10, *see 10.2*]

easy — **легко́** [8, *see 8.6*]

eat — **есть (ем, ешь, ест, еди́м, еди́те, едя́т; ел, е́ла)/съ-** [9, *see 9.1*]

eat breakfast — **за́втракать (за́втрака-ю, -ешь, -ют)** [5]/**по-** [10]

eat lunch — **обе́дать (обе́да-ю, -ешь, -ют)** [5] / **по-** [9, 10]

eat supper — **у́жинать (у́жина-ю, -ешь, -ют)** [5] /**по-** [9, 10]

economics — **эконо́мика** [4]; (*adj.*) **экономи́ческий** [4]

education — **образова́ние** [4]; (*a subject in college*) **педаго́гика** [4]

higher education — **вы́сшее образова́ние** [4]

egg — **яйцо́** (*pl.* **я́йца**) [9]

scrambled eggs — **яи́чница** [10]

Egypt — **Еги́п(е)т** [3]

else — **ещё** [3, 4]

What else is needed? — **Что ещё ну́жно?** [9]

energetic — **энерги́чный** [7]

energy (*institute*) — **энергети́ческий** [4]

engineer — **инжене́р** [7]

England — **А́нглия** [1]

English — (*person*) **англича́нин/англича́нка** [1] (*pl.* **англича́не**); **англи́йский** [3, *see 3.6, 3.7*])

English-Russian — **а́нгло-ру́сский** [2]

enroll in — **поступа́ть (поступа́-ю, -ешь, -ют)/поступи́ть (поступ-лю́, посту́п-ишь, -ят) куда́** [10, *see 10.3*]

entrée — **второ́е** (*declines like adj.*) [9]

equipment — **обору́дование** [8]

ethnicity — **национа́льность** (*она*) [3, *see 3.7*]

European — **европе́йский** [3, 4, *see 3.6, 3.7*]

even — **да́же** [8]

evening — **ве́чер**

in the evening — **ве́чером** [5]

Good evening! — **До́брый ве́чер!** [1]

every — **ка́ждый** [5]

every day — **ка́ждый день** [5]

everyday life — **быт** [1]

everybody — **все** [5]

everything — **всё** [2, 3]

everywhere — **везде́** [7, 8]

example — **образе́ц** [1]

for example — **наприме́р** [4, 7]

excellent — **отли́чный; отли́чно** [4, 5]

exchange — **обме́н** [3]

excuse — **извини́ть** (*perf.*)

Excuse me! — **Прости́те!** [1]; **Извини́(те)!** [3, 5]

Excuse me, miss! (*in a service situation*) — **Де́вушка!** [8]

exercise — **упражне́ние** (*pl.* **упражне́ния**) [1]

summary exercises — **обзо́рные упражне́ния**

expensive — **дорого́й** [8]

expensively — **до́рого** [8]

That's (not at all) expensive! — **Это (совсе́м не) до́рого!** [8]

experience — **о́пыт**

job experience — **о́пыт рабо́ты** [7]

expression — **выраже́ние**

new words and expressions — **но́вые слова́ и выраже́ния** [1]

eyeglasses — **очки́** (*pl.*) [2]

F

F (*grade*) — **едини́ца** [4]

factory — **заво́д (на)** [7]

family — **семья́** [7]

family member — **член семьи́** [7]

family status (*marriage*) — **семе́йное положе́ние** [7]

far — **далёкий** [7]; **далеко́** [6]

not far — **недалеко́** [6]

farm — **фе́рма (на)** [7]

farmer — **фе́рмер** [7]

farther — **да́льше** [6]

fashion — **мо́да** [8]

fashionable — **мо́дный** [8]

father — **от(е́)ц** (*ending always stressed*) [3]

favorite — **люби́мый** [5]

least favorite — **са́мый нелюби́мый** [5]

few (*a few*) — **не́сколько** [7]

(*few; too few*) — **ма́ло** [7]

fill in — **запо́лнить** (*perf.*)

Fill in the blanks. — **Запо́лните про́пуски.** [2]

finally — **наконе́ц** [5]

finance — **фина́нсы** [4]

financial — **фина́нсовый** [3]

find — **найти́** (*perf.:* найд-у́, -ёшь, -у́т; нашёл, нашла́, нашли́) [8, 9]

find out — **узна́ть** (*perf.:* узна́-ю, -ешь, -ют) [8]

fine — **хорошо́** [2]

firm (*company*) — **фи́рма** [3, 7]

first: at first — **снача́ла** [5]

fish — **ры́ба** [9]

floor (*as opposed to ceiling*) — **пол** (на полу́; *ending always stressed*) [6]; (*story of a building*) **эта́ж** (на) (*ending always stressed*) [5]

flower — **цвето́к** (*pl.* цветы́) [7]

fluent — **свобо́дно** [3]

to speak Russian fluently — **свобо́дно говори́ть по-ру́сски** [3]

food — **пи́ща** [9]

footwear — **о́бувь** (*она*) [8]

for — **за** [8]

to pay for (something) — **плати́ть/заплати́ть за** *acc.* [8]

thank you for (something) — **спаси́бо за** *acc.* [8]

forbidden — **нельзя́** + *dative* + *infinitive* [8, *see* 8.6]

foreign — **иностра́нный** [3, 4]

foreigner — **иностра́нец/иностра́нка** [4]

forget — **забы́ть** (*perf. past:* забы́ла, забы́ли) [8]

I forgot — **я забы́л(а)** [5]

France — **Фра́нция** [3]

free (*not busy*) — **свобо́ден** (свобо́дна, свобо́дны) [5]

freedom — **свобо́да** [10]

French — (*person*) **францу́з/францу́женка**; (*adj.*) **францу́зский** [3, *see* 3.6, 3.7]

frequently — **ча́сто** [5, 10]

fresh — **све́жий** [9]

Friday — **пя́тница** [5, *see* 5.1]

fried; grilled — **жа́реный** [9]

friend — **друг** (*pl.* друзья́) [1, 7]; friend (*female*) **подру́га** [1]

from — (*out of*) + *genitive* — **из** + *genitive* [8, 10]; (*from a person*) **от** [10]

fruit — **фру́кты** [9]; **фрукто́вый** (*adj.*) [9]

fruit preserves — **варе́нье** [9]

fur — **мех** (*pl.* меха́) [8]

fur hat — **ша́пка** [2]

furniture — **ме́бель** (*она, always sing.*) [6]

G

gadgets — **те́хника** [2]

game — **игра́** (*pl.* и́гры) [2]

garage — **гара́ж** (*ending always stressed*) [6]

garlic — **чесно́к** [9]

gas (*natural*) — **газ** [6]

gasoline — **бензи́н** [9]

gender studies — **ге́ндерные иссле́дования** [4]

German — (*person*) **не́м(е)ц/не́мка**; (*adj.*) **неме́цкий** [3, *see* 3.6, 3.7]

Germany — **Герма́ния** [3]

get up — **встава́ть** (встаю, -ёшь, -ют) [5]

gift — **пода́р(о)к** [2]

girl — **де́вушка** [8]

give — **дава́ть** (даю́, даёшь, даю́т)/**дать** (дам, дашь, даст, дади́м, дади́те, даду́т) [9]; (*a present*) **подари́ть** [8]

I want to give *someone* a present. — **Я хочу́ сде́лать** *кому* **пода́рок.** [8]

give: Please give (us, me) the check. — **Да́йте, пожа́луйста, счёт.** [9]

glass (*drinking*) — **стака́н** [9]

glasses (*eyeglasses*) — **очки́** (*pl.*) [2]

gloves — **перча́тки** (*pl.*) [2, 8]

go — (*on foot*) **ходи́ть ~ идти́/пойти́**; (*by vehicle*) **е́здить ~ е́хать/пое́хать** [5, 8, 10, *see* 5.4, 8.3, 10.7]

(*on foot, multidirectional, round trips*) — **ходи́ть** (хож-у́, хо́д-ишь, -ят) [5, 8]

(*on foot, unidirectional, single trip*) — **идти́** (ид-у́, -ёшь, -у́т)/**пойти́** (пойд-у́, -ёшь, -у́т) [5, 9]

(*by vehicle, multidirectional, round trips*) — **е́здить** (е́зж-у, е́зд-ишь, -ят) [5]

(*by vehicle, unidirectional, single trip*) — **е́хать** (е́д-у, -ешь, -ут)/**по-** [5]

Let's go! — **Пойдём!** [8]

Let's go to … instead. — **Пойдём лу́чше…** [8]

Let's go! — **Пошли́!** [9]

Go on through. (Come on in!) — **Проходи́те.** [2, 6]

go to bed — **ложи́ться** (лож-у́сь, -и́шься, -а́тся) **спать** [5]

Would you like to go …? **Не хо́чешь (хоти́те) пойти́ (пое́хать)…?** [5]

good — **хоро́ший** [2]; **хорошо́** [2]; (*tasty*) — **вку́сный** [9]

Good afternoon! — **До́брый день!** [1]

Good evening! — **До́брый ве́чер!** [1]

Good morning! — **До́брое у́тро!** [1]

Good night! — **Споко́йной но́чи!** [1]

pretty good — **неплохо́й; непло́хо** [3]

good-bye — **до свида́ния** [1, 2]; (*informal*) **Пока́!** [1]

goods — **това́р** [8]

grade — (*year of study in grade school or high school*) **класс (в)** [7]; passing grade (*pass/fail*) — **зачёт** [4] graduate from (*requires direct object*) — око́нчить (*perf.:* око́нч-у, -ишь, -ат) [10, *see 10.3*]

graduate school — аспиранту́ра [4]

graduate student — аспира́нт(ка) [10]

gram — грамм (*gen. pl.* грамм) [9]

grammar — грамма́тика [1]

granddaughter — вну́чка [7]

grandfather — де́душка [7]

grandmother — ба́бушка [7]

grandson — внук [7]

grapes — виногра́д (*sing. only*) [9]

gray — се́рый [2]

green — зелёный [2]

groceries — проду́кты (*pl.*) [9]

grocery store — продово́льственный магази́н [9]; гастроно́м [9]; (*self-service*) универса́м [9]

grow up — вы́расти (*perf. past:* вы́рос, вы́росла, вы́росли) [7, 10, *see 7.1*]

grown up — взро́слый [7]

guest — гость (*он*) [7]

    visit *someone* — быть в гостя́х у *кого* [10]

guitar — гита́ра [5]

Guys! (*conversational term of address*) — Ребя́та! [10]

gym — спорти́вный зал [6]

H

hallway — коридо́р [6]

hamburger — га́мбургер [9]

handicrafts — изде́лия худо́жественных про́мыслов [8]

handkerchief — плат(о́)к (*ending always stressed*) [8]

hang — висе́ть (виси́т, вися́т) [6]

Happy birthday! — С днём рожде́ния! [8]

hard (*difficult*) — тру́дный [4]; тру́дно + *dative* + *infinitive* [8, *see 8.6*]

hat — (*cap*) ша́пка [2]; (*business hat*) шля́па [8]; (*hats as a department in a store*) головно́й убо́р [8]

have: (*someone*) has (*something*) — у + *genitive* + есть + *nominative* [2, 6, *see 2.8, 6.4*]

    Do you have … ? — У вас (тебя́, меня́, *etc.*) есть…? [2]

    (*someone*) doesn't have (*something*) — у + *genitive* + нет + *genitive* [6, *see 6.5*]

    I don't have any of those. — У меня́ нет. [2]

have (*with abstractions and in some expressions*) — име́ть [10]

    have a child — име́ть ребёнка

he — он [2, *see 2.3*]

health clinic — поликли́ника [7]

healthy — здоро́вый [7]

hear — слы́шать (слы́ш-у, -ишь, -ат) [9]/у- [10]; hear, catch — расслы́шать [10]

hello — здра́вствуй(те) [1]; (*on telephone*) алло́ [5]

her(s) — её [2, *see 2.4*]

here — здесь [1]; тут [2]

    here is… — вот… [2]

Hi! (*informal*) — Приве́т! [1]

high — высо́кий [6]

his — его́ [2, *see 2.4*]

historical — истори́ческий [4]

history — исто́рия [4]

hobby — увлече́ние [7]

home — дом (*pl.* дома́) [2]

    at home (*answers* где) — до́ма [3]

    to home (*answers* куда́) — домо́й [5]

    Make yourself at home. — Бу́дьте как до́ма. [2]

homework: do homework — занима́ться (занима́-юсь, -ешься, -ются) [4, *see 4.3*]

hospital — больни́ца [7]

hot (*of things, not weather*) — горя́чий [6]

hot dog — соси́ска [9]

house: at someone's house — у + *genitive* [6, *see 6.3, 6.7*]

housewarming — новосе́лье [8]

housewife — домохозя́йка [7]

how — как [4]

    How do you say … in Russian? — Как по-ру́сски…? [1, 3]

    How are you? (*informal*) — Как ты? [2]

    How do you know Russian? — Отку́да вы зна́ете ру́сский язы́к? [3]

    how many (much) — ско́лько [6]

    How many rooms do you have? — Ско́лько у вас ко́мнат? [6]

    How much do(es) … cost? — Ско́лько сто́ит (сто́ят)…? [8]

    How old is …? — Ско́лько + *dative* лет? [7]

huge — огро́мный [8]

husband — муж (*pl.* мужья́, муже́й, мужья́м, мужья́ми, о мужья́х) [5, 7]

I

I — я [1]

ice cream — моро́женое (*declines like adj.*) [9]; (*creamy ice cream*) пломби́р [9]

icon — ико́на [6]

if — е́сли [9]

Illinois (*adj.*) — **иллино́йский** [4]

impossible — **невозмо́жно** + *dative* + *infinitive* [**8**, *see 8.6*]; That's impossible! It can't be! — **Не мо́жет быть!** [5]

impressionist — **импрессиони́ст** [8]

in — **в** + *prepositional* [**1, 4**, *see 3.8, 4.2, 5.6*]; **на** [**4**, *see 3.8, 4.2, 5.6*]; (*after a certain amount of time has passed*) — **че́рез** [**10**, *see 10.5*]

    in the first (second, third) place — **во-пе́рвых… во-вторы́х… в-тре́тьих** [9]

    in — in what year (*in university or institute*) — **на како́м ку́рсе** [4]

    in five years' time — **че́рез пять лет**

inexpensive(ly) — **дёшево** [8]

institute (*institution of postsecondary education*) — **институ́т** [4]

    Institute of Foreign Languages — **Институ́т иностра́нных языко́в** [4]

    institute of higher education — **вуз (вы́сшее уче́бное заведе́ние)** [4]

intelligent — **у́мный** [7]

interesting — **интере́сный** [2]

    It's interesting… — **Интере́сно…** [2]

international affairs — **междунаро́дные отноше́ния** [4]

internship — **пра́ктика (на)** [4]

introduce: Let me introduce you (*lit.* Get acquainted!) — **Познако́мьтесь!** [1]

    Allow me to introduce myself. — **Разреши́те предста́виться.** [1, 3]

invitation — **приглаше́ние** [1]

Irkutsk (*city in Siberia*) — **Ирку́тск** [1]

it — **он; она́; оно́** [**2**, *see 2.3*]

Italian — (*person*) **италья́н(е)ц/италья́нка;** (*adj.*) **италья́нский** [**3**, *see 3.6, 3.7*]

Italy — **Ита́лия** [3]

J

jacket (*short, not an overcoat*) — **ку́ртка** [2]; (*suit jacket*) **пиджа́к** [2]

Japan — **Япо́ния** [3]

Japanese — (*person*) **япо́н(е)ц/япо́нка;** (*adj.*) **япо́нский** [**3**, *see 3.6, 3.7*]

jeans — **джи́нсы** (*pl.*) [2]

jersey — **футбо́лка** [2]

journalism — **журнали́стика** [4]

journalist — **журнали́ст** [7]

judicial — **юриди́ческий** [4]

juice — **сок** [9]

K

kefir — **кефи́р** [9]

kerchief — **плат(о́)к** (*ending always stressed*) [8]

kilogram — **килогра́мм** (*gen. pl.* **килогра́мм**) [9]

    half a kilo — **полкило́** [9]

kitchen — **ку́хня (на** *or* **в)** [4, 6, 9]

    kitchen (*adj.*) — **ку́хонный** [8]

know — **знать (зна́-ю, -ешь, -ют)** [3]

kopeck — **копе́йка (5–20 копе́ек)** [5, 9, S.A.M.]

L

laboratory — **лаборато́рия** [3, 7]

lamp — **ла́мпа** [6]

language — **язы́к** (*ending always stressed*) [**3**, *see 3.6*]

    language (*adj.: relating to the study of language and literature*) — **филологи́ческий** [3, 4]

    language department — **филологи́ческий факульте́т**

large — **большо́й** [2]

last — **после́дний** [2]

last name — **фами́лия** [**1**, *see 1.2*]

    What's your last name? — **Как ва́ша фами́лия?** [1]

last year — **в про́шлом году́** [10]

late — **по́здно** [5]

    to be late — **опа́здывать (опа́здыва-ю, -ешь, -ют)** [5]/**опозда́ть (опозда́-ю, -ешь, -ют)** [10]

    Am I late? — **Я не опозда́л(а)?** [6]

later — **пото́м** [5, 10]

law — (*academic discipline*) **юриспруде́нция** [4]; (*adj.*) — **юриди́ческий** [4, 7]

    law office — **юриди́ческая фи́рма** [7]

lawyer — **юри́ст** [7]

lecture — **ле́кция** [3, 4]

left: on the left — **сле́ва** [6]

lemon — **лимо́н** [9]

lesson — **уро́к (на)** [5]

    Russian lesson — **уро́к ру́сского языка́** [5]

Let's… — **дава́й(те)** + *future tense of* **мы** *form* [1, 8]

    Let's go… (*on foot; someplace within city*) — **Дава́й(те) пойдём…** [5]; **Пошли́!** [9]

    Let's go… (*by vehicle; to another city*) — **Дава́й(те) пое́дем…** [5]

    Let's switch to **ты.** — **Дава́й перейдём на «ты».** [10]

    Let's talk! — **Дава́йте поговори́м!** [1]

    Let's get acquainted! — **Дава́йте познако́мимся!** [1]

Let's listen! — Дава́йте послу́шаем! [1]

Let's read! — Дава́йте почита́ем! [1]

Let's see… — Зна́чит так… [7]

letter (*mail*) — письмо́ (*pl.* пи́сьма, пи́сем) [2, 4]

lettuce — сала́т [9]

librarian — библиоте́карь (*он*) [7]

library — библиоте́ка [4]

lie(s) — лежа́ть (лежи́т, лежа́т) [6]

like: Would you like to go …? — Не хо́чешь (хоти́те) пойти́ (пое́хать)…? [5]

Would you like to see [it, them]? — Хо́чешь посмотре́ть? [6]

linguistic — лингвисти́ческий [4]

listen (to) — слу́шать (слу́ша-ю, -ешь, -ют) [5]/про- [10] + *accusative*

Listen! — (По)слу́шай(те)! [5, 7]

liter — литр [9]

literature — литерату́ра [4]

little — ма́ленький [2]

a little — немно́го, немно́жко [3]

a little bit about oneself (*myself, yourself, themselves, etc.*) — немно́го о себе́ [1]

a little about the pictures — немно́го о карти́нках [3]

live — жить (жив-у́, -ёшь, -у́т; жила́, жи́ли) [1, 3]

living conditions — жили́щные усло́вия [6]

living room — гости́ная (*declines like adj.*) [6]

located: is (are) located — нахо́дится, нахо́дятся [8]

London — Ло́ндон [1]

look — посмотре́ть (*perf., see* смотре́ть) [6]

Let's take a look… — Посмо́трим… [6]

look like — похо́ж (-а, -и) на + *accusative* [10, *see* 10.1]

Los Angeles — Лос-Анджелес [1]

love — люби́ть (люблю́, лю́бишь, лю́бят) [4, *see* 4.5]

low — ни́зкий [6]

lunch — обе́д [4, 5]

Lunch is ready. — Обе́д гото́в. [6]

to eat lunch — обе́дать (обе́да-ю, -ешь, -ют) [5]/по- [9, 10]

M

magazine — журна́л [2]

main — гла́вный [10]

major (*specialization in college*) — специа́льность (*она*) [4]

make — де́лать (де́ла-ю, -ешь, -ют) [5]/с- [9]

man — мужчи́на [8]

manage to get in — попа́сть (*perf.:* попаду́, -ёшь, -у́т; попа́л, -а, -и) [9]

We'll get in for sure. — Мы то́чно попадём. [9]

management — ме́неджмент [4]

manager — ме́неджер [7]

many — мно́гие (*adj.*) [3]; мно́го (*adv.*) [7]

map — ка́рта [8]

market — ры́н(о)к (на) [3, 8]

book mart — кни́жный ры́н(о)к

married (*said of a man*) — жена́т [7]; (*said of a woman*) — за́мужем [7]

mashed potatoes — пюре́ [9]

match — соотве́тствовать

What matches what? — Что чему́ соотве́тствует? [1]

math (*adj.*) — математи́ческий [4]

mathematics — матема́тика [4]

maybe — мо́жет быть [4]

mean — зна́чить

meanwhile — пока́ [9]

meat — мя́со [9]; (*adj.*) мясно́й [9]

chopped meat — фарш [9]

meat patty — котле́та [9]

medicine — медици́на [4]

member — член [10]

men's — мужско́й [8]

menu — меню́ (*neuter; indecl.*) [9]

Please bring a menu. — Принеси́те, пожа́луйста, меню́. [9]

meter — метр [6, 8]

square meter — квадра́тный метр [6]

Mexican — (*person*) мексика́н(е)ц/мексика́нка [3, *see* 3.7]; (*adj.*) — мексика́нский [3, *see* 3.6, 3.7]

Mexico — Ме́ксика [3]

MGU (Moscow State University) — МГУ (Моско́вский госуда́рственный университе́т) [4]

Michigan (*adj.*) — мичига́нский [4]

milk — молоко́ [9]; (*adj.*) — моло́чный [9]

mineral (*adj.*) — минера́льный [9]

mineral water — минера́льная вода́ [9]

minute: Just a minute! — Мину́точку! [9]

miss: Excuse me, miss! — Де́вушка! [8]

mom — ма́ма [2]

moment: Just a moment! — Мину́точку! [9]

Monday — понеде́льник [5, *see* 5.1]

money — де́ньги (*always plural; gen.* де́нег) [8]

month — ме́сяц (2–4 ме́сяца, 5 ме́сяцев) [10]

more — бо́льше

no more, no longer — бо́льше нет [8]

morning — **у́тро**
   Good morning! — **До́брое у́тро!** [1]
   in the morning — **у́тром** [5]
Moscow — **Москва́** [1]; (*adj.*) **моско́вский** [4]
Moscow State University — **МГУ (Моско́вский**
   госуда́рственный университе́т) [4]
most; the most + *adjective* — **са́мый +**
   adjective [5]
   most favorite — **са́мый люби́мый** [5]
mother — **мать** (*она; gen. and prep. sg.* **ма́тери**; *nom.*
   pl. **ма́тери**) [3, 4, **6**, 7]
move (*change residences*) — **переезжа́ть (переезжа́-**
   ю, -ешь, -ют)/перее́хать (перее́д-у, -ешь, -ут)
   куда́ [10]
movement — **движе́ние** [10]
   human-rights movement — **движе́ние за права́**
   челове́ка
movie theater — **кинотеа́тр** [5]
movie(s) — **кино́** (*indecl.*) [5]
much — **мно́го** [7]; (*in comparisons*) **намно́го** [8]
museum — **музе́й** [1, 5, 7]
mushroom — **гриб** [9]
music — **му́зыка** [4]
musician — **музыка́нт** [7]
must — **до́лжен (должна́, должны́)** + *infinitive*
   [**5**, *see 5.7*]
mustard — **горчи́ца** [9]
my — **мой (моё, моя́, мой)** [1, 2, *see 2.4*]

N

name (*first name*) — **и́мя** (*neuter*) [1, *see 1.2*]; last
   name — **фами́лия** [1, *see 1.2*]
   name and patronymic — **и́мя-о́тчество**
   What's your name? — **Как вас (тебя́) зову́т?** [1]
   What's your last name? — **Как ва́ша**
   фами́лия? [1]
   My name is… — **Меня́ зову́т…** [1]
narrate — **расска́зывать (расска́зыва-ю, -ешь,**
   -ют)/рассказа́ть (расскаж-у́, расска́ж-ешь,
   -ут) [9, 10]
narrow — **у́зкий** [6]
nation — **страна́** [10]
nationality — **национа́льность** (*она*) [3, *see 3.7*]
   by nationality — **по национа́льности** [3]
natural gas — **газ** [6]
near (*in the vicinity*) — **у** + *genitive* [2, 6]; near, not
   far — **недалеко́** [6]
necessary: it is necessary — **на́до** (*or* **ну́жно**) + *dative*
   + *infinitive* [8, *see 8.5*]

need — *See* **necessary.**
neighbor — **сосе́д** (*pl.* **сосе́ди**)/**сосе́дка** [4]
neither … nor … — **Ни… ни…** [6]
nephew — **племя́нник** [7]
never — **никогда́ (не)** [5]
new — **но́вый** [2]
New York — **Нью-Йорк** [1]
newspaper — **газе́та** [2]
next — **да́льше** [6]
   What's next — **Что да́льше?**
nice — **симпати́чный** [7]
niece — **племя́нница** [7]
night (*midnight–4 A.M.*) — **ночь** (*она*); (*evening,*
   before midnight) **ве́чер**
   at night — **но́чью** [5]
   Good night! — **Споко́йной но́чи!**
no — **нет** [2]
   no more, no longer — **бо́льше нет** [8]
none — **никако́й** [9]
normally — **норма́льно** [3]
north — **се́вер (на)** [**10**, *see 10.2*]
not (*negates following word*) — **не** [3]
   not at all …**совсе́м не** [7]
   That's (not at all) expensive! — **Это (совсе́м не)**
   до́рого! [8]
   there is not + *noun* — **нет** (+ *genitive*)
   [6, *see 6.5, 8.2*]
notebook — **тетра́дь** (*она*) [2]
nothing — **ничего́** [5]
   I know nothing. — **Я ничего́ не зна́ю.** [7]
novel — **рома́н** [8]
novella — **по́весть** [10]
now — **сейча́с** [3]; (*as opposed to some other time*)
   тепе́рь [4]
number — **но́мер** [5]
nurse (*female*) — **медсестра́** (*pl.* **медсёстры**) [7];
   (*male*) — **медбра́т** (*pl.* **медбра́тья**) [7]

O

occupy — **занима́ть** [10]
o'clock — **час (2–4 часа́, 5–12 часо́в)** [5]
of course — **коне́чно** [4]
offer — **предлага́ть** [8]
office — **о́фис** [7]; (*study*) **кабине́т** [6];
   (*organization*) **учрежде́ние** [7]
Oh! — **Ой!** [2]
okay — **ла́дно** [7]; **хорошо́**; (*We've agreed.*)
   Договори́лись. [5]
old — **ста́рый** [2, 7]

older (*the elder*) — **ста́рший** [5, 7]

   older: … years older than … — **ста́рше** + *genitive* **на** (год, … го́да, … лет) [7, *see 7.5*]

on — **на** [3, 4, *see 3.8, 4.2, 5.5*]; **по** (*on a subject*) [8, *see 8.5*]

one — **оди́н** (**одна́, одно́, одни́**) [6, *see 6.7*]

   On the one hand…, on the other hand… — **С одно́й стороны́…, с друго́й стороны́…** [9]

   one and a half — **полтора́** [10]

   oneself — **сам** (**сама́, са́ми**) [8]

onion(s) — **лук** [9]

only — **то́лько** [2]; **всего́** [6]; the only — **еди́нственный** [7]

open — **откры́ть** (*perf.*) [8]

   open up (*to be opened*) — **откры́ться** (*perf. past:* откры́лся, откры́лись)

   The store opened. — **Магази́н откры́лся.**

or — **и́ли** [4]

oral — **у́стный**

   oral interpretation — **у́стный перево́д** [1]

orange (*color*) — **ора́нжевый** [2]

orange (*fruit*) — **апельси́н** [9]

order (*portion of food*) — **по́рция** [9]

order (*things, not people*)- **зака́зывать** (**зака́зыва-ю, -ешь, -ют**) [9]/**заказа́ть** (**закаж-у́, зака́ж-ешь, -ут**) [10]

ordinary — **обыкнове́нный** [7]

organization (*bureau, office, agency*) — **учрежде́ние** [7]

other — **друго́й** [7, **8**, 10]

our — **наш** (**на́ше, на́ша, на́ши**) [2, *see 2.4*]

overcoat — **пальто́** (*indecl.*) [2]

owe: someone owes … — **с** + *genitive* … [9]

own: one's own — **свой** (**своё, своя́, свои́**) [6]

Р

pancakes — **блины́** [9]

pants — **брю́ки** (*always pl.; gen.* **брюк**) [2]

pantyhose — **колго́тки** (*pl.*) [2]

paragraph — **абза́ц** [5]

parents — **роди́тели** [3]

park — **парк** [5]

participation — **уча́стие** [10]

   to participate — **принима́ть уча́стие** [10]

party — **ве́чер** [1]

passing grade (*pass/fail*) — **зачёт** [4]

passport — **па́спорт** (*pl.* **паспорта́**) [2]

pastry — **пиро́жное** [9]

patronymic — **о́тчество** [1, *see 1.2*]

   What's your patronymic? — **Как ва́ше о́тчество?** [1]

   name and patronymic — **и́мя-о́тчество** [1]

pay — **плати́ть** (**плач-у́, пла́т-ишь, -ят**)/**за-** [8]

   Pay the cashier. — **Плати́те в ка́ссу.** [8]

pelmeni (*dumplings*) — **пельме́ни** [9]

pen — **ру́чка** [2]

pencil — **каранда́ш** (*pl.* **карандаши́**) [2]

Pennsylvanian (*adj.*) — **пенсильва́нский** [4]

pension — **пе́нсия** [7]

pepper — **пе́р(е)ц** [9]

perfectly — **отли́чно** [4, 5]

person — **челове́к** (*pl.* **лю́ди**) [8]

philological (*relating to the study of language and literature*) — **филологи́ческий** [3, 4]

philology (*study of language and literature*) — **филоло́гия** [4]

philosophy — **филосо́фия** [4]

phonetics — **фоне́тика** [*pronounced* **фонэ́тика**] [4]

photograph — **фотогра́фия** (**на**) [2, 6]

physician — **врач** (*ending always stressed*) [7]

physics — **фи́зика** [4]

picture — **карти́нка** [3]

   a little about the pictures — **немно́го о карти́нках**

piece — **кусо́к** (**кусо́чек**) [9]

pink — **ро́зовый** [2]

pizza — **пи́цца** [9]

place — **ме́сто**

   place of work — **ме́сто рабо́ты** [7]

plate — **таре́лка** [8]

play — **игра́ть** (**игра́-ю, -ешь, -ют**) [5]

   to play a game — **игра́ть в** + *accusative* [5]

   to play an instrument — **игра́ть на** + *prepositional* [5]

play (*drama*) — **пье́са** [10]

pleasant — **прия́тно** [4]

please — **пожа́луйста** [2, 3]

   Could you please…? — **Бу́дьте добры́!** [9, *see also* **быть**]

Pleased to meet you. — **Прия́тно с ва́ми познако́миться.** [1]

poetry — **стихи́** [10]

police — **мили́ция** [2]

political — **полити́ческий** [10]

   political science — **политоло́гия** [4]

pool (*swimming*) — **бассе́йн** [5]

poorly — **пло́хо** [3]

portion — **по́рция** [9]

position (*job description*) — **до́лжность** [10]

possible — **мо́жно** + *infinitive* [**8**, *see 8.5*]

    Would it be possible to look at the apartment? — **Мо́жно посмотре́ть кварти́ру?** [6]

pot — **кастрю́ля** [8]

potato(es) — **карто́фель** (*он*) (**карто́шка**) [9]; (*mashed*) **пюре́** [9]

poultry — **пти́ца** [9]

practically — **практи́чески** [8]

practice — **пра́ктика** (**на**) [4, 7]

    private practice — **ча́стная пра́ктика** [7]

precisely — **то́чно** [7]

preparation — **подгото́вка** [1]

prepare — **гото́вить** (**гото́в-лю, -ишь, -ят**)/**при-** [9]

prepared — **гото́вый; гото́в**

    Lunch is ready — **Обе́д гото́в.**

present: I want to give *someone* a present. — **Я хочу́ сде́лать** *кому́* **пода́рок.** [8]

press — **печа́ть** [2]

pretty — **краси́вый** [2]

previously — **ра́ньше** [3, 4]

printer — **при́нтер** [2]

private (*business, university; etc.*) — **ча́стный** [7]

    private practice — **ча́стная пра́ктика** [7]

probably — **наве́рное** [7]

profession — **профе́ссия** [7]

    What is …'s profession? — **Кто по профе́ссии…** [7]

programmer — **программи́ст** [7]

psychology — **психоло́гия** [4]

publish — **печа́тать** [10]

pupil — **учени́к/учени́ца** [10]

purple — **фиоле́товый** [2]

purse — **су́мка** [2]

Q

quality — **ка́чество** [8]

Quebec — **Квебе́к** [1]

question — **вопро́с** [2]

questionnaire — **анке́та** [1]

quickly — **бы́стро** [3]

quite — **дово́льно** [3, 4]

R

radio — **ра́дио** (**радиоприёмник**) [2]

raisins — **изю́м** (*always sing.*) [9]

rarely — **ре́дко** [5, 10]

read — **чита́ть** (**чита́-ю, -ешь, -ют**) [3]/**про-** [10]

    read for a while — **почита́ть** [8]

really — **действи́тельно** [10]

Really? — **Пра́вда?** [1]; — **Вот как?!** [4]

receipt — **чек** [8]

receive — **получа́ть** (**получа́-ю, -ешь, -ют**)/**получи́ть** (**получ-у́, полу́ч-ишь, -ат**) [4, 9]

recently — **неда́вно** [8]

recorder (*tape recorder*) — **магнитофо́н** [2]

recording — **за́пись** [5, S.A.M.]

red — **кра́сный** [2]

refrigerator — **холоди́льник** [6]

regularly — **регуля́рно** [4]

relative — (*in one's extended family*) **ро́дственник** [7]

relax — **отдыха́ть** (**отдыха́-ю, -ешь, -ют**) [5]

renovations — **ремо́нт** [6]

researcher — **нау́чный сотру́дник** [10]

resemble — **похо́ж** (**-а, -и**) **на** + *accusative* [**10**, *see 10.1*]

restaurant — **рестора́н** [5]

retired — **на пе́нсии** [7]

rice — **рис** [9]

    rice pilaf — **плов** [9]

right — **пра́во** [10]

    human-rights movement — **движе́ние за права́ челове́ка**

    problem of human rights — **вопро́с прав челове́ка**

    defense of civil rights — **защи́та гражда́нских прав**

    defense of human rights — **защи́та прав челове́ка**

right: on the right — **спра́ва** [6]

role-play — **игрова́я ситуа́ция** [1]

roll — **бу́лка** (**бу́лочка**) [9]

room — **ко́мната** [2]

roommate — **сосе́д/ка по ко́мнате** [4, 6]

routine: daily routine — **распоря́док дня** [5]

ruble — **рубль** (*он*) (**2–4 рубля́, 5–20 рубле́й**; *ending always stressed*) [7, 8]

rug — **ков(ё)р** (*ending always stressed*) [6]

Russia — **Росси́я** [3, 4]

Russian — (*person and adj.*) **ру́сский/ру́сская** [**1, 2, 3**, *see 3.6, 3.7*]; (*citizen*) — **россия́нин** (*pl.* **россия́не**)/**россия́нка** [**3**, *see 3.6, 3.7*]; Russian (*pertaining to the Russian Federation*) **росси́йский** [**3**, *see 3.6, 3.7*]

Russian nested doll — **матрёшка** [8]

Russian-English — **ру́сско-англи́йский**

S

salad — **сала́т** [9]

  cucumber salad — **сала́т из огурцо́в** [9]

  tomato salad — **сала́т из помидо́ров** [9]

salesperson — (*man*) **продав(е́)ц**/(*woman*) **продавщи́ца** (*ending always stressed*) [7]

salt — **соль** (*она*) [9]

same: the same kind of — **тако́й же** [6]

sandwich (open-faced) — **бутербро́д** [9]

satisfactor(il)y — **удовлетвори́тельно** [4]

Saturday — **суббо́та** [5, *see 5.1*]

sauce — **со́ус** [9]

  tomato sauce — **тома́тный со́ус** [9]

sausage — **колбаса́** [9]

say — **говори́ть** (**говор-ю́, -и́шь, -я́т**) [3]/**сказа́ть** (**скаж-у́, ска́ж-ешь, -ут**) [8]

  They say that …; It is said that … — **Говоря́т, что…** [7]

  What did you say? (*formal and pl.*) — **Как вы сказа́ли?** [1]

  What did you say? (*informal and sing.*) — **Как ты сказа́л(а)?** [1]

schedule — **расписа́ние** [1, 5]

scholar — **учёный** (*declines like adj.; masculine only*) [7]

school — (*primary or secondary, not postsecondary*) **шко́ла** [2]; (*college*) **университе́т** [1]

  graduate school — **аспиранту́ра** [4]

school teacher (*man or woman*) — **учи́тель** (*он*) (*pl.* **учителя́**) [7]; (*woman*) **учи́тельница** [7]

schooling — **обуче́ние** [7]

scientist — **учёный** (*declines like adj.; masculine only*) [7]

scrambled eggs — **яи́чница** [10]

second — **второ́й** [4]

secretary — **секрета́рь** (*он, ending always stressed*) [3, 7]

see — **ви́деть** (**ви́ж-у, ви́д-ишь, -ят**)/**у-** [6]

seems: it seems — **ка́жется** [10]

self — **сам** (**сама́, са́ми**) [8]

sell — **продава́ть** (**продаю́, продаёшь, продаю́т**) [8]

seminar — **семина́р** [5]

sentence — **предложе́ние**

  Make up sentences. — **Соста́вьте предложе́ния.** [2]

  Complete the sentences. — **Зако́нчите предложе́ния.** [9]

serious — **серьёзный** [7]

serve — **служи́ть** [7]

  serve in the army — **служи́ть в а́рмии** [7]

server (*in a restaurant*) — **официа́нт/ка** [9]

she — **она́** [2, *see 2.3*]

shirt — **руба́шка**; (*t-shirt*) **ма́йка** [2]

shish kebab — **шашлы́к** (*all endings stressed*) [9]

shoes — **боти́нки** (*sing.* **боти́нок**) [2]; **ту́фли** [8]

should — **до́лжен** (**должна́, должны́**) + *infinitive* [5, *see 5.7*]

show — **пока́зывать** (**пока́зыва-ю, -ешь, -ют**) [9]/**показа́ть** (**покаж-у́, пока́ж-ешь, -ут**) [10]

  Show! — **Покажи́(те)!** [8]

shower — **душ** [5]

  to take a shower — **принима́ть** (**принима́-ю, -ешь, -ют**) **душ** [5]

simply — **про́сто** [9]

sister — **сестра́** (*pl.* **сёстры, сестёр, сёстрам, -ами, -ах**) [1, 7]

situation — **ситуа́ция**

  role-play — **игрова́я ситуа́ция** [1]

size — **разме́р** [8]

skirt — **ю́бка** [2]

slide — **слайд** [2]

slippers — **та́почки** (*pl.*) [2]

slowly — **ме́дленно** [3]

small — **ма́ленький** [2]

snack bar — **буфе́т** [5]; **кафете́рий** [9]

so — **так** [3]; (*with nouns*) **тако́й** [6]; (*as an introductory word*) **Зна́чит…** [1]

soccer — **футбо́л** [5]

  soccer game — **футбо́льный матч** [5]

sociology — **социоло́гия** [4]

socks — **носки́** (*pl.*) [2]

sometimes — **иногда́** [3, 5]

son — **сын** (*pl.* **сыновья́, сынове́й, сыновья́м, сыновья́ми, сыновья́х**) [2, 7]

soon — **ско́ро** [8]

soup — **суп** [9]; fish (*or meat*) and cucumber soup — **рассо́льник** [9]

sour cream — **смета́на** [9]

south — **юг** (**на**) [10, *see 10.2*]

souvenir — **сувени́р** [8]

Spain — **Испа́ния** [3]

Spanish — (*person*) **испа́н(е)ц/испа́нка** [3]; (*adj.*) **испа́нский** [3, *see 3.6, 3.7*]

speak — **говори́ть** (**говор-ю́, -и́шь, -я́т**) [3]/**сказа́ть** (**скаж-у́, ска́ж-ешь, -ут**) [8]

  Speak more slowly. — **Говори́те ме́дленнее.** [3]

specialized — **специализи́рованный** [8]

sports — **спорт** (*always sing.*) [7]

square — (*adj.*) **квадра́тный** [6]

stadium — **стадио́н** (**на**) [5]

stage play — пье́са [10]

stairway — ле́стница [6]

stand(s) — стоя́ть (стои́т, стоя́т) [6]

state — (*public or government*) госуда́рственный [4]; (*U.S. state*) штат [1]

status: family status (*marriage*) — семе́йное положе́ние [7]

steak — бифште́кс [9]

    fried steak — ланге́т [9]

still — ещё [3, 4]

stockings — чулки́ [8]

store — магази́н [2, 5, 7]

    grocery store — гастроно́м [9]; продово́льственный магази́н [9]; универса́м [9]

story (*of a building*) — эта́ж (на) (*ending always stressed*) [5]

stove — плита́ (*pl.* пли́ты) [6]

street — у́лица (на) [6]

strong — кре́пкий [9]

student — студе́нт/студе́нтка [1]

    pupil — учени́к/учени́ца [10]

    graduate student — аспира́нт(ка) [10]

    student in grade school — шко́льник/ шко́льница [10]

study — (*do homework*) занима́ться (занима́-юсь, -ешься, -ются) [4, *see 4.3*]; (*be enrolled in courses; cannot have a direct object*) учи́ться (учу́сь, у́чишься, у́чатся) [4, *see 4.1, 4.3*]; (*an academic discipline — requires direct object*) изуча́ть (изуча́-ю, -ешь, -ют) + *accusative* [3, 4, *see 4.3*]

    I'm studying (*doing homework*) — Я занима́юсь. [4]

    I study (*enrolled in courses*) — Я учу́сь… [1]

    I study (*take*) literature — Я изуча́ю литерату́ру. [4]

stupid — глу́пый [7]

sturgeon (*fish*) — осетри́на [9]

subject — (*academic discipline*) предме́т [4]

suburb — при́город [6, 10]

such — тако́й [6]

sugar — са́хар [9]

suit — костю́м [2]

    suit jacket — пиджа́к [2]

suitcase — чемода́н [2]

summer cottage — да́ча (на) [5, 6]

Sunday — воскресе́нье [5, *see 5.1*]

supper — у́жин [5]

    to eat supper — у́жинать (у́жина-ю, -ешь, -ют) [5]/по- [9, 10]

sure: for sure — то́чно [7]

    We'll get in for sure. — Мы то́чно попадём. [9]

surprise — сюрпри́з [2]

sweater — сви́тер (*pl.* свитера́) [2]

sweatshirt — спорти́вный сви́тер [2]

swimming pool — бассе́йн [5]

T

table — стол (*ending always stressed*) [6]

take — брать (бер-у́, -ёшь, -у́т; брала́, бра́ли)/взять (возьм-у́, -ёшь, -у́т; взяла́, взя́ли) [9]

    What do you advise us to order? — Что вы посове́туете нам взять? [9]

    to take a shower — принима́ть (принима́-ю, -ешь, -ют) душ [5]

Take it! — (*said when paying*) Получи́те! [9]

talk — говори́ть (говор-ю́, -и́шь, -я́т)/по- [1]; разгова́ривать [3]

    Let's talk — Дава́йте поговори́м!

tape recorder — магнитофо́н [2]

task — зада́ние

    communicative tasks — коммуникати́вные зада́ния [1]

tasty — вку́сный [9]

tea — чай [9]

    concentrated tea — зава́рка [9]

teacher — (*in college*) преподава́тель (*он*) [3, 4]; (*in primary, secondary schools; male and female*) учи́тель (*он, pl.* учителя́); (*female*) учи́тельница [7]

    Russian language teacher — преподава́тель ру́сского языка́

telephone — телефо́н [2]

    cell phone — моби́льный телефо́н (моби́льник) [2]

    by phone — по телефо́ну [5]

television — телеви́зор [2, 5]

    television station — телеста́нция (на) [7]

tell — (*say*) говори́ть (говор-ю́, -и́шь, -я́т) [3]/сказа́ть (скаж-у́, ска́ж-ешь, -ут) [9]; (*tell a story, narrate; recount*) расска́зывать (расска́зыва-ю, -ешь, -ют)/рассказа́ть (расскаж-у́, расска́ж-ешь, -ут) [9, 10]

    Tell (me)… (*request for narrative*) — Расскажи́(те) (мне)… [7]

    I was told that… — Мне сказа́ли, что… [8]

terribly — стра́шно [9]

textbook — уче́бник [2]

thank you — **спаси́бо** [2]

    Thank you very much! — **Огро́мное спаси́бо!** [8]; **Большо́е спаси́бо!** [3]

that (*conjunction*) — **что**

that (*over there*) — **тот (то, та, те)** [6]

theater — **теа́тр** [7]

their(s) — **их** [2, *see 2.4*]

then — (*afterwards*) **пото́м** [5]; *in that case* **тогда́** [6]; (*back then*) **тогда́** [10]

there — (*answers* **где**) **там** [2]; (*answers* **куда́**) **туда́** [8]

therefore — **поэ́тому** [8]

there is — **есть** (+ *nominative*) [2, 6, *see 2.8, 6.3, 8.2*]

they — **они́** [2, *see 2.3*]

thing — **вещь** (*она*) [8]

think — **ду́мать (ду́ма-ю, -ешь, -ют)** [4]/**по-** [9]

third — **тре́тий (тре́тье, тре́тья, тре́тьи)** [4]

this — **э́тот, э́то, э́та, э́ти** [2, *see 2.7*]

    this is; that is; those are; these are — **э́то** [1, 2, *see 2.7*]

those (*over there*) — **тот (то, та, те)** [6]

Thursday — **четве́рг** [5, *see 5.1*]

ticket — **биле́т** [5]

tie — **га́лстук** [2]

time — **вре́мя** (*neuter*)

    What time is it? — **Ско́лько сейча́с вре́мени?** [5]

    at that point in time — **тогда́** [10]

    At what time? — **Во ско́лько?** [5]

    for a long time — **давно́** (+ *present-tense verb*) [8, 10]; **до́лго** (+ *past-tense verb*) [10]

tip — **чаевы́е** (*pl.; declines like adj.*) [9]

to — **в, на** + *accusative case for direction* [5, *see 3.8, 4.2, 5.5*]

today — **сего́дня** [5]

together — **вме́сте** [5]

tomato — **помидо́р** [9]; (*adj.*) **тома́тный** [9]

    tomato sauce — **тома́тный со́ус** [9]

tomorrow — **за́втра** [5]

too — **та́кже** [4, *see 4.8*]; **то́же** [1, *see 4.8*]

tourist (*adj.*) — **туристи́ческий** [7]

toys — **игру́шки** [8]

trade — **торго́вля** [8]

trade (*adj.*) — **комме́рческий** [7]; **торго́вый** [8]

    trade office — **комме́рческая фи́рма** [7]

tradition — **тради́ция** [6]

transcript — **приложе́ние к дипло́му** [4]

translation — **перево́д**

    oral translation — **у́стный перево́д** [1]

travel (*adj.*) — **туристи́ческий** [7]

trip — **пое́здка** [2]

truth — **пра́вда** [5, 7]

    true or false — **пра́вда и́ли непра́вда** [5]

t-shirt — **ма́йка** [2]; **футбо́лка** [2]

Tuesday — **вто́рник** [5, *see 5.1*]

turkey — **инде́йка** [9]

typical — **типи́чный** [5]

U

Ukraine — **Украи́на** [3]

Ukrainian — (*person*) **украи́н(е)ц/украи́нка**; (*adj.*) **украи́нский** [3, *see 3.6, 3.7*]

uncle — **дя́дя** (*gen. pl.* **дя́дей**) [7]

undershirt — **ма́йка** [2]

understand — **понима́ть (понима́-ю, -ешь, -ют)/поня́ть (пойм-у́, -ёшь, -у́т; поняла́, по́няли)** [3]

    I didn't understand that. — **Я не по́нял (поняла́).** [4]

Understood! — **Поня́тно.** [2]

unfortunately — **к сожале́нию** [7]

university — **университе́т** [1]

until — **до** + *genitive*

usually — **обы́чно** [4, 5, *see 4.3*]

V

vacation (*school/university*) — **кани́кулы (на)** [8]

vegetables — **о́вощи** [9]

verse (*poetry*) — **стихи́** [10]

version — **ве́рсия** [2]

very — **о́чень** [3]

video camera — **видеока́мера** [2]

video cassette — **видеокассе́та** [2]

video cassette recorder — **видеомагнитофо́н** [2]

Vietnamese — **вьетна́мский** [4]

visa — **ви́за** [2]

voice — **го́лос** (*pl.* **голоса́**) [1]

W

wait — **ждать** + *genitive*

waiter/waitress — **официа́нт/ка** [9]

walk — **ходи́ть (хож-у́, хо́д-ишь, ят)** ~ **идти́ (иду́, -ёшь, -у́т)/пойти́ (пойд-у́, -ёшь, -у́т)** [5, *see 5.4, 8.3, 10.7*]

wall — **стена́** (*pl.* **сте́ны**) [6]

want — **хоте́ть (хочу́, хо́чешь, хо́чет, хоти́м, хоти́те, хотя́т)** [6, *see 6.1*]

war — **война́** [10]

wardrobe — **шкаф (в шкафу́)** (*ending always stressed*) [2, 6] watch — смотре́ть (смотр-ю́, смо́тр-ишь, -ят) [5]/по- [9, 10]

watch (*timepiece*) — часы́ (*pl.*) [2]

water — вода́ (*pl.* во́ды) [6]

we — мы [3]

weak — сла́бый [9]

Wednesday — среда́ [5, *see* 5.1]
    on Wednesday — в сре́ду

week — неде́ля (2–4 неде́ли, 5 неде́ль) [5, 10]

Welcome! (*to someone from out of town*) — С прие́здом! [2]; you're welcome — пожа́луйста [2, 3]

well (*adv.*) — хорошо́ [2]
    pretty well — непло́хо [3]
    Well done! — Молод(е́)ц! (*pl.* Молодцы́!) [2]

well… (*interjection*) — ну [2]

west — за́пад (на) [10, *see* 10.2]

what — что [1, 4, *see* 2.6]
    What are [we] talking about? — О чём идёт речь? [1]
    What do you mean?! (*Response to a compliment*) — Что́ вы (ты)! [3]
    What matches what? — Что чему́ соотве́тствует? [1]
    (Just) what is that? — Что э́то тако́е? [3]
    What day is it? — Како́й сего́дня день? [5]
    What color is/are …? — Како́го цве́та… ? [6]
    What's your name? — Как вас (тебя́) зову́т? [1, 7]
    What's your last name? — Как ва́ша фами́лия? [1]
    What's your patronymic? — Как ва́ше о́тчество? [1]
    What did you say? (*informal, singular*) — Как ты сказа́л(а)?; (*formal and plural*) Как вы сказа́ли? [1]
    What is …'s nationality? — Кто… по национа́льности? [3]
    What is …'s profession? — Кто по профе́ссии… [7]
    At what time? — Во ско́лько? [5]
    What time is it? — Ско́лько сейча́с вре́мени? [5]

when — когда́ [3, 5]

where — (*where at*) где [1]; (*where to*) — куда́ [5, *see* 5.4, 5.5]

where from — отку́да [8]
    Where are you from? — Отку́да вы (ты)? [10]

which — како́й [2, 4, *see* 2.6]

white — бе́лый [2]

who — кто [1]

whose — чей (чьё, чья, чьи) [2, *see* 2.4]

why — почему́ [4, 5, 6]

wide — широ́кий [6]

wife — жена́ (*pl.* жёны) [5, 7]

window — окно́ (*pl.* о́кна, о́кон) [2, 5]

wine — вино́ [9]

Wisconsin (*adj.*) — виско́нсинский [4]

with — с + *instrumental* [9]

With pleasure! — С удово́льствием! [5]

without — без + *genitive* [9]

woman — же́нщина [7, 8]; (*young woman*) де́вушка [8]

women's — же́нский [8]

wonder: I wonder… — Интере́сно… [2]

word — сло́во (*pl.* слова́) [1, 3]
    one word — одно́ сло́во [3]
    new words and expressions — но́вые слова́ и выраже́ния [1]

work — рабо́та (на) [4, 5]; рабо́тать (рабо́та-ю, -ешь, -ют)/по- [4]; (*work of art or literature*) произведе́ние [10]
    place of work — ме́сто рабо́ты [7]

begin to work — пойти́ рабо́тать куда́ [10]

write — писа́ть (пиш-у́, пи́ш-ешь, -ут) [3]/на- [9, 10]

writer — писа́тель (*он*) [7]

writing (*adj.*) — пи́сьменный [6]

Y

year — год (2–4 го́да, 5–20 лет) [4, 7]
    … is … years old. *Dative* + … год (го́да, лет). [7, *see* 7.4]
    in what year — В како́м году́ [*see* 10.4]
    last year — в про́шлом году́ [10]

yellow — жёлтый [2]

Yerevan (*city in Armenia*) — Ерева́н [3]

yes — да [1]

yesterday — вчера́ [5]

you — (*formal and plural*) вы; (*informal, singular*) ты [1, *see* 1.1]

young — молодо́й [7]
    young man — молодо́й челове́к [8]
    young woman — де́вушка [8]

younger: (*the*) younger — мла́дший [5, 7]
    years younger than … — моло́же *or* мла́дше + *genitive* на (год, … го́да, … лет) [7, *see* 7.5]

your — (*formal or plural*) ваш (ва́ше, ва́ша, ва́ши); (*informal, singular*) — твой (твоё, твоя́, твои́) [2, *see* 2.4]

Appendix A: Spelling Rules

The spelling rules apply throughout the language with exceptions only in exotic foreign words. They account for the grammatical endings to be added to stems that end in velars (**г к х**) and hushing sounds (**ш щ ж ч ц**).

For words whose stem ends in one of these letters, do not worry about whether the stem is hard or soft. Rather, always attempt to add the *basic* ending, then apply the spelling rule if necessary.

Never break a spelling rule when adding endings to Russian verbs or nouns!

8-Letter Spelling Rule				
After the letters	**г к х**	**ш щ ж ч**	**ц**	do not write **-ю,** write **-у** instead do not write **-я,** write **-а** instead
7-Letter Spelling Rule				
After the letters	**г к х**	**ш щ ж ч**		do not write **-ы,** write **-и** instead
5-Letter Spelling Rule				
After the letters		**ш щ ж ч**	**ц**	do not write **unaccented -o,** write **-e** instead

USE

We see the spelling rules most often in these situations:

1. The 8-letter spelling rule is used in **и**-conjugation verbs.
2. The 7- and 5-letter spelling rules are used in the declension of modifiers and nouns.

Appendix B: Nouns and Modifiers

Hard Stems vs. Soft Stems

Every Russian noun and modifier has either a *hard* (nonpalatalized) or a *soft* (palatalized) stem. *When adding endings to hard-stem nouns and modifiers, always add the basic (hard) ending. When adding endings to soft-stem nouns and modifiers, always add the soft variant of the ending.*

However, if the stem of a modifier or noun ends in one of the velar sounds (**г к х**) or one of the hushing sounds (**ш щ ж ч ц**), do not worry about whether the stem is hard or soft. Rather, always attempt to add the *basic* ending, then apply the spelling rule if necessary (see Appendix A).

One can determine whether a noun or modifier stem is hard or soft by looking at the first letter in the word's ending. For the purposes of this discussion, **й** and **ь** are considered to be endings.

Hard Stems	Soft Stems
Have one of these letters or nothing as the first letter in the ending	Have one of these letters as the first letter in the ending
а	**я**
(э)*	**е**
о	**ё**
у	**ю**
ы	**и**
no vowel (∅)	**ь** **й**

*The letter **э** does not play a role in grammatical endings in Russian. In grammatical endings, the soft variants of **о** are **ё** (when accented) and **е** (when not accented).

Appendix C: Declensions

Note on declensional order: These tables follow the traditional Russian declensional order, which is second nature to any Russian schoolchild. In each chart we have included the declension questions **что** = *what* and **кто** = *who* which in each of the cases "triggers" the correct case. For example, the dative of the question word **кому́** = *who* requires an animate noun in the dative.

To Russian ears, the prepositional case requires one of four preceding prepositions. *Голоса* presents three of these: **о (об), в,** and **на.** (That explains why it is so named.) Russian grammar books use **о (об)** as the default preposition. We have done the same, but for reasons of space, we have included **о** and **об** only in tables covering nouns.

Nouns

Masculine Singular				
		HARD	**SOFT**	
N	*что, кто*	стол ∅	преподава́тель	музе́й
G	*чего́, кого́*	стола́	преподава́теля	музе́я
D	*чему́, кому́*	столу́	преподава́телю	музе́ю
A	*что, кого́*	Inanimate like nominative; animate like genitive		
		стол ∅	музе́й	
		студе́нт**а**	преподава́теля	
I	*чем, кем*	стол**о́м**[1]	преподава́тел**ем**[2]	музе́**ем**
P	*о чём, о ком*	о стол**е́**	о преподава́тел**е**	о музе́**е** о кафете́ри**и**[3]

1. The 5-letter spelling rule requires **е** instead of **о** in unstressed position after **ц, ж, ч, ш,** and **щ**: for example, **отцо́м** but **америка́нцем.**
2. When stressed, the soft instrumental ending is **-ём**: секретарём, Кремлём.
3. Prepositional case does not permit nouns ending in **-ие.** Use **-ии** instead.

Masculine Plural

		HARD		SOFT	
N	что, кто	столы́[1]	преподава́тели	музе́и	
G	чего́, кого́	столо́в[2]	преподава́телей	музе́ев	
D	чему́, кому́	стола́м	преподава́телям	музе́ям	
A	что, кого́	Inanimate like nominative; animate like genitive			
		столы́[1]	музе́и		
		студе́нтов	преподава́телей		
I	чем, кем	стола́ми	преподава́телями	музе́ями	
P	о чём, о ком	стола́х	преподава́телях	музе́ях	

1. The 7-letter spelling rule requires **и** after **к, г, х, ж, ч, ш,** and **щ**: па́рки, гаражи́, карандаши́, etc.
2. The 5-letter spelling rule requires **е** instead of **о** in unstressed position after **ц, ж, ч, ш,** and **щ**: for example, **отцо́м** but **америка́нцем**. In addition, in the genitive plural, words ending in hushing sounds **ж, ч, ш,** and **щ** take **-ей**: этаже́й, враче́й, плаще́й, etc.

Feminine Singular

		HARD	SOFT -я	SOFT ...ия	SOFT -ь
N	что, кто	газе́та	неде́ля	пе́нсия	дверь
G	чего́, кого́	газе́ты[1]	неде́ли	пе́нсии	две́ри
D	чему́, кому́	газе́те	неде́ле	пе́нсии[2]	две́ри
A	что, кого́	газе́ту	неде́лю	пе́нсию	дверь
I	чем, кем	газе́той	неде́лей[3]	пе́нсией	две́рью
P	о чём, о ком	о газе́те	о неде́ле	о пе́нсии[2]	о две́ри

1. The 7-letter spelling rule requires **и** after **к, г, х, ж, ч, ш,** and **щ**: кни́ги, студе́нтки, ру́чки, etc.
2. Dative and prepositional case forms do not permit nouns ending in **-ие**. Use **-ии** instead.
3. When stressed, the soft instrumental ending is **-ёй**: семьёй.

Feminine Plural

		HARD	SOFT -я	SOFT ...ия	SOFT -ь
N	что, кто	газе́ты[1]	неде́ли	пе́нсии	две́ри
G	чего́, кого́	газе́т ∅	неде́ль	пе́нсий	двере́й
D	чему́, кому́	газе́там	неде́лям	пе́нсиям	деверя́м
A	что, кого́	Inanimate like nominative; animate like genitive			
		газе́ты[1]			
		жён ∅	неде́ли	пе́нсии	две́ри
I	чем, кем	газе́тами	неде́лями	пе́нсиями	деверя́ми дверьми́[2]
P	о чём, о ком	о газе́тах	о неде́лях	о пе́нсиях	о деверя́х

1. The 7-letter spelling rule requires **и** after **к, г, х, ж, ч, ш,** and **щ**: кни́ги, студе́нтки, ру́чки, etc.
2. This form is less conversational.

Neuter Singular

		HARD	SOFT -е	SOFT ...ие
N	что	окно́	мо́ре	общежи́тие
G	чего́	окна́	мо́ря	общежи́тия
D	чему́	окну́	мо́рю	общежи́тию
A	что	окно́	мо́ре	общежи́тие
I	чем	окно́м	мо́рем	общежи́тием
P	о чём	об окне́	о мо́ре	об общежи́тии[1]

1. Prepositional case forms do not permit nouns ending in **-ие.** Use **-ии** instead.

Neuter Plural

		HARD	SOFT -е	SOFT ...ие
N	что	о́кна[1]	моря́[1]	общежи́тия
G	чего́	о́к(о)н ∅	море́й	общежи́тий
D	чему́	о́кнам	моря́м	общежи́тиям
A	что	о́кна	моря́	общежи́тия
I	чем	о́кнами	моря́ми	общежи́тиями
P	о чём	об о́кнах	о моря́х	об общежи́тиях

1. Stress in neuter nouns consisting of two syllables almost always shifts in the plural: **окно́ → о́кна; мо́ре → моря́.**

Irregular Nouns

	Singular				
N	что, кто	и́мя	вре́мя	мать	дочь
G	чего́, кого́	и́мени	вре́мени	ма́тери	до́чери
D	чему́, кому́	и́мени	вре́мени	ма́тери	до́чери
A	что, кого́	и́мя	вре́мя	мать	дочь
I	чем, кем	и́менем	вре́менем	ма́терью	до́черью
P	о чём, о ком	об и́мени	о вре́мени	о ма́тери	о до́чери

Plural

N	что, кто	имена́	времена́	ма́тери	до́чери
G	чего́, кого́	имён	времён	матере́й	дочере́й
D	чему́, кому́	имена́м	времена́м	матеря́м	дочеря́м
A	что, кого́	имена́	времена́	матере́й	дочере́й
I	чем, кем	имена́ми	времена́ми	матеря́ми	дочеря́ми дочерьми́
P	о чём, о ком	об имена́х	о времена́х	о матеря́х	о дочеря́х

Nouns with Irregular Plurals

N	кто	друг друзья́	сосе́д сосе́ди	сын сыновья́	брат бра́тья	сестра́ сёстры
G	кого́	друзе́й	сосе́дей	сынове́й	бра́тьев	сестёр
D	кому́	друзья́м	сосе́дям	сыновья́м	бра́тьям	сёстрам
A	кого́	друзе́й	сосе́дей	сынове́й	бра́тьев	сестёр
I	кем	друзья́ми	сосе́дями	сыновья́ми	бра́тьями	сёстрами
P	о ком	о друзья́х	о сосе́дях	о сыновья́х	о бра́тьях	о сёстрах

Declension of Adjectives

Hard-Stem Adjectives

		MASCULINE, NEUTER		FEMININE	PLURAL
N	*что, кто*	но́в**ый** молодо́**й**[1]	но́в**ое** молодо́**е**	но́в**ая**	но́в**ые**
G	*чего́, кого́*	но́в**ого**		но́в**ой**	но́в**ых**
D	*чему́, кому́*	но́в**ому**		но́в**ой**	но́в**ым**
A	*что, кого́*	Modifying inan. noun—like nom.; animate noun—like gen.		но́в**ую**	Modifying inan. noun—like nom.; animate noun—like gen.
I	*чем, кем*	но́в**ым**		но́в**ой**	но́в**ыми**
P	*о чём, о ком*	но́в**ом**		но́в**ой**	но́в**ых**

1. Adjectives with stress on the ending use **-ой**, not **-ый/-ий**, in nominative.

Soft-Stem Adjectives

		MASCULINE, NEUTER		FEMININE	PLURAL
N	*что, кто*	си́н**ий**	си́н**ее**	си́н**яя**	си́н**ие**
G	*чего́, кого́*	си́н**его**		си́н**ей**	си́н**их**
D	*чему́, кому́*	си́н**ему**		си́н**ей**	си́н**им**
A	*что, кого́*	Modifying inan. noun—like nom.; animate noun—like gen.		си́н**юю**	Modifying inan. noun—like nom.; animate noun—like gen.
I	*чем, кем*	си́н**им**		си́н**ей**	си́н**ими**
P	*о чём, о ком*	си́н**ем**		си́н**ей**	си́н**их**

Adjectives Involving the 5- and 7-Letter Spelling Rules

Superscripts indicate which rule is involved.

		MASCULINE, NEUTER		FEMININE	PLURAL
N	что, кто	хоро́ший[7]	хоро́шее[5]	хоро́шая	хоро́шие[7]
		большо́й	большо́е	больша́я	больши́е[7]
		ру́сский[7]	ру́сское	ру́сская	ру́сские[7]
G	чего́, кого́		хоро́шего[5]	хоро́шей[5]	хоро́ших[7]
			большо́го	большо́й	больши́х[7]
			ру́сского	русско́й	ру́сских[7]
D	чему́, кому́		хоро́шему[5]	хоро́шей[5]	хоро́шим[7]
			большо́му	большо́й	больши́м[7]
			ру́сскому	русско́й	ру́сским[7]
A	что, кого́	Modifying inan. noun—like nom.; animate noun—like gen.		хоро́шую большу́ю ру́сскую	Modifying inan. noun—like nom.; animate noun—like gen.
I	чем, кем		хоро́шим[7]	хоро́шей[5]	хоро́шими[7]
			больши́м[7]	большо́й	больши́ми[7]
			ру́сским[7]	русско́й	ру́сскими[7]
P	о чём, о ком		хоро́шем[5]	хоро́шей[5]	хоро́ших[7]
			большо́м	большо́й	больши́х[7]
			ру́сском	русско́й	ру́сских[7]

Special Modifiers

		MASC., NEUT.		FEM.	PLURAL
N	что, кто	мой	моё	моя́	мои́
G	чего́, кого́	моего́		мое́й	мои́х
D	чему́, кому́	моему́		мое́й	мои́м
A	что, кого́	inan./anim. nom./gen.		мою́	inan./anim. nom./gen.
I	чем, кем	мои́м		мое́й	мои́ми
P	о чём, о ком	моём		мое́й	мои́х

	MASC., NEUT.		FEM.	PLURAL
твой	твоё		твоя́	твои́
твоего́			твое́й	твои́х
твоему́			твое́й	твои́м
inan./anim. nom./gen.			твою́	inan./anim. nom./gen.
твои́м			твое́й	твои́ми
твоём			твое́й	твои́х

		MASC., NEUTER		FEM.	PLURAL
N	*что, кто*	наш	на́ше	на́ша	на́ши
G	*чего́, кого́*	на́шего		на́шей	на́ших
D	*чему́, кому́*	на́шему		на́шей	на́шим
A	*что, кого́*	inan./anim. nom./gen.		на́шу	inan./anim. nom./gen.
I	*чем, кем*	на́шим		на́шей	на́шими
P	*о чём, о ком*	на́шем		на́шей	на́ших

MASC., NEUTER		FEM.	PLURAL
ваш	ва́ше	ва́ша	ва́ши
ва́шего		ва́шей	ва́ших
ва́шему		ва́шей	ва́шим
inan./anim. nom./gen.		ва́шу	inan./anim. nom./gen.
ва́шим		ва́шей	ва́шими
ва́шем		ва́шей	ва́ших

		MASC., NEUTER		FEM.	PLURAL
N	*что, кто*	чей	чьё	чья	чьи
G	*чего́, кого́*	чьего́		чьей	чьих
D	*чему́, кому́*	чьему́		чьей	чьим
A	*что, кого́*	inan./anim. nom./gen.		чью	inan./anim. nom./gen.
I	*чем, кем*	чьим		чьей	чьи́ми
P	*о чём, о ком*	чьём		чьей	чьих

		MASC., NEUTER		FEM.	PLURAL
N	*что, кто*	э́тот	э́то	э́та	э́ти
G	*чего́, кого́*	э́того		э́той	э́тих
D	*чему́, кому́*	э́тому		э́той	э́тим
A	*что, кого́*	inan./anim. nom./gen.		э́ту	inan./anim. nom./gen.
I	*чем, кем*	э́тим		э́той	э́тими
P	*о чём, о ком*	э́том		э́той	э́тих

MASC., NEUTER		FEM.	PLURAL
весь	всё	вся	все
всего́		всей	всех
всему́		всей	всем
inan./anim. nom./gen.		всю	inan./anim. nom./gen.
всем		всей	все́ми
всём		всей	всех

	MASC., NEUTER	FEM.	PLURAL		MASC., NEUTER	FEM.	PLURAL
N	*что, кто*	оди́н одно́	одна́	одни́	тре́тий тре́тье	тре́тья	тре́тьи
G	*чего́, кого́*	одного́	одно́й	одни́х	тре́тьего	тре́тьей	тре́тьих
D	*чему́, кому́*	одному́	одно́й	одни́м	тре́тьему	тре́тьей	тре́тьим
A	*что, кого́*	inan./anim. nom./gen.	одну́	inan./anim. nom./gen.	inan./anim. nom./gen.	тре́тью	inan./anim. nom./gen.
I	*чем, кем*	одни́м	одно́й	одни́ми	тре́тьим	тре́тьей	тре́тьими
P	*о чём, о ком*	одно́м	одно́й	одни́х	тре́тьем	тре́тьей	тре́тьих

Personal Pronouns[1]

N	кто	что	я	ты	мы	вы	он, оно́	она́	они́
G	кого́	чего́	меня́	тебя́	нас	вас	(н)его́	(н)её	(н)их
D	кому́	чему́	мне	тебе́	нам	вам	(н)ему́	(н)ей	(н)им
A	кого́	что	меня́	тебя́	нас	вас	(н)его́	(н)её	(н)их
I	кем	чем	мной	тобо́й	на́ми	ва́ми	(н)им	(н)ей	(н)и́ми
P	ком	чём	мне	тебе́	нас	вас	нём	ней	них

1. Forms for **он, она́, оно́,** and **они́** take an initial **н** if preceded by a preposition. For example, in the genitive case, the initial **н** is required in the sentence:

У **неё** есть кни́га.

But not in the sentence:

Её здесь нет.

Appendix D: Numerals

	Cardinal (one, two, three)	**Ordinal (first, second, third)**
1	оди́н, одна́, одно́	пе́рвый
2	два, две	второ́й
3	три	тре́тий
4	четы́ре	четвёртый
5	пять	пя́тый
6	шесть	шесто́й
7	семь	седьмо́й
8	во́семь	восьмо́й
9	де́вять	девя́тый
10	де́сять	деся́тый
11	оди́ннадцать	оди́ннадцатый
12	двена́дцать	двена́дцатый
13	трина́дцать	трина́дцатый
14	четы́рнадцать	четы́рнадцатый
15	пятна́дцать	пятна́дцатый
16	шестна́дцать	шестна́дцатый
17	семна́дцать	семна́дцатый
18	восемна́дцать	восемна́дцатый
19	девятна́дцать	девятна́дцатый
20	два́дцать	двадца́тый
21	два́дцать оди́н	два́дцать пе́рвый
30	три́дцать	тридца́тый
40	со́рок	сороково́й
50	пятьдеся́т	пятидеся́тый (пятьдеся́т пе́рвый)
60	шестьдеся́т	шестидеся́тый (шестьдеся́т пе́рвый)
70	се́мьдесят	семидеся́тый (се́мьдесят пе́рвый)
80	во́семьдесят	восьмидеся́тый (во́семьдесят пе́рвый)
90	девяно́сто	девяно́стый (девяно́сто пе́рвый)
100	сто	со́тый
200	две́сти	
300	три́ста	
400	четы́реста	
500	пятьсо́т	
600	шестьсо́т	
700	семьсо́т	
800	восемьсо́т	
900	девятьсо́т	
1000	ты́сяча	
2000	две ты́сячи	
5000	пять ты́сяч	

Collectives

дво́е, тро́е, че́тверо (*apply to children in a family; see Unit 7, Section 4, specifying quantity*)

All photos in the book were supplied by the author, Richard Robin, with the exception of the following:

Pg. 8—Anton Chekov, (top row, far left), Corbis/Bettmann; Writer Fyodor Mikhailovich Dostoevsky, (top row, middle left), Key Color/Index Stock Imagery, Inc.; Drawing of Trotsky, (top row, far right), Pravda, 1920; Ilya Repin (1844–1930), "Portrait of Leo Tolstoy" 1887. Tretyakov Gallery, Moscow, Russia, (middle row, far left), SCALA/Art Resource, N.Y.; Portrait of Mikhail Gorbachev, Itar-Tass On-Line Photo Service. (middle row, middle left), Photo ITAR-TASS; Portrait of Alla Pugacheva, Itar-Tass On-Line Photo Service. (middle row, middle right), Photo ITAR-TASS; Portrait of Alexander Pushkin (1799–1837) (oil on canvas), Tropinin, Vasili Andreevich (1776–1857)/The Bridgeman Art Library International State Russian Museum, St. Petersburg, (middle row, far right), Russia/The Bridgeman Art Library

Pg. 9—Russian Court Scene, Itar-Tass On-Line Photo Service. (top row, right), Photo ITAR-TASS

Pg. 78—William Shatner hosts RESCUE: 911, a reality-based program showing actual scenes of police, paramedics and firemen responding to emergency calls for help, for future broadcast on the CBS Television Network, (bottom), Geraldine Overton/Photofest

Pg. 79—Elizabeth I, Queen of England, (top row, far left), Library of Congress; American actress Marilyn Monroe (1926–1962) in a scene from 'The Seven Year Itch', (top row, middle left), Getty Images Inc.—Hulton Archive Photos; New York: This is the most recent photo to reach America of Mao Tse-Tung. Chairman of the Central Government of the People's Republic of China. Sept 23, 1952, (top row, middle right), UPI/Corbis/Bettmann; William Shakespeare (1564–1616), English dramatist and poet. Born and spent his early life in Stratford-upon-Avon. Established in London as actor and playwright by 1592. His plays include: 'Macbeth;' 'Romeo and Juliet;' 'The Merchant of Venice;' 'King Lear', (top row, far right), Getty Images Inc.—Hulton Archive Photos; A full photo of Charlie Chaplin, (middle row, far left), The Granger Collection; While Dame Rumor has it that Amelia Earhart, the first woman to fly across the Atlantic, and George P. Putnam, publisher explorer, are to wed soon, the principals deny the reports. They are believed to have obtained a marriage license at Noank, Conn, (middle row, middle left), UPI/Corbis/Bettmann; Sebastiano del Piombo (Sebastiano Luciani), Portrait of a Man, Said to be Christopherson Columbus. Oil on canvas, 42 × 34 3/4 in. (106.7 × 88.3 cm), The Metropolitan Museum of Art, (middle row, middle right), Gift of J. Pierpont Morgan, 1900. (00.18.2)

Pg. 130—Lobachevsky, (bottom), Embassy of the Russian Federation

Pg. 372—Andrei Sakharov, Roman Denisov/Itar-Tass On-Line Photo Service. (bottom), Photo ITAR-TASS